百 年 贵 大
文化建设丛书

百年贵大文化传承工程项目资金资助

百年贵大
文化建设丛书

徐邈音切研究

蒋希文 / 著

贵州大学出版社
Guizhou University Press

图书在版编目（CIP）数据

徐邈音切研究 / 蒋希文著. -- 贵阳 : 贵州大学出版社，2022.6
（百年贵大文化建设丛书）
ISBN 978-7-5691-0543-8

Ⅰ. ①徐… Ⅱ. ①蒋… Ⅲ. ①汉语－音韵学－研究－古代 Ⅳ. ①H111

中国版本图书馆CIP数据核字（2022）第086719号

XUMIAO YINQIE YANJIU

徐邈音切研究

著　　者：蒋希文

出 版 人：闵　军
责任编辑：葛静萍
排版设计：方国进

出版发行：贵州大学出版社有限责任公司
地址：贵阳市花溪区贵州大学北校区出版大楼
邮编：550025　电话：0851-88291180
印　　刷：贵阳精彩数字印刷有限公司
开　　本：787毫米×1092毫米　1/16
印　　张：26.5
字　　数：426千字
版　　次：2022年6月第1版
印　　次：2022年6月第1次印刷

书　　号：ISBN 978-7-5691-0543-8
定　　价：122.00元

“百年贵大文化建设丛书”编委会

“百年贵大学术精品文库”编委会

“百年贵大学术精品文库”序

◇ 李建军

“溪山如黛，常沐春风，学府起黔中。”1902年，贵州大学堂崛起于黔中，历经省立贵州大学、国立贵州农工学院、国立贵州大学等时期，1950年定名为贵州大学。1951年，毛泽东主席亲笔题写贵州大学校名。2005年，贵州大学成为国家“211工程”大学。2017年，入选国家世界一流学科建设高校。2018年，荣列教育部、贵州省人民政府“部省合建”高校。2022年，再度入选国家新一轮“双一流”建设高校。贵州大学学科门类齐全，涵盖文学、历史学、哲学、理学、工学、农学、医学、经济学、管理学、法学、教育学、艺术学等12个门类。

2021年12月，习近平总书记在中国文联十一大、中国作协十大开幕式上说：“文化是民族的精神命脉，文艺是时代的号角。古人说：‘文者，贯道之器也。’”在贵州大学建校120周年之际，将贵人学人的学术精品以及珍贵的校史资料、档案进行研究整理并予以出版，有利于百年贵大的文化传承，有利于提升学校的文化品位和学术影响力，有利于增强校友对母校的认同感和凝聚力。因此，学校特别策划出版了“百年贵大文化建设丛书”，“百年贵大学术精品文库”即为其中之一种。

贵州大学在百廿年的办学历程中，虽然校名几经更迭，校址几度变迁，筚路蓝缕，历经沧桑，但百年传承，薪火相继，始终坚持以兴学育人为根本，以立足贵州、服务地方为己任。学校由小到大，由弱渐强，形成了“艰苦奋斗，自强不息”的办学精神，凝练出“明德至善，博学笃行”的校训，以严谨、求实、创新的校风和丰厚的文化底蕴培养和孕育了大批优秀人才，为国家特别是贵州经济建设和社会发展提供了强有力的人才支撑和智力保障，而这离不开诸如周恭寿、周步瑛、李书田、张永立、柳诒徵、魏寿昆、王栋、张廷休、罗登义、吴定良、谢六逸、郎世俊、丁道衡、乐森璕、王世真、吴汝康、吕荧、刘述文、恽震、徐采栋、黎东方、姚奠中、汤炳正、张汝舟、张振珮、杨汉先、杜文铎、蒋希文、陈祖武、虞愚、王锳、宋宝安、马克俭、郝小江、张克勤等众多优秀学者的努力和贡献。他们在诲人不倦、教书育人的同时，也在各自的学术领域取得了丰硕的成果，撰写了诸多可堪传世的精品力作，成就了贵州大学“黔中第一学府”的美誉。这是百年名校的历史积淀，更是建设“双一流”大学的厚重底蕴。

“百年贵大学术精品文库”选取贵州大学两个“甲子”120年来贵大学人在各学科领域创作的、具有代表性的经典学术著作整理出版，如《中国文化史》《世界文学》《二毋室古代天文历法论丛》等。

《中国文化史》一书为1942—1946年被聘为国立贵州大学特约讲席的史学家柳诒徵的代表作，被称为中国文化史的“开山之作”。本书着眼于世界文化史与中国文化史的密切关系，叙述了从周代至清代五千年来的中国文化发展史。引用资料自六经、诸子、二十五史、历代各家著述、国外汉学家论著至近代报纸杂志、统计报道，无不详为选辑，史论结合，在当时流传甚广。柳诒徵，字翼谋，亦字希兆，号知非，晚年号劬堂，是中国近现代史学先驱、中国文化学的奠基人和现代儒学宗师，也是著名的书法家和教育家。他在贵州大学任教时，讲课有条不紊，既不做枯燥无味的考证，也不做不着边际的空谈，而是广征博引，引人入胜，不仅得到文科生的喜爱，就连理工科的学生也赶来旁听。在学术方面，他以“一不敷衍自己，二不敷衍古人，三不敷衍今人”为治学准绳，注重史料的作用，并把历史分为“代史、类史、地史、国史”四类，影响了现代史学的治学方向和学科架构。

谢六逸的《世界文学》介绍了英国、法国、德国的古典主义文学、浪漫主义文学、现实主义文学和自然主义文学及新兴文学，内容丰富，介绍系统，是最能表现作者学术功底和眼界的作品。谢六逸，号光燊，字六逸，笔名宏徒、鲁愚，是著名的作家、翻译家、教授，中国现代新闻教育事业的奠基者之一。他提出新闻记者须具备“史德、史才、史识”三条件，为全国大学设新闻系之嚆矢。在贵阳，谢六逸以振兴家乡文化教育为己任，先后任大夏大学文学院院长、国立贵州大学中文系教授，主讲“中国文学史”“文学批评”“国文教材及教法研究”等课程。他学识渊博、和蔼可亲，讲解细致入微，深受学生爱戴。先生十分勤勉，夙兴夜寐、著作等身，有关日本文学、世界文学的著作更是成为文学研究的珍贵文献。

《二毋室古代天文历法论丛》是知名学者、语言学家、贵州大学教授张汝舟先生的代表作。张汝舟先生在对中国古代天文历法的研究中，强调将纸上材料（文献记录）、地下材料（出土文物）、天上材料（实际天象）对证，做到“三证合一”，倾力研究中国古代天文历法资料，较前人取得了可靠的结论。这种古天文历法体系，影响了整个学术界。本书是张汝舟先生在古代天文历法方面的文章合集，解决了很多历史上长期没有解决的具体问题，成为古代天文历法方面独具特色的著作。张汝舟先生毕生从事教育事业，敬德修业、教书育人，以培养人才为己任。他崇高的道德修养、精深的学术水平影响和造就了一大批人才。国内知名学者如周本淳、宋祚胤、孟醒仁、祖保泉等都出自他门下。他在贵州从教近30年，为贵州培养了众多的专业人才，不少弟子成为教育、文艺、学术方面的骨干与中坚，在贵州文教领域熠熠生辉。弟子们给张汝舟先生撰述的《墓碑记》所言：“玉在山而草木润，先师于贵州文教学术之贡献，可谓大矣。弟子遍黔中，颂先师之书、传先师之道，敬德修业咸以先师为楷模。道德风范，口耳相传，无不以升堂入室为荣。”

“百年贵大学术精品文库”所选学术精品著作，涵盖了文学、历史、哲学、政治、经济、法律、社会学、艺术学及理、工、农等众多学科，限于篇幅，恕不能在此一一列举。本丛书一方面梳理、归集了贵州大学建校以来的丰硕学术成果，以明晰学术传承脉络，继传统，启后学；一方面以回顾历史为契机，将当前活跃在国内外学界的贵大人的精品学术成果纳入丛书之中，激励大家沉潜学术，关照现实，投身新时代，为推进学校“双一流”建设、学校学科振兴建设贡献力量。

明德至善，博学笃行，文脉永赓续。“百年贵大学术精品文库”的整理出版，不仅有利于传承贵大百余年的文脉、彰显贵大文化自信，更有利于落实立德树人的根本任务。百年贵大，时逢盛世中华，贵大人当不忘初心、牢记使命，薪火相传，一路凯歌行进，未来必将无限广大。

出版前言

蒋希文先生就学无锡国学专科学校期间，师从王瑗仲、钱仲联等国学大师。后入北京燕京大学，师从陆志韦、高名凯、于省吾等。他学识渊博，治学严谨，在音韵学研究方面颇有成就，为国内外语言学界所瞩目。日本学者平山久雄《语言学论文集》中论及黔东南方言时，即利用到蒋希文先生的研究成果；岩田礼《连云港方言声调》也引用过他的《赣榆方言声母》。原中国音韵学会会长鲁国尧称赞蒋希文先生“在语言学坛和教育界辛勤耕耘六十年，于国于民，功莫大焉”。

徐邈乃东晋大儒，对儒家经典以及《庄子》等皆有音注。但现存徐邈音注，仅见陆德明《经典释文》中。蒋希文从《经典释文》中辑录出徐邈音注两千多条，依据辑录的徐邈音注资料，推定徐邈音注读音声类为三十五类，韵部为七十八部，五个调子，对周秦音如何演变成隋唐音提供了重要线索。本书分为四章。第一章“声类”，作者将声类分为五部分，即唇音、舌音、齿音、舌面音、喉牙音。将声类归纳出三大特点：1. 不分轻重唇，2. 舌齿音正在分化，3. 喉牙音基本上同于《切韵》《广韵》。出现在一、二、四等韵的反切上字为一类，出现在三等韵的反切上字另为一类。匣纽出现一、四等韵，云纽仅出现在三等韵。第二章“韵类”，作者采用“枚举归纳推理”法来归纳徐音的韵类，分别有：止摄、蟹摄、遇摄、果假摄、效摄、流摄、通摄、臻摄、山摄、宕摄、梗摄、曾摄、深摄、咸摄这十四摄，和一个入声韵。第三章“韵类讨论”，作者对“徐音开闭口”“等和介音”“徐音反切系统中重纽字”三方面内容进行了讨论。第四章“声调”，作者经过分析认为徐邈声调分布情况为：阴声韵三类、阳声韵三类，入声自为一类，分别和《切韵》《广韵》平上去入四声相当。另外还有两个附录：“徐邈反切系统里的特殊音切”“《经典释文》中徐邈切语索引”。本书在整理反切过程中，没有采用常用的办法，如系联法、统计法或比证《广韵》，而采用归纳法，即先利用系联法，比证《广韵》，然后在此基础上，再进一步运用归纳推理，也就是传统逻辑所说的枚举归纳推理。这种利用多种方法相结合的思路比较科学，令人信服。

《徐邈音切研究》为蒋希文先生享誉学界的著作之一。该书1999年由贵州教育出版社出版，此次我们以该版为底本，对其中的错讹之处进行了订正。适逢贵州大学建校120周年之际，我们将此书收入“百年贵大学术精品文库”，以飨读者。

CONTENTS

目　　录

緒　論

清代近三百年，漢語上古音的研究，歷經顧亭林、江永、戴震、段玉裁、王念孫、江有誥前輩學者的努力，有了一定的規模，爲后來的研究，奠定了堅實的基礎。“五四”前后，西方語言學輸入，學者們吸收了新的營養，中古音的研究也取得了很大的成績。對《切韵》《廣韵》一系韵書所代表的語音系統有了更進一步的了解。但是由兩漢到齊梁這八百年間的漢語語音演變的情况，我們知道的還不算多。

1936 年，于海晏刊印了《漢魏六朝韵譜》。該書搜羅宏富，但缺點也不少，錢玄同曾評價該書“雖超于吴才老，尚未至顧寧人”。羅常培也説，該書“叢雜瞀亂，而不得要領”。

1958 年，羅常培和周祖謨兩先生合著的《漢魏晋南北朝韵部演變研究》一書出版。該書方法嚴密、斷制精審。全書按原計劃應分四個分册出齊，1958 年僅出了第一分册，1959 年羅先生即已謝世，后來未見續出。

1975 年，丁邦新教授所著《魏晋音韵研究》一書問世。

以上三部書算是研究這一階段漢語歷史語音的主要著作。但是兩漢以后隋唐以前“周秦古音經過怎樣的途徑才變成隋唐音”，這三部書所提供的情况并没有使這一問題得到圓滿的回答。

要達到這一目的還需要有更多的資料來補充，更多的學者來努力。

章太炎曾説過：“承古音而爲唐韵先範者，其漢魏南北朝音邪？往時言古音者獨取群經傳記有韵之文爲例，是以明部類，未足以辨紐弄……夫所以審變遷，辨弇侈者，獨恃反語刻定之耳。凡出于脣吻者作始也簡，而其末也繁，分韵固然也，雖分紐亦猶是也……不盡取漢魏南北朝諸師所作反語，觀其會通，于道誠未備也。”

太炎先生的話有一定的道理，以上三部書的資料主要取材于韵文。因受材料的限制，充其量只能用來“明部類”，不能用之“辨紐弄”，更無法用之“辨弇侈”了。用來描述當時的語音，當然不會達到完備。因此，研究魏晋以后漢語語音的歷史，“反切”的價值至少不應低于韵文的資料。

陳蘭甫曾説：“反切之法，以二字爲一字之音。上字與所切之字雙聲，下字與所切之字迭韵，上字定其清濁，下字定其平上去入。”事實上，“上字”不僅能定其清濁，兼能定其發音部位和方法；下字不僅能定其平、上、去、入，兼能定其開合、弇侈。魏晋以后，此事大行。在制定拼音符號爲文字注音以前，將近兩千年，我國一直用“反切”作爲描寫字音的主要工具。因此，研究漢語歷史語音，特别是研究未有韵書以前的語音，“反切”無疑是一種主要的資料。

但是整理反切，要比整理韵文、圈聯韵脚複雜得多。早期的反切，特别是經籍中的反切不單純是爲了注音的，兼具訓詁學上的一些特點。破通假、明訓釋、重師承、訂訛誤，不經過一番篩選的功夫，很難得出所要探求的當時的實際的語音面貌。

徐邈祖籍東莞，姑幕。（《晋書·地理志》：東莞郡太康中置。太康十年以青州城陽郡之莒縣、姑幕、諸、東武四縣屬東莞）祖澄之爲州治中，屬永嘉之亂遂與鄉人臧琨等率子弟并閭里士庶千余家，南渡江，家于京口。晋康帝建元二年，徐邈生于京口，（以其卒年推之）徐邈勤行勵學，博涉多聞，下帷讀書，不游城邑。年四十四以太傅謝安薦，始補中書舍人。遷散騎常侍，轉祠部郎，遷中書侍郎。時皇太子尚幼，帝甚鍾心，文武之選皆一時之俊。以邈爲前衛率，授太子經。安帝即位，拜驍騎將軍。隆安元年（公元 397）遭父憂，邈先疾患，哀毁增篤，不逾年而卒，年五十九。

史稱徐邈爲東州儒素，撰《五經音訓》，學者宗之。現據《經典釋文》序録，并參證《隋書經籍志》及兩唐書《經籍志》和《藝文志》，將有關徐邈的著作迻録如下：

(一) 周易音　序録：爲易音者三人，王肅、李軌、徐邈。

隋志：《周易音》一卷，東晋太子前衛率徐邈撰。

(二) 尚書音　序録：爲尚書音者四人，孔安國、鄭玄、李軌、徐邈。

隋志：《古文尚書音》一卷，徐邈撰。梁有《尚書音》五卷，孔安國、鄭玄、李軌、徐邈等撰。《尚書逸篇》二卷，徐邈注。

《新唐書·藝文志》：《尚書逸篇》三卷，徐邈注。

(三) 毛詩音　序録：爲詩音者九人，鄭玄、徐邈、蔡氏、孔氏、阮侃、王肅、江惇、干寶、李軌。

隋志：梁有《毛詩音》十六卷，徐邈等撰。又《毛詩音》二卷，徐邈撰。

(四) 周禮音　序録：《周禮音》一卷。《七録》無。又《禮記音》三卷。

隋、唐志均未著録。

(五) 春秋左氏傳音　序録：《徐邈音》三卷。

隋志：《春秋左氏傳音》三卷，徐邈撰。

(六) 春秋穀梁傳　序録：《徐邈注》，十二卷。

隋志：《春秋穀梁傳》十二卷，徐邈撰。

《春秋穀梁傳義》十卷，徐邈撰。

《徐邈答春秋穀梁義》三卷，徐邈撰。

《新唐書·藝文志》：《春秋穀梁傳注》十卷，徐邈撰。

《春秋穀梁傳義》十卷，徐邈撰。《音》一卷，徐邈撰。

《舊唐書·經籍志》：《春秋穀梁音》一卷，徐邈撰。

(七) 論語　序録：《徐邈音》一卷。

隋志：《論語音》二卷，徐邈等撰。

(八) 莊子　序録：《徐邈音》三卷。

隋志：《莊子音》三卷，徐邈撰。

《莊子集音》三卷，徐邈撰。

（九）楚辭　　隋志：《楚辭音》一卷，徐邈撰。

（十）五經音　　隋志：《五經音》十卷，徐邈撰。

從以上著録看，徐邈著作隋唐時已有亡佚。幸賴《經典釋文》保存下來徐邈爲經籍注音的切語兩千多條，去其重複及無效的音切（所謂“無效音切”是指切語中往往有“如字”“近附之近”等語，此就當時人言之，均不失爲有效音注），仍可得一千四百馀條。基本上能反映出徐邈音的一些特點。

這一千四百多條切語無論就其數量來説，或就其代表性來説，均不失爲研究早期反切的重要資料。

顧炎武《音學五書》后序云：“陸德明《經典釋文》，割裂删削，附注于《九經》之下，而原本遂亡。”蓋宋以后刊刻諸經者，割裂《釋文》音義，附于注疏之后。歷元、明兩代，遂不復見此書之全文。近代流傳有通志堂和抱經堂兩種版本。1985 年，上海古籍出版社影印北京圖書館藏宋刻宋、元遞修本《經典釋文》。本書資料來源即取材此本。然宋本亦有訛脱，今復以通志堂本（四部叢刊影印本，后附段玉裁、臧庸堂諸家校語），抱經堂本和臺灣世界書局影印《四庫全書薈要》本參校，編成索引一卷，附于本書之末。

整理反切，要比整理韵文、圈聯韵脚複雜得多。整理經籍中的反切又比整理《切韵》《廣韵》中的反切困難得多。整理經籍中的反切，是要把這些一盤散沙、棼如亂絲的資料，歸納成若干聲類和若干韵類。通常的辦法用系聯法、統計法或比證《廣韵》。這些辦法，操作起來都有一定的困難。我們打算采用歸納法，具體地説，我們首先采用系聯法，比證《廣韵》。在這一基礎上，再進一步運用一種歸納推理，也就是傳統邏輯所説的枚舉歸納推理。詳細操作辦法請參看第一章歸納聲類的説明。

我們根據這一辦法從徐邈的切語中得出聲類三十五類、韵部七十八部。

為了陳述方便，本文采用《切韵》《廣韵》等韵的名詞、術語作爲我們工作語言的部份用語。

徐音切語，有的例字，不見于《切韵》《廣韵》；有的例字，徐邈的切語與《切韵》《廣韵》不合，凡此種種，必須參證《集韵》。例字左上角加星號（*）的都是依據《集韵》。

徐音聲類的三大特點：

（一）不分輕重唇。

（二）舌齒音正在分化。

（a）知組二等字以端組字作反切上字。

知組三等有以下兩種情况：（i）知組字以端組字作反切上字。（ii）知組字的反切上字，端、知不定。

（b）莊紐、生紐基本上以本紐字作反切上字。

初紐、崇紐的反切上字用本紐字或相應的精紐字不定。

（c）邪紐、船紐、以紐字的反切上字相互雜亂。

（三）喉牙音基本上同于《切韵》《廣韵》。出現在一、二、四等韵的反切上字爲一類，出現在三等韵的反切上字另爲一類。匣紐出現一、四等韵，云紐僅出現在三等韵。

韵類的特點：

（一）唇音字不分開合。

（二）二等韵仍殘存（r-）介音。

（三）《切韵》各韵類中來自上古不同韵部的字，徐音業已合流。但《切韵》支、脂、祭、宵、真、仙、鹽七韵係來自上古不同韵部的字，舌齒音徐音雖已合流，喉牙唇音字仍保持嚴格的對立。

（四）上古陽部庚韵系字，耕部耕韵系字，徐音讀爲一類。但入聲陌韵字仍與麥韵字有區別。

（五）《廣韵》嚴韵系字，《切韵》無上、去兩聲，徐音嚴，凡兩韵系字和鹽韵系字糾結一起兼無平、入。

聲調的特點：

（一）徐邈聲調，陰聲三類，陽聲三類，入聲自爲一類。大致相當于《切韵》《廣韵》“平、上、去、入”四類。

（二）上古祭、月兩部，相當于中古祭、薛兩韵的字，合口，嚴格地分爲兩類。開口，大部份字兩韵混切或有又讀。

（三）徐音有些字的聲調分布不同于《切韵》《廣韵》。這些字或來自古讀，或反映六朝舊音。

以上是我們從徐邈的切語所看到的兩漢以后、齊梁以前，漢語讀書音的一些情況。這對羅常培所説的“周秦古音經過怎樣的途徑才變成隋唐音”，算是多了一點了解。

第一章　聲　類

在進行歸納徐音聲韵系統之前，先討論一下所使用的方法問題。

陳澧在《切韵考》的條例裏説過："切語之法以二字爲一字之音。上字與所切之字雙聲，下字與所切之字迭韵。"又説："切語上字與所切之字爲雙聲，則切語上字同用者，互用者，遞用者聲必同類也。切語下字與所切之字爲迭韵，則切語下字同用者、互用者、遞用者聲必同類也。"陳澧這段話説明了用系聯法來研究反切的聲類、韵類是一種最有效的、科學的方法。但是當陳澧自己在實踐中用系聯法歸納《廣韵》聲類、韵類的時候，却遇到了有些切語"實同類而不能系聯"的困難。

陳澧所説的"切語上字與所切之字雙聲"。這是説被切字與反切上字同聲母。事實上，與被切字同聲母的不僅限于某一特定的反切上字。而和被切字同聲母的往往有很多字。質言之，被切字和反切上字的關係是一對多的。比方説，《廣韵》平聲一東：東，德紅切。"德"是東的反切上字。事實上，在《廣韵》里可以用作東的反切上字的還有都、丁、多、當、得、冬等字。這些字（包括"德""東"在内）構成一個集合。在這個集合里所有字的聲紐的音值都是等價的。《廣韵》選用"德"作東的反切上字是任意的，帶有一種偶然性的。同樣，"被切字和反切下字迭韵"。這是説，被切字與反切下字同韵母。事實上，和被切字同韵母的也往往有很多字。在上面"東，德紅切"的那個例子里，可以用作東的反切下字的還有"公"。《廣韵》選用"紅"而不選用"公"作東的反切下字也是帶有一種偶然性的。因此，有些字老是選用該集合里某些字作反切上（下）字；而另一些字老是選用該集合里另外一些字作反切上（下）字。兩類字不相搭雜。這就是陳澧所説的“兩兩互用”。碰到這種情況，顯然繫聯法就無用武之地了。

“五四”以來，經過中外學者努力，中古漢語語音的研究取得了很大的成績。這使從事漢語語言工作的學者對《切韵》《廣韵》一系韵書所代表的語音系統有了一個比較清楚的認識。這對我們研究徐邈的音切來説，也有了一個重要的參照系。下面我們打算在繫聯法的基礎上，參照《切韵》《廣韵》音系，并采用邏輯上常用的一種簡單的枚舉歸納推理，來歸納徐邈的聲韵系統。可以解决那種“實同類而不能系聯”的矛盾。現在先簡單説明所謂枚舉歸納推理。“枚舉歸納推理”是一種不完全的歸納推理。對某類事物而言，我們只要考察該類事物的部分對象，從而就可作出有關該類事物的全部對象的結論。説得稍微詳細一點，我們考察某類事物，發現其中部分對象具有某種屬性。在没有反例的情况下，即可進而推斷該類事物全部對象也應具有這種屬性。比方説，我們歸納徐邈的聲類、韵類，在徐邈現存的音切里，按反切上（下）字系聯，可獲得若干小組。我們可以挑出某些小組或某一小組作爲徐音的某些聲類（韵類）的抽樣。然后考察各抽樣或某一抽樣每一音切的被切字和反切上（下）字所具有的共同“特征”。并把這種“特征”看成是各抽樣一種特有的屬性。以作爲進行歸納的基礎。在没有反例的情况下，可以進而推斷，各抽樣所屬的聲類（韵類）全部對象都應具有這種屬性。

特别是，在徐邈現存的音切里，有些切語和任一抽樣都不能繫聯。我們可以分别地進行考察，只要某一切語和某一抽樣具有相同的屬性，即可據以推斷該切語和該抽樣。雖不繫聯，實爲同類。

有了以上的説明，我們現在就可以來歸納徐音的聲類。

第一節 脣音

幫 類

一 秕（甫止） 陂（甫寄） 賁（甫寄） 拔（甫髮） 芘（甫至） 畀（甫至） 粃（甫姊） 俾（甫婢） 嬖（甫詣） 丕（甫眉） 背（甫載）
敗（甫邁） 把（甫雅） 炰（甫交 甫九） 嶓（甫河） 邠（甫巾） 分（甫間） 頒（甫雲） 藩（甫言） 番（甫言） 諞（甫淺）
堋（甫贈） 封（甫用） 弣（音甫） 脯（音甫） 偪（甫目） 闢（甫亦） 拔（甫末） 罷（甫寄 音彼） 别（彼列） 搏（甫各 音付）
掊（甫垢 方垢） 比（甫至 方二） 蔽（甫世 方四） 篚（方于） 傍（方剛） 並（方聘） 膹（方忍） 辨辯（方免） 臂（方避） 跛（方寄）
斐（方眉） 庇（方至） 閟（方冀） 芾（方蓋） 鷩（方利） 夫（方無） 標（方遥） 否（方有） 瀌（方妙 方苗） 枋（音方）
傅（方暮 音賦） 付（音賦） 捕（音賦 音付） 辟（甫亦 方歷 方狄 補亦） 播（補卧） 紕（補移） 比（補履） 黼（音補）

本組共六十例，通過反切上字“甫”“方”聯成一組。本組被切字，反切上字或直音字，相當于《切韵》《廣韵》的幫母字或非母字，或幫、非兩母的混切字，現即以這些特點，作爲本類聲母的歸納基礎。亦即以本組字作爲本類聲母的抽樣。

爲了區别在徐邈的反切系統里還有一些和本組同類而不能系聯的切語，現稱本组为幫类一组。

二 弊（府世） 簸（府佐） 柎（音府）
三 發（音廢） 祓（音廢）
四 蕡（音奮） 獖（音奮）

上面七例通過直音字和反切上字“府”“廢”“奮”分别地聯成三個小組。我們依次地管這三個小組叫作幫類二組、幫類三組、幫類四組，幫類二、三、四組三組字互不系聯，和一組字也不系聯。但幫類二、三、四組被切字，或被音字，反切上字或直音字也都是中古的幫母字，非母字或幫、非兩母混切字。根據枚舉歸納推理，幫類一、二、三、四組字雖互不系聯，實爲同類。

另有：

誹音非　棐音匪　鞑邊惠　邴音丙　篳音畢　蹕音痺　柭音鈇　版音板　風福鳳　杓必遥

十例，互不系聯，和一、二、三、四組字也不系聯，但以上十例被切字和被音字，反切上字和直音字也都限于中古的幫母字、非母字，根據枚舉歸納推理，以上十例和一、二、三、四組字，雖不系聯，實亦同類。

滂　類

盼數諫　泙數耕　伻數耕　馮數氷　諞數連　犏數面　飄數遥　漂數妙　渢數劍　覆數目音赴　僕數木
撲數木　礴數各　嫳數結　澼數歷　僻數赤　蚹音數　踣數豆芳附　鋪音數芳烏音孚　辟數歷芳石芳亦孚益　孚音數
垺音孚　紕孚夷　蟠孚衰　犥孚趙　紑孚不　豐芳勇　疕芳鄙　朏芳尾芳憒　猋芳遥　麃芳表　淠孚計孚蓋

以上三十二例，通過反切上字“數”聯成一組，本組被切字和反切上字相當于《切韵》《廣韵》的滂母字和敷母字，或滂、敷兩母的混切字。現即以這些特點，作爲本類聲母的歸納基礎。亦即作爲本類聲母的抽樣。

爲了區别徐邈的反切系統里還有一些和本組同類而不能系聯的切語，現稱本組爲旁类一组。

沛普蓋　亨(烹)普孟　捊普溝

上面三例，通過反切上字“普”聯成一組，現稱之爲滂類二組。滂類二組字和一組字不相系聯。但滂類二組被切字和反切上字也都是中古的滂母字。

據枚舉歸納推理，滂類二組和一組字雖不系聯，實爲同類。

另有：

髀匹婢　拊音撫　否音鄙　費音弗　葑音豐　編音篇

六例，互不系聯，和滂類一、二兩組字也不系聯，但以上六例，被切字或被音字，反切上字或直音字也都是中古滂母或敷母字，或滂、敷兩母混切字。據枚舉歸納推理，以上六例和一、二兩組字雖不系聯，實亦同類。

並　類

扁扶扶顯忍　洴扶經　併扶頂　汜扶嚴　蓬扶公　亳扶各　龐扶公　縫扶用　矉（蠙）扶真　臏扶忍
牝扶扶忍盡　蚍扶夷　比扶扶扶扶夷利志質　辯扶扶免勉　阪扶板　汾、棼、氛、賁扶云　分扶問
便扶扶面緜　弁、卞扶變　罷扶彼　被扶僞　貔扶夷　伾扶眉　坯扶眉　圮扶鄙　俾扶志　蕢扶畏
倍扶來　培扶扶來杯　背扶代　偝扶代　俾扶蟹　茷扶廢　敝扶世　孛扶憒　部扶茍　陴扶移　炮扶交
庖扶交　蠙扶扶音堅賢頻　厖（朋）扶恒　倗音朋　鵬音朋　芃扶雄　摽扶符妙表　皈符版　仳符鄙
弊扶扶蒲滅世計　培扶蒲坯來　悖蒲没　拔蒲末　蕢蒲悶　脾蒲佳　薄扶扶各歷　欂薄歷　唪薄孔　辟扶房亦亦
防鄭房音　椑房益　敝扶伏扶房音滅滅哲列婢　卑音婢

以上共六十五例，通過反切上字“扶”聯成一組。本組被切字和被音字、反切上字和直音字相當于《切韵》《廣韵》的並母字和奉母字或並、奉兩母的混切字。現即以這些特點，作爲本類聲母的歸納基礎。

爲了區别在徐邈的反切系統里還有一些和本組同類而不能系聯的切語，現稱本組爲並類一組。

另有：

蠯父幸　簿步步角各　頒音墳　賁音憤　辨音辦　发音跋　繙音盤　伴音畔　圃音布　復音服

十例，互不系聯，和並類一組字也不系聯，但以上十例被切字和被音字，反切上字和直音字也都相當于中古並母或奉母字，或並、奉兩母混切字。據枚舉歸納推理，以上十例和並類一組字雖不系聯，實亦同類。

明　類

一　薹莫剛　慢莫但無見　嫚音慢　霾莫戒　夢莫公　廡莫杜　湎莫顯音緬　沔莫顯　務莫候　鶩音務
　　蝥音務

以上十一例，通過反切上字“莫”聯成一組。本組被切字和被音字，反切上字和直音字相當于《切韵》《廣韵》明母和微母字，或明、微兩母混切字。現即以以上的特點作爲本類聲母的歸納基礎。

爲了區別在徐邈的反切系統里，還有一些和本組同類而不能系聯的切語，現稱本組爲明類一組。

二　漫武畔　鄤武旦　瞢武登　盟武耕　埋武乖　湣武軫　弭武婢　彌音弭　厖武講　靡武寄亡髮
　　脄亡代　袤亡侯　瞀亡巾　刎亡粉　瞑亡千　蔑亡結　侮亡甫音茂　姆瞀牧音茂　冥亡丁亡定
　　銘音冥

以上二十二例，通過反切上字“武”“亡”聯成一組，現稱之爲明類二組。明類二組和一組字不相系聯。但明類二組被切字和被音字，反切上字和直音字也都是《切韵》《廣韵》的明母字、微母字，或明、微混切字。據枚舉歸納推理，明類二組和一組字雖不系聯，實爲一類。

三　聞音問　文音問　免音問音萬

以上三例，通過直音字“問”聯成一組，現稱爲明類三組。明類三組和明類一、二兩組字都不系聯。但明類三組被音字和直音字都是中古微母字，據枚舉歸納推理，作爲特例，本組字和明類一、二兩組字雖不系聯，實爲同類。

另有：

紊音文

一例和以上明類一、二、三組字都不系聯，但本例被音字和直音字都是中古的微母字。據枚舉歸納推理，本例和一、二、三組字雖不系聯，實亦同類。

中古唇音八母分輕、重唇兩大類，徐音讀爲一類。基本上以輕切重，讀八母爲四母。

第二節　舌音

端　類

一 刁都堯　頂都冷　爹都嫁　罩都學　適都歷　掇都活　敦都都丁門雷雷　味都丁豆遘　棟丁貢　琢丁角
　憧丁四　定丁罄　擉丁緑

以上十三例，通過反切上字“都”“丁”聯成一組。本組被切字分别相當于《切韵》《廣韵》一、四等韵的端母字和二等韵的知組字，反切上字是端母字，現稱本組爲端類一組。

二 中丁仲　衷丁仲　蟄丁立　蟲丁立　窒丁得吉悉　著丁都張庶慮慮　著丁豬略略　綴丁張衛衛　張音帳
　絺張履

以上十例，通過反切上字“丁”“張”聯成一組。僅從系聯法角度來看，本組和端類一組可以聯到一起，但從音切分布來看，本組和一組大不相同。本組被切字相當于《切韵》《廣韵》三等韵的知母字，反切上字大致可分以下三種情況：

（1）被切字是知母字，反切上字是端母字。

（2）被切字是知母字，反切上字端、知不定。

（3）被切字是知母字，反切上字也是知母字。

爲了便於討論，現仍稱本組爲端類二組。

以上兩組的音切分布不難看出，徐音端組字正在向一個新的聲類分化。《切韵》《廣韵》二等韵的知母字在徐邈的反切系統里仍讀舌尖塞音。《切韵》《廣韵》三等韵的知母字，徐音有的讀舌尖塞音，有的讀舌尖塞音或舌面塞音不定，有的只讀舌面塞音。顯然，徐音在三等韵里，舌尖塞音正在向舌面塞音分化。

三　質音致　蹎音致

四　禎音貞　楨音貞

以上質、蹎、禎、楨四例。通過直音字“致”“貞”分別聯成兩組。現稱爲端類三組和端類四組。端類三組和端類四組互不系聯，但兩組被音字和直音字都相當于《切韵》《廣韵》知母字。根據枚舉歸納推理，端類三組、四組和端類二組第三種情況同類。

另有：

霆音追　鎮音珍　築音竹

以上三例，互不系聯，和端類二組、三組、四組字也不系聯，但以上三例，被音字和直音字也都是《廣韻》三等韻知組字。據枚舉歸納推理，以上三例和端類二組第三種情況，以及端類三組、四組字同類。

透　類

一 嘽音他　獺他達　涕他米音體　覞他彫　姚（窕）他吊

本組五例，被切字和被音字；反切上字和直音字相當于《切韻》《廣韻》一、四等韻的透母字。（二等字未見）通過反切上字“他”聯成一組。現稱本組爲透類一組。

另有：

聽天定　擿叶歷

兩例，互不系聯，和透類一組字也不系聯，但以上兩例被切字和被音字；反切上字和直音字相當于《廣韻》四等韻透母字，據枚舉歸納推理，以上兩例可視爲透類一組字的特例。

二 駘勑才音殆　大他佐勑佐音泰　追勑改　蕩勑黨　窕勑堯　杶勑荀　楯勑荀　婤勑周　胣勑紙

以上九例，被切字分别是：

(1)《廣韻》一等韻定母字：駘（哈定）　追（海定）　大（泰定）

蕩（蕩定）

(2)《廣韻》四等韻定母字：窕（篠定）

(3)《廣韵》三等韵徹母字：杶（諄徹）　楯（諄徹）　婤（尤徹）

胣（紙徹）

反切上字一律是《廣韵》徹母字，通過反切上字“勑”聯成一組。現特稱本組爲透類二組。事實上，本組情况和端類二組是一樣的。端類二組是説：舌面塞音（被切字，知母）可以用舌尖塞音（端母），或舌面塞音（知母）作反切上字；本組是説：舌尖塞音（定母）或舌面塞音（徹母）都可以用舌面塞音（徹母）作反切上字。端類二組是説：在三等韵里中，古知組字徐音讀端讀知不定。本組是説中古端、知兩組字，徐音還無法嚴格地分爲兩類。

三　胣敕盡　鷙敕二　畜敕六　䩟敕一　沖敕弓　絺勑私

以上六例，被切字相當于《廣韵》三等韵徹母字，反切上字也是徹母字。據枚舉歸納推理，本組字和透類二組第三種情况，當屬同類。

另有：

鄐起六

一例。按《左・襄二十六年》：“晋人與之鄐。”《釋文》：“鄐，許六反，徐又起六反。”《廣韵・屋韵》“鄐”有“許六”“丑六”兩切。徐，起六反。疑“起”爲“超”字之誤。

定　類

一　隊徒猥　隧徒猥　憝徒猥　聵徒壞　汏徒蓋　屯徒奔　啍徒孫　遯徒損　遁徒本 徒遯　腯徒遯
臀徒敦 徒恩　腞徒困　團徒丸　段徒亂　啗徒暫　鐔徒南　譚徒暗　度徒洛 音渡　淡徒闞 大敢　惔大敢 音談
澹音談　鬌大果　*掉徒較　題徒兮　提徒嵇　糶徒吊　沴徒顯　杕徒計　訑徒見　挑、佻徒了

霆徒鼎 軼徒列 迪徒歷 跌徒紇 諜蝶徒協

以上共三十七例，被切字和被音字，反切下字和直音字相當于《廣韵》一、二、四等韵的定母字，通過反切上字“徒”系聯爲一組，現稱本組爲定類一組。(“掉”《集韵》收效韵，女教切)

另有：

（1）窬音豆 讀音豆 瀆音豆 （2）滌同吊 桐音同 侗音同 （3）墮待果 襗待各

（4）僤音但 誕音但 （5）癉（墠）音旦 憚音旦 （6）莛音庭 薙庭計

（7）蜩音條 儵音條

以上十六例，通過反切上字和直音字：豆、旦、但、條、待、同、庭七字，十六例分別地聯成七個小組。七個小組互不系聯，和定類一組也不系聯。但這七個小組的被切字或被音字，反切下字或注音字也都分別相當于《廣韵》一、四等韵的定母字。據枚舉歸納推理，以上七個小組可視爲和定類一組同類。

另有：

脡唐頂 填音田 台音臺 涕音弟 遞音第 洮音逃

六例，互不系聯，和定類一組也不系聯，但以上六例被切字和被音字，反切上字和直音字也都相當于《廣韵》一、四等韵定母字。據枚舉歸納推理，以上六例同樣可視爲和定類一組同類。

二 池直知 坻直夷 痔直里 裯直俱 趎直據 綢直留 妯直留 抽直留 陳直音觀塵 診直信

杖直亮 沈直直金蔭 徹直列 蟄直立 邑直立 遲直持移夷 闍持遮 腸持良 治直吏 著直治據居

* 植直音徒吏置吏 除直治慮慮 抒治與 重治恭 躅治六 秩治栗 蹢治益

本組二十七例，被切字和被音字，反切上字和直音字相當于《廣韻》三等韻的澄母字，通過反切上字“直”“治”聯成一組。其中“植”有定母又讀。爲了和端透兩類一致，現仍稱本組爲定類二組。

三 陁丈爾 湛丈林 晢丈列

以上三例被切字和反切上字都相當于《廣韻》三等韻的澄母字。通過反切上字“丈”聯成一組。據枚舉歸納推理，本組和定類二組顯系同類。

另有：

蚳長梨 宁音儲 踟音馳 酬音疇

四例，互不系聯，和以上兩組字也不系聯，但以上四例被音字和直音字也都是中古三等韻的澄母字。根據枚舉歸納推理，以上四例和定類二組字亦屬同類。

例外一字：

綻（澄二）治（澄）見（四）

《禮・内則》：“衣裳綻裂。”《釋文》：“綻字或作袒，直莧反。徐治見反。”《廣韻・襉韻》：“袒，衣縫解，又作‘綻’，丈莧切。”《集韻・霰韻》綻，兩讀。一讀：堂練切，衣拆也；另讀：治見切，縫解也。“治見”一讀顯依徐音另出。

徐音舌音端、透、定三類，反切上字的分布情況大致是：

（一）一、四等韻，被切字和反切上字都是端組字。

（二）二等韻，被切字相當于《切韻》《廣韻》的知組字，反切上字也是端組字。

（三）三等韻比較複雜。

根據以上系聯情況可以推知：

在三等韵里，上古的端組字徐音正處于一種演變的階段，正由舌尖塞音向舌面塞音演變。其中澄母字已基本上完成了這一演變。

值得注意的是，徐音透類二組用徹母字作定母字的反切上字。這似乎反映了在徐邈的方言里，徹母字的讀音和定母字的音值，相去還不甚遠。同時也反映了在徐邈的方言里，濁音字可能帶有一定的吐氣成分。

泥　類

一 曩乃蕩　瀼乃剛　淖乃較　暱乃吉　怩乃私　苶乃協　敜乃協　聶乃攝　柅乃履

以上九例，被切字和反切上字相當于《廣韵》的一、二、三、四等韵的泥母字。通過反切上字“乃”聯爲一組，現稱本組爲泥類一組。

二 紐女酒　吶奴劣

兩例，互不系聯，和一組字也不系聯，但以上兩例被切字和反切上字是《廣韵》一、三等韵的泥母字。根據枚舉歸納推理，以上兩例應和泥類一組同類。

日　類

一 撓而小　氄而充　榮而媿　戎而容　紉而陳　餁而鴆　衽而鶴

本組七例，被切字和反切上字相當于《廣韵》三等韵日母字，通過反切上字“而”聯成一組，現稱爲日類一組。

二 咠如志　珥如志　刵如志　茹音如音 如庶汝

以上四例，通過反切上字“如”聯成一組，現稱爲日類二組。日類二組和日類一組互不系聯。但日類二組被切字和反切上字也都是《廣韻》三等韻的日母字。根據枚舉歸納推理，日類二組和日類一組字雖不系聯，實爲一類。

另有：

擩耳誰　貳音二

兩例，互不系聯，和日類一、二兩組字也不系聯，但以上兩例被切字和被音字，以及反切上字和直音字也都相當于《廣韻》三等韻日母字。據枚舉歸納推理，以上兩例和日類一、二兩組字雖不系聯，實亦同類。

第三節　齒音

精　類

一 臧子郎　撮子活　最子會　挫子臥　蜻子盈　從子容　崒子綏　盡子忍　僔子損　眥子智
且子餘 子胥　娵子須　掫子俱　藉子夜　勦子小　遒子由　齊子西　濟子禮　擠子計　隮子細 子詣
椒子料　梓音子　子將吏　齎將池

本組二十四例，被切字和反切上字相當于《切韻》《廣韻》一、三、四等韻的精母字，通過反切上字“子”聯成一組，現稱爲精類一組。

二 芓音茲　積茲賜　踖音積

以上三例，通過反切上字“積”聯成一組，現稱爲精類二組。精類二組和精類一組字不相系聯，但精類二組被音字和注音字也都是《廣韻》三、四等韵的精母字。根據枚舉歸納推理，精類二組和精類一組字雖不系聯，實爲同類。

另有：

蹲祖混　纘音纂　鼒音灾　左音佐　訾音紫　秭音姊　齊蔣細　湫音椒

八例，互不系聯，和一、二兩組字也不系聯，但以上八例被音字和注音的字也都是《廣韵》一、三、四等韵的精母字。根據枚舉歸納推理，以上八例和一、二兩組字亦屬同類。

例外一字：

忖（清）子本（精）

清　類

一　造七到　竄七外　撮七活　錯七各七路采故　最采會　蹙采六　漆音七七利　樅七凶　踆七旬　刺七智
　　且七餘　愀七了　趣七喻　檢七漸　祲七林　趨七喻　輯七入　泚七禮　跣七顯　瑲七陽　苴七餘

本組二十一例，被切字和反切上字，相當于《廣韵》的一、三、四等韵清母字，通過反切上字“七”聯成一組，現稱爲清類一組。

二　衰音崔　綅音侵　刌倉典

三例，互不系聯，和一組字也不系聯，但以上三例被音字和直音字也都是中古的一、三、四等韵的清母字。根據枚舉歸納推理，以上三例和一 組字雖不系聯，亦屬同類。

例外一字：

啐（二）倉快（清）

從　類

一 洊在悶　坐才卧　藏才浪　葬才浪　嬙在良　戕在良在羊　瘠在益　塈在力　豵在容　僔在損

漎在容　諓在淺　茨在私疾知　沮在吕　蕉在堯　噍在堯　焦在堯　遒在幽　愀在九在酒　聚在喻才樹

訟在容　從才用　餞才箭　齊才細

本組二十四例，被切字和反切上字相當于《廣韵》一、三、四等韵的從母字，通過反切上字“在”聯成一組，現稱爲從類一組。

二 前昨見　節前切音截

三 輯音集　茸音集

以上四例通過反切上字“前”和直音字“集”分别聯成兩個小組，現稱爲從類二組、從類三組。從類二組、從類三組互不系聯，和從類一組字也不系聯。但從類二組和從類三組被音字和直音字都是《廣韵》一、三、四等韵的從母字，根據枚舉歸納推理，從類二組、從類三組和從類一組雖互不系聯，實爲同類。

心　類

一 喪息浪　三息蹔息暫　崇息類　崔息罪　縿息廉　鮮息淺音仙　思息吏息嗣　胥思餘思叙　相息羊思羊

潃、糔相幼　揲息列　泄息列　晳思益

本組十四例，被切字和反切下字相當於中古的一、三、四等韵的心母字。通過反切上字“息”聯成一組，現稱爲心類一組。

二　散悉旦　算悉亂　先悉萬

三　索音素　潄素遺

四　宵音消　銷音消

五　*恂音峻　峻音俊

六　*涚音歲　帨音歲

七　需音須　濡音須

以上十三例，通過反切上字和直音字“悉”“素”“歲”“消”“峻”“須”。十三例分別的系聯爲六個小組，現稱爲心類二組、三組、四組、五組、六組、七組。以上六組互不系聯，和心類一組也不系聯，但以上六組的被音字和注音字也都是《廣韵》一、三、四等韵的心母字。根據枚舉歸納推理，以上六組字和心類一組雖不系聯，實爲同類。

附正齒音四類：

一　莊類　騶側侯　陬側留　齋側皆　捉側角　抆側冀　札側音乙截　錙側其　俎側吕　莊側亮　簪側林

本組十例，被切字和反切上字相當于中古二、三等韵的莊母字，通過反切上字“側”聯成一組，現稱本組爲莊組。本組字“札”有精組又讀。

二　初類　差初七宜何　剗初展　插初輒

本組三例，被切字和反切上字相當於中古二、三等韵的初母字，通過反切上字“初”聯爲一組，現稱爲初類。徐音初類僅存三例。另有和清類兩讀、混切的各一例：

簎倉格　苴争七初餘

三　崇類　驟在仕遣遣　棧在簡　岑在林　浞在角　儳在仕鑒鑒　鉏在在魚居　蓁仕巾　床仕音良床

另有一例：

簒音撰

（“簒”“撰”爲今古文，參看下文）

本組九例，被切字是中古二、三等韵的崇母字，反切上字比較復雜。其中四例是中古的從母字；兩例，從、崇兩讀；被切字和反切上字都是崇母字的兩例，占徐音崇類全部例字不足三分之一。

四　生類　摻所斬　訕所奸　渻所幸　省所疏幸幸　殺所所例列　數所音録速　謏所穆　傻所留　釃所宜
灑所綺　攦所綺　縰所綺　纚所綺

本組十三例，被切字和反切上字都是中古二、三等韵的生母字，通過反切上字“所”聯成一組，現稱爲生類一組。其中“數”生、心兩讀。

另有一例：

* 歃霜獵

和生類不相系聯。但本例被切字和反切上字也都相當於《廣韵》三等韵的生母字，據枚舉歸納推理，本例和生類一組當屬同類。

總的看來，徐邈反切系統莊組字，莊、生兩組已基本上形成兩個獨立的聲類。初紐正在演變，崇紐的演變似乎還剛剛起步。

以下六例，或爲假借字，或爲音近混切。附録如下：

削　《周禮·太宰》：“四曰家削之賦。”《釋文》：“本亦作稍，又作鄁。

所教反。徐所召反。”按《廣韻·效韵》：“鄗，大夫食邑。”所教反。徐“所召反”是據另本爲鄗注音。《集韵》鄗另有“稍嶠”一切，與徐音合。

涑 《左·成十三年》：“伐我涑川。”徐息録反，水名。又《周禮·掌舍》鄭注：水涑。《釋文》：“徐、劉色遘反。”水有所敗也。按此即《廣韵》“蘇奏切”之“漱”。涑爲漱之借字。

篹 《禮·喪大記》：“食于篹者盥。”鄭注，篹或作簨。《釋文》徐音撰。按，“篹”、“撰”爲今古文。《汗簡》卷二篹之古文作撰。

摻 《詩·葛屨》：“摻摻女手。”按摻爲“纖”之借字。徐息廉反，爲“纖”作“音”。

巢 《書·旅契》：“巢伯來朝。”徐“吕交反”。毛居正《六經正誤》作“石交反”。吴承仕謂：船、禪聲近。按李方桂《上古音研究》謂莊組字有“r”介音，徐讀“吕交反”，爲“巢”脱落濁音聲首所致。

鎗 《禮·樂記》： “非聽其鏗鏘而已。”《釋文》徐“勑庚反”。《廣韵》庚韵：鎗，楚庚切。按李方桂《上古音研究》知，莊組字聲首分别爲舌尖塞音、塞擦音和“r”介音一起，構成復輔音。徐音，鎗，勑庚反。以“徹”切“初”。顯爲音近誤切。

邪 類

一 循、紃辭均 兕辭姊 續辭屨 徇辭倫 殉辭倫音循辭荀

本組六例，被切字和反切上字相當于《廣韵》三等韵的邪母字。通過反切上字“辭”聯成一組，現稱本組爲邪類一組。

二 恂音荀 隧音遂 鐔音尋

以上三例，互不系聯。和一組字也不系聯，但以上三例被音字和直音字也是《廣韵》三等韵的邪母字。根據枚舉歸納推理，以上三例和一組字應爲

一類。

另有：

洋音祥 音翔　繹音夕

本組被音字相當于《切韵》《廣韵》以母字。注音字是邪母字。

又有：

篲以醉　邪以嗟　巡養純 詢均

本組被切字相當于《切韵》《廣韵》邪母字。反切上字，前兩例是以母字；最后一例以、邪兩讀。

以上兩組五例顯爲以、邪混切。

又有：

旋音全　羨音賤　彗雖醉

以上三例，被切字是邪母字，反切上字分别是從母、心母字。

最后一例：**楯**《廣韵·諄韵》椿，木名。另收準韵食尹切，欄檻。徐音有三讀。分别地讀徹母、邪母、以母。讀徹母者，《莊·達生》："死得于豚楯之上。"《釋文》楯，"食準反"。徐"敕荀反"。司馬云："案也。"讀邪母者，《禮·儒行》："禮義爲干櫓。"注："干，小楯，櫓，大楯。"《釋文》："楯，時準反。又音允。"徐"辭尹反"；讀以母者，《莊·徐無鬼》："甲楯三千，棲于會稽。"《釋文》："楯，純尹反。"徐音允。顯然，后兩者爲"盾"之借字。《釋文》讀常母，徐一讀邪母，一讀以母，邪、以混雜。總的説來，"楯"徐音三切，僅爲兩音。作"案楯"解者讀徹母，作"甲盾"或"干盾"解者讀以母邪母。

以上共十八例。邪母字以本母字作反切上字者九例。和以母字混切者六例。讀從母者兩例，讀心母者一例。

從以上的音切分布的情況來看，在徐邈的反切系統里，邪母字有半數以上以本組字作反切上字。基本上是一個獨立的聲類。

值得注意的，徐音邪紐字和以紐字混切的占全部例字的33%以上。李方桂在《上古音研究》里，說：其實邪母和喻母四等（以母）諧聲狀況很相似。……所以我以爲邪母也是從上古“r”來的，后面有個三等介音“j”而已。因此我們可得下面的兩條演變律：

上古　　*r-> 中古 ji（喻四）

上古　　*r+j> 中古 zj（邪）

就徐音來看，李方桂的説法可以用來解釋以上現象。徐音邪母大致是舌尖濁擦音。

來 類

一 慺（力侯 力俱 鄭音樓）　僂（力主 良付）　蓏（力果）　藸（力到）　鐐（力吊 盧到）　燎（力遙 力燒 力吊）　僚（力遙）　尞（力照）　寥（力彫）
贏（力追）　黎（力私）　犁（力私）　壘（力軌）　涖（力二 力洎 音利）　來（力猥）　類（力對）　淪（力允）　孿（力轉）　浪（力蕩）
埌（力黨）　兩（力掌）　醇（力放）　令（力呈）　擥（力敢）　廩（力錦）　斂（力劍 言廉）　驪（力池 郎兮）　泠（郎年）　蘞（力劍）

本組二十九例，被切字和反切上字相當于中古一、三、四等韵的來母字，通過反切上字“力”聯成一組，現稱爲來類一組。

二 臨（来鴆）　賚（音來）
三 量（音亮）　涼（音亮）

以上四例，通過反切上字“來”和直音字“亮”分别聯成兩組，現稱爲來類二組、來類三組，來類二組、來類三組互不系聯，和來類一組字也不系聯。但來類二、三兩組被切字和反切上字也都是中古一、三、四等韻的來母字，根據枚舉歸納推理，來類二、三兩組字和一組字雖不系聯，實屬同類。

另有：

荝音例　膋音勞　茆音柳　醴音禮　躒音洛

五例，互不系聯。和一、二、三組字也不能系聯，但以上五例被音字和直音字也都是中古一、三、四等韻的來母字。根據枚舉歸納推理，以上五例和來類一、二、三組字亦屬同類。

第四節　舌面音

章　類

一 昭之紹　祝之又　捶之累之睡之樂　坻之爾　忮之豉　摯之二　哲之列音制　折之舌之制　贅之銳　諄之閏
點之廉　眕之忍音真　質之至

本組十三例，被切字和反切上字相當於《廣韻》三等韻章母字，通過反切上字“之”聯成一組，現稱爲章類一組。

二 董（種）章勇　粥章六　屬音束音爥

本組三例通過反切上字“章”聯成一組，現名之爲章類二組，章類二組和章類一組字不相系聯，但章類二組被切字和反切上字也都是《廣韻》三等韻章母字，根據枚舉歸納推理，章類二組和章類一組，雖不系聯，應屬同類。

另有：

鄟音專　正音征 音政　底音旨　螽音終　鍼音針

五例，互不系聯。和一、二兩組字也不系聯，但以上五例被音字和直音字也都是《廣韵》三等韵的章母字，根據枚舉歸納推理，以上五例和一、二兩組字亦屬同類。

以下臅、汋、鏃三例。徐音和《切韵》《廣韵》音切不合，現分別説明如下：

“臅”，《禮・内則》：“糗、餌、粉、酏。”注：“此酏當爲餰。以稻米與狼臅膏爲餰是也。”《釋文》：“臅，昌録反。徐又音燭。”按《廣韵》燭韵：“臅，狼臅膏也。”尺玉切。與《釋文》音同。《集韵》燭韵：臅，三讀：一讀朱欲切，狼臆中膏，和徐音同。一讀樞玉切，義同上；讀音和《釋文》《廣韵》同。另有須玉切一讀，義亦同。看來“臅”讀章母，爲徐特有讀音。

“汋”，《左・成十六年》：“敗諸汋陂。”《釋文》：“汋，七藥反。徐音酌。一音市藥反。”按《廣韵・藥韵》：“汋，瀱汋。”市若切。和《釋文》另音同。《集韵・藥韵》：“汋芍，陂名。在宋。或作芍。”七約切。按即《釋文》之“七藥反”。又芍，草名，一曰陂名。職略切，和徐音同。

“鏃”《莊・天下》：“鏃矢之疾而有不行不止之時。”成疏：“鏃，矢耑也。”《釋文》：“鏃，子木反。郭音族。徐‘朱角反’。”郭慶藩謂“鏃”爲鍭之誤。《淮南・兵略篇》：“疾如錐矢。”高誘注以錐矢爲小矢。郭意俱爲鍭矢之誤。按作“錐矢”是也，徐“朱角反”，正爲“錐”字作音，“角”爲佳之形誤。篆書角、佳形近。高注錐矢爲小矢。漢末人所見本即作錐矢。

昌　類

一　怊尺遥　臭尺售　出尺遂　喙尺鋭　稱尺證　斥音蚩 尺柘

本組六例，被切字和反切上字相當于中古三等韵的昌母字，通過反切上字“尺”聯成一組，現稱爲昌類一組。

二 侈處豉　觸處六

本組兩例，通過反切上字“處”聯成一組，現稱爲昌類二組。昌類二組字和昌類一組字不相系聯，但昌類二組被切字和反切上字也都是《廣韻》三等韻的昌母字。根據枚舉歸納推理，二組字和一組字應屬同類。

另有：

瞋赤夷　惷昌容

兩例，互不系聯，和一、二兩組字也不能系聯，但以上兩例被切字和反切上字也都是《廣韻》三等韻的昌母字，根據枚舉歸納推理，以上兩例和一、二兩組字亦屬同類。

例外一字：

吙（昌）音七（清）

注：《詩·綿》：“混夷駾矣，維其喙矣。”毛傳：“駾，突。喙，困也。”《釋文》：“喙，許穢反。困也。徐又音尺鋭反。”《廣韻·廢韻》：“喙，口喙。許穢切。又昌芮切。”按《廣韻·祭韻》尺制切下，失收。又按喙爲“瘃”的借字。《廣韻·廢韻》：“瘃，困極也。《詩》云，昆夷瘃矣。本亦作喙。”

常　類

一 掣市制　蜼市軫　脤市軫　諶市林　勺市若　鱄市臠　視市止 常止 市至 市志 音示　闍常奢 持遮

本組八例，被切字和反切上字相當于《廣韵》三等韵的常母字，通過反切上字“市”聯成一組，現稱爲常類一組。

二 埴時力 折時列

以上兩例，通過反切上字“時”聯成一組。現稱爲常類二組，常類二組和一組字不相系聯。但常類二組被切字和反切上字也都是《廣韵》三等韵常母字。根據枚舉歸納推理，常類二組和一組字應屬同類。

另有：

𩏂音純 屬音蜀 殖是吏

三例，互不系聯，和常類一、二兩組字也不系聯，但以上三例被切字或被音字，反切上字或直音字也都是《廣韵》三等韵的常母字，據枚舉歸納推理，以上三例，和一、二兩組字亦屬同類。

最后，常母字和澄母混切三例：

酬音疇 𩛿音疇 [illegible]音酬

反映了徐音常母大致是濁塞擦音。

書 類

一 守始救 獸始售 倏始音六叔 稅始銳 説中始失銳銳銳 舒失稅 紓音舒

以上七例被切字和反切下字相當于《廣韵》三等韵書母字。通過反切上字“始”聯成一組，現稱爲書類一組。

二　收詩救　翅詩知　啻音翅
三　少式照　弛式氏　飾音式

以上六例，通過反切上字“詩”“式”分別地聯成兩組，現稱爲書類二組、書類三組，書類二組和書類三組互不系聯，和書類一組也不系聯。但書類二組和書類三組被切字和反切上字也都是《廣韵》三等韵的書母字。根據枚舉歸納推理，書類二組、三組和一組字雖不系聯，實爲同類。

另有：

施音絁

一例，和書類一、二、三三組字都不系聯。但本例被音字和直音字也都是《廣韵》三等韵的書母字。根據枚舉歸納推理，本例和以上書類一、二、三三組字雖不系聯，實亦同類。

船　類

在徐邈的反切系統里，被切字和反切上字同屬中古船母字的僅“射食夜神石”、“乘食證繩證”兩例四切，實則兩音。在徐邈的反切系統里，中古的船母字和他母字兩讀或混切的字却有十一例，占徐邈反切系統里現存的船母字的總數的83%。僅從這種表面現象來看，徐音船母似不足成爲一獨立的聲類，但是從徐音船母音切涉及的範圍來説，我們無法否認其存在。

（1）在徐邈的反切系統里，《廣韵》的船母字和以母混切和兩讀的六例：

盾（船）音允（以）　謚（船）以二（以）　楯（船）音尹（以）　射（船）音夜（以）
溢（以）徐云，鄭音謚（船）　易（以）神豉（船）（和下面以母參看）

（2）和邪母常母字混切的各占兩例：

贖（船）音樹（常）　視（常）音示（船）；楯（船）辭尹（邪）　馴（邪）食倫（船）

（3）和澄母字混切的一例：

芋（澄）食汝（船）

從以上的情况來看，在徐邈的反切系統里，船母字和以母字混切和兩讀的占的比例最大。此外，徐音船母還和邪母、常母混切。現在我們來看看徐音船母、邪母、以母三類聲母音切的分布情况。上文我們曾經説過，徐音邪母是舌尖前濁擦音，以母是舌面中濁擦音。徐音邪母除和以母、船母混切外，還和舌尖前濁塞擦音（從母）清擦音（心母）混切。徐音以母除和邪母、船母混切外，還和舌根擦音（云母）（曉母）混切。徐音船母除和邪母、以母混切外，很少和邪母以外舌尖音以及舌根音有任何牽連，但和常母滑母混切，常母澄母是舌面前音。徐音船母字的反切行爲和邪母、以母字都不一樣，其發音部位顯然的是和常母、澄母同部位的舌面前音。邪母、以母都是濁擦音，徐音船母顯然是舌面前濁擦音。

以　類

一　諛以朱　裕以樹　攸以帚　柚以救　緆以豉　籥以略　肆以以以至世自　洩以世　衍以怡戰戰　移怡者
台音怡　貽音怡　紖以音忍脪　酳音脪　朄音脪　寅以音真夷　彝音夷　養以余羊上亮尚　壝羊誰　孕養證
野以汝　餘以嗟　庮餘柳　延餘戰　煬餘亮　泄以世　哨以救　易以赤

本組二十八例，被切字和反切上字相當于《廣韵》三等韵的以母字，通過反切上字“以”聯成一組，現稱爲以類一組。

二 覦音喻 愉音喻

以上兩例，通過直音字“喻”聯成一組，現稱爲以類二組。以類二組和以類一組不相系聯，但以類二組被音字和直音字也都是《廣韻》三等韻的以母字，據枚舉歸納推理，以類二組和以類一組雖不系聯，實爲同類。

另有：

與音預音豫　緣音椽　揄音踰　異音異　弋音翼　粥音育　摇音遥　餤音鹽音閻　墉音容

九例，互不系聯，和以上兩組也不系聯，但以上九例被音字或直音字也都是《廣韻》三等韻以母字，據枚舉歸納推理，以上九例和以類一、二兩組雖不系聯，實亦同類。

以下：

荼音餘　覃以廉　堞養涉　盾音允　謚以二　易神至　溢音謚　爍音藥　鑠音藥　爚音藥　瑩音營
禜音營　熙音怡

十三例，被切字和反切上字涉及《廣韻》定、船、書、云、曉五類聲母，現分三組進行討論。

（一）荼、覃、堞、盾

一組四例，被切字相當于《廣韻》定母字，反切上字直音字是以母字。現分别説明如下：

荼　《周禮・地官・序官》：“掌荼下士二人。”鄭注：“荼，茅莠。”《釋文》：“音徒，徐音餘。”《廣韻・模韻》荼，苦菜。同都切。又麻韻：荼，宅加切。苦菜，又音徒。《集韻・模韻》荼，苦菜。一曰茅莠。同都切。另收《魚韻》：“荼，茅莠。《周官》有掌荼。羊諸切。徐邈讀。”荼有三音，實同一物。

覃　《詩・下田》：“以我覃耜。”毛傳：“覃，利也。”《釋文》以冉反。徐又以廉反。《廣韵·覃韵》：徒含切。“及也，延也。”按覃爲“剡”之借字。《廣韵·琰韵》：“剡，削也，利也。”以冉切。《集韵》另收《鹽韵》：覃，余廉切。利也。《詩》以我覃耜。徐邈説。

堞 《左·襄六年》：“傅于堞。”《釋文》：“音牒、女墻也。”徐養涉反。《廣韵·怗韵》：“堞，城上垣。”徒協切。《集韵》另收《葉韵》：堞，女墻也。弋涉切。“《春秋傳》環城傅于堞。徐邈讀。”

盾 《詩·小戎》：“龍盾之合。”毛傳：“畫龍于盾合而載之。”《釋文》：“盾，順允反。徐又音允。”按《説文·目部》：“盾，瞂也。所以扞身蔽目。”《廣韵》“盾”收混、準兩韵。收混韵者，徒損切，趙盾。人名。收準韵者食尹切，干盾也。不難推知，最初“盾”讀舌尖濁塞音，《廣韵》收混韵，爲人名專讀，人名多保留古讀。收準韵，作干盾解者，實后起之音。

以上四例，早期顯然都讀舌尖前濁塞音，因此《廣韵》都有定母又讀。到了徐邈的時候，這些字已讀舌面中濁擦音。徐邈、《釋文》都以當時音讀之。

（二）謚、溢、易

二組三例，首例被切字是船母字，反切上字是以母字。二、三兩例被切字是以母字。反切上字和直音字都是船母字，現分别討論如下：

溢 《詩·維天之命》：“假以溢我。”“溢”，毛，慎也。鄭，盈也。《釋文》：“溢，音逸。”《廣韵·質韵》：“溢，滿溢。”夷質切。《釋文》《廣韵》讀溢以母。徐云：毛音謚。徐依毛，讀“以”如船。

謚 《禮·曾子問》：“賤不誄貴。”鄭注：“誄，累也。累列生時行迹讀之以作謚。”《釋文》謚音示。徐又以二反。在這里徐又讀船如以。據以上兩條切語來看，徐音似乎船、以不分。

易 《禮·檀弓》：“羔裘玄冠者，易之而已。”《釋文》易音亦。徐以豉反。同書《檀弓下》：“吉祭易喪祭。”《釋文》：“以豉反，徐音亦。”以上兩例，“易”作變易解。《左·襄四年》：“貴貨易土。”《釋文》：“以豉反，輕也。徐神豉反。”同書《左·襄十三年》：“必易我而不戒。”《釋文》：“以豉反，徐神豉反。”以上兩例，作輕易解。前者徐讀以母，后者讀船母。音隨意轉，徐音船、以顯然有别。中古船以兩母，徐讀音極近。但兩母界限，仍然存在，固末可混爲一類也。李方桂認爲，“船”“以”兩讀，代表不同方言現象，可備一说。（參看上文船母）

（三）鑠、爍、爚、瑩、禜、熙

三組六例，前三例被切字相當于《廣韵》的書母字。四、五兩例，云母字，最后一例，曉母字。反切上字都是以母字。現分别討論如下：

鑠 《莊·胠篋》：“鑠絶竽瑟。”《釋文》：“鑠絶，郭、李詩灼反。向、徐音藥。”崔云：“燒斷之也。”

爍 《莊·胠篋》：“下爍山門之精。”《釋文》：“爍，失約反。崔云：消也。徐音藥。”

爚 《莊·胠篋》：“而以爚亂天下者也。”《釋文》：“爚，徐音藥。《三倉》云：火光，銷也。司馬、崔云：散也。”

以上三例《廣韵》都讀書母，《集韵》以、書兩讀，徐都讀以母。事實上，徐書、以混切和船、以混切性質是一樣的，都是舌面中音和舌面前音混切。僅清濁不同耳。

瑩 《詩·淇奧》：“充耳琇瑩。”毛傳：“琇瑩，美石也。”《釋文》：“瑩，音榮。徐又音營。”

禜 《左·昭元年》：“于是乎禜之。”《釋文》：“禜之音詠。徐又音營。”

不難看出，本組前三例，徐音以母字和舌面前清擦音混切。四、五兩例和舌根濁擦音混切。

最后一例：**熙**徐音怡，和舌根清擦音混切。因此我們假定徐音以母字是舌面中濁擦音是合適的。李方桂擬訂以母的音值 [j-] 是可信的。可以解釋徐音以母字和定、船、書、云、曉五母字的混切現象。

第五節　喉牙音

見　類

一 縞古到　膏古報　膠古孝　僥古了　叫古吊　罟音古　雇音古音鼓　賈音古音估　軥古豆　媧古蛙
過古臥音戈　假古雅　賅古來　解古賣　訣古惠古穴　抉古穴　膾古外　檜古外　句古侯　鉉古玄
亢古葬音剛　纊古曠　丱古猛音礦　陘古定　緘古咸古陷　晅古鄧　谷古木　滑古沒　噲古活　會古活
括古闊　楔古八　介古八　鞂古八　戛古八　擊古歷　矼古江　冠古亂　綰古患　間古莧古辨音澗

一組四十例，被切字和反切上字相當于《廣韻》一、二、四等韵的見母字，通過反切上字“古”聯成一組，現稱爲見類一組。

二 廣公曠　耿公穎　扃公冥　虢公伯　湨公璧
三 訌鄭音工　劀工滑　夾工洽音頰　莢音頰
四 介音戒　駴音戒

以上十　例，通過反切上字和直音字“公”“工”“戒”分别地聯成三組，現稱爲見類二組、見類三組、見類四組。見類二組、三組、四組，互不系聯，和見類一組也不系聯。但見類二組、三組、四組被切字或被音字，反切上字和直音字也都是《廣韻》一、二、四等韵的見母字，據枚舉歸納推理，徐音見類二組、三組、四組字和一組雖不系聯，實爲同類。

另有：

菏音柯　貫音官　鯤音昆　韝音溝　詬音垢音遘　枷音嫁　階音皆　犗音界

八例，互不系聯，和見類一、二、三、四組字亦不系聯，但以上八例被切字和反切上字也都是《廣韻》一、二、四等韻見母字。根據枚舉歸納推理，以上八例和一、二、三、四組字亦屬同類。

以下三例，須要稍加説明。

睽　《易·睽》："睽，《序卦》乖也。"《釋文》："睽，苦圭反。馬、鄭、王肅、徐、吕忱並音圭。"按《廣韻·齊韻》："睽，异也，乖也，外也。"苦圭切。《集韻》：睽，乖也。涓畦切。讀見紐者，蓋六朝以前之舊讀。

睆　《禮·檀弓》："華而睆。"鄭注："説者以睆爲刮節目字，或爲刮。"《釋文》："睆，華板反。明貌。孫炎云：睆，漆也。徐又音刮。"按徐音刮者，即易"睆"爲"刮"也。

漷　《左·襄十九年》："取邾田，自漷水。"《釋文》："漷水，好虢反。徐音郭。"《字林》有口郭、口獲二反。《廣韻·鐸韻》："漷，水名。"在魯。苦郭切。又許虢切。"漷"讀見母爲徐特有讀音。

例外一字：

蠱（見一）姬祖（見三）

居　類

一　踦居彼　庪居綺　瘈居世　倨音居　痀居具　璆居虯　糾居居酉虯　見居甸　鸇居延　鷚居六
繘居密　楗居偃　揭、桀居謁　拱居音男恭　共音恭　卷居紀紀久阮阮勉戀　捲紀阮　捲、蹇紀偃
供紀用　記紀吏　餽紀畏　喬紀音橋驕　屨居紀九具具具　恑九彼　莞九還　躩九縛

以上二十八例被切字和反切上字相當于《廣韻》三等韻的見母字，通過反切上 字"居"聯成一組，現稱爲居類一組。

二　堇音音謹靳　巹音謹　芹音謹
三　幾舉豈　舉音據　鋸音據

以上六例，通過直音字“謹”和反切上字“舉”分別地聯成兩組，現稱爲居類二組和居類三組，居類二組和居類三組互不系聯，和一組字也不系聯。但居類二、三兩組被切字和反切上字也都是《廣韵》三等韵的見母字。根據枚舉歸納推理，居類二、三兩組字和一組字雖不系聯，實爲同類。

另有：

罬姜雪　矜棘氷　蹶音厥　捄音鳩

四例，互不系聯，和居類一、二、三組字也不系聯。

但以上四例被切字和反切上字也都是《廣韵》三等韵的見母字，根據枚舉歸納推理，以上四例和居類一、二、三組字雖不系聯，實亦同類。

例外一字：

懁（四）音絹（三）

溪　類

一 恢苦回　塊苦苦對怪　衎苦旦　窾苦管　坎苦苦敢感　巧苦孝　搰苦没　壙苦廣　鏗苦庚　誙苦耕　

　 埪苦江　楬苦瞎　窽苦吊　顯（顰）苦見　坰苦營　罄苦定　慊苦簟　契苦結　闋苦穴

　 闃苦鶪　帠苦狄　挈苦結

以上二十二例，被切字和反切上字上相當于《廣韵》一、二、四等韵的溪母字，通過反切上字“苦”聯成一組，稱爲溪類一組。

二 汧口千　絅口定

三 褧孔穎　穎孔穎

四 稽音啓　棨音啓

以上六例，通過反切上字“口”“孔”和直音字“啓”分别地聯成三個小組，現稱爲溪類二組、溪類三組和溪類四組，溪類二組、三組、四組互不系聯，和溪類一組字也不系聯。但溪類二組、三組、四組字和被切字反切上字和直音字也都是《廣韵》一、四等韵的溪母字。根據枚舉歸納推理，以上三組和一組字雖不系聯，實爲同類。

另有：

嗛音謙　絅欽螢

兩例，和以上各組都不系聯，但以上兩例，被音字和被切字，直音字和反切上字都是《廣韵》四等溪母字。根據枚舉歸納推理，以上兩例和溪類各組雖不系聯，實爲同類。

例外一字：

扃（見）孔穎（溪）

起　類

一 觭起宜　窺起規　亟起吏　驅起遇　筐起狂　揭起謁　朅起謁　詰起列　胠起法　羌起良　拳羌權

以上十一例，被切字和反切上字相當于《廣韵》三等韵的溪母字，通過反切上字“起”聯成一組，稱爲起類一組。

二 跂丘婢　跬丘婢　愒丘麗　祛丘庶　區丘于　詘丘勿

三 奇去宜　頍去軌　虛去餘　郤去逆

以上十例，通過反切上字“丘”和“去”分别地聯成兩組，現稱爲起類二組和起類三組，起類二組、三組互不系聯，和一組字也不系聯，但起類二組、三組，被切字和反切上字也都是《廣韻》的三等韻的溪母字。根據枚舉歸納推理，起類二組、三組和一組字雖不系聯，實爲同類。

另有：

券（音勸）　欽（音欽）

兩例，互不系聯，和一、二、三組字也不系聯，但以上兩例被切字和反切上字也都是《廣韻》三等韻的溪母字。根據枚舉歸納推理，以上兩例和一、二、三組字亦屬同類。

群　類

一　技（其綺）　耆（其夷）　饋（其類）　跽（其里）　綦（其記）　詎（其庶）　句（其俱）　擎（其驚）　揭（其謁）　橛蹶（其月）
　　菌（其隕）　蹇鍵腱（其偃）　鉗（其嚴）　黔（其嚴、渠嚴、其金、音禽、音琴）　給（渠急）　衿（音琴）

以上十九例，被切字和反切上字相當於《廣韻》三等韻的群母字，通過反切上字“其”聯成一組，現稱爲群類一組。

二　祁（巨尸）　疷（祁支）　近（巨靳）　芑（巨己、求己）　蹷（求月）
三　鉥（音虯）　絿（音虯）　觩（音虯）

以上八例，通過反切上字“巨”和直音字“虯”分別地聯成兩組，現稱爲群類二組，群類三組，群類二、三兩組互不系聯，和群類一組也不系聯。但群類二、三兩組被切字和被音字，反切上字和直音字也都是《廣韻》三等韻的群母字。據枚舉歸納推理，群類二、三兩組和一組字雖不系聯，實爲同類。

另有：

玃俱碧　幾音祈　瞿音懼　欋音權

四例，互不系聯，和群類一、二、三組字也不系聯，但以上四例被切字和反切上字也都是《廣韵》三等韵群母字。根據枚舉歸納推理，以上四例和群類一、二、三三組字，虽不系聯，實亦同類。

需要説明的有以下幾例：

屈 《詩・泮水》："屈此群醜。"《鄭箋》"屈治醜惡。"按《説文・水部》"淈"字下，段注，謂："某氏注《爾雅》，引詩'淈此群丑。'，其勿反。"'淈'即釋詁之淈。治也。是"屈"爲"淈"之借字，徐依鄭作其勿反。

衿 《詩・子衿》："青青子衿。"毛傳："衿，青領也。"《釋文》："衿，領也。本亦作襟。"按"襟"即"裣"之异體。《説文・衣部》：裣交衽也。字亦作衿。《廣韵》襟，衿皆居吟切。徐音琴。《集韵》衿，另有渠金一讀。

建 《禮・樂記》："名之曰建櫜。"鄭注："建爲鍵，字之誤也。"按《廣韵・願韵》建，居萬切。《阮韵》：鍵，其偃切。徐其偃切。爲鍵作音。以上三例"本字"也都是群母字。

倚 《左・昭十二年》："左史倚相。"《釋文》："倚，其於綺反，徐其綺反。"人名。據徐音體例，地名、人名往往有异讀。

例外一字：

掘(群)音屈(溪)

疑　類

一　彌五兮　仵音五　牙五加　訛五何　敖五高　囂五高　敖五到　傲五報　謷五到五報　樂五教
　　园五丸　頑五班　刖五刮　倪五兮五嵇五圭音詣　睨音詣

以上十五例，被切字和反切上字相當于《廣韵》一、二、四等韵疑母字，通過反切上字“五”聯成一組，現稱爲疑類一組。

另有：

劓$^{吾}_{氣}$　憖$^{吾}_{巾}$　孽$^{五五}_{列謁}$　仰$^{五}_{亮}$

四例，以上四例可以和一組字聯成一組，但以上四例均爲《廣韵》三等韵的疑母字，顯與通例不合。以上四例，前三例是《廣韵》重紐韵中“韵圖”列三等的喉牙音字。在徐邈的反切系統里，重紐韵“韵圖”列三等的喉牙唇音字和同部的“韵圖”列四等的喉牙唇音字有嚴格的兩套不同的反切下字。説明在徐邈的反切系統里，“韵圖”列三等的喉牙唇音字具有一種不同于一般三等韵的特殊的讀音。現即以本組“劓”“憖”“孽”作爲疑類一組的特例。最后一例“仰”《經典釋文》徐音共三處出現都作“五亮反”。劉昌宗作“五郎反”，看來六朝早期經師有以“仰”讀爲一等。

魚　類

一 劓$^{魚}_{器}$　帠$^{魚音}_{例藝}$　㾊$^{魚}_{變}$　讞$^{魚}_{列}$　薿$^{魚}_{力}$

以上五例，被切字和反切上字相當于《廣韵》的三等韵疑母字，通過反切上字“魚”聯成一組，現稱爲魚類一組。

二 刖$^{音}_{月}$　杌$^{音}_{月}$

以上兩例，通過反切上字“月”聯成一組，現稱爲魚類二組，魚類二組和一組字不相系聯。但魚類二組被切字和反切上字也都是《廣韵》三等韵疑母字。根據枚舉歸納推理，魚類二組字和一組字雖不系聯，實爲同類。

另有：

甗音彦　喦音吟　隉語折　艾音刈　喁音愚

五例，互不系聯，和魚類一、二兩組字也不系聯，但以上五例被音字和直音字也都是《廣韵》三等韵疑母字。根據枚舉歸納的推理，以上五例和魚類一、二兩組字雖不系聯，亦爲同類。

曉　類

一 虺、傀呼懷　捇呼陌　醯呼兮　噦呼惠　眩呼縣

六例，被切字和反切上字相當于《廣韵》一、二、四等韵曉母字，通過反切上字“呼”，聯成一組，現稱爲曉類一組。

另有：

闞火敢火斬　醢音海　肓音荒　涽音昏　華音花

五例，互不系聯，和一組字也不系聯，但以上五例被切字和反切上字都是《廣韵》一、二等韵曉母字。根據枚舉歸納推理，以上五例和一組字雖不系聯，實爲一類。

許　類

一 睢許惟許鼻許圭　喜許記許意　決喜缺音穴　憓許劌　囂許驕　呺許憍　祈許記　塈許氣　卉許貴
亨（享）許兩　響許亮　矍許縛　歙許輒　暈許云　掀許言　休許留許求　䩆休往　煖許袁況煩況晚
雩況于　煦況甫　栩況羽　撫況紆凶武　勗況目　閾況逼　殈況逼

以上二十五例，被切字和反切上字相當于《廣韵》三等韵曉母字，通過反切上字“許”“況”聯成一組，現稱爲許類一組。

二 嘻[音熙] 譆[音熙]

以上兩例，通過直音字“熙”聯成一組，現稱爲許類二組。許類二組和許類一組字不相系聯，但許類二組被音字和直音字也都是《廣韵》三等韵曉母字。根據枚舉歸納推理，二組字和一組字雖不系聯，實屬同類。

另有：

戲[音義] 肸[音翕]

兩例，互不系聯，和一、二兩組字也不系聯，但以上兩例，被音字和直音字也都是《廣韵》三等韵曉母字。根據枚舉歸納推理，以上兩例和一、二兩組字雖不系聯，亦屬同類。

例外兩字：

騂(三)[呼營](一) 廞(二)[呼歆](一)

一般說來，徐音喉牙音字，大致可分兩類。一類可專爲一、二、四等韵字作反切上字，另一類專爲三等韵字作反切上字。徐音曉類用作切語的反切上字。也可分爲兩類：一類呼類，專作一、二、四等韵字的反切上字。另一類許類，專作三等韵字的反切上字。但徐音許類除用作三等韵字的反切上字外，也可以用作一、二、四等韵字的反切上字。以“許”作一、二、四等韵字的反切上字的共八例：

撓[許高] 髐[許堯] 熇[許酷] 詬[許后] 旱[許但] 謋[許百] 砉[許鳩] 騞[許孌]

占許類全部例字的21%。

匣 類

一 回（胡猥） 和（胡卧） 匯（胡罪） 皞（胡老） 狐、𤞞（音胡） 后（胡豆） 齕（胡勿） 犴（胡旦） 輐（胡管）
號（胡刀 胡報 胡到 户到） 抗（户剛） 濩（户郭） 骭（户干） 絯（户隔） 擭（户覆） 行（胡孟 户郎 下孟） 鮭（胡佳） 解（胡賣 音蟹）
哇（胡卦） 壞（胡拜 音懷） 華（胡化） 蝗（華孟） 睔（胡忖） 畫（胡麥） 莧（胡練） 掔（户耕） 衡（户庚） 蘅（音衡）
觳（户角） 沍（户格） 狎（户甲） 鍰（户關） 殽絞（户交） 下（户嫁） 降（下江） 俔（下顯） 鈃（胡冷） 檻（下斬）
駽（胡眄） 紘（胡切） 髻（胡節） 羿（胡計 户計） 絜（户結） 頡（下結）

以上共四十六例，被切字和反切上字相當于《廣韻》一、二、四等韵匣母字，通過反切上字“胡”聯爲一組，現稱爲胡類一組。

二 環（音患） 還（意患） 豢（音患）

以上三例，通過直音字“患”聯成一組，現稱爲胡類二組。胡類二組字和一組字不相系聯，但胡類二組被音字和直音字都是《廣韵》二等韵的匣母字。根據枚舉歸納推理，二組字和一組字實爲同類。“環”一般讀平聲，《左・襄十年》“還鄭”，《釋文》本作環，鄭，户関反。徐音患，注同繞也。讀去聲。

另有：

瓠（侯吴） 熯（音漢） 莞（音丸） 奐（音换） 喤（音皇） 烘（音洪） 紘（音宏） 祫（音洽） 獲（横霸） 見（賢遍） 蹊（音兮）
眩（音玄） 邢（音形）

十三例，互不系聯，和一、二兩組字也不系聯，但以上十三例被音字和直音字也都是《廣韵》一、二、四等韵匣母字。根據枚舉歸納推理，以上十三例，和一、二兩組字亦屬同類。

例外一字：

絅（溪）音迴（匣）

云 類

一 往于況 王往于況況 囿于目 棫于目 筠于貧 員于貧 隕于貧 遠于願 瑗于萬 為于僞
竽音于 有于救

以上十一例，被切字和反切上字相當于《廣韻》三等韻云母字，通過反切上字“于”聯成一組，稱爲云類一組。

另有：

芸音運 永音咏 緎音域 右音佑 偊音禹

五例，互不系聯，和一組字也不系聯，但以上五例也都是《廣韻》三等韻云紐字。根據枚舉歸納推理，以上五例和一組字雖不系聯，亦屬同類。

另有：

俟音矣

一例，按“俟”《切韻》《廣韻》讀舌齒音早期反切多讀喉牙音，吕枕、郭璞讀疑紐，徐邈讀云紐。

影 類

一 唉烏來 踠烏卧 謳烏侯 沃烏酷 蠖烏烏臒郭 窅烏了 毆烏例 瘞烏計 宴烏烏殄練

以上九例，被切字和反切上字相當于《廣韻》一、二、四等韻影母字，通過反切上字“烏”聯成一組。現稱爲烏類一組。

另有：

剭音屋　甕音瓮

兩例，和烏類一組字不相系聯，但以上兩例被音和直音字也都是《廣韻》一等韻影母字。根據枚舉歸納推理，以上兩例和一組字應屬同類。

例外兩字：

厭（三）烏箮（一）　穢（三）烏烏外會（一）

於　類

一　猗於宜　倚於於奇綺　衣於既　鄔於據　傴於具　要於召　夭於驕約於妙　櫻於音營嬰　厭於於於於於廉冉豔輒涉
掩於驗　淹於嚴　奄於劍　愔於林　欽於鴆　應於甑　揖於立　邑於執　臆於力　廱於容　雝於容
蘊於憂憤群　鄢於於建虔　憂於救　醷於力

以上二十五例，被切字和反切上字相當于中古三等韻的影母字，通過反切上字“於”聯成一組，現稱爲於類一組。

另有：

匽音偃　灉音邕　膺音應　噫音醫

四例，互不系聯，和一組字也不系聯，但以上四例被切字和反切上字也都是《廣韻》三等韻的影母字。根據枚舉歸納推理，以上四例和一組字，雖不系聯，實爲同類。

以下：

僾於愷　齈於弄　閼於葛　黬於減　英於耕　婉於管紆願　宴於顯　燕於顯　晏於顯　窒於蛙
宎於堯　黶於玷

十二例，被切字和反切下字涉及《廣韵》一、二、四等韵字，于通例不合。

按《説文·烏部》“於”爲烏之古文省體。段玉裁謂“於”爲后出之古文。與“于”爲古今字。《釋詁》、毛傳、鄭注皆云：于，於也。凡經多用“于”，凡傳多用“於”。而“烏”“鳥”不用此字。《切韵》《廣韵》收“於”模、魚兩韵。收模韵者，哀都切，古作“於戲”。收魚韵者，央居切。居也，代也，語辭也。兩者來源不同，形體則一。用爲反切上字，孰爲哀都，孰爲央居后人多亂。

另有兩例：

“札”《莊·人間世》：“名也者相軋也。”《釋文》徐音於八反。亦作軋。盧文紹謂：今本作軋。《廣韵·黠韵》：“軋，車輾。”烏黠切。徐“於八”顯爲“軋”作音。

“沃”《書·咸有一德》：“沃丁既葬伊尹于亳。”《釋文》：“沃，烏毒反。徐於毒反。”按徐音於毒即烏毒。

以上我們采用系聯法和枚舉歸納推理，歸納徐音反切上字，得三十五個聲類。

列舉如下：

唇音	幫(非) 一、二、三、四	滂(敷) 一、二、三、四	並(奉) 一、二、三、四	明(微) 一、二、三、四		
舌頭	端(知二) 一、二、四	透 一、(二)、四	定(澄二) 一、二、四	泥 一、二、三、四		
舌上	(知三)	(徹三)	(澄三)	日三		
齒頭	精一、三、四	清一、三、四	從一、三、四	心一、三、四	邪三	來一、三、四
正齒	(莊二、三)	(初二、三)	(崇二、三)	(生二、三)		
舌面前	章三	昌三	常三	書三	船三	
舌面中					以三	
喉牙音	見一、二、四 三	溪一、二、四 三	群三	曉一、二、四 三	匣一、二、四 云、三	
	疑一、二、四 三	影一、二、四 三				

説明：一、上表幫、滂、並、明旁標寫的小字（非）（敷）（奉）（微），表示中古的非、敷、奉、微四母還未分出。徐音分别和幫、滂、並、明讀爲一類；端、定旁括號里小字：知二，澄二分别表示中古二等韵里知母、澄母字徐音仍讀爲端母、定母。

二、上表每聲類下的數字表示該聲類能在哪些等的韵類里出現。如：精一、三、四，表示，徐音精母能在一、三、四等韵里出現。

三、其他括號里的聲紐表示該聲類正在形成，還没有成爲一獨立的聲類。

現將徐音三十五聲類反切上字總的分布情况列成以下兩表。

表 A：

説明：本表，喉牙音字分甲、乙兩類。甲類是一、二、四等韵字，乙類是三等韵字。匣相當于甲類字，云相當于乙類字。

本表讀法：本表横讀，表示本類字爲他類字作音的次數。例如，本表横列第一格，竪行第一格。格里數字“77”，表示幫類字爲幫類字作音“77”次。分欄讀，表示他類字爲本類字作音的次數。如，本表横列右行第五格“見甲”，下行五格，格里數字“59”，表示“見甲”爲“見甲”作音“59”次。再下行一格。格里數字“1”，表示“見乙”爲“見甲”作音一次，再下行一格，格里數字“1”表示“溪甲”爲“見甲”作音一次，以此類推。

表A

	幫	滂	並	明	見甲	見乙	溪甲	溪乙	群	疑甲	疑乙	曉甲	曉乙	匣	云	影甲	影乙	總
幫	77	2																79
滂		41																41
並			75															75
明				37														37
見甲					59													59
見乙					1	38												39
溪甲					1		30											31
溪乙								23	1									24
群									31									31
疑甲										19								19
疑乙											12							12
曉甲												11	2					13
曉乙												8	29					37
匣							1							62				63
云															16			16
影甲																11	2	13
影乙																12	29	41
總	77	43	75	37	61	38	31	23	32	19	12	19	31	62	16	23	31	630

表 B

	端	透	定	泥	知	徹	澄	日	來	精	消	從	心	邪	莊	初	崇	生	章	昌	常	書	船	以	（云）	（俟）	總
端	9				10																						19
透		8																									8
定			59																								59
泥				11																							11
知					12																						12
徹			5			10										1											16
澄			1				36														2						39
日								13																			13
來									38								1										39
精										35					1												36
清										2	24					1				1							28
從												28		2			6										36
心													27	1				1									29
邪														9									1	2			12
莊										1					10												11
初										1						3											4
崇																	4										4
生																		14									14
章																			21								21
昌																				10							10
常							1														13		1				15
書																						14					14
船							1							1							1		2	2			7
以			4											3								3	4	39	2	1	56
云																									1		1
總	9	8	69	11	22	10	38	13	38	39	24	28	27	16	11	5	11	15	21	11	16	17	8	43	3	1	514

表 A 現存唇牙喉音切語共 630 例，其中混切和兩讀音僅 30 例，（包括爲一、二、四等韵作切的“許”類 8 例和“於”類 12 例）占表 A 全部切語的 4.7%，充分説明徐邈反切系統里唇牙喉音字處于相對穩定的狀態。

表 B 現存舌齒音切語共 514 例，其中混切和兩讀的達 64 例，占表 B 全部切語的 12.4%，充分説明在徐邈的反切系統里舌齒音字正處于變化的階段。

徐邈舌齒音字混切和兩讀的切語可分以下兩種情況：

第一種情況，是指在徐邈的反切系統里某一組聲類和另一組特定的聲類有混切和兩讀的關係。例如：知組字只和端組字有混切兩讀的關係，莊組字和精組字有混切和兩讀的關係。這種情況反映了徐邈的反切系統較早的一個時期，知組和端組，莊組和精組都分別地存在着某種特殊關係，僅僅由于某種因素，才促使端、知兩組，精、莊兩組分道揚鑣，各自發展。

第二種情況是指在徐邈的反切系統里某一聲類和另外的幾個聲類有混切和兩讀的關係。

例如，徐音邪母和船母、以母、從母、心母有混切、兩讀的關係；以母和定母、邪母、常母、船母、云母有混切和兩讀的關係；船母和邪母、常母、澄母、以母有混切和兩讀的關係。第二種情況反映了在徐邈的反切系統里舌齒音聲類與聲類之間存在着一種多邊的關係，需要進行多方面的分析。有的是語音歷史上的演變，有的是經師的异讀，有的是方言混入，有的是音近的誤切。各聲類之間的混切和兩讀，顯然不能以單一的因素來加以解釋。上文分析僅僅作了一點初步的嘗試。

反切上字總表

聲类	等						
	一	二	四	子	丑	寅A	寅B
幫	補$_1$方$_5$甫$_6$府$_1$	補$_1$甫$_3$	補$_1$邊$_1$甫$_2$方$_3$府$_1$	甫$_4$方$_1$	補$_1$悲$_1$方$_6$甫$_{10}$	必$_2$補$_2$彼$_1$方$_9$甫$_7$府$_2$	甫$_7$方$_5$
滂	普$_1$敷$_3$芳$_2$	普$_1$敷$_3$	匹$_1$敷$_3$孚$_1$	敷$_2$芳$_1$孚$_1$	普$_1$敷$_5$芳$_3$孚$_2$	匹$_3$芳$_2$孚$_2$敷$_4$	敷$_1$芳$_1$
並	薄$_1$蒲$_4$步$_1$扶$_{15}$	蒲$_1$步$_1$符$_1$父$_1$扶$_4$	薄$_2$扶$_8$	扶$_7$	扶$_6$符$_1$房$_1$	蒲$_2$房$_1$扶$_{19}$	扶$_8$符$_3$
明	莫$_7$武$_4$	莫$_1$武$_2$	莫$_2$無$_1$亡$_3$	亡$_1$	亡$_2$	武$_2$	亡$_2$
端	都$_4$丁$_4$	都$_1$丁$_1$	都$_3$當$_1$丁$_2$		都$_1$丁$_5$	丁$_5$得$_1$	
透	他$_3$		他$_1$吐$_1$天$_1$				
定	徒$_{12}$大$_2$同$_1$	徒$_1$	徒$_{10}$唐$_1$庭$_1$同$_1$		徒$_1$	徒$_1$	

续表

声类	等						
	一	二	四	子	丑	寅A	寅B
泥	乃$_{2}$	乃$_{1}$	乃$_{2}$		女$_{3}$		
知					知$_{1}$珍$_{1}$張$_{2}$猪$_{1}$	張$_{2}$長$_{2}$	
徹	勑$_{6}$	勑$_{1}$	勑$_{1}$		勑$_{3}$尺$_{1}$	勑$_{8}$尺$_{4}$	
澄			治$_{1}$		直$_{9}$持$_{2}$治$_{7}$	治$_{1}$直$_{9}$丈$_{3}$持$_{1}$	直$_{1}$
日			耳$_{1}$		如$_{3}$而$_{2}$	而$_{5}$耳$_{3}$	
來	盧$_{2}$力$_{9}$		郎$_{2}$力$_{3}$	力$_{2}$	力$_{5}$良$_{1}$	力$_{11}$	力$_{3}$
精	子$_{4}$		子$_{8}$蒋$_{1}$		子$_{10}$即$_{1}$將$_{1}$	子$_{5}$兹$_{1}$將$_{1}$	
清	采$_{1}$七$_{6}$	倉$_{2}$七$_{1}$	倉$_{1}$七$_{1}$		采$_{1}$七$_{4}$	七$_{1}$	
從	才$_{3}$在$_{3}$徂$_{1}$	在$_{2}$	才$_{1}$昨$_{1}$在$_{1}$前$_{1}$		在$_{13}$才$_{3}$	在$_{3}$才$_{1}$	
心	素$_{1}$悉$_{2}$息$_{5}$		蘇$_{1}$桑$_{1}$悉$_{1}$西$_{1}$		思$_{4}$息$_{2}$相$_{2}$	雖$_{1}$思$_{2}$息$_{4}$	息$_{1}$
邪					辭$_{1}$	辭$_{4}$詞$_{1}$徐$_{1}$	
莊	側$_{1}$	側$_{2}$			側$_{4}$争$_{1}$	側$_{1}$	側$_{3}$
初		初$_{2}$					初$_{1}$
崇	仕$_{1}$	仕$_{1}$士$_{1}$			仕$_{1}$		仕$_{1}$
生	色$_{1}$	所$_{5}$			所$_{4}$	所$_{3}$色$_{1}$霜$_{1}$	所$_{3}$
章		之$_{1}$朱$_{1}$			章$_{4}$之$_{2}$	之$_{17}$針$_{1}$	
昌					昌$_{1}$處$_{1}$	處$_{1}$赤$_{1}$	
常					市$_{5}$常$_{2}$時$_{2}$是$_{1}$	市$_{8}$	
書					詩$_{2}$始$_{3}$	始$_{1}$中$_{1}$失$_{1}$式$_{3}$詩$_{1}$舒$_{1}$升$_{1}$	
船					食$_{4}$神$_{2}$	食$_{2}$神$_{2}$	
以					以$_{12}$養$_{1}$余$_{1}$羊$_{1}$餘$_{2}$	以$_{16}$怡$_{2}$與$_{1}$羊$_{1}$餘$_{2}$悦$_{1}$養$_{2}$	
見	古$_{14}$公$_{1}$姬$_{1}$	古$_{17}$佳$_{1}$姬$_{1}$公$_{1}$工$_{2}$九$_{1}$	古$_{9}$公$_{3}$	居$_{4}$紀$_{1}$己$_{1}$舉$_{1}$久$_{1}$	居$_{8}$紀$_{3}$棘$_{1}$	居$_{3}$紀$_{1}$	居$_{4}$紀$_{2}$姜$_{1}$
溪	苦$_{8}$	苦$_{6}$	苦$_{9}$口$_{2}$丘$_{1}$欽$_{1}$孔$_{3}$	起$_{1}$羌$_{1}$丘$_{1}$	起$_{4}$丘$_{2}$去$_{1}$	丘$_{3}$起$_{2}$羌$_{1}$	丘$_{1}$羌$_{1}$起$_{1}$去$_{1}$

续表

声类	等						
	一	二	四	子	丑	寅 A	寅 B
群	其$_{1}$	其$_{1}$		其$_{8}$求$_{1}$渠$_{1}$巨$_{1}$	其$_{6}$求$_{1}$俱$_{1}$	具$_{2}$巨$_{1}$祁$_{1}$渠$_{1}$	其$_{6}$求$_{1}$
疑	五$_{8}$	五$_{4}$	五$_{1}$	五$_{2}$吾$_{1}$	五$_{2}$魚$_{1}$	語$_{1}$	五$_{2}$魚$_{4}$
曉	許$_{5}$火$_{2}$	呼$_{3}$許$_{1}$火$_{1}$	呼$_{2}$許$_{4}$火$_{1}$喜$_{1}$况$_{1}$	許$_{5}$况$_{3}$	許$_{8}$况$_{7}$黑$_{1}$凶$_{1}$休$_{1}$	許$_{3}$	火$_{2}$許$_{2}$
匣	侯$_{1}$胡$_{10}$户$_{6}$下$_{1}$	胡$_{8}$户$_{10}$火$_{1}$下$_{3}$華$_{1}$横$_{2}$	胡$_{6}$户$_{2}$下$_{2}$賢$_{1}$	化$_{5}$胡$_{1}$于$_{2}$	于$_{1}$往$_{2}$		
影	烏$_{8}$屋$_{2}$於$_{2}$	於$_{4}$	烏$_{5}$於$_{6}$	於$_{8}$紆$_{1}$憂$_{1}$	於$_{9}$	於$_{14}$	烏$_{1}$於$_{4}$

説明：（一）每一反切上字下所注的阿拉伯數字是指該反切上字在各等里所使用的次數。

（二）根據《切韵》音系分三等韵爲子、丑、寅三類。“A”表示“韵圖”列四等的喉牙唇字及舌齒音字；“B”表示“韵圖”列三等的喉牙唇音字和莊組字。

參考近人對上古漢語和中古漢語語音的擬構，特將徐音三十五聲類的音值擬訂如下：

唇音	幫	滂	並				明
	P	P’	b				m
舌頭	端（知二）	透（徹二）	定（澄二）			泥	
	t	t	d			n	
舌上	（知）	（徹）	（澄）			日	
	t́	t́′	d́			n	来
齒頭	精	清	從	心	邪		l
	ts	ts	dz	s	z		
正齒	（莊）	（初）	（崇）	（生）			
	（ts.）	（ts′.）	（dz.）	（s.）			
舌面前	章	昌	常	書	船		
	t́s	t́s′	d́z	ś	ź		
舌面中					以 j		
喉牙音	見	溪	群	曉	匣	疑	影
	K	k	g	x	r	ng	O

第二章　韵類

我們歸納徐邈的聲類是在陳澧的系聯法的基礎上，并采用“傳統邏輯”，所謂“枚舉歸納推理”來進行的。現在我們采取同樣的辦法來歸納徐音的韵類。爲了行文簡潔，今后僅在必要的時候指出“根據枚舉歸納推理”進行歸類，一般不再作繁複的陳述。

第一節　止攝

支　部

支部現存六十五字。

平聲二十例　**紕　陴　遲　翅　池　窺　差　釃　觭　奇　猗　羸　齎**

驪　倚　踟　施　訾　疷　戲

系聯結果，得兩大類、四小類、五個小組。兩大類是指下列 A、B 兩類。四小類是指 A、B 兩類各分開、合。五個小組是指 A 類開口兩組，合口一組；B 類開口一組，合口一組。

A 類

開口			合口	
一	**紕**（並支 A）	**補移**（幫支）	一 **窺**（溪支 A）	**起規**（溪支 A）
	陴（並支 A）	**扶移**（奉支）		

	開口		合口
	遲（澄支）[1]	直移（澄支）	
二	翅（書支）	詩知（書支）	
	池（澄支）[2]	直知（澄支）	
	齎（精支）	將池（精支）	
	䍦（來支）	力池（來支）	

B 類

	開口			合口	
一	差（初支）	初宜（初支 B）	一	羸（來支）	力皮（來支 B）
	釃（生支）	所宜（生支 B）			
	觭（溪支 B）	起宜（溪支 B）			
	奇（群支 B）	去宜（溪支 B）			
	猗（影支 B）	於宜（影支 B）			
	倚（影支 B）[3]	於奇（影支 B）			

上表，每個例字的后面圓括弧里的字是表示中古的聲類和韵類。例如，A 類開口：“紕（並支 A）”，表示“紕”是《切韵》並母、支韵，A 類字。“A 類”是指“韵圖”列四等喉、牙、唇、音字和舌齒音字（莊組字除外），“補移（幫支）”，“補移”是紕的切語，反切上字“補”是幫母字。反切下字“移”，是《切韵》的支韵字；同樣，B 類開口：“奇（群支 B）”，表示“奇”是《切韵》群母、支韵、B 類字。“B 類”是指“韵圖”列三等的喉牙唇音字和莊組字。“去宜（溪支 B）”，“去宜”是“奇”的切語。反切上字“去”，是溪母字，反切下字“宜”，是支韵 B 類字。（舌齒音字，不標 A、B 符號）

A 類開口一組三例，被切字和反切下字相當于中古支韵開口，“韵圖”列四等的唇音字和舌齒音字，通過反切下字“移”，聯成一組。（“移”徐讀舌面音，參看聲類）

A 類開口二組四例，通過反切下字“池”聯成一組、二組，和一組字不相系聯，但二組被切字和反切下字也都是中古支韵開口舌齒音字，根據枚舉歸納推理，二組字和一組字雖不系聯，實爲同類。

另有：

踟（澄支）[4]　音馳（澄支）　　施（書支）[5]　音絁（書支）[5]
訾（從支）[6]　音疵（從支）　　疷（群支A）　祁支（群支）

四例，互不系聯，和A類開口一、二兩組字也不系聯，但以上四例被切字和反切下字也分别是中古支韻開口舌齒音字和“韻圖”列四等唇牙喉音字。根據枚舉歸納推理，以上四例和一、二兩組字雖不系聯，實亦同類。

A類合口一組一例，被切字和反切下字相當于中古支韻合口，“韻圖”列四等的喉牙音字。本組僅此一例，當自爲一類。

B類開口一組現存六例，被切字和反切下字相當于中古支韻開口，“韻圖”列三等的喉牙音字和莊組字，通過反切下字“宜”聯成一組。本組自爲一類。

另有：

戲（曉支B）　音羲（曉支B）

一例，和B類開口一組不相系聯。但本例被切字和反切下字也都相當于中古支韻開口，“韻圖”列三等喉牙音字。根據枚舉歸納推理，本例和B類開口一組字雖不系聯，實爲同類。

B類合口一組僅存一例，被切字相當于中古支韻合口來母字，反切下字是支韻合口，“韻圖”列三等的唇音字。本組僅此一例，當自爲一類。

上聲二十五例：俾　卑　敝　髀　弭　跂　陁　坻　捶　跬　罷　靡
　　　　　　　踦　庪　技　灑　纚　攦　縰　倚　恑　䗪　弛　褫
　　　　　　　訾

系聯結果，得兩大類、四小類、五個小組。兩大類是指下列A、B兩類。四小類是指A、B兩類各分開合。五個小組是指A類開口兩組，合口一組；B類開、合各一組。

A 類

	開口		合口	
一	俾（幫紙A）	甫婢（非紙A）	捶（章紙）	之累（章紙）
	*卑（並紙A）[7]	音婢（並紙A）	跬（溪紙A）[8]	丘婢（溪紙A）
	敝（並祭A）	音婢（並紙A）		
	髀（並紙A）[9]	匹婢（滂紙A）		
		甫婢（幫紙A）		
	弭（明紙A）	武婢（微紙A）		
	跂（溪紙A）[10]	丘婢（溪紙A）		
二	阤（澄紙）	丈爾（澄紙）		
	坻（章紙）	之爾（章紙）		

B 類

	開口		合口	
一	罷（並紙B）[11]	音彼（幫紙B）	恑（見紙B）	九彼（見紙B）
		甫綺（非紙B）		
	靡（明紙B）	亡彼（微紙B）		
	踦（見紙B）	居彼（見紙B）		
	庋（見紙B）	居綺（見紙B）		
	技（群紙B）	其綺（群紙B）		
	灑（生紙）	所綺（生紙B）		
	纚（生紙）	所綺（生紙B）		
	攡（生紙）[12]	所綺（生紙B）		
	縰（生紙）	所綺（生紙B）		
	倚（群紙B）	其綺（群紙B）		
		其蟻（群紙B）		

A 類開口一組現存六例，被切字和反切下字相當于中古紙韵開口，“韵圖”列四等唇牙喉音字，通過反切下字“婢”聯成一組。

A 類開口二組現存兩例：被切字和反切下字相當于中古紙韵開口舌齒音字。A 類開口二組和一組不相系聯，但據本部平聲 A 類開口一組例，“韵圖”列四等唇牙喉音字和舌齒音字可聯成一組。因此，A 類開口二組和一組字雖不系聯，實爲同類。

另有：

髋（敕紙）	眥紙（勅紙）	弛（書紙）	式紙（書紙）
緆（澄紙）	直是（澄紙）	眥（精紙）	音紫（精紙）

四例，互不系聯，和一、二兩組字也不系聯，但以上四例被切字和反切下字也都是中古紙韵開口舌齒音字。根據枚舉歸納推理，以上四例和一、二兩組字雖不系聯，亦爲同類。

A 類合口現存兩例，捶（章紙），之累（章紙）；跬（溪紙 A），丘婢（溪紙 A），互不系聯，但以上兩例，被切字和反切下字分别是中古紙韵合口舌齒音字和"韵圖"列四等唇牙喉音字。據本類開口一、二兩組例，以上兩組雖不系聯，實亦同類。

B 類開口一組現存十例，被切字和反切下字相當于中古紙韵開口，"韵圖"列三等唇牙喉音字和莊組字，通過反切下字"綺"聯成一組。本組自爲一類。

B 類合口一組僅存一例，被切字和反切下字相當于中古紙韵合口，"韵圖"列三等唇牙喉音字。本組只此一例，當自爲一類。

去聲現存二十例：臂　忮　侈　易　緆　眥　知　刺　捶　垂　規　陂
跛　賁　靡　披　為　積　啻　被

系聯結果，得兩大類、四小類、五個小組。兩個大類是指下列 A、B 兩類。四個小組是指 A、B 兩類各分開、合。六個小組是指 A 類開口三組，合口一組；B 類開口一組、合口一組。

A 類

開口			合口		
一	臂（幫寘 A）	方避（非寘 A）	一	捶（章紙）[13]	之睡（章寘）
二	忮（章寘）	之豉（章寘）		垂（常支）[14]	音睡（常寘）
	侈（昌紙）[16]	處豉（昌寘）		規（見支）[15]	紀睡（見寘）
	易（以寘）[17]	神豉（船寘）			
	緆（以寘）	以豉（以寘）			
三	眥（精寘）	子智（精寘）			
	知（知寘）	音智（知寘）			

刺（清寘） 七智（清寘）

B 類

開口			合口	
一	波（幫寘B）	甫寄（非寘B）	一 為（云寘）	于偽（云寘B）
	跛（幫寘B）	方寄（非寘B）		
	賁（幫寘B）	甫寄（非寘B）		
	靡（明寘B）	武寄（微寘B）		
		亡髮（微寘B）		
	披（幫寘B）[18]	甫髮（非寘B）		

A類開口一組僅存一例，被切字和反切下字相當于中古寘韵開口，“韵圖”列四等的唇音字。本組僅此一例，當自爲一類。

A類開口二組現存四例；三組，現存三例，通過反切下字“豉”和“智”分别地聯成兩組，A類開口二組和三組互不系聯，和一組字也不系聯。但A類開口二組、三組的被切字和反切下字都相當于中古寘韵開口舌齒音字。據本部平聲A類一組系聯情況（“韵圖”列四等唇音字和舌齒音字可聯成一組），A類二組、三組和一組字亦當聯成一組，因此A類一、二、三組字實同一類。

另有：

積（精寘）茲賜（精寘） 啻（書寘）音翅（書寘）

兩例，互不系聯，和A類開口一、二、三組字也不系聯，但以上兩例被切字和反切下字也都相當于中古寘韵開口舌齒音字。據枚舉歸納推理，以上兩例和A類開口一、二、三組字雖不系聯，實亦同類。

A類合口一組今存三例，被切字和反切下字相當于中古寘韵舌齒音字和“韵圖”列四等的喉牙音字，通過反切下字“睡”聯成一組。本組自爲一類。

B類開口一組現存五例，被切字和反切下字相當于中古“韵圖”列三等的唇音字，通過反切下字“寄”聯成一組。本組自爲一類。

另有：

被（並寘B）扶義（奉寘B）

一例，和B類開口一組字不相系聯，但本例被切字和反切下字也都是中古寘韻開口，“韵圖”列三等的唇音字。據枚舉歸納推理，本例和一組字雖不系聯，實屬同類。

B類合口一組，被切字和反切下字相當于中古寘韵合口，“韵圖”列三等的喉牙音字。本組僅此一例，當自爲一類。

脂　部

脂部現存七十四字。

平聲存二十八例：紕　貔　蚍　比　坻　遲　彝　寅　霑　羸　壝　擩
斐　丕　坏　伾　耆　祁　移　怩　絺　黎　犁　茨
蚳　睢　崒　隹

系聯結果，得兩大類、三小類、五個小組。兩大類是指以下A、B兩類。三小類是指A類又分開、合兩類，B類僅存開口一類。五個小組是指A類開口兩組，合口兩組；B類開口一組。

A類

開口

一	紕（滂脂A）	孚夷（敷脂）
	貔（並脂A）	扶夷（奉脂）
	蚍（並脂A）	扶夷（奉脂）
	比（並脂A）	扶夷（奉脂）
	坻（澄脂）	直夷（澄脂）
	遲（澄脂）	持夷（澄脂）
	彝（以脂）	音夷（以脂）
	寅（以脂）	音夷（以脂）
	耆（群脂）	其夷（群脂）
	祁（群脂）	其夷（群脂）
	移（以支）	怡耆（以脂）

合口

一	霑（知脂）	音追（知脂）
	羸（來支）[19]	力追（來脂）
二	壝（以脂）	羊誰（以脂）
	擩（日脂）	耳誰（日脂）

二 怩（泥脂） 泥私（泥脂）
絺（徹脂） 勑私（徹脂）
黎（來脂） 力私（來脂）
棃（來脂） 力私（來脂）
茨（從脂） 在私（從脂）
疾知（從支）

B 類

開口

一 斐（幫脂 B）[20] 方眉（非脂 B）
丕（滂脂 B） 甫眉（非脂 B）
坯（滂脂 B） 扶眉（奉脂 B）
伾（滂脂 B） 扶眉（奉脂 B）

A 類開口一組現存十一例，被切字和反切下字相當于中古脂韵開口，“韵圖”列四等的喉牙唇音字和舌齒音字，通過反切下字“夷”聯成一組。

A 類開口二組現存五例，通過反切下字“私”聯成一組。二組和一組字不相系聯，但二組被切字和反切下字也相當于中古脂韵開口舌齒音字。據枚舉歸納推理，A 類開口二組和一組字雖不系聯，實爲同類。

另有：

蚳蚳（澄脂）長梨（澄脂）

一例，和以上一、二兩組都不系聯，但本例被切字和反切下字也是中古脂韵開口舌齒音字。據枚舉歸納推理，本例和一、二兩組字雖不系聯，亦爲同類。

徐音脂部，

祁（群脂 B） 巨尸（群脂）反　　耆（群脂 B） 其夷（群脂）

反兩例，被切字是《切韵》、《廣韵》、“韵圖”列三等喉牙音字。在徐邈的反切系統里，“韵圖”列三等喉牙音字不應以舌齒音字作反切下字。今按

“耆”和“祁”是上古脂部開口脂系字，據徐音一般演變通則，在徐邈的反切系統里，這兩個字應爲脂部開口四等喉牙音字。因此，徐音用舌齒音字“夷”和“尸”作反切下字，并和脂部A類字系聯，是合乎徐音的演變通則的。“韵圖”列三等未詳。

A類合口一組今存兩例，被切字和反切下字相當于中古脂韵合口舌齒音字，通過反切下字“追”聯成一組。

A類合口二組也存兩例，通過反切下字“誰”聯成一組。A類合口二組和一組字不相系聯，但A類合口二組被切字和反切下字也都是中古脂韵合口舌齒音字。據枚舉歸納推理，A類合口二組和一組字雖不系聯，實爲同類。

另有：

睢（曉脂）**許惟**（曉脂）　**崒**（從術）[21] **子綏**（精脂）　**隹**（章脂）**子唯**（精脂）

三例，互不系聯，和A類合口一、二兩組字也不系聯，但以上三例被切字和反切下字也都是中古脂韵合口舌齒音字。根據枚舉歸納推理。以上三例和一、二兩組字雖不系聯，實亦同類。

B類開口一組今存四例，被切字和反切下字相當于中古脂韵開口，“韵圖”列三等的唇牙喉音字，通過反切下字“眉”聯成一組。本組自爲一類。B類合口字未見。

上聲存十六例：**比　絺　砥　柅　秕　仳　秭　兕　唯　疕　圮　否　壘　䫌　牝　底**

系聯結果，得兩大類、四小類、五個小組。兩大類是指以下A、B兩類。四小類是指A、B兩類各分開、合。五小組是指A類開口兩組，合口一組；B類開口一組，合口一組。

A 類

	開口		合口	
一	比（邦旨A）	補履（邦旨）	唯（以旨）	以水（以旨）
	絺（徹脂）	張履（知旨）		
	砥（章旨）	之履（章旨）		
	柅（泥旨）	乃履（泥旨）		
二	秕（幫旨A）[22]	甫姊（非旨）		
	秭（精旨）	音姊（精旨）		
	兕（邪旨）	辭姊（邪旨）		

B 類

	開口			合口	
一	疕（滂旨B）	芳鄙（敷旨B）	一	壘（來旨）	力軌（來旨B）
	仳（並旨B）[23]	符鄙（奉旨B）		蘱（溪旨B）	去軌（溪旨B）
	圮（並旨B）	扶鄙（奉旨B）			
	否（幫旨B）	音鄙（幫旨B）			

A 類開口一組現存四例，被切字和反切下字相當于中古旨韵開口，“韵圖”列四等唇音字和舌齒音字，通過反切下字“履”聯成一組。

A 類開口二組現存三例，通過反切下字“姊”聯成一組。二組字和一組不相系聯，但二組被切字和反切下字也都是中古旨韵開口，“韵圖”列四等唇音字和舌齒音字。根據枚舉歸納推理，A 類開口二組和一組字雖不系聯，實爲同類。

另有：

牝（並旨A） 扶死（奉旨） 底（章旨）[24] 音旨（章旨）

兩例，互不系聯和A類開口一、二兩組字也不系聯，但以上兩例，被切字和反切下字都是中古脂韵開口舌齒音字。根據枚舉歸納推理，以上兩例和A類開口 一、二兩組字雖不系聯，實亦同類。

A 類合口一組現存一例，被切字和反切下字相當于中古脂韵合口舌齒音字。本組只此一例，當自爲一類。

B 類開口一組現存四例，被切字和反切下字相當于中古脂韻開口，“韵圖”列三等的唇音字，通過反切下字“鄙”聯成一組。本組自爲一類。

B 類合口一組現存兩例，被切字和反切下字相當于中古脂韻合口來母字和“韵圖”列三等的喉牙音字，通過反切下字“軌”聯成一組。本組自爲一類。

去聲存三十例：芘 畀 庇 比 鷩 質 躓 摯 視 鷙 貳 涖
隧 出 彗 篲 閟 櫛 祟 饋 漆 謚 溢 肆
嫉 蔽 蕢 蹕 睢 劓

系聯結果，得兩大類、四小類、六個小組。兩大類是以下 A、B 兩類。四小類是指 A、B 兩類各分開、合。六個小組是指 A 類開口兩組，合口兩組；B 類開口一組，合口一組。

A 類

	開口			合口	
一	芘（邦至A）	甫至（非至）	一	隧（邪至）	音遂（邪至）
	畀（邦至A）	甫至（非至）		出（昌至）	尺遂（昌至）
	庇（邦至A）	方至（非至）	二	彗（心至）	雖醉（心至）*
	比（邦至A）	甫至（非至）		篲（以至）[25]	以醉（以至）
		方二（非至）			
		扶利（奉至）			
	鷩（幫至A）[26]	方利（非至）			
	質（知至）	之至（章至）			
		音致（知至）			
	躓（知至）	音致（知至）			
	視（常至）	市至（常至）			
		音示（船至）			
	摯（章至）	之二（章至）			
	鷙（徹至）[27]	勑二（徹至）			
	貳（日至）	音二（日至）			
	涖（來至）	力二（來至）			
		音利（來至）			
		力洎（來至）			
	漆（清至）	七利（清至）			

謚（船至）　以二（以至）
溢（以至）　徐云毛音謚（船至）
肆（以至）　以至（以至）
　　　　　　以自（以至）
嫉（從至）　音自（從至）

二　蔽（幫祭A）[28]　方四（非至）
　　懥（知至）　丁四（端至）

B 類

	開口			合口	
一	閟（幫至B）	方冀（非至B）	一	祟（心至）	息類（心至）
	扻（莊志）[29]	側冀（莊至B）		饋（群至B）	其類（群至）

A類開口一組現存十七例，被切字和反切下字相當于中古至韵開口舌齒音字和"韵圖"列四等的唇音字，通過反切下字"至"聯成一組。

A類開口二組現存兩例，通過反切下字"四"聯成一組。二組字和一組不相系聯，但二組被切字和反切下字也都是中古至韵開口舌齒音字和"韵圖"列四等的唇音字。根據枚舉歸納推理，A類二組和一組字雖不系聯，實爲同類。

另有：

踝（幫至A）[30]　音痺（幫至A）　　睢（曉至A）許鼻（曉至A）

兩例，互不系聯，和A類開口一、二兩組字也不系聯，但以上兩例，被切字和反切下字都是中古至韵開口，"韵圖"列四等的唇牙喉音字。根據枚舉歸納推理，以上兩例和A類開口一、二兩組字雖不系聯，實屬同類。

A類合口一組今存兩例，被切字和反切下字相當于中古至韵合口舌齒音字，通過反切下字"遂"聯成一組。

A類合口二組今存兩例，通過反切下字"醉"聯成一組。二組字和一組字不相系聯，但二組被切字和反切下字也相當于中古至韵合口舌齒音字。根據枚舉歸納推理，A 類合口二組字和一組字雖不系聯，實爲同類。

B 類開口一組現存兩例，被切字分别相當于中古至韵開口，“韵圖”列三等的唇音字和志韵莊組字，反切下字是至韵開口，“韵圖”列三等喉牙音字，通過反切下字“冀”聯成一組。

另有：

劓（疑至 B） 魚器（疑至 B）

一例，和B類開口一組不相系聯，但本例被切字和反切下字也都是中古至韵開口，“韵圖”列三等的喉牙音字。根據枚舉歸納推理，本例和一組字雖不系聯，實爲同類。

B 類合口一組現存兩例，被切字分别是至韵合口舌齒音字和至韵合口，“韵圖”列三等喉牙音字，反切下字是來母字，通過來母字“類”聯成一組。

在徐邈的反切系統里，舌齒音字和三等唇牙喉音字可以聯成一組的，此其一例。這主要由于在徐邈反切系統里，來母字既可以和 A 組字互爲反切下字，也可以和 B 組字互爲反切下字。

另有：

蘂（日旨）[31] 而媿（群至）

被切字是旨韵日母合口字，反切下字是至韵合口，“韵圖”列三等喉牙音字。本例被切字和反切下字不僅聲類有异，聲調也有上、去之别，暫附于此。阮元謂：“媿，當作婢。”影宋本作而辟反。

之 部

之部現存三十六字。

平聲十例：台 貽 熙 嘻 譆 絺 錙 芓 噫 耆

系聯結果，得兩組一類。

一	台（以之） 音怡（以之）		二	絺（徹脂） 勑其（徹之）	
	贻（以之） 音怡（以之）			錙（莊之） 側其（莊之）	
	熙（曉之） 音怡（以之）				
	嘻（曉之） 音熙（曉之）				
	譆（曉之） 音熙（曉之）				

一組今存五例，被切字和反切下字以及直音字相當于中古之韵字，通過反切下字“怡”聯成一組。

二組今存兩例，被切字分别是中古脂韵字和之韵字，通過反切下字“其”聯成一組。二組字和一組字不相系聯，但二組被切字和反切下字也都相當于中古脂、之韵字。根據枚舉歸納推理，二組字和一組字雖不系聯，實爲同類。

另有：

芓（精之）[32] 音兹（精之）　　噫（影之）音醫（影之）　　耆（群脂）巨之[33]（群之）

三例，互不系聯，和一、二兩組字也不系聯，但以上三例被音字和直音字以及反切下字也都相當于中古之韵字。根據枚舉歸納推理，以上三例和一、二兩組雖不系聯，實亦同類。

上聲九例：秕　視　痔　跽　梓　俟　戺　杞　芑

系聯結果，得兩組一類。

一	*秕（幫旨）	甫止（非止）、必履（幫旨）
	視（常旨）	市止（常止）、市志（常志）、音示（船至）
二	痔（澄止）	直里（澄止）
	跽（群旨）	其里（群止）

在徐邈的反切系統里，之、脂兩韵系字往往混切。現依徐音，以秕、視、跽等字分收之、脂兩部。上聲一組兩例，被切字和反切下字相當于《廣韵》

旨、止韵字，通過反切下字“止”聯成一組。

二組兩例，通過反切下字“里”聯成一組。二組字和一組字不相系聯，但二組被切字和反切下字也都相于《廣韵》旨、止韵字。根據枚舉歸納推理，二組和一組字雖不系聯，實爲一類。

另有：

梓（精止） 音子（精止） 俟（俟止） 音矣（云止）
戺（崇止）[34] 音士（崇止）[35] 杞（溪止） 音起（溪止）
芑（群止） 巨已（群止）

五例，互不系聯，和以上兩組字也不系聯，但以上五例，被切字和反切下字也都相當于《廣韵》止韵字。根據枚舉歸納推理，以上五例和一、二兩組字雖不系聯，實同一類。

去聲十七例：植 治 殖 子 記 亟 思 綦 喜 比 俾 視 咡 珥 刵 志 寺

系聯結果，得兩組一類。

一 *植（澄志） 徒吏（定志）、直吏（澄志）、音置（澄志）
治（澄志） 直吏（澄志）
殖（常職）[35] 是吏（常志）
子（精志）[36] 將吏（精志）
記（見志） 紀吏（見志）
亟（溪志） 起吏（溪志）
思（心志） 息吏（心志）、息嗣（心志）
綦（群志）[37] 其記（群志）
喜（曉志）[38] 許記（曉志）、許意（曉志）
二 比（並志） 扶志（奉志）
俾（並紙） 扶志（奉志）
視（常至） 市志（常志）
咡（日志） 如志（日志）
珥（日志） 如志（日志）

刵（日志）	如志（日志）
*志（書志）	音試（書志）

一組九例，被切字除職韵一例外，餘皆爲《切韵》《廣韵》志韵字，反切下字一律是志韵字，通過反切下字“吏”，九例聯成一組。

二組七例，通過反切下字“志”聯成一組。二組字和一組字不相系聯，但二組被切字和反切下字也都是《切韵》《廣韵》志韵字。根據枚舉歸納推理，二組和一組字雖不系聯，實爲同類。

另有：

*寺（邪志） 音侍（常志）

一例，和一、二兩組字都不系聯，但本例被音字和直音字也都是《切韵》《廣韵》志韵字。根據枚舉歸納推理，本例和以上兩例雖不系聯，實亦同類。

微 部

微部現存十五字。

平聲五例：**歲 蘄 幾 璣 誹**

系聯結果，得三組兩類。兩類是指開合兩類，三組是指開口兩組，合口一組。

	開口			合口	
一	幾（見微）	音機（見微）	一	誹（非微）	音非（非微）
二	蘄（群微）[39]	音祈（群微）			
	幾（群微）	音祈（群微）			
		音譏（群微）			
		其衣（群微）			
		其依（群微）			
	*璣（群微）	音譏（群微）			

開口一組現存一例，被音字和直音字相當于中古微韵開口喉牙音字。本組僅此一例，當自爲一類。

二組現存三例，通過直音字“祈”“畿”聯成一組。本組字和一組字不相系聯，但本組被音字和直音字也都相當于中古微韵開口喉牙音字。根據枚舉歸納推理，本組和一組字雖不系聯，實爲同類。

合口一組現存一例“誹”。被音字和直音字相當于中古微韵合口唇音字。本組僅此一例，當自爲一類。

上聲四例：**幾 朏 亹 棐**

系聯結果：得兩組兩類。兩類是指以下開合兩類。兩組指開口一組，合口一組。

開口	合口
一 **幾**（見尾）**舉豈**（見尾）	一 **朏**（敷尾）**芳尾**（敷尾）
	亹（微尾）**音尾**（微尾）

開口一組現存一例，被切字和反切下字相當于中古尾韵開口喉牙音字。本組只此一例，當自爲一類。

合口一組現存兩例，被切字和反切下字相當于中古尾韵合口唇音字，通過反切下字“尾”聯成一組。

另有：

棐（非尾） **音匪**（非尾）

一例，和合口一組字不相系聯，但本例被音字和直音字也相當于中古尾韵合口唇音字。根據枚舉歸納推理，本例和合口一組字雖不系聯，實爲同類。

去聲六例：**塈 劓 蕢 餽 衣 卉**

系聯結果，得兩組兩類，兩類是指以下開合兩類，兩組指開口一組合口一組。

開口		合口	
一 塈（曉未）	許氣（曉未）	一 費（並未）[40]	扶畏（奉未）
*劓（疑未）	吾氣（疑未）	餽（見未）	紀畏（見未）

去聲開口一組現存兩例，被切字和反切下字相當于未韵開口喉牙音字，通過反切下字“氣”聯成一組。

另有：

衣（影未） 於既（影未）

一例，和一組字不相系聯，但本例被切字和反切下字也相當于未韵開口喉牙音字。根據枚舉歸納推理，本例和一組字雖不系聯，實亦同類。

去聲合口一組現存兩例，被切字和反切下字相當于未韵合口唇喉牙音字，通過反切下字“畏”聯成一組。

另有：

卉（曉未） 許貴（曉未）

一例，和一組字不相系聯。但本例被切字和反切下字也相當于未韵合口唇音字。根據枚舉歸納推理，本例和一組字雖不系聯，實爲同類。

等韵學家管《廣韵》支、脂、之、微四個韵系叫作止攝。我們沿襲這一叫法，管徐音支、脂、之、微四部也叫止攝。

徐音止攝支部字主要來源于上古支、歌兩部的支系字。支、歌兩部支系舌齒音字，徐音業已合流，觀下例可知：

踟（支） 音馳（歌）　侈（歌） 處豉（支）　池（歌） 直知（支）

支、歌兩部支韵系唇牙喉音字分爲兩類，不相系聯。來自上古支部的唇牙喉音字即上文的A類，來自上古歌部的唇牙喉音字即上文的B類。A、B兩類的反切下字有嚴格的區别，不相雜厠。舌齒音字和A類相聯，莊組字和B類相聯，來母字可兼聯A、B兩類。

支部去聲有個别來自上古錫部的，如“積、錫”等字。但僅限于開口。

徐音止攝脂部也可分爲A、B兩類。

一般説來，徐音脂部A類，中古“韵圖”列四等喉牙唇音字和舌齒音字，主要來自上古脂部及其相應的入聲。B類，中古“韵圖”列三等的喉牙唇音字，主要來自上古之部和微部。同樣，兩類反切下字都有嚴格的區别。舌齒音字亦已合流。

徐音止攝之部，主要來自上古之部之韵系字。徐音之部和《切韵》《廣韵》最大的不同，徐音之部，上、去兩聲有唇音字。例如：秕，甫里反；比，扶志反；俾，扶志反。但“秕”“比”是上古脂部字。“俾”是上古支部字，在徐邈的反切系統里，這三個字同時都有脂、支兩部的又讀，當屬音近混切。（參看上文支脂兩部上聲字系聯情况）顯然，這三個字徐音讀入之部的時間是很晚的，還處于一種不穩定的狀態。

王仁昫《刊謬補缺切韵》在韵目的小注里曾提到夏侯該“之、微大雜亂”“旨與止爲疑”“至與志同”。周祖謨在《萬象名義中原本玉篇音系》一文里，把《切韵》脂、之兩韵系字合爲一部。看來，之、脂雜亂，或之、脂合流是六朝時期漢語南部方言的一大特色。

現在我們把徐邈反切系統里有關支、脂、之、微四個韵系的又讀和混切的字列成一張總表，來看看早期反切所反映的在漢語南部方言里這四個韵系的情况。

	支	脂	之	微
支	65	2		
脂	2	73	1	1
之	1	6	34	
微				15

説 明

上表横讀。即徐音支部字以支部字直音或作反切下的共65例，脂部字以支部字直音或作反切下字共2例，脂部字以脂部字直音或作反切下字的73例，脂部字以之部字直音或作反切下字的6例，余類推。

根據上表可作以下的一些推斷：

（一）徐音支部現存68例，其中以本部字作反切下字的65例占全部例字94%。脂部現存81例，其中以本部字作反切下字的73例，占全部例字87%。之部現存35例，其中以本部字作反切下字的34例，占全部例字97%。微部現存16例，以本部字作反切下字15例，占全部例字93%。可以推知，徐音支、脂、之、微是四個獨立的韵部。

（二）從上表可以看出，徐音混切字占的比例最大的是脂之兩部，共7例。占脂、之兩類例字總和的5.9%。還没有到“脂、之（微）大雜亂”的程度。

（三）值得注意的，徐音脂、之混切7例，都是脂部字讀入之部。并且五例都有脂部又讀。請看下面例字：

秕（旨） **甫止**（止）反 又**必履**（旨）反

比（至） **扶志**（志）反 又**甫至**（至）反

絺（脂） **敕其**（之）反 又**敕私**（脂）反

視（旨） **市志**（志）反 又**市至**（至）反

耆（脂） **巨之**（之）反 又**其夷**（脂）反

另有兩例混切：

視（旨） **市止**（止）反 **跽**（旨） **其里**（止）反

以上現象可以推知徐音脂部字讀入之部是較近時期發生的，還遠未定型。

徐音微部現存十六例，被切字和反切下字都是上古微部字十五例，僅一例與脂韵混切。

第二節　蟹攝

咍　部

咍部現存三十四字。

平聲十五例：陪　培　倍　賚　胲　唉　陪　培　敦　隤　衰　恢　駘　臺　鼒

系聯結果，得兩組兩類。兩類是指以下開、合類。兩組是指開口一組，合口一組。

開口			合口		
一	陪（並灰）	蒲來（並咍）	一	陪（並灰）	扶坯（奉灰）
	培（並灰）	扶來（奉咍）		培（並灰）	扶杯（奉灰）
	倍（並咍）[41]	扶來（奉咍）		敦（端灰）	丁雷（端灰）
	賚（來咍）[42]	音來（來咍）			都門（端魂）
	胲（見咍）	古來（見咍）			音彫（端蕭）
	唉（影咍）	烏來（影咍）		隤（定灰）	徒壞（定灰）
				衰（縗）（清灰）[43]	音崔（清灰）
				恢（溪灰）	苦回（溪灰）

開口一組六例，被切字分别是灰韵（僅限唇音）和咍韵字，反切下字一律是咍韵字，通過反切下字“來”聯成一組。

另有：

駘（定咍）敕才（徹咍）　　台（定咍）[44] 音臺（定咍）　　鼒（精咍）[45] 音灾（精咍）

以上三例互不系聯，和一組字也不系聯，但以上三例被音字和注音字也都相當于中古咍韵字。根據枚舉歸納推理，以上三例和一組字雖不系聯，實屬同類。

合口一組六例，互不系聯。但合口一組被切字和反切下字一律是《切韵》灰韵字。因此，我們可以用六例中任何一例來作“歸納基礎”，施歸納推理于“歸納基礎”，可使六例聯成一組。本組當自爲一類。

上聲十二例：駘 迨 醢 佁 隊 隧 慜 耒 回 塊 匯 嶊

系聯結果，得三組兩類，兩類是指開、合兩類。三組是指開口一組，合口兩組。

	開口			合口	
一	駘（定海）	音殆（定海）	一	隊（定賄）[46]	徒猥（定賄）
	迨（定海）	勑改（徹海）		*隧（定賄）[47]	徒猥（定賄）
	醢（曉海）	音海（曉海）		慜（定賄）[48]	徒猥（定賄）
	佁（影海）[49]	於愷（影海）		耒（來賄）	力猥（來賄）
				回（匣賄）[50]	胡猥（匣賄）
			二	塊（匣賄）[51]	胡罪（匣賄）
				匯（匣賄）	胡罪（匣賄）
				嶊（心賄）[52]	息罪（心賄）

開口四例，互不系聯，但以上四例被音字和注音字一律是《切韵》的海韵字。因此，我們可以用四例中任何一例作爲“歸納基礎”，然后施歸納推理于基礎，即可使四例聯成一組。本組當自爲一類。

合口一組五例，被切字和反切下字相當于《切韵》賄韵字，通過反切下字“猥”聯成一組。

合口二組三例，通過反切下字“罪”聯成一組。二組和一組字不相系聯，但二組被切字和反切下字也都相當于《切韵》賄韵字。根據枚舉歸納推理，二組和一組字雖不系聯，實爲同類。

去聲七例：**背　偝　脄　朏　孛　類　塊**

系聯結果，得三組兩類，兩類是指開、合兩類。三組是指開口一組，合口兩組。

開口			合口		
一	**背**（幫隊）	**扶代**（奉代）	一	**朏**（滂隊）	**芳憒**（敷隊）
		甫載（非代）		**孛**（並隊）	**扶憒**（奉隊）
	偝（並隊）	**扶代**（奉代）	二	**類**（來隊）[53]	**力對**（來隊）
	脄（明代）	**亡代**（微代）		**塊**（溪隊）	**苦對**（來隊）

開口一組三例，被切字分别相當于《切韵》代韵和隊韵的唇音字，反切下字一律是代韵字，通過反切下字“代”聯成一組。本組字應自爲一類。

合口一組兩例，被切字和反切下字相當于《切韵》隊韵字，通過反切下字“憒”聯成一組。

合口二組兩例，通過反切下字“對”聯成一組。二組和一組字不相系聯，但二組被切字和反切下字也都相當于《切韵》隊韵字。根據枚舉歸納推理，二組和一組字雖不系聯，實爲同類。

皆　部

皆部現存十三字。

平聲七例：**齊　階　虺　傀　壞　偕　埋**

系聯結果，得兩組兩類。兩類是指開口一類，合口一類。兩組是指開口一組，合口一組。

開口			合口		
一	**齊（齋）**（莊皆）	**側皆**（莊皆）	一	**虺**（曉皆）	**呼懷**（曉皆）
	階（見皆）	**音皆**（見皆）		**傀**（曉皆）[54]	**呼懷**（曉皆）

壞（匣皆）[55] **音懷**（匣皆）

開口一組現存兩例，被切字和反切上字相當于中古皆韵開口字，通過反切下字“皆”聯成一組。本組自爲一類。

另有一例：

偕（匣皆）[56] **音諧**（匣皆）

和皆部開口一組字不相系聯，但本例被切字和反切下字也都是中古皆韵開口字。根據枚舉歸納推理，本例和開口一組字雖不系聯。實爲同類。

合口一組現存三例，被切字和反切下字相當于中古皆韵合口字，通過反切下字“懷”聯成一組。本組自爲一類。

另有：

埋（明皆） **武乖**（微皆）

一例，和皆部合口一組字不相系聯，但本例被切字和反切下字也都相當于《廣韵》皆韵合口字。根據枚舉歸納推理，本例和合口一組字雖不系聯，實爲同類。

上聲（缺）。

去聲六例：**霾 介 駴 塊 壞 犗**

系聯結果，得兩組兩類。兩類是指開口一類，合口一類。兩組，開口一組，合口一組。

	開口			合口	
一	**霾**（明怪）[57]	**莫戒**（明怪）	一	**塊**（溪怪）	**苦怪**（溪怪）
	介（見怪）	**音戒**（見怪）		**壞**（匣怪）	**胡拜**（匣怪）
	駴（見怪）[58]	**音戒**（見怪）			

去聲開口一組現存三例，被切字和反切下字相當于中古怪韵開口字，通過反切下字“戒”聯成一組。本組自爲一類。

另有：

犗（見怪）[59] 音界（見怪）

一例，和一組字不相系聯。但本例被切字和反切下字也都相當于中古怪韵開口字。根據枚舉歸納推理，本例和一組字雖不系聯，實爲同類。

去聲合口一組現存兩例，被切字和反切下字相當于中古的怪韵合口字，兩例互不系聯，但我們可以以兩例任何一例作歸納基礎，則兩例可聯成一組，實屬一類。

佳　部

佳部現存十字。

平聲四例：**牌　鮭　窐　娲**

系聯結果，得兩組兩類。兩類是指以下開、合兩類。兩組是指開口一組，合口一組。

	開口			合口	
一	**牌**（並佳）[60]	**蒲佳**（並佳）	一	**窐**（影佳）[61]	**於蛙**（影佳）
	鮭（匣佳）	**胡佳**（匣佳）		**娲**（見佳）	**古蛙**（見佳）

佳部開口一組，被切字和反切下字相當于中古佳韵開口字。通過反切下字“佳”聯成一組。本組字自爲一類。

佳部合口一組，被切字和反切下字相當于中古佳韵合口字。通過反切下字“蛙”聯成一組。本組字自爲一類。

上聲三例：**猈 解 解**

系聯結果，得一組一類。一類，是指以下開口一類。一組，是指開口一組。（佳部上聲合口字未見）

一 **猈**（並蟹） **扶蟹**（奉蟹）
解（匣蟹） **音蟹**（匣蟹）

一組兩例，被切字和反切下字相當于中古蟹韵開口字，通過反切下字“蟹”聯成一組。本組自爲一類。

另有：

解（見蟹） **佳買**（見蟹）

一例，和一組字不相系聯，但本例被切字和反切下字也都是中古蟹韵開口字。根據枚舉歸納推理，本例和一組字雖不系聯，實爲同類。

去聲三例：**解 解 哇**

系聯結果，得兩組兩類。兩類是指以下開、合兩類。兩組是指開口一組，合口一組。

開口
一 **解**（見卦）**古賣**（見卦）
解（匣卦）**胡賣**（匣卦）

合口
一 **哇**（匣卦）[62] **胡卦**（匣卦）

開口一組兩例，被切字和反切下字相當于中古卦韵開口字，通過反切下字“賣”聯爲一組。本組自爲一類。

合口一組一例，被切字和反切下字相當于中古卦韵合口字，本組僅此一例，當自为一類。

齊部

齊部現存三十九字。

平聲十三例：**隄 題 驪 醯 蹊 倪 彌 提 齊 虀 睽 睢 鼙**

系聯結果，得三組兩類。兩類是指以下開口一類，合口一類。三組是指開口兩組，合口一組。

	開口			合口	
一	**隄**（端齊）	**丁兮**（端齊）	一	**睽**（見齊）	**音圭**（見齊）
	題（定齊）	**徒兮**（定齊）		**睢**（曉齊）	**許圭**（曉齊）
	驪（來齊）[63]	**郎兮**（來齊）			
	醯（曉齊）	**呼兮**（曉齊）			
	蹊（匣齊）	**音兮**（匣齊）			
	倪（疑齊）	**五兮**（疑齊）、**五稽**（疑齊）			
	***彌**（疑齊）[64]	**五兮**（疑齊）			
	提（定齊）	**徒稽**（定齊）			
二	**齊**（精齊）[65]	**子西**（精齊）			
	虀（日齊）	**耳齊**（日齊）			

齊部開口一組現存八例，被切字和反切下字相當于中古齊韵開口字，通過反切下字“兮”聯成一組。本組自爲一類。

齊部開口二組現存兩例，通過反切下字“齊”聯成一組。齊部開口二組字和一組字不相系聯，但二組被切字和反切下字也都相當于中古齊韵開口字。根據枚舉歸納推理，齊部開口二組字和一組字，雖不系聯實爲同類。

另有：

***鼙**（並齊）[66] **薄鞞**（並齊）

一例，和齊部開口一、二兩組字都不系聯，但本例被切字和反切下字也都相當于中古齊韵開口字。根據枚舉歸納推理，本例和以上一、二兩組字雖不系聯，實爲同類。

齊部合口一組現存兩例，被切字和反切下字相當于中古齊韵合口字，通過反切下字“圭”，聯成一組。本組自爲一類。

上聲現存九例：**邸 濟 泚 醴 瀰 稽 綮 絑 涕**

系聯結果，得三組一類。一類是指上聲僅存開口一類，合口字未見。三組，是指開口三組。

	開口	
一	邸（端薺）	當禮（端薺）
	濟（精薺）	子禮（精薺）
	她（清薺）	七禮（清薺）
	醴（來賽）	音禮（來薺）
二	瀰（明薺）	莫啓（明薺）
	稽（溪薺）	音啓（溪薺）
	綮（溪薺）	音啓（溪薺）
三	絑（明薺）	音米（明薺）
	涕（诱薈）	他米（透薺）
		音弟（定薺）

齊部上聲開口一組現存四例，被切字和反切下宁相當于中古薺韵開口字，通過反切下字“禮”聯成一組。本組自爲一類。

上聲開口二組現存三例，三組現存兩例，通過反切下字“啓”“米”分别地聯成兩組。二組、三組互不系聯，和一組字也不系聯。但二組、三組被切字和反切下字也都相當于中古的薺韵開口字。根據枚舉歸納推理，二組、三組和一組字雖不系聯，實爲同類。

去聲現存十七例：**渄 弊 閉 决 薙 杕 擠 瘞 羿 齊 隮 倪 睨 襞 𩥇 巇 遞**

系聯結果，得兩組兩類。兩類是指以下開、合兩類。兩組是指開口一組，合口一組。

開口		
一	*淠（滂霽）[67]	孚計（敷霽）
	*弊（並祭A）	扶計（奉霽）
		扶世（奉祭）
		扶滅（奉薛）
	薙（定霽）	庭計（定霽）
	杕（定霽）	徒計（定霽）
	擠（精霽）	子計（精霽）
	瘞（影祭）	烏計（影霽）
	*羿（匣霽）	户計（匣霽）
		胡細（匣霽）
	*齊（從霽）	才細（從霽）
		蔣細（精霽）
	隮（精霽）	子細（精霽）
		子詣（精霽）
	*倪（疑霽）[71]	音詣（疑霽）
	睨（疑霽）	音詣（疑霽）
	襞（邦霽）	甫詣（非霽）
	*睳（曉霽）[72]	許襞（曉霽）

合口		
一	閉（幫霽）[68]	邊惠（邦霽）
	*決（見霽）[69]	古惠（見霽）
		古穴（見屑）
		喜缺（曉屑）
	*噦（曉霽）[70]	呼惠（曉霽）

開口一組現存十三例，被切字和反切下字相當于中古霽韵開口字，通過反切下字“計”聯成一組。本組自爲一類。

另有：

遰（定霽） 音第（定霽）

一例，和一組字不相系聯，但本例被切字和反切下字也都相當于中古霽韵開口字。根據枚舉歸納推理，本例和一組字雖不系聯，實爲同類。

合口一組現存三例，被切字和反切下字相當於中古霽韵合口字，通過反切下字“惠”聯成一組。本組字自爲一類。

泰 部

泰部現存十五字：芾 沛 淠 茇 韎 汰 沬 蜕 竄 膾 襘 穢
　　　　　　　　最 檜 大

系聯結果，得兩組兩類。兩類指以下開、合兩類。兩組指開口一組，合口一組。

開口			合口		
一	芾（幫泰）	方蓋（非泰）	一	蜕（透泰）	勑外（徹泰）
	沛（滂泰）	普蓋（滂泰）		竄（清泰）[73]	七外（清泰）
	淠（滂泰）[74]	普蓋（滂泰）		膾（見泰）	古外（見泰）
	茇（並泰）[75]	扶蓋（奉泰）		襘（見泰）	古外（見泰）
	韎（明泰）[76]	莫蓋（明泰）		穢（影泰）	烏外（影泰）、烏會（影泰）
	沬（明泰）	武蓋（微泰）		最（精泰）	子會（精泰）、采會（清泰）
	汰（透泰）	徒蓋（定泰）		檜（見泰）	音會（匣泰）

泰部開口一組現存七例，被切字和反切下字相當于中古泰韵開口字。通過反切下字“蓋”聯成一組。本組自爲一類。

另有：

大（透泰） 音泰（透泰）

一例，和一組字不相系聯，但本例被切字和反切下字也相當于中古泰韵開口字。根據枚舉歸納推理，本例和一組字雖不系聯，實爲同類。

合口現存七例，被切字和反切下字相當于中古泰韵合口字，通過反切下字“外”聯成一組。本組字自爲一類。

夬 部

夬部現存三字：**敗　芥　啐**

系聯結果，得兩組兩類。兩類是指以下開、合兩類。兩組指開口一組，合口一組。

開口		合口	
一	**敗**（幫夬）**甫邁**（非夬）	一	**啐**（清夬）**倉快**（清夬）
	芥（見夬）**姬邁**（見夬）、**古邁**（見夬）		

“芥”故宫敦煌本《王韵》收夬韵，今從。

夬部開口一組現存兩例，被切字和反切下字相當《廣韵》夬韵開口字，通過反切下字“邁”聯成一組。本組字自爲一類。

合口僅存一例，被切字和反切下字相當于夬韵合口字。本組只此一例，當自爲一類。

廢 部

廢部現存四字：**艾　廢　祓　茷**

系聯結果，得兩組兩類。兩類是指以下開、合兩類。兩組指開口一組，合口一組。

開口		合口	
一	**艾**（疑廢）**音刈**（疑廢）	一	**發**（非廢）[77] **音廢**（非廢）
			祓（非廢）[78] **音廢**（非廢）
			茷（奉廢）**扶廢**（奉廢）

廢部開口一組僅存一例，被切字和反切下字相當于中古廢韵開口字，本組只此一例，當自爲一類。

廢部合口一組現存三例，被切字和反切下字相當于中古廢韵合口字，通過反切下字“廢”聯成一組。本組當自爲一類。

祭 部

祭部現存二十三字：蔽 弊 幣 洩 肄 瘞 泄 贅 喙 稅 帨 説 涚 綴 憩 愒 晢 折 掣 殺 茢 毆 帠

系聯結果，得兩大類，三小類，三個小組。兩大類是指以下 A、B 兩類。三小類是指 A 類又分開、合兩個小類。三個小組是指 A 類開口一類一組，合口一類一組；B 類開口一類一組，B 類僅存開口一類。

A 類

	開口			合口	
一	蔽（幫祭 A）	甫世（非祭）	一	贅（章祭）	之銳（章祭）
		方四（非至）		喙（昌祭）[79]	尺銳（昌祭）
	弊（並祭 A）	府世（非祭）		稅（書祭）	始銳（書祭）
		扶世（奉祭）		帨（書祭）	始銳（書祭）
		蒲計（並霽）			音歲（心祭）
		扶滅（奉薛）		説（書祭）	失銳（書祭）
	幣（並祭 A）	扶世（奉祭）			音稅（書祭）
	洩（以祭）	以世（以祭）		涚（心祭）	音歲（心祭）
	肄（以祭）[80]	以世（以祭）			
		以至（以至）			
	瘞（見祭）[81]	居世（見祭）			
	泄（以祭）	以世（以祭）			
		思列（心薛）			
	晢（章祭）	之列（章薛）			
		章制（章祭）			
	折（章祭）[82]	音制（章祭）			
		之列（章薛）			
		時列（常薛）			
		之舌（章薛）			

開口		合口
掣（昌祭）	市制（常祭）	
殺（生祭）[83]	所列（生薛）	
	色例（生祭）	
荔（來祭）[84]	音例（來祭）	
殹（影霽）	烏例（影祭）	

B 類

開口

一 憩（溪祭 B）[85] 許屑（曉祭 B）

A 類開口存十三例，被切字和反切下字相當于中古祭韵，“韵圖”列四等的喉牙唇音字和舌齒音字，通過反切下字“世”“制”聯成一組。本組字和霽韵、至韵、薛韵字都有又讀。

另有：

帠（疑霁）[86] 音藝（疑祭）

一例，和開口一組字不相系聯，但本例被切字是霽韵字。反切下字是祭韵字，根據徐音本部例字和霽，至兩韵又讀的特點，本例和一組字雖不系聯，實亦同類。

A 類合口現存六例，被切字和反切下字都是中古祭韵合口舌齒音字，通過反切下字“鋭”聯成一組。本組自爲一類。

另有：

綴（知祭） 張衛（知祭）、丁衛（端祭）

一例，和合口一組字不相系聯，但本例被切字和反切下字也都是中古祭韵合口舌齒音字。根據枚舉歸納推理，本例和一組字雖不系聯，亦屬同類。

B類開口一組僅存一例“憩”，被切字和反切下字相當于中古祭韵開口，“韵圖”列三等的喉牙音字。本組僅此一例，當自爲一類。

另有：

愒（溪祭B） **丘麗**（溪霽）

一例，本例被切字是祭韵開口，“韵圖”列三等喉牙音字，反切下字是霽韵來母字。根據徐邈反切系統反切下字分布的情況，徐音來母字可以作B類喉牙音字的反切下字，可以推知，本例和B類開口一組實爲同類。

徐音咍、皆、齊、佳、泰、夬、祭、廢八部音切分布情況和中古蟹攝咍、灰、皆、齊、佳、泰、夬、祭、廢九韵系字大致相當。我們沿襲這一叫法，管徐音這八個韵部也叫作蟹攝。

徐音蟹攝八部分別來源于上古之部、微部、脂部、支部、祭部五個韵部，其演變情況大致可分三組叙述如下。

（一）從音切分布上看，徐音咍、灰、皆三部可爲一組

徐音咍部開口主要來源于上古之部咍系字和之部灰系字，合口來源于上古微部灰系字。上古這兩部灰系字，徐音現合爲一類，并和咍系字相配爲一開合韵部。先看下例：

（1）**恢**（之灰）**苦回**（微灰）反

例（1）被切字是之部灰韵字，反切下字是微部灰韵字。

（2）**陪**（之灰） **扶坯**（之灰）反，**又蒲來**（之咍）反

培（之灰） **扶杯**（之灰）反，**又扶來**（之咍）反

據（1）可以推知，上古之、微兩部的灰系字徐音業已合流。

據（2）可以推知，《切韵》《廣韵》咍、灰兩韵系字，是徐音的開合韵。根據系聯情況，徐音咍部，“來”和“坯”“杯”嚴格地分爲兩類。徐音陪、培既能以“來”作反切下字，又能以“坯”“杯”作反切下字，顯然是一矛盾。解釋這一現象，只能假定徐音“來”和“坯”“杯”是開合關係，徐音唇音字不分開合，因此，徐音“陪”“培”能以開口字“來”作反切下字，也能以合口字“坯”“杯”作反切下字。

徐音皆部開口分别來源于上古脂部、之部和祭部的皆韵系字，合口字兼有之部、微部的皆韵系字和灰韵系字。見下例：

開口：階（脂皆） 音皆（脂皆） 介（祭皆） 莫戒（之皆）反

合口：壞（微皆） 音懷（微皆） 塊（微灰） 苦怪（之皆）反

壞（微皆） 胡拜（祭皆）反 埋（之皆） 武乖（微皆）反

傀（微灰） 呼懷（微皆）反

從以上各例可以看出，上古脂部、之部、祭部以及微部皆韵系字，徐音已讀爲一部。

（二）佳、齊兩部爲一組

徐音佳部自爲一類，和本攝他部字無任何牽連。值得注意的是，徐音佳部的“脾”和“室”分别是上古佳部支系字和齊系字，徐音同讀佳部。《切韵》《廣韵》才分别地讀爲支韵和齊韵。徐音保留了這兩個字上古同部的痕迹。

徐音齊部主要來自上古支部的齊系字和脂部的齊系字，另有少數的祭部字，徐音已讀爲一部。看下例：

甓（支齊） 甫詣（脂齊） 提（支齊） 徒嵇（脂齊）

睨（支齊） 音詣（脂齊） 睽（脂齊） 音圭（支齊）

稽（脂齊） 音啓（支齊） 弊（祭） 蒲計（脂齊）

值得注意的，在徐邈現存切語中，除以上五例外，一般上古支部齊系字徐音都用支部齊系字作反切下字，脂部齊系字一般都用脂部齊系字作反切下字。和祭部字混切的都是脂部齊系字。

（三）泰部、夬部、廢部、祭部爲另一組

從音切分布上來看，徐音泰部、夬部和廢部三部大致和《切韵》《廣韵》的泰韵、夬韵、廢韵的字相當。

祭部比較復雜。周祖謨在《詩經韵字表》祭部的附注里説："本部與入聲月部諧聲多相通，《詩經》去聲單獨相押之例頗多，故與入聲分别。學者當留意兩者相通之關係。"

在徐邈的反切系統里，上古祭、月兩部的泰、夬、廢、霽以及曷、末、轄、黠、月各類字都已分别地形成爲各個獨立的韵類。而祭、薛兩類仍然顯示出有一種异常密切的關係。

現在我們把《切韵》《廣韵》祭、薛兩韵字在徐邈反切系統里分布的情况先介紹一下，然后再加以説明。

（a）在徐邈的反切系統里，中古祭、薛兩韵合口字嚴格地分爲兩類：

祭合		薛合	
綴（知祭）	丁衛（端祭）	呐（泥薛）	奴劣（泥薛）
	張衛（知祭）	埒（來薛）	音劣（來薛）
贅（章祭）	之鋭（章祭）	*芮（日薛）[87]	如悦（日薛）
喙（昌祭）[88]	尺鋭（昌祭）	*説（書薛）	音悦（以薛）
蜕（書祭）	始鋭（書祭）	歠（昌薛）	昌悦（昌薛）
税（書祭）	始鋭（書祭）	罬（見薛）	姜雪（見薛）
帨（書祭）	始鋭（書祭）		
説（心祭）	音歲（心祭）		
彗（邪祭）	囚歲（邪祭）		

（b）開口字比較復雜。現把徐邈反切系統里相當于中古祭、薛兩韵開口字列表如下：

祭開			薛開	
幣（並祭 A）	扶世（奉祭）		徹（澄薛）	直列（澄薛）
掣（昌祭）	市制（常祭）		哲（澄薛）	丈列（澄薛）
洩（以祭）	以世（以祭）		讞（疑薛）	魚列（疑薛）
瘈（見祭）	居世（見祭）		别（幫薛）	彼列（幫薛）
荔（來祭）	音例（來祭）		揲（心薛）	息列（心薛）
愒（溪祭）	許罽（曉祭）		渫（船薛）	食列（船薛）
晢（章，祭薛）	音制（章祭）		時列（常薛）	
折（章薛）	音制（章祭）		時列（常薛）	
泄（以，祭薛）	以世（以祭）		思列（心薛）	
殺（生黠）	所例（生祭）		所列（生薛）	
弊（並祭 A）	扶世（奉祭）	府世（非祭）	扶滅（奉薛 A）	
毆（影霽）	烏例（影祭）		陧（疑屑）	語折（疑薛）
帠（疑霽）	音藝（疑祭）		軼（定屑）	徒列（定薛）

上表共有三個大框。每框以中綫界爲左右兩欄。我們把徐音現存的相當于中古祭、薛兩韵的字分别地填入上表左右兩欄，大致的情況如下。

（1）上表第一個框的左欄共存六例，被切字和反切下字，都是中古祭韵開口字。右欄也是六例，被切字和反切下字，都是中古薛韵的開口字。

上表第一個框的左、右兩欄例字占徐音現存的相當于中古祭、薛兩韵全部例字的三分之一。

（2）上表第二個框，共五例，一般都有兩個或兩個以上的反切，現分列左右兩欄，左欄反切下字相當于《切韵》《廣韵》祭韵字，右欄是薛韵字。

（3）上表第三個框，左、右兩欄共存四例，左欄兩例，被切字是霽韵字，反切下字一律是祭韵字。右欄兩例被切字是屑韵字，反切下字是薛韵字。

據（1）中古祭、薛兩韵字，在徐邈的反切系統里，已基本上形成兩個獨立的韵類。

據（2）可以推知在徐邈的反切系統里，相當于中古祭、薛兩韵部份的"韵圖"列四等唇音字及舌齒音字在徐音的祭部里還没有完全定型和薛部字還有大量的又讀。

上表第三個框左、右兩欄例字表示徐音祭、薛兩部分别地和同攝的四等字音近混切。

第三節　遇攝

魚　部

魚部現存三十二字。

平聲十四例：虛 苴 胥 且 荼 著 倨 鉏 琚 蘧 宁 紓 茹 蘇

系聯結果，得三組一類：

一	虛（溪魚）	去餘（溪魚）
	苴（清魚）	七餘（清魚）、争初（莊魚）
	胥（心魚）	思餘（心魚）
	且（精魚）	子餘（精魚）、子胥（精魚）
		七餘（清魚）
	荼（定魚）[89]	音餘（以魚）
	著（澄魚）	治居（澄魚）
	倨（見魚）[90]	音居（見魚）
	鉏（崇魚）	在居（從魚）、在魚（從魚）
	琚（群魚）	音渠（群魚）
	蘧（群魚）	音渠（群魚）

平聲一組現存五例，被切字和反切下字相當于《廣韵》魚韵字，通過反切下字“餘”聯成一組。本組自爲一類。

平聲二組三例，三組兩例，通過反切下字“居”“渠”分別地聯成兩組，二組、三組互不系聯，和一組字也不系聯，但二組、三組被切字和反切下字也都相當于《廣韵》魚韵字。根據枚舉歸納推理，二組、三組字和一組字雖不系聯，實爲同類。

另有：

宁（澄魚） 音儲（澄魚）　　紓（書魚） 音舒（書魚）

茹（日魚） 音如（日魚）　　蘇（心魚）[91] 音疏（生魚）

四例，互不系聯，和一、二、三組字也不系聯，但以上四例被切字和反切下字也都相當于《廣韵》魚韵字。根據枚舉歸納推理，以上四例和一、二、三組字雖不系聯，實亦同類。

上聲九例：芧 野 女 茹 宁 沮 俎 胥 御

系聯結果，得兩組一類：

一	芧（澄語）	食汝（船汝）
	野（以語）[92]	以汝（以語）
	女（日語）	音汝（日語）
	茹（日語）	音汝（日語）
二	宁（知語）	珍吕（知語）
	沮（從語）	在吕（從語）
	俎（莊語）	側吕（莊語）

上聲一組四例，被切字和反切下字相當于《廣韵》語韵字，通過反切下字“汝”聯成一組。本組自爲一類。

上聲二組三例，通過反切下字“吕”聯成一組，二組字和一組字不相系聯，但二組被切字和反切下字也相當于《廣韵》語韵字。根據枚舉歸納推理，二組和一組字雖不系聯，實爲同類。

另有：

胥（心語）思叙（心語）　　御（疑語） 五所（疑語）

兩例，互不系聯，和一、二兩組字也不系聯，但以上兩例被切字和反切下字也都相當于《廣韵》語韵字。根據枚舉歸納推理，以上兩例和一、二兩組字雖不系聯，實亦同類。

去聲九例：**著　與　除　茹　袪　詎　舉　鋸　鄔**

系聯結果，得一組一類。

一	**著**（知御）	**都慮**（端御）、**張慮**（知御）、**丁庶**（端御） **張庶**（知御）、**直據**（澄御）
	除（澄御）	**治慮**（澄御）、**直慮**（澄御）
	茹（日御）	**如庶**（日御）
	袪（溪御）[93]	**丘庶**（溪御）
	詎（群御）	**其庶**（群御）
	舉（見御）[94]	**音據**（見御）
	鋸（見御）	**音據**（見御）
	鄔（影御）	**於據**（影御）

去聲一組現存八例，被切字和反切下字相當于《廣韵》御韵字，通過反切下字“慮”聯成一組。本組自爲一類。

另有：

與（以御）　**音預**（以御）　**音豫**（以御）

一例，和一組字不相系聯，但本例被音字和注音字也都是《廣韵》御韵字。據枚舉歸納推理，本例和一組字實爲同類。

模部

模部現存二十字。

平聲六例：逋 餔 瓠 餬 狐 鋪

系聯結果，得兩組一類。

一 逋（幫模） 方吴（非模）　　二 餬（匣模） 音胡（匣模）
餔（幫模） 甫吴（非模）　　狐（匣模） 音胡（匣模）
瓠（匣模） 侯吴（匣模）

平聲一組三例，被切字和反切下字相當于《廣韵》模韵字，通過反切下字“吴”聯成一組。本組自爲一類。

二組兩例，通過反切下字“胡”聯成一組，二組和一組字不相系聯，但二組被切字和反切下字也都相當于《廣韵》模韵字。根據枚舉歸納推理，二組字和一組雖不系聯，實爲同類。

另有：

鋪（滂模）芳烏（敷模）

一例，和一、二兩組字都不系聯，但本例被切字和反切下字也相當于《廣韵》模韵字。根據枚舉歸納推理，本例和以上一、二兩組字雖不系聯，實爲同類。

上聲八例：稌 罟 顧 賈 黼 蠱 廡 仵

系聯結果，得一組一類：

一 稌（透姥） 他古（透姥）、敕古（徹姥）
罟（見姥） 音古（見姥）
*顧（見姥）[95] 音古（見姥）、音鼓（見姥）
賈（見姥） 鄭，徐音古（見姥）、音估（見姥）

上聲一組四例被切字和反切下字相當于《廣韵》姥韵字，通過反切下字“古”聯成一組。本組自爲一類。

另有：

䵝（幫姥）[96] **音補**（幫姥） **蠱**（見姥）**姬祖**（見姥） **仵**（疑姥） **音五**（疑姥）

三例，互不系聯，和一組字也不系聯，但以上三例被切字和反切下字也都相當于《廣韵》姥韵字。根據枚舉歸納推理，以上三例和一組字雖不系聯，實爲同類。

最后，

廡（微麌） **莫杜**（明姥）

一例，被切字相當于《廣韵》麌韵字，反切下字是姥韵字，按徐音不分輕重唇。《廣韵》明微兩母，徐讀一類。故徐讀"廡"爲莫杜，韵亦讀一等。作爲特例，暫附于此。

去聲六例：**戮 錯 圃 度 索 傳**

系聯結果，得一組一類：

一 **戮**（定暮） **同路**（定暮）
錯（清暮） **七路**（清暮），**采故**（清暮）

去聲一組兩例，被切字和反切下字相當于《廣韵》暮韵字，通過反切下字"路"聯成一組。本組當自爲一類。

另有：

圃（幫暮） **音布**（幫暮） **度**（定暮） **音渡**（定暮） **索**（心暮） **音素**（心暮）

三例，互不系聯，和一組字也不系聯，但以上三例被切字和反切下字也都相當于《廣韵》暮韵字。根據枚舉歸納推理，以上三例和一組字雖不系聯，實爲同類。

最后一例，

傅（非遇） 方暮（非暮）

本例被切字是遇韵字，反切下字是暮韵字，這跟上聲“廡”的性質是一樣的。作爲特例暫附于此。

虞 部

虞部現存六十字。

平聲二十三例：鋪 孚 裯 趎 垺 蚹 簠 痡 區 雩 竽 婁
掫 句 拘 娵 濡 需 夫 柎 楡 諛 喁

系聯結果，得四組一類：

一	鋪（敷虞）	音敷（敷虞）、音孚（敷虞）
	孚（敷虞）	音敷（敷虞）
	痡（敷虞）	音敷（敷虞）
	垺（敷虞）[97]	音孚（敷虞）
	蚹（敷虞）[98]	音敷（敷虞）
二	簠（非虞）[99]	方于（非虞）
	區（溪虞）	丘于（溪虞）
	雩（曉虞）	况于（曉虞）
	竽（云虞）	音于（云虞）
三	裯（澄虞）	直俱（澄虞）
	趎（澄虞）	直俱（澄虞）
	婁（來虞）	力俱（來虞）
	掫（精虞）	子俱（精虞）
	句（群虞）	其俱（群虞）
四	拘（見虞）	音俱（見虞）
	娵（精虞）	子須（精虞）
	濡（心虞）	音須（心虞）
	需（心虞）	音須（心虞）

平聲一組五例，被切字和反切下字相當于《廣韵》的虞韵字，通過反切下字“敷”聯成一組。

平聲二組四例，三組六例，四組三例，通過反切下字“于”“俱”“須”分別地聯成三個小組，三組字互不系聯，和一組字也不系聯。但二、三、四組被切字和反切下字也都相當于《廣韵》的虞韵字。根據枚舉歸納推理，二、三、四組和一組字雖不系聯，實爲同類。

另有：

夫（非虞）　方無（非虞）　　柎（非虞）　音鈇（非虞）
榆（以虞）　音踰（以虞）　　諛（以虞）　以朱（以虞）
喁（疑虞）[100]　音愚（疑虞）

五例，互不系聯，和一組字也不系聯，但以上五例被切字和反切下字也相當于《廣韵》虞韵字。根據枚舉歸納推理，以上五例和一組字雖不系聯，亦爲同類。

上聲十三例：**脯　弣　侮　煦　嫗　僂　數　栩　芋　拊　愈　偊　膴**

系聯結果，得三組一類：

一　脯（非麌）　音甫（非麌）　　二　僂（來麌）　力主（來麌）
　　弣（敷麌）　音甫（非麌）　　　　數（生麌）　所主（生麌）
　　侮（微麌）　亡甫（微麌）　　三　栩（曉麌）　况羽（曉麌）
　　煦（曉麌）[101]　况甫（曉麌）　　　芋（云麌）　音羽（云麌）
　　嫗（影麌）　於甫（影麌）

上聲一組五例，被切字和反切下字相當于《廣韵》麌韵字，通過反切下字“甫”聯成一組。

二組兩例，三組兩例，通過反切下字“主”和“羽”分别地聯成兩組，二組、三組和一組字不相系聯，但二組、三組被切字和反切下字也都相當于《廣韵》麌韵字。根據枚舉歸納推理，二組三組字和一組字雖不系聯，實爲同類。

另有：

拊（敷麌）　音府（非麌）　　愈（以麌）　音庾（以麌）
偊（云麌）[102]　音禹（以麌）　　膴（曉麌）[103]　凶武（曉麌）

四例，互不系聯，和一組字也不系聯，但以上五例被切字和反切下字也都相當于《廣韵》麌韵字。根據枚舉歸納推理，以上五例和一組字雖不系聯，實爲同類。

去聲二十三例：傅 付 屨 痀 搏 捕 僂 吁 裕 贖 注 聚
趨 趣 覦 愉 傴 續 祔 踣 驅 瞿 覆

系聯結果，得四組一類。

一	傅（非遇）	音賦（非遇）
	付（非遇）	音賦（非遇）
	搏（非遇）	音付（非遇）
	捕（非遇）[104]	音付（非遇）
	僂（來遇）[105]	良付（來遇）
	吁（云遇）	往付（云遇）
二	裕（以遇）	以樹（以遇）
	贖（常遇）[106]	音樹（常遇）
	注（章遇）	之樹（章遇）、之喻（章樹）
	聚（從遇）	才樹（從遇）、在喻（從遇）
	趨（清遇）[107]	七喻（清遇）
	趣（清遇）	七喻（清遇）
	覦（以遇）	音喻（以遇）
	愉（以遇）[108]	音喻（以遇）
三	屨（見遇）	居具（見遇）
	*痀（見遇）[109]	居具（見遇）
	傴（影遇）	於具（影遇）
	續（邪遇）[110]	辭屨（邪遇）
四	祔（奉遇）	音附（奉遇）
	踣（敷遇）[111]	芳附（敷遇）、敷豆（敷候）

去聲一組六例，被切字和反切下字相當于《廣韵》遇韵字，通過反切下字“付”聯成一組。

二組八例、三組四例、四組兩例，通過反切下字“樹”“具”“附”分别地聯成三個小組。二、三、四，三組字互不系聯，和一組字也不系聯。但是二、三、四組被切字和反切下字也都相當于《廣韵》遇韵字。根據枚舉歸納推理，

二、三、四組字和一組字雖不系聯，實爲同類。

另有：

驅（溪遇）**起遇**（溪遇）　　**瞿**（群遇）**音懼**（群遇）　　**覆**（敷宥）[112] **音赴**（敷遇）

三例，互不系聯，和一、二、三、四組字也不系聯，但以上三例被切字和反切下字也都是《廣韵》遇韵字，根據枚舉歸納推理，以上三例和一、二、三、四組字雖不系聯，實亦同類。

侯　部

侯部現存二十九字。

平聲七例：**裒　騶　婁　句　謳　捊　鞲**

系聯結果，得兩組一類：

一 **裒**（明侯）　**亡侯**（微侯）
　 騶（莊尤）　**側侯**（莊侯）
　 婁（來侯）　**力侯**（來侯）、**力俱**（來虞）、**鄭音樓**（來侯）
　 句（見侯）　**古侯**（見侯）
　 謳（影侯）　**烏侯**（影侯）
二 **弸**（滂侯）　**普溝**（滂侯）
　 鞲（見侯）　**音溝**（見侯）

一組五例，被切字和反切下字相當于《廣韵》的侯韵字（被切字有尤韵一字）。通過反切下字“侯”聯成一組。二組兩例。通過反切下字“溝”聯成一組。二組字和一組不相系聯。但二組被切字和反切下字也相當于《廣韵》侯韵字。根據枚舉歸納推理，二組和一組字雖不系聯，實爲同類。

上聲四例：**掊　詬　部　塿**

系聯結果，得一組一類：

一 掊（非厚） 方垢（非厚）、甫垢（非厚）
詬（見厚） 音垢（見厚）

一組兩例，被切字和反切下字相當于中古厚韵字，通過反切下字“垢”聯爲一組。

另有：

部（並厚）扶苟（奉厚）　　鍪（明厚）音母（明厚）

兩例，互不系聯，和一組字也不系聯，但以上兩例，被切字和反切下字也都相當于《廣韵》的厚韵字。根據枚舉歸納的推理，以上兩例和一組字雖不系聯，實爲同類。

去聲現存十八例：踣 竇 讀 瀆 軥 后 咮 驟 騶 涑 漱 詬 姆 瞀 牧 侮 務 鶩

系聯結果，得三組一類：

一 踣（滂候） 敷豆（敷候）
*竇（定候）[113] 音豆（定候）
*讀（定候）[114] 音豆（定候）
*瀆（定候）[115] 音豆（定候）
軥（見候） 古豆（見候）
后（匣候） 胡豆（匣候）
*咮（端候）[116] 都豆（端候）、丁遘（端候）
驟（崇候） 在遘（從候）
*騶（崇宥）[117] 仕遘（崇候）
涑（生宥）[118] 色遘（生候）
漱（心候） 素遘（心候）
詬（曉候）[119] 音遘（見候）、許后（曉候）

二　姆（明候）　音茂（明候）
　　瞀（明候）　音茂（明候）
　　*牧（明候）[120]　音茂（明候）
　　*侮（微侯）[121]　音茂（明候）
三　務（明候）[122]　莫候（明候）
　　*騖（微遇）　音務（明候）

一組十二例，被切字和反切下字相當于《廣韵》候韵字，被切字有兩例宥韵字，通過反切下字“遘”聯成一組。

二組四例、三組兩例，通過反切下字“茂”“務”分別地聯成二、三兩個小組。二、三兩組字和一組不相系聯，但二、三兩組被切字和反切下字也都相當于《廣韵》候韵字。根據枚舉歸納推理，二、三兩組和一組字雖不系聯，實爲同類。

徐音魚、模、虞三部字的音切分布情況和中古遇攝魚、模、虞三韵系字大致相當，我們沿襲這一叫法，管徐音這三個韵部也叫遇攝。

徐音遇攝三部，其中魚、模兩部分別來源于上古魚部的魚系字和模系字，音切分布情況大致同中古魚模兩韵系字。

徐音虞部字主要來自上古侯部的虞系字和魚部的虞系字，另有少數幽部虞韵系字。徐音虞部虞系字僅限于喉牙唇音字，徐音虞部來自幽部的虞系字，亦僅限于唇音字。

上古魚、侯、幽三部虞系字在徐邈的反切系統里，業已合流，看下字：

吁（魚遇）	往付（侯遇）反	弣（侯麌）	音甫（魚麌）
柎（侯麌）	音鈇（魚虞）	搏（魚遇）	音付（侯遇）
煦（侯麌）	况甫（魚麌）反	區（侯虞）	丘于（魚虞）
孚（幽虞）	音敷（魚虞）	鋪（魚虞）	音孚（幽虞）

以上魚部的虞韵系字和侯部的虞系字互爲音切，幽部的魚系字和魚部虞韵系字互爲音切。顯然，在徐邈的反切系統里，虞部已形成一完整的新的韵類——虞部。

值得注意的是，徐音虞部的唇音字既和相當於中古一等韵的模韵系字混切，又和侯韵系唇音字混切，請看下例：

黼（麌）	音補（姥）	膴（麌）	莫杜（姥）	傅（遇）	方慕（暮）
踣（遇）	普豆（候）	侮（麌）	音茂（候）	務（遇）	莫候（候）

但是和模韵系唇音字混切的一定是來自上古魚部的虞系字，和侯系唇音字混切的一定是來自上古侯部的虞系字，這説明魚、侯兩部虞韵系字雖已合流，而兩部軌迹未盡泯滅。在徐邈的反切系統里，虞、模兩部唇音字的混切和虞侯唇音字混切的現象，顯然是在魚、侯兩部的虞韵系字合流以前分別形成的。

徐音侯部相當于中古流攝侯韵系字，徐音侯部主要來源于上古侯部的侯系字。

徐音魚侯兩部虞系字合流后，虞、侯兩部産生了大量的又讀字：

婁	句	弣	踣	侮
力力	其古	音普	芳普	亡音
俱侯	俱侯	甫溝	附豆	甫茂

羅常培、周祖謨兩先生在《漢魏晋南北朝韵部演變研究》里曾説，侯魚兩部，兩漢已合爲一部。后來張琨先生在《漢語音韵學中方言差异》一文里認爲，侯魚兩部，魏晋南北朝的時候，漢語北部方言，《詩經》的 *jag*jug*ag（相當于上文的魚部虞韵系字、侯部虞韵系字、魚部模韵系字）三韵相押。南部方言在唇音、圓唇舌根音后，魚部虞韵系字和侯部虞韵系字合流，魚部魚系字自爲一類，魚部的模韵系字僅内部相押。就徐邈的反切系統來説，上古魚、侯兩部虞系字，徐音業已合流。魚部虞、模兩系唇音字讀爲一類，魚系字另爲一類。

王力先生在《南北朝詩人用韵考》里曾説：“關于尤、侯、幽三韵，全南北朝詩人是一致的，三韵完全没有分用的痕迹。”但從徐音反映的情況來看，至少在晋宋時期漢語南部方音，侯韵系字和虞韵系字讀音比較接近，侯韵系字和尤、幽韵系字讀音相去較遠。

第四節　果假攝

麻　部

麻部現存十九字。

平聲九例：**牙　闍　緒　堵　邪　餘　苛　媧　華**

系聯結果，得兩大類、三小類、五個小組。

兩大類是指以下開口一類，合口一類，三小類是指開口一類，又分開口二等和開口三等兩個小類；合口，僅合口二等一個小類。五個小組是指開口二等一組、開口三等三組、合口二等，一類一組。

	開口			合口	
二等：	牙（疑麻）	五加（疑麻）	二等：	媧（見麻）	古華（見麻）
三等：一	闍（常麻）[123]	上奢（常麻）		華（曉麻）	音花（曉麻）
		持遮（澄麻）			
	*緒（書麻）[124]	音奢（書麻）			
二	*堵（闍）（常麻）[125]	常邪（常麻）			
	邪（邪麻）	以車（以麻）			
三	*餘（以麻）	以嗟（以麻）			
	*苛（匣麻）[126]	黑嗟（匣麻）			

二等開口一組一例，被切字和反切下字相當于《廣韵》麻韵二等開口字。本組只此一例，當自爲一類。

二等合口一組現存兩例，被切字和反切下字相當于《廣韵》麻韵二等合口字，通過反切下字“華”聯成一組。本組自爲一類。

三等開口一組兩例，被切字和反切下字相當于《廣韵》麻韵三等開口字，通過反切下字“奢”聯成一組。

三等開口二組、三組各存兩例，通過反切下字“邪”“嗟”分别地聯成兩組，二組、三組字互不系聯，和一組字也不系聯，但二組、三組被切字和反切下字也都相當于《廣韵》麻韵三等開口字。根據枚舉歸納推理，二組、三組和一組字雖不系聯，實爲一類。

上聲現存三例：**把　假　舍**

系聯結果，得兩組兩類。兩類是指開口二等一類，三等一類。兩組是指二等，一類一組，三等，一類一組。

		開口
二等：一	把（邦馬）	甫雅（非馬）
	假（見馬）	古雅（見馬）、音遐（匣馬）
三等：一	舍（書馬）	音捨（書馬）

開口二等一組兩例，被切字和反切下字相當于《廣韵》馬韵二等開口字，通過反切下字“雅”聯成一組。本組自爲一類。

三等開口一組，僅存一例，被切字和反切下字相當于《廣韵》馬韵三等開口字。本組只此一例，自爲一類。

去聲七例：**爹　下　枷　藉　射　獲　華**

系聯結果，得兩大類，三小類，三個小組。

兩大類是指以下開、合兩類。三小類是指開口二等、三等兩個小類，合口僅二等一個小類。三個小組是指開口二等一組，三等一組；合口僅二等一組。

		開口			合口
二等：一	爹（知禡）	都嫁（端禡）	二等：一	獲（匣禡）[127]	横霸（匣禡）
	下（匣禡）	户嫁（匣禡）			

	*枷（見禡）[128]	音嫁（見禡）
三等：一	藉（從禡）	子夜（精禡）
		音借（精禡）
	射（船禡）	食夜（船禡）
		音夜（以禡）

二等開口一組三例，被切字和反切下字相當于中古禡韵二等開口字，通過反切下字“嫁”聯成一組。本組自爲一類。

二等合口一組一例，被切字和反切下字相當于《廣韵》禡韵二等合口字。本組僅此一例，當自爲一類。

另有：

華（匣禡）胡化（匣禡）

一例，和合口一組不相系聯，但本例被切字和反切下字也都相當于《廣韵》禡韵二等合口字。根據枚舉歸納推理，本例和合口一組實爲同類。

三等開口一組兩例，被切字和反切下字相當于《廣韵》禡韵三等開口字，通過反切下字“夜”聯成一組。本組自爲一類。

徐音麻部相當于中古假攝麻韵系字，我們管徐音麻部也叫假攝。徐音麻部有兩個來源，一是來自上古魚部的麻系字，另一來自歌部麻系字。在徐邈的反切系統里兩部麻系字，已經合流，形成一個新的韵部——麻部。

見下字：

牙（魚麻）五加（歌麻）反	枷（歌麻）音嫁（魚麻）
媧（歌麻）古華（魚麻）反	華（魚麻）胡化（歌麻）反

歌部

歌部現存二十一字。

平聲八例：**皤　嗟　訛　莎　嘽　俄　菏　過**

系聯結果，得兩組兩類。兩類是指以下開、合兩類。兩組即開口一組，合口一組。

	開口			合口	
一	**皤**（幫戈）	**甫河**（非歌）	一	**莎**（心戈）	**素和**（心戈）
	嗟（精歌）[129]	**七河**（清歌）			
	訛（疑歌）[130]	**五河**（疑歌）			

開口一組三例，被切字和反切下字相當于《廣韵》的歌韵字，被切字“皤”是戈韵字，通過反切下字“河”和嗟、訛聯成一組。徐音唇音不分開合。本組自爲一類。

另有：

嘽（透歌）[131] **音他**（疑歌）　**俄**（疑歌）**音峨**（疑歌）　**菏**（見歌）**音柯**（見歌）

三例，互不系聯，和開口一組字也不系聯，但以上三例被切字和反切下字也都相當于《廣韵》的歌韵字。根據枚舉歸納推理，以上三例和一組字雖不系聯，實爲同類。

合口一組一例，被切字和反切下字相當于中古戈韵字。本組僅此一例，當自爲一類。

另有：

過（見戈）**音戈**（見戈）

一例，和合口一組不相系聯，但本例被切字和反切下字也都相當于《廣韵》戈韵字。根據枚舉歸納推理，本例和合口一組字雖不系聯，實爲同類。

上聲四例：**鬌 堕 蓏 脞**

系聯結果，得一組一類。一類是指以下合口一類。一組即合口一組。（徐音歌部上聲開口字未見）

合口	
鬌（定果）	**大果**（定果）
堕（定果）	**待果**（定果）
蓏（來果）	**力果**（來果）

一組三例，被切字和反切下字相當于中古果韵字，通過反切下字“果”聯成一組。

另有：

* **脞**（心果）**音埧**（心果）

一例，和一組字不相系聯，但本例被切字和反切下字也都相當于中古果韵字。根據枚舉歸納推理，本例和一組字雖不系聯，實爲同類。

去聲九例：**大 左 挫 坐 過 和 踠 播 簸**

系聯結果，得兩組兩類。兩類是指以下開、合兩類。兩組是指開口一組，合口一組。

開口		合口	
大（定箇）	**他佐**（透箇）	**挫**（精過）	**子卧**（精過）
左（精箇）	**音佐**（精箇）	**坐**（從過）	**才卧**（從過）
簸（幫過）	**府佐**（非厐）	**過**（見過）	**古卧**（見過）
		和（匣過）	**胡卧**（匣過）
		踠（影過）[132]	**烏卧**（影過）

去聲開口一組三例，被切字和反切下字相當于《廣韵》，去聲箇韵開口字，通過反切下字“佐”聯成一組。本組字當爲一類。

另有：

播（幫過）**補餓**（幫箇）

和一組字也不相系聯。本例,被切字相當于《廣韵》過韵字,反切下字相當于《廣韵》的箇韵字。被切字和反切下字開合不同,但徐音唇音字不分開合。因此,本例和一組字當可視爲同類。

去聲合口一組五例，被切字和反切下字相當于《廣韵》的過韵字，通過反切下字“卧”聯成一組。本組字當爲一類。

徐音歌部的音切分布情況，大致相當于《廣韵》果攝歌、戈兩韵系字。我們管徐音歌部也叫果攝，徐音歌部主要來自上古歌部歌系字。唇音字一律讀開口，同《切韵》，有异于《廣韵》。看下字：

徐音：嶓　甫河（歌）**簸　　府佐**（箇）**播　補餓**（箇）
切韻：嶓　博何（歌）**簸　　補箇**（箇）**播　補箇**（箇）
廣韻：嶓　博禾（戈）**簸　　補過**（過）**播　補過**（過）

第五節　效攝

豪　部

豪部存十八字。

平聲六例：**敖　撓　翿　洮　號　嘈**

系聯結果，得一組一類：

敖（疑豪）　五高（疑豪）
撓（曉豪）　許高（曉豪）
嚣（疑豪）[133] 徐讀曰嗷（疑豪）、五高（疑豪）

平聲一組今存三例，被切字和反切下字相當于《廣韵》豪韵字，通過反切下字“高”聯成一組。本組自爲一類。

另有：

洮（定豪）音逃（定豪）　號（匣豪）胡刀（匣豪）　嘮（來豪）[134] 音勞（來豪）

三例，互不系聯，和一組字也不系聯，但以上三例被切字和反切下字也都相當于《廣韵》豪韵字。根據枚舉歸納推理，以上三例，和一組字雖不系聯實爲同類。

上聲一例：槔

皞（匣皓）胡老（匣皓）

上聲僅此一例。自爲一類。

去聲十一例：藾　鐐　造　糟　縞　敖　號　謷　誥　傲　好
系聯結果，得一組一類。

藾（來號）[135]	力到（來號）	謷（疑號）	徐李五到（疑號）	
鐐（來號）[136]	盧到（來號）	號（匣號）	胡到（匣號）	胡報（匣號）
造（清號）	七到（清號）	敖（疑號）	五到（疑號）	五報（疑號）
糟（精豪）[137]	徂到（從號）	誥（見號）	古報（見號）	
縞（見號）	古到（見號）	傲（疑號）	五報（疑號）	
好（曉號）	許到（曉號）			

去聲一組十一例，被切字和反切下字相當于中古號韵字（被切字“糟”，隸豪韵，唯一例外），通過反切下字“到”聯成一組。本組自爲一類。

肴 部

肴部存十五字。

平聲九例：炰 炮 庖 巢 殽 膠 絞 昴 剿

系聯結果，得一組一類。

炰（並肴）	甫交（非肴）
絞（匣肴）[138]	户交（匣肴）
炮（並肴）	扶交（奉肴）
庖（並肴）	扶交（奉肴）
巢（來肴）[139]	吕交（來肴）
殽（匣肴）	户交（匣肴）
膠（見肴）	音交（見肴）

肴部平聲一組七例，被切字和反切下字相當《廣韵》肴韵字，通過反切下字“交”聯成一組。本組自爲一類。

另有：

*昴（明肴）[140] 音茅（明肴）　　*剿（莊肴）[141] 之肴（章肴）

兩例，互不系聯，和平聲一組字也不系聯，但以上兩例被切字和反切上字也都相當于中古肴韵字。根據枚舉歸納推理，以上兩例和一組字雖不系聯，實爲同類。

上聲一例：橈

一　橈（泥巧）[142] 乃飽（泥巧）

上聲僅此一例。自爲一類。

去聲五例：淖　掉　膠　巧　樂

系聯結果，得兩組一類。

一	淖（澄效）[143]	徒較（定效）
	掉（泥效）[144]	乃較（泥效）
二	膠（見效）[145]	徐音古孝（見效）
	巧（溪效）	苦孝（溪效）

去聲一組，兩例，被切字和反切下字相當于中古的效韵字，通過反切下字“較”聯成一組。

二組兩例，通過反切下字“孝”聯成一類，二組字和一組字不相系聯，但二組被切字和反切下字也都相當于中古效韵字。根據枚舉歸納推理，二組字和一組雖不系聯，實爲同類。

另有：

樂（疑效）五教（疑效）

一例，和一、二兩組字不相系聯，但本例被切字和反切下字也都相當于中古的效韵字。根據枚舉歸納推理，本例和一、二兩組字雖不系聯，實爲同類。

宵　部

宵部存三十五字。

平聲二十一例：杓 標 猋 飄 剽 揺 燎 僚 紹 怊 霄 銷
喬 囂 夭 要 苕 湫 呺 瀌 橰

系聯結果，得三組兩類。兩類是以下A、B兩類。三組是指A類兩組，B類一組。

A類

一	杓（非宵A）	必遥（幫宵）
	標（邦宵A）	方遥（非宵）
	*猋（滂宵A）	芳遥（敷宵）
	*飄（並宵A）	扶遥（奉宵）
	剽（滂宵A）	敷遥（敷宵）
	揺（以，宵A）	音遥（以宵）
	燎（來宵）	力遥（來宵）
		力燒（來宵）
	僚（來蕭）	力遥（來宵）
	紹（昌宵）[146]	尺遥（昌宵）
	怊（昌宵）	尺遥（昌宵）
二	霄（心宵）	音消（心宵）
	銷（心宵）	音消（心宵）

B類

喬（見宵B）	音驕（見宵B）
	紀橋（見宵B）
囂（曉宵B）	許驕（曉宵B）
夭（影宵B）	於驕（影宵B）

A類一組十例，被切字和反切下字相當于《廣韵》宵韵，"韵圖"列四等唇牙喉音字和舌齒音字，通過反切下字"遥"聯成一組。

A類二組兩例，通過反切下字"消"聯成一組，A類二組和一組字不相系聯，但二組被切下字和反切字也相當于中古宵韵舌齒音字。根據枚舉歸納推理，二組和一組字雖不系聯，實爲同類。

另有：

要（影宵A）於召（影宵）　*苕（常宵）[147] 音詔（常宵）　*湫（精宵）[148] 音椒（精宵）

三例，互不系聯，和A類一、二兩組字也不系聯，但以上三例分别是中古宵韵，"韵圖"列四等唇牙喉音字和舌齒音字。根據枚舉歸納推理，以上三例和A類一、二兩組字雖不系聯，實屬同類。

B類一組三例，被切字和反切下字相當于《廣韵》宵韵、“韵圖”列三等唇牙喉音字，通過反切下字“驕”聯成一組。本組自成一類。

另有：

瀌（非宵B） 方苗（非宵B）　　＊哻（曉宵B） 許撟（曉宵B）

兩例，互不系聯，和B類一組字也不系聯，但以上兩例被切字和反切下字也都相當于《廣韵》宵韵、“韵圖”列三等唇牙喉音字。根據枚舉歸納推理，以上兩例和B類一組字雖不系聯，實爲同類。

例外一字：

槔（見豪） 居橋（見宵B）

上聲八例：勦　篠　撓　麃　摽　昭　䨒　𧽼

系聯結果，得兩組兩類，兩類是指以下A、B兩類。兩組即A類一組，B類一組。

A類		B類	
勦（精小）	子小（精小）	麃（榜小B）	芳表（敷小B）
篠（心小）[149]	音小（心小）	摽（並小B）	符表（並小B）
撓（日巧）[150]	而小（日小）		

A類一組三例，被切字和反切下字相當于《廣韵》小韵舌齒音字，通過反切下字“小”聯成一組。

另有：

昭（章小）[151]　之紹（章小）　䨒（澄小）　音肇（澄小）　＊𧽼（敷小）　孚趙（敷小）

三例，互不系聯，和A類一組字也不系聯，但以上三例被切字和反切下字也都相當于《廣韵》小韵、“韵圖”列四等唇音字和舌齒音字。根據枚舉歸納推理，以上三例和A類一組字雖不系聯，實爲同類。B類一組兩例，被切字和反切下字相當于《廣韵》宵韵、“韵圖”列三等唇音字，通過反切下字“表”聯成一組。本組自爲一類。

去聲七例：*標　摽　漂　約　少　尞　削

系聯結果，得兩組一類，一類即A類一類。兩組即A類兩組。

A類

一	標（邦笑A）[152]	方妙（非笑A）
	摽（並笑A）[153]	扶妙（奉笑A）
	漂（滂笑A）	敷妙（敷笑A）
	約（影笑A）[154]	於妙（影笑A）
二	少（書笑）	式照（書笑）
	尞（來笑）	力照（來笑）

A類一組四例，被切字和反切下字相當于《廣韵》笑韵、“韵圖”列四等唇牙喉音字，通過反切下字“妙”聯成一組。

A類二組兩例，被切字和反切下字相當于《廣韵》笑韵舌齒音字，通過反切下字“照”聯成一組，二組和一組字不相系聯，但根據徐音宵部平聲“韵圖”列四等唇牙喉音字和舌齒音字可以聯成一組。可以推知，A類二組和一組字雖不系聯，實爲同類。

另有：

*削（生笑）[155]　所召（生笑）

一例，和以上兩組字都不系聯。本例“削”爲鞘的借字，暫附于此。

蕭 部

蕭部現存三十字。

平聲十六例：瓢 刁 窕 蕉 焦 嘸 綃 饒 宎 雕 頫 寥 漻 蜩 儵 騷

系聯結果，得三組一類：

一	瓢（並宵A）	敷堯（奉蕭）	二	雕（端蕭）	音彫（端蕭）
	刁（端蕭）	都堯（端蕭）		*覜（透蕭）[156]	他彫（透蕭）
	*窕（定蕭）[157]	勑堯（徹蕭）		寥（來蕭）	力彫（來蕭）
	*蕉（精宵）	在堯（從蕭）		漻（來蕭）	力彫（來蕭）
	*焦（精宵）	在堯（從蕭）	三	蜩（定蕭）	音條（定蕭）
	*嘸（精宵）	在堯（從蕭）		儵（定蕭）[158]	音條（定蕭）
	*綃（心宵）	徐本作緗。桑堯（心蕭）			
	*饒（曉蕭）[159]	許堯（曉蕭）			
	*宎（影蕭）[160]	於堯（影蕭）			

平聲一組九例，被切字相當于中古蕭韵字和宵韵、“韵圖”列四等的唇音字以及舌齒音字，反切下字都是蕭韵字，通過反切下字“堯”聯成一組。

二組四例，二組兩例通過反切下字“彫”“條”分别地聯成兩組，二、三兩組互不系聯，和一組字也不系聯，但二、三兩組被切字和反切下字也都相當于中古蕭韵字。根據枚舉歸納推理，二、三兩組和一組字雖不系聯，實爲同類。

另有：

騷（心蕭）[161] 音蕭（心蕭）

一例，和以上三組字都不系聯，但本例被切字和反切下字也都相當于中古蕭韵字。根據枚舉歸納推理，本例和二、三兩組字雖不系聯，實爲同類。

上聲六例：**挑　佻　愀　僥　窅　湫**

系聯結果，得一組一類：

挑（定篠）	**徒了**（定篠）	**僥**（見篠）[162]	**古了**（見篠）
佻（定篠）[163]	**徒了**（定篠）	**窅**（影篠）	**烏了**（影篠）
愀（精篠）	**子了**（精篠）		

一組五例，被切字相當于《廣韵》篠韵字，反切下字一律是篠韵字，通過反切下字“了”聯成一組。本組自爲一類。

另有：

湫（精篠）　**子鳥**（精篠）

一例，和一組字不相系聯，但本例被切字和反切下字也都相當于《廣韵》的篠韵字。根據枚舉歸納推理，本例和一組字雖不系聯，實爲同類。

去聲八例：**滌　糶　姚　燎　竅　叫　肖　椒**

系聯結果，得一組一類：

滌（定嘯）[164]	**同吊**（定嘯）
糶（透嘯）	**徒吊**（定嘯）
姚（透嘯）[165]	**他吊**（透嘯）
燎（來嘯）[166]	**力吊**（來嘯）
竅（溪嘯）	**苦吊**（溪嘯）
叫（見嘯）	**古吊**（見嘯）
肖（心嘯）[167]	**蘇叫**（心嘯）

一組七例，被切字相當于中古嘯韵字，通過反切下字“吊”聯爲一組。本組自爲一類。

另有：

＊椒（精笑）[168]　子料（精嘯）

一例，和一組字不相系聯，但本例被切字相當于《廣韵》笑韵舌齒音字，反切下字是《廣韵》嘯韵字。根據枚舉歸納推理，本例和一組字雖不系聯，實爲同類。

第六節　流攝

尤　部

尤部存三十八字。

平聲十三例：綢　妯　抽　鄹　休　讎　酬　〓　鰍　湫　遒　婤　捄

系聯結果，得三組一類：

一	綢（澄尤）	直留（澄尤），音籌（澄尤）	二	讎（常尤）	音疇（澄尤）
	妯（澄尤）[169]	直留（澄尤）		酬（常尤）	音疇（澄尤）
	抽（澄尤）[170]	直留（澄尤）		〓（澄尤）	音酬（常尤）
	鄹（莊尤）	側留（莊尤）	三	鰍（從尤）	音秋（清尤）
	休（曉尤）	許留（曉尤），許求（曉求）		湫（清尤）	音秋（清尤）

平聲一組五例，被切字和反切下字相當于《切韵》《廣韵》尤韵字，通過反切下字“留”聯成一組。二組三例、三組兩例通過反切下字“疇”“秋”分別地聯成兩組。二、三兩組互不系聯，和一組字也不系聯，但二、三兩組被切字和反切下字也都相當于《切韵》《廣韵》尤韵字。據枚舉歸納推理，二、三兩組和一組字雖不系聯，實爲同類。

另有：

遒（精尤）　子由（精尤）　　婤（徹尤）　勅周（徹尤）　　捄（見尤）[171]　音鳩（見尤）

三例，互不系聯，和以上三組字也不系聯，但以上三例被切字和反切下字也都相當于《切韵》《廣韵》尤韵字。據枚舉歸納推理，以上三例和一、二、三組字實爲同類。”

上聲十例：缶 愀 庮 茆 否 琇 紐 紑 攸 糾

系聯結果，得三組一類。

一 缶（非有）[172] 甫九（非有）
　 愀（從有） 在九（從有）
二 庮（以有） 餘柳（以有）
　 茆（來有） 音柳（來有）
三 否（非有） 方有（非有）
　 琇（以有） 音有（云有）

上聲一組兩例，被切字和反切下字相當于《切韵》《廣韵》有韵字，通過反切下字“九”聯成一組。二組、三組各存兩例，通過反切下字“柳”“有”分別地聯成兩組。二、三兩組字互不系聯，和一組字也不系聯，但二、三兩組被切字和反切下字也都相當于《切韵》《廣韵》有韵字。據枚舉歸納推理，二、三兩組和一字組雖不系聯，實屬同類。

另有：

紐（泥有） 女酒（泥有） 紑（敷有）[173] 孚不（敷有） 攸（以有）[174] 以帚（以有）

三例，互不系聯，和一、二、三組字也不系聯，但以上三例被切字和反切下字也都相當于《切韵》《廣韵》有韵字。據枚舉歸納推理，以上三例和一、二、三組字雖不系聯，實亦同類。

例外一字：

糾（見黝） 居酉（見有）

去聲十五例：**收 守 哨 柚 廄 有 憂 復 祝 讎 臭 獸 宿 右 貿**

系聯結果，得三組一類。

一	**收**（書宥）[175]	**詩救**（書宥）	二	**復**（奉宥）	**扶又**（奉宥）
	守（書宥）	**始救**（書宥）		**祝**（章宥）	**之又**（章宥）
	哨（以宥）[176]	**以救**（以宥）		**讎**（常宥）	**市又**（常宥）
	柚（以宥）	**以救**（以宥）	三	**臭**（昌宥）	**尺售**（昌宥）
	廄（見宥）	**音救**（見宥）		**獸**（書宥）	**始售**（書宥）
	有（云宥）[177]	**于救**（云宥）			
	憂（影宥）[178]	**於救**（影宥）			

去聲一組七例，被切字和反切下字相當于《切韵》《廣韵》宥韵字，通過反切下 字“救”聯成一組。

二組三例、三組兩例，通過反切下字“又”“售”分別地聯成兩組，二、三兩組互不系聯，和一組字也不系聯，但二、三兩組被切字和反切下字也都相當于《切韵》《廣韵》宥韵字。據枚舉歸納推理，二、三兩組和一組字，雖不系聯，實屬同類。

另有：

宿（心宥） **音秀**（心宥）　　**右**（云宥） **音佑**（云宥）

兩例，互不系聯，和以上一、二、三組字也不系聯，但以上兩例被切字和反切下字也相當于《切韵》《廣韵》宥韵字，據枚舉歸納推理，以上兩例和一、二、三組字亦爲同類。

例外一字：

貿（明候） **亡救**（微宥）

幽部

幽部存八字。

平聲六例：糾　璆　銶　絿　觩　滮

系聯結果，得一組一類：

*糾（見幽）	居虯（見幽）
璆（見幽）	居虯（見幽）
*銶（群幽）	音虯（群幽）
*絿（群幽）	音虯（群幽）
觩（群幽）	音虯（群幽）

幽部平聲一組五例，被切字和反切下字相當于《切韵》《廣韵》幽韵字，通過反切下字“虯”聯成一組。本組自爲一類。

另有：

滮（並幽）[179]　符彪（並幽）

一例，和一組字不相系聯。但本例被切字和反切下字也都相當于《切韵》《廣韵》幽韵字。據枚舉歸納推理，本例和一組字實爲同類。

上聲（缺）

去聲兩例：滫　糔

系聯結果，得一組一類。

*滫（心宥）	相幼（心幼）
糔（心宥）	相幼（心幼）

按上聲兩例實爲一字。《周禮·食醫》："凡和，春多酸……"注："堇荁枌榆娩槁滫瀡以滑之。"《釋文》："滫，劉，思酒反。徐，相幼反。"《廣韵》收有韵，息有切，溲麵。《説文》："久泔也。"又《周禮·醢人》："酏食糝食。"注："《内則》曰：取稻米舉糔溲之。"《釋文》："糔，思柳反。劉，相早反。徐相幼反。"《集韵》則以"滫"爲"糔"之或體。《集韵·宥韵》：滫，溲也，或作糔。息救切。

徐音豪、肴、宵、蕭四部相當于《廣韵》效攝豪、肴、宵、蕭四韵系字。我們沿襲這一叫法，管徐音豪、肴、宵、蕭四部也叫效攝。

徐音效攝豪部和肴部字分别來源于上古幽部的豪系字、肴系字和宵部的豪系字、肴系字。上古幽、宵兩部的豪、肴系字徐音業已合流，分别地構成兩個新的韵類。現下例可知：

徐音豪部：

造（幽） 七到（宵）　糟（幽） 徂到（宵）　好（幽） 許到（宵）
膏（宵） 古報（幽）　傲（宵） 五報（幽）

徐音肴部：

炮（幽） 扶交（宵）　庖（幽） 扶交（宵）　膠（幽） 音交（宵）
橈（宵） 乃飽（幽）

徐音宵部主要來自上古宵部宵系字。徐音宵部用系聯法系聯，可分爲兩類。一類相當于《切韵》、《廣韵》、"韵圖"列四等唇牙喉音字和舌齒音字，另一類相當于三等的唇牙喉音字。兩類字反切下字有嚴格的區别，不相雜厠。

徐音蕭部來源于上古幽、宵兩部的蕭系字。兩部蕭韵系字徐音亦已合流。

徐音蕭部：

頫（宵） **音彫**（幽）　　**叫**（幽） **古吊**（宵）

《切韵》《廣韵》宵韵系“韵圖”列四等的唇音字和舌尖塞擦音、擦音字，徐音都讀入蕭部，構成宵、蕭混切字，占徐音蕭部全部例字的三分之一强。因此有人主張徐音宵、蕭兩部應合爲一類。

事實上，《切韵》《廣韵》宵、蕭兩韵系字，徐音混切的主要是宵韵系字讀入蕭部，蕭韵系字讀入宵部的從未發現。

另外《切韵》《廣韵》宵韵系字中，徐音讀入蕭部的主要是“韵圖”列四等的唇音字和舌尖塞音、擦音字。從徐音宵、蕭兩部的音切分布總的情況來看，徐音宵、蕭兩部大的界限是存在的。

徐音尤、幽兩部相當于中古流攝尤、幽兩系字。本書沿襲傳統的這一叫法，管徐音尤、幽兩部也叫流攝。

徐音流攝尤部主要來源上古幽部尤韵系字。

《切韵》《廣韵》有少數效攝字，徐音都讀入本部，或與效攝字兩讀。

徐音尤部：

哨（笑） **以救**（宥）　　**茆**（巧） **音柳**（有）

愀（小） **在九**（有）、**子了**（篠）　　**炰**（肴） **甫九**（有）、**甫交**（肴）

湫（尤） **音秋**（尤）、**子鳥**（篠）

這些字大部份都是上古幽部豪、肴、蕭系字。其中“哨”原爲宵部字。

徐音流攝幽部，僅存九個字。平聲六例，被切字和反切下字相當于《切韵》《廣韵》幽韵喉牙音字。上聲一例被切字是《切韵》《廣韵》黝韵字，反切下字是有韵字；去聲兩例被切字相當于《切韵》《廣韵》有韵字，反切下字是幼韵字。看來徐音幽部平聲已形成爲一個獨立的韵類。上、去兩聲我們還無法做出什么判定。

第七節 通攝

東部

東部存二十二字。

平聲十五例：蓬 寵 撞 夢 桐 侗 逢 葑 憧 訌 烘 芃 螽 毴 忡

系聯結果，得三組兩類。兩類是指東一、東三兩類。三組是指東一平聲兩組，東三平聲一組。

東一	一	蓬（並東）	扶公（奉東）	東三	一	*逢（並東）[180]	音豐（敷東）
		寵（並東）[181]	扶公（奉東）			*葑（敷東）[182]	音豐（敷東）
		撞（奉東）[183]	扶公（奉東）				
		夢（明東三）	莫公（明東）				
	二	桐（定東）	音同（定東）				
		侗（定東）	音同（定東）				

東一一組四例，被切字相當于《切韵》《廣韵》東韵一等字和三等唇音字，通過反切下字“公”聯成一組。

東一二組兩例，通過反切下字“同”聯成一組，東一一、二兩組字不相系聯，但東一、二組被切字和反切下字基本上相當于《切韵》《廣韵》東韵一等字。據枚舉歸納推理，東一一、二兩組字同屬一類。

另有：

憧（定東）[184] 音童（定東）　訌（匣東）鄭音工（見東）　烘（曉東）音洪（匣東）

三例，互不系聯，和東一一、二兩組字也不系聯，但以上三例被切字和反切下字也都是東韵一等字。據枚舉歸納推理，以上三例和東一一、二兩組字亦屬同類。

東三一組兩例，被切字和反切下字相當于《切韵》《廣韵》東韵三等字，“逢”“葑”是鍾韵字，通過反切下字“豐”聯成一組。

另有：

芃（並東） **符雄**（奉東） **螽**（章東） **音終**（章東） **氄**（日東） **而充**（日東）

三例，被切字和反切下字互不系聯，和東韵三等一組字也不系聯，但以上三例被切字和反切下字也都相當于《切韵》《廣韵》東韵三等字。據枚舉歸納推理，以上三例和一組字實亦同類。

最后一字：

忡（徹，東三）[185]，**音同**（定，東一），**另音敕弓**（徹，東三）反

本例比較特殊，被切字東韵三等，直音一等，反切下字三等，暫附于此，説明見章后注释 [185]。

上聲存一例：**唪**

唪（並董） **薄孔**（並董）

本例被切字和反切下字相當于《切韵》《廣韵》董韵一等字。上聲僅此一例，當自爲一類。

去聲存六例：**棟 襱 中 衷 蹇 風**

系聯結果，得兩組兩類。兩類是指一等、三等兩類。兩組是指一等一組，三等一組。

一等 一	棟（端送一）	丁貢（端送一）		三等 一	中（知送三）	丁仲（端送三）
	甕（影送一）	於弄（影送一）			衷（知送三）	丁仲（端送三）
	罋（影送一）	音瓮（影送一）				

徐音東一去聲一組三例，互不系聯，但三例被切字和反切下字相當于《切韵》《廣韵》送韵一等字。我們可以從三例任何一例作歸納基礎，則三例可以聯成一組，實爲一類。

徐音東三去聲一組兩例，被切字和反切下字相當于《切韵》《廣韵》送韵三等字，通過反切下字“仲”聯爲一組。

另有：

風（非送三） 福鳳（非送三）

一例，和東三去聲一組字不相系聯。但本例被切字和反切下字也都相當于《切韵》《廣韵》送韵三等字。據枚舉歸納推理，本例和去聲一組實亦同類。

冬 部

冬部僅存平聲一字：蟲

蟲（定冬）[186] 徒冬（定冬）

僅此一例，自爲一類。

鍾 部

鍾部存二十一字。

平聲十四例：惷 墉 從 豵 訟 潨 戎 廱 饔 重 共 拱 樅 灉

系聯結果，得兩組一類：

一 惷（昌鍾）[187] 昌容（昌鍾）
墉（以鍾） 音容（以鍾）
從（精鍾） 子容（精鍾）
*豵（從鍾）[188] 在容（從鍾）
*訟（從鍾）[190] 才容（從鍾）
潨（從東三） 在容（從鍾）
戎（日東三） 而容（日鍾）
廱（影鍾） 於容（影鍾）
饔（影鍾） 於容（影鍾）

二 重（澄鍾） 治恭（澄鍾）
治龍（澄鍾）
共（見鍾） 音恭（見鍾）
*拱（見鍾）[189] 音恭〔見鍾〕

平聲一組九例，被切字分別相當于《切韵》《廣韵》東韵三等字和鍾韵字，反切下字一律是鍾韵字，通過反切下字“容”聯成一組。

平聲二組三例，通過反切下字“恭”聯成一組。二組和一組字不相系聯，但二組被切字和反切下字相當于《切韵》《廣韵》鍾韵字。根據枚舉歸納推理，二組和一組字實爲同類。

另有：

樅（清鍾） 七凶（清鍾） 灉（影鍾） 音邕（影鍾）

兩例，互不系聯，和一、二兩組字也不系聯，但以上兩例被切字和反切下字也都相當于《切韵》《廣韵》鍾韵字，據枚舉歸納推理，以上兩例和一、二兩組字，亦爲同類。

上聲三例：董 䵝 拱

系聯結果，得一組一類。

一 董（章腫）[191] 章勇（章腫）
䵝（敷腫） 芳勇（敷腫）

拱（見腫）　**居勇**（見腫）

一組三例，被切字和反切下字相當于《切韵》《廣韵》腫韵字，通過反切下字“勇”聯成一組。本組自爲一類。

去聲四例：**封　縫　從　供**

系聯結果，得一組一類。

一　**封**（敷用）[192]　**甫用**（非用）
　　縫（奉用）　**扶用**（奉用）
　　從（從用）　**才用**（從用）、**子用**（精用）
　　供（見用）　**紀用**（見用）

去聲一組四例，被切字和反切下字相當于《切韵》《廣韵》用韵字，通過反切下字“用”聯成一組。本組自爲一類。

江　部

江部存四字。

平聲三例：**矼　蛩　降**

系聯結果，得一組一類。

一　**矼**（見江）　**古江**（見江）
　　蛩（溪江）　**苦江**（溪江）
　　降（匣江）　**下江**（匣江）

徐音江部平聲三例，被切字和反切下字相當于《切韵》《廣韵》江韵字，通過反切下字“江”聯成一組。本組自爲一類。

上聲一字：**厖**

厖（明講）[193] **武講**（微講）

上聲一例，自爲一類。

徐音東、冬、鍾、江四部，音切分布情況和中古通，江兩攝各韵系字大致相當。我們沿襲這一叫法，管徐音東、冬、鍾三部也叫通攝，江部附於通攝。

徐音通攝、東、冬、鍾、江四部，分别來源于上古東、冬兩部。另外，上古蒸部“弓、夢、雄”三字，徐音都讀入東部。唇音字徐讀東部一等。喉牙音，東部三等。

徐音東部一等字主要來源于上古的東部東韵系字，另有江韵一字“龐”，仍留本部。

東部三等平聲、去聲共存九例，被切字和反切上字相當于上古冬部字者五字：芃、螽、中、衷、風，東、冬相混者三字：逢、葑、摓。

徐音鍾部共十九例，除“潨、戎、豵”三字被切字相當于上古冬部字，反切下字是東部字外，另十六例被切字和反切下字都是上古東部字。上古東冬兩部現存四十七例，徐音兩部混切字僅占七例，鐘韵系字和東韵三等字即占六例，基本上是唇音字和舌齒音字。在徐邈的反切系統里，上古東、冬兩部的格局還是有迹可尋的。

徐音江部分别來源于上古東、冬兩部。從

降（匣冬） **下江**（匣東）

一例，可知上古東、冬兩部江系字，徐音業已合流。

第八節　臻攝

真　部

真部存五十四字。(《切韵》真諄爲開合韵。《廣韵》始離之爲二。徐音同於《切 韵》)

平聲三十例：矉　畛　寅　陳　紉　邠　瞖　蓁　慭　慭　楯　杶　洵
恂　殉　徇　馴　淳　循　紃　䡅　巡　踆　鈞　隕　員
筠　蠙　泯　鎮　殷

系聯結果，得兩大類、四小類、七個小組。兩大類是指以下 A、B 兩類。四小類是指 A、B 各分開合兩類。七個小組是指 A 類開口兩組，B 類開口一組；A 類合口三組，B 類合口一組。

A 類

	開口			合口	
一	矉（並真 A）	扶真（奉真）	一	杶（徹諄）	勑荀（徹諄）
	畛（章真）	音真（章真）		楯（徹諄）	勑荀（徹諄）
	寅（以真）	以真（以真）		洵（心諄）	音荀（心諄）
二	陳（澄真）	音塵（澄真）		恂（心諄）	音荀（心諄）
	紉（日真）	而陳（日真）		殉（邪諄）[194]	辭荀（邪諄）
					音循（邪諄）
					辭倫（邪諄）
				徇（邪諄）[195]	辭倫（邪諄）
				馴（邪諄）	餘倫（以諄）
					食倫（邪諄）
				淳（章諄）	之倫（章諄）
				循（邪諄）	辭均（邪諄）
				紃（邪諄）	辭均（邪諄）
			二	䡅（常諄）	音纯（常諄）
				巡（邪諄）[196]	養純（以諄）
			三	踆（清諄）	七旬（清諄）

鈞（見諄A）　居旬（見諄）

B類

	開口			合口	
一	邠（幫真B）	甫巾（非真B）	一	*隕（云諄）[197]	于贫（云真B）
	旻（明真B）	亡巾（微真B）		*員（云諄）[198]	于贫（云真B）
	蓁（莊真）[199]	仕巾（崇真B）		*筠（云諄）	于贫（云真B）
	慭（疑諄B）[200]	五巾（疑真B）			

A類開口一組三例，被切字相當于《切韵》真韵開口舌齒音字和“韵圖”列四等的唇音字，反切下字是真韵開口舌齒音字，通過反切下字“真”聯成一組。

A類開口二組兩例，通過反切下字“陳”聯成一組，二組和一組字不相系聯，但二組被切字和反切下字也都相當于《切韵》真韵開口舌齒音字。據枚舉歸納推理，二組和一組字實亦同類。

另有：

蠙（奉真A）	音頻（奉真A）	泯（明真A）[201]	音民（明真A）
鎮（知真）	音珍（知真）	*殷（影真）[202]	于辰（影真）

四例，互不系聯，和A類一、二兩組字也不系聯，但以上四例被切字和反切下字也分別相當于《廣韵》真韵開口舌齒音字和“韵圖”列四等的唇音字。據枚舉歸納推理，以上四例和A類一、二兩組字，雖不系聯，實亦同類。

A類合口一組十例，被切字和反切下字相當于《廣韵》諄韵合口舌齒音字，通過反切下字“荀”聯成一組。

A類合口二組、三組各存兩例，通過反切下字“純”“旬”分別地聯成兩組。A類合口二、三兩組互不系聯，和一組字也不系聯，但二、三兩組被切字分別相當于《廣韵》諄韵合口舌齒音字和“韵圖”列四等喉牙音字，反切下字是諄韵合口舌齒音字，根據枚舉歸納推理，A類合口二組、三組和一組字雖不系聯，實爲同類。

B 類開口一組四例，被切字分别是《切韵》真韵開口莊組字和“韵圖”列三等的唇牙喉音字，反切下字是真韵開口“韵圖”列三等唇牙喉音字，通過反切下字“巾”聯成一組。本組自爲一類。

B 類合口一組三例，被切字收《集韵》諄韵屬云母字，反切下字是真韵“韵圖”列三等喉牙唇音字，通過“貧”聯成一組。本組自爲一類。徐音唇音不分開合，現據被切字訂“貧”爲合口。看來，徐讀云母和“韵圖”列三等喉牙唇字爲一類。

上聲十六例：臏　扁　眕　紖　盡　笶　盾　論　菌　蠹　牝　湣　脗　脤　蜄　楯

系聯結果，得兩大類、四小類、五個小組。兩大類是指以下 A、B 兩大類。四小類是指 A、B 兩類各分開合。五個小組是指 A 類開口兩組，合口一組；B 類開口一組，合口一組。

A 類

	開口			合口	
一	臏（並軫 A）	方忍（非軫）	一	盾（船準）	音允（以準）
		扶忍（奉軫）		*淪（來準）[203]	力允（來準）
	*扁（並軫 A）[204]	扶忍（奉軫）			
	*眕（章軫）	之忍（章軫）			
	紖（澄軫）[205]	以忍（以軫）			
	盡（精軫）	子忍（精軫）			
	*蠹（徹軫）[206]	敕盡（徹軫）			
	牝（並軫 A）	扶盡（奉軫）			
二	*湣（明軫 A）	武軫（微軫）			
	*脗（明軫 A）[207]	武軫（微軫）			
	脤（常軫）	市軫（常軫）			
	蜄（常軫）	市軫（常軫）			

B 類

	開口			合口	
一	*笶（莊軫）[208]	側敏（莊軫 B）	一	菌（群準 B）	其隕（群準）

A 類開口一組七例，被切字相當于《廣韻》軫韻開口舌齒音字和“韵圖”列四等唇音字，反切下字是軫韵開口舌齒音字，通過反切下字“忍”聯成一組。

A 類開口二組四例，通過反切下字“軫”聯成一組。A 類開口二組和一組字不相系聯，但 A 類開口二組被切字分别是《廣韵》軫韵開口舌齒音字和“韵圖”列四等唇音字，反切下字是軫韵開口舌齒音字。據枚舉歸納推理，二組和一組字雖不系聯，實爲同類。

A 類合口一組兩例，被切字和反切下字相當于《廣韵》準韵合口舌齒音字，通過反切下字“允”聯成一組。

另有：

楯（船準）[209] 音尹（以準）、辭尹（邪準）

一例，和A類合口一組字不相系聯，但本例被切字和反切下字也相當于《廣韵》準韵合口舌齒音字。據枚舉歸納推理，本例和A類合口一組字亦屬同類。

B 類開口一組一例，被切字是《廣韵》軫韵開口莊組字，反切下字是軫韵開口、“韵圖”列三等唇音字。本組只此一例，自爲一類。

B 類合口一組，一例，被切字相當于《廣韵》準韵合口，“韵圖”列三等喉牙唇音字，反切下字是準韵合口云母字。本組只此一例，自爲一類。

去聲八例：朋 酳 紖 峻 恂 診 陳 諄

系聯結果，得兩組兩類。兩類即以下 A 類開合兩小類。兩組即開口一組，合口一組。

A 類

開口			合口		
一	朋（以震）	音胤（以震）	一	峻（精稕）	音俊（精稕）
	酳（以震）	音胤（以震）		恂（精稕）[210]	音峻（精稕）

紖（以震）　**音胤**（以震）

A 類開口一組三例，被切字和反切下字相當于《切韵》震韵開口舌齒音字，通過反切下字“胤”聯成一組。本組自爲一類。

另有：

診（澄震）　**直信**（澄震）

一例，和A類開口一組不相系聯，但本例被切字和反切下字都相當于《廣韵》震韵開口舌齒音字。據枚舉歸納推理，本例和A類開口一組實爲同類。

例外一字：

陳（澄震）　**直覲**（澄震B）

A 類合口一組兩例，被切字和反切下字相當于《廣韵》稕韵舌齒音字，通過反切下字“峻”聯成一組。本組自爲一類。

另有：

諄（章稕）　**之閏**（章稕）

一例，和A類合口一組不相系聯，但本例被切字和反切下字都相當于《廣韵》稕韵合口舌齒音字。據枚舉歸納推理，本例和A類合口一組，實亦同類。

文　部

文部存二十四字。

平聲八例：氛 蕡 葷 頒 汾 棼 紊 蘊

系聯結果，得一組一類。一類即合口一類，一組即合口一組。

	合口	
一	氛（奉文）	扶云（奉文）
	頒（奉文）[211]	甫云（非文）
		音墳（奉文）
	蕡（奉文）	扶云（奉文）
	汾（奉文）	扶云（奉文）
	葷（曉文）	許云（曉文）
	棼（奉文）	扶云（奉文）

以上六例，被切字和反切下字相當于《廣韵》文韵字，通過反切下字“云”聯成一組。

另有：

*紊（微文）[212] 音文（微文）　蘊（影文） 憂群（影文）

兩例，互不系聯，和一組字也不系聯，但以上兩例被切字和反切下字也都相當于《切韵》文韵字。根據枚舉歸納推理，以上兩例和一組字雖不系聯實爲同類。

上聲七例：堇 巹 芹 蕡 緼 蘊 刎

系聯結果，得兩組兩類。兩類即開合兩類。兩組即開口一組，合口一組。

	開口			合口	
一	堇（見隱）[213]	音謹（見隱）	一	*蕡（奉吻）[214]	音憤（奉吻）
	巹（見隱）	音謹（見隱）		緼（影吻）	於憤（影吻）
	*芹（見隱）[215]	音謹（見隱）		蘊（影吻）	於憤（影吻）

開口一組三例，被音字和注音的字相當于《廣韵》隱韵字，通過“謹”聯成一組。本組自爲一類。

合口一組三例，被音字和注音的字相當于《廣韵》吻韵字，通過注音字“憤”聯成一組。

另有：

刎（微吻）　亡粉（微吻）

一例，和一組字不相系聯，但本例被切字和反切下字也都相當于《廣韵》吻韵字。據枚舉歸納推理，本例和合口一組字，雖不系聯，實爲同類。

去聲九例：**堇　近　分　免　聞　文　賁　攢　芸**

系聯結果，得三組兩類。兩類是指以下開合兩類。三組是指開口一組，合口兩組。

	開口			合口	
一	堇（見焮）	音靳（見焮）	一	分（非問）	甫問（非問）、扶問（奉問）
	近（群焮）	巨靳（群焮）		*免（微問）[216]	音問（微問）、音萬（微願）
				*聞（微問）	音問（微問）
				文（微問）[217]	音問（微問）
			二	*賁（非問）[218]	音奮（非問）
				*攢（非問）[219]	音奮（非問）

開口一組兩例，被音字和注音字相當於《廣韵》焮韵字，通過注音字“靳”聯成一組。本組自爲一類。

合口一組四例，被音字和注音字相當于《廣韵》問韵字，通過反切下字“問”聯成一組。

合口二組兩例，通過注音字“奮”聯成一組，二組和一組字不相系聯。但二組被切字和注音字也都相當于《切韵》問韵字。據枚舉歸納推理，二組和一組字雖不系聯，實爲同類。

另有：

*芸（云問）[220] 音運（云問）

一例，和一、二兩組字都不系聯，但本例被音字和注音字也都相當于《廣韵》問韵字。據枚舉歸納推理，本例和以上兩例雖不系聯，實亦同類。

魂　部

魂部存十九例。

平聲七字：**賁　芚　敦　臀　啍　鯤　緡**

系聯結果，得兩組一類：

一 賁（幫魂）　音奔（幫魂）
　*芚（定魂）　徒奔（定魂）
二 敦（端魂）　都門（端魂）
　臀（定魂）　徒敦（定魂）、徒恩（定痕）

平聲一組兩例，被切字和直音字及反切下字相當于《廣韵》魂韵字，通過反切下字"奔"聯成一組。

平聲二組兩例，通過反切下字"敦"聯成一組，二組和一組字不相系聯，但二組被切字和反切下字也都相當于《廣韵》魂韵字，據枚舉歸納推理。二組和一組字雖不系聯，實爲同類。

另有：

*啍（定魂）[221] 徒孫（定魂）　鯤（見魂）　音昆（見魂）　*緡（曉魂）[222] 音昏（曉魂）

三例，不相系聯，和一、二兩組字也不系聯，但以上三例被切字和直音字以及反切下字也都相當于《廣韵》魂韵字。據枚舉歸納推理，以上三例和一、二兩組字雖不系聯，實爲同類。

上聲六例：**遯 僔 蹲 遁 忖 睔**

系聯結果，得兩組一類。

一 **遯**（定混） **徒損**（定混） 二 **遁**（定混） **徒本**（定混）
僔（精混） **子損**（精混） **忖**（清混） **子本**（精混）
****蹲**（從混）[223] **在損**（從混）、**祖混**（精混） **睔**（匣混） **胡忖**（匣混）

上聲一組三例，被切字和反切下字相當于《切韵》混韵字，通過反切下字“損”聯成一組。

上聲二組三例，通過反切下字“本”聯成一組。二組和一組字不相系聯，但二組被切字和反切下字也相當于《廣韵》混韵字。據枚舉歸納推理，二組和一組字雖不系聯，實爲同類。

去聲六例：**蕡 洊 遁 腯 遯 腞**

系聯結果，得兩組一類：

一 ****蕡**（並慁）[224] **蒲悶**（並慁） 二 **遁**（定慁） **徒遜**（定慁）
洊（從慁）[225] **在悶**（從慁） **腯**（定慁）[226] **徒遜**（定慁）

徐音去聲一組兩例，被切字和反切下字相當于《廣韵》慁韵字，通過反切下字“悶”聯成一組。

去聲二組兩例，通過反切下字“遜”聯成一組。二組字和一組不相系聯，但二組被切字和反切下字也都相當于《廣韵》慁韵字。據枚舉歸納推理，二組和一組字雖不系聯，實爲同類。

另有：

遯（定慁） **徒頓**（定慁） ****腞**（定慁）[227] **徒困**（定慁）

兩例，互不系聯，和一、二兩組字也不系聯，但以上兩例被切字和反切下字也都相當于《廣韵》恩韵字。據枚舉歸納推理，以上兩例和去聲一、二兩組字雖不系聯，實亦同類。

徐音真、文、魂三部和中古臻攝真、諄、欣、文、魂五個韵系字大致相當，我們沿襲傳統的這一叫法，管徐音真文、魂三部也叫臻攝。(《廣韵》痕韵系字徐音未見。徐音真部，相當于《廣韵》真、諄兩韵系字。)

徐音臻攝真部字來自上古真、文兩部的真系字。上古真、文兩部的舌齒音字（莊組字除外），徐音業已合流。觀下例可知：

眕（文） **音真**（真） **紉**（文） **而陳**（真） **診**（文） **真信**（真）

陳（真） **音塵**（文） **鎮**（真） **音珍**（文）、**仕巾**（文）

上古真、文兩部唇牙喉音字，徐音分爲兩類，根據反切下字分布的情況，不難看出，來自上古文部的真系字，亦即相當于中古“韵圖”到三等唇牙喉音字和莊組字，徐音聯成一類。來自上古真部真系字，即相當于中古“韵圖”列四等唇牙喉音字和舌齒音字，徐音聯成另外一類。兩類反切下字有嚴格的區别，不相雜厠。在徐邈的反切系統里，上古真、文兩部的真系字的最后界限猶未盡泯滅。

徐音臻攝文部來源于上古文部文、欣兩類字，文部開口僅限于喉牙音有字。合口唇牙喉音都有字，基本上和《廣韵》相當。

徐音臻攝魂部來源于上古文部的魂類字。從《王仁昫刊謬補缺切韵》韵目小注來看《切韵》痕、魂兩韵系字，六朝韵書多數是混而不分的。徐邈現存切語中没有痕韵系字，但魂部平聲“臀”有兩個切語。一爲“徒敦反”(《易·夬》“臀無膚”)，一爲“徒恩反”(《周禮·㫖氏》“其臀一寸”)，看來徐音似乎也不分痕、魂。

第九節　山攝

寒　部

寒部存二十九字。

平聲七例：**翰　團　园　莞　貫　觀　繙**

系聯結果，得三組兩類。兩類是指以下開、合兩類。三組是指開口一組，合口兩組。

開口			合口		
一	**翰**（匣寒）	**音寒**（匣寒）	一	**團**（定桓）	**徒丸**（定桓）
		音韓（匣寒）		**园**（疑桓）	**五丸**（疑桓）
				莞（匣桓）	**音丸**（匣桓）
			二	**貫**（見桓）	**音官**（見桓）
				觀（見桓）	**徐作官音**（見桓）

寒部平聲開口一組僅存一例，被音字和注音字相當于《廣韵》寒韵開口字。本組僅此一例，當自爲一類。

合口一組三例，被切字和反切下字相當于《廣韵》桓韵字，通過反切下字“丸”聯成一組。

合口二組兩例，通過反切下字“官”聯成一組。二組字和一組字不相系聯，但二組被切字和反切下字也都相當于《廣韵》桓韵字。據枚舉歸納推理，二組和一組字雖不系聯，實爲同類。

另有：

繙＊（並桓）[228]　**音盤**（並桓）

一例，和合口一、二兩組不相系聯，但本例被音字和注音字也都相當于《廣韵》桓韵字。據枚舉歸納推理，本例和合口一、二兩組字亦屬同類。

上聲八例：**慢 儃 誕 罕 窾 輐 婉 纘**

系聯結果，得兩類兩組。兩類即開、合兩類。兩組即開口一組，合口一組。

	開口			合口	
一	*慢（明諫）	莫但（明旱）	一	窾（溪緩）	苦管（溪緩）
	*儃（定旱）[229]	音但（定旱）		輐（匣緩）	胡管（匣緩）
	誕（定旱）	音但（定旱）		*婉（影旱）[230]	於管（影緩）
	罕（曉旱）	許但（曉旱）			

上聲開口一組四例，被切字相當于《廣韵》旱韵字，其中“慢”是諫韵字，通過反切下字“但”聯成一組，“但”也是《廣韵》旱韵字。本組自爲一類。

合口一組三例，被切字和反切下字相當于《廣韵》緩韵字，通過反切下字“管”聯成一組。

另有：

纘（精緩） 音纂（精緩）

一例，和合口一組字不相系聯，但本例被音字和注音字也都相當于《廣韵》緩韵字。據枚舉歸納推理，本例和合口一組字雖不系聯，實爲同類。

去聲十四例：**癉 鄲 散 衎 犴 憚 段 筭 冠 伴 漫 熯 骭 奐**

系聯結果，得三組兩類。兩類即開口一類，合口一類。三組即開口一組，合口兩組。

	開口			合口	
一	*癉（端翰）[231]	音旦（端翰）	一	段（定换）	徒亂（定换）

鄤（微翰）[232]	武旦（微翰）		筭（心換）	悉亂（心換）
散（心翰）	悉旦（心翰）		冠（見換）	古亂（見換）
衎（溪翰）	苦旦（溪翰）	二	伴（並換）	音畔（並換）
犴（匣翰）	胡旦（匣翰）		漫（明換）	武畔（微換）
*憚（端翰）	音旦（端翰）			

去聲開口一組六例，被切字和反切下字相當于《廣韵》翰韵字，通過反切下字“旦”聯爲一組。

另有：

熯（曉翰） 音漢（曉翰） *旰（匣翰） 户幹（匣翰）

兩例，互不系聯，和一組字也不相系聯，但以上兩例被切字和反切下字也都相當于《廣韵》翰韵字。據枚舉歸納推理，以上兩例和去聲開口一組字雖不系聯，實爲同類。

合口一組三例，被切字和反切下字相當于《廣韵》換韵字，通過反切下字“亂”聯成一組。

合口二組兩例，通過反切下字“畔”聯成一組，二組和一組不相系聯，但二組被切字和反切下字也都相當于《廣韵》換韵字。據枚舉歸納推理，二組和一組字雖不系聯，實爲同類。

另有：

*奂（匣換）音换（匣換）

一例，和以上一、二兩組字都不系聯，但本例被音字和注音字也都相當于《廣韵》換韵字。據枚舉歸納推理，本例和一、二兩組字雖不系聯，實亦同類。

《切韵》寒、桓原屬一個韵系，《唐韵》始分寒、桓爲二，《廣韵》《集韵》同，但在音切分布上《集韵》和《廣韵》又大不相同。《集韵》寒韵系上、去兩聲，即旱韵和翰韵僅限于喉牙音字。《廣韵》旱韵和翰韵的舌齒音字，《集韵》分别并入緩韵和换韵，但切語相沿未改。

删 部

删部存十六字。

平聲五例：訕 蔓 頑 莞 鍰

系聯結果，得兩組兩類。兩類即以下開、合兩類。兩組即開口一組，合口一組。

開口	合口
一 訕（生删） 所奸（生删）	一 蔓（明删）[233] 音蠻（明删）
	莞（見删）[234] 九還（見删）
	頑（疑删） 五班（疑删）
	鍰（匣删） 户關（匣删）

删部平聲開口一組現存一例，被切字和反切下字相當于《廣韵》删韵開口字，本組僅此广例，當自爲一類。

删部平聲合口一組現存四例，互不系聯，但本組四例，被切字和反切下字都相當于《廣韵》删韵合口字。據枚舉歸納推理，删部平聲合口四例，任選一例作爲歸納基礎，四例可聯爲一組，亦即一類。

上聲五例：昄 版 阪 篹 僎

系聯結果，得兩組兩類。兩類即以下開口一類，合口一類。兩組即開口一組，合口一組。

開口	合口
一 昄（奉潸） 符版（奉潸）	一 篹（崇潸）[235]音撰（崇潸）

版（邦潸） 音板（邦潸）
阪（並潸） 扶板（奉潸）

上聲開口一組三例，被切字和反切下字相當于《廣韵》潸韵開口字，通過反切下字“板”聯成一組。本組自爲一類。

上聲合口一組一例，被切字和反切下字相當于《廣韵》潸韵合口字。本組僅此一例，當自爲一類。

另有：

僝（崇産）音撰（崇潸）

一例，被切字相當于《廣韵》産韵開口字，反切下字是潸韵合口字，被切字和反切下字不僅韵類有异，開合也不同。按《書•堯典》：“共工方鳩僝功。”《傳》：“僝，見也(見疑“具”之誤)。”《釋文》：“僝，仕簡反，徐音撰，馬云具也。”《爾雅•釋詁》：“撰，具也。”徐音撰，即以“撰”釋“僝”，非爲作音。

去聲六例：盼 倌 還 豢 環 嫚

系聯結果，得兩組兩類。兩類是指以下開、合兩類，兩組是指開口一組，合口一組。

開口		合口	
一 盼（滂襇）	敷諫（敷諫）	一 倌（見諫）	古患（見諫）
		還（匣諫）[236]	音患（匣諫）
		豢（匣諫）	音患（昆諫）
		*環（匣諫）[237]	音患（匣諫）

開口一組一例，被切字相當於《廣韵》襇韵字，反切下字是諫韵開口字。本組只此一例，自爲一類。

合口一組四例，被切字和反切下字相當于《廣韵》諫韵合口字，通過反切下字“患”聯成一組。

另有：

嫚（明諫），**音慢**（明諫）

一例，和合口一組字不相系聯。但本例被切字和反切下字也都相當于《廣韻》的諫韻字。據枚舉歸納推理，本例和合口一組字雖不系聯，亦爲同類。

山　部

山部存四字。

平聲一例：**間**

間（匣山）[238]　**音閑**（匣山）

本例被音字和注音字相當于《廣韻》山韻字，平聲只此一例，當自爲一類。

上聲一例：**棧**

棧（崇産）　**在簡**（從産）

本例被切字和反切下字相當于《廣韻》産韻字。上聲只此一例，當自爲一類。

去聲兩例：**辦　間**

辨（並襇） **音辨**（並襇） **間**（見襇） **古辨**（見襇）

以上兩例，通過反切下字“辨”聯成一組。本組兩例，被切字和反切下字，相當于《廣命》襇韵字，本組自爲一類。

徐音山部字少，僅存開口四例，但是粹而不雜，不與他部字雜厠，顯爲一獨立韵部。

元 部

元部存二十四字。

平聲七例：**藩 番 掀 拳 罬 煖 貆**

系聯結果，得兩組兩類，兩類是指以下開、合兩類，兩組是指開口一組，合口一組。

開口		合口	
一 **藩**（非元）	**甫言**（非元）	一 **拳**（見元）[239]	**已袁**（見元）
番（敷元）	**甫言**（非元）	**罬**（奉元）	**扶袁**（奉元）
掀（曉元）	**許言**（曉元）	**煖**（曉元）	**許袁**（曉元）

平聲開口一組三例，被切字和反切下字相當于《廣韵》元韵開口字，通過反切下字“言”聯成一組。本組自爲一類。

平聲合口一組三例，被切字和反切下字相當于《廣韵》元韵合口字，通過反切下字“袁”聯成一組。本組自爲一類。

另有：

貆（曉元） **音暄**（曉元）

一例，本例和元韵合口一組字不相系聯，但本例被切字和反切下字也都相當于《廣韵》元韵字。據枚舉歸納推理，本例和元韵合口一組，雖不系聯實亦同類。

上聲十二例：**蹇 揵 鍵 腱 建 匽 卷 捲 菀 苑 煖 攓**

系聯結果，得兩組兩類。兩類即以下開合兩類。兩組即開口一組，合口一組。

	開口			合口	
一	**蹇**（見阮）	**紀偃**（見阮）	一	＊**卷**（見阮）[240]	**居阮**（見阮）
		其偃（群阮）			**紀勉**（見獮B）
	揵（見阮）	**居偃**（見阮）			**久戀**（見錢）
	鍵（群阮）	**其偃**（群阮）		＊**捲**（見阮）[241]	**紀阮**（見阮）
	＊**腱**（群阮）[242]	**其偃**（群阮）		＊**苑**（影阮）[243]	**於阮**（影阮）
	＊**建**（群阮）[244]	**其偃**（群阮）		＊**菀**（影阮）[245]	**於阮**（影阮）
	匽（影阮）	**音偃**（影阮）			**音鬱**（影物）

上聲開口一組六例，被切字和反切下字相當于《廣韵》阮韵開口字，通過反切下字“偃”聯成一組。本組自爲一類。

上聲合口一組四例，被切字和反切下字相當于《廣韵》阮韵合口字。通過反切下字“阮”聯成一組。本組自爲一類。

另有：

煖（曉阮） **况晚**（曉阮）

一例，和合口一組字互不系聯，但本例被切字和反切下字也相當于《廣韵》阮韵合口字。據枚舉歸納推理，本例和一組字雖不系聯，實亦同類。

例外一字：

攓（見獮B）[246] **紀偃**（見阮）

去聲五例：**鄢 婉 瑗 遠 娩**

系聯結果，得兩組兩類。兩類是指開、合兩類。兩組是指開口一組，合口一組。

開口	合口
一 **鄢**（影願） **於建**（影願）	一 **娩**（敷願） **方萬**（非願）
	瑗（云願）[247] **于萬**（云願）

去聲開口一組僅存一例，被切字和反切下字相當于《廣韵》願韵開口字，本組自爲一類。

合口一組兩例，被切字和反切下字相當于《廣韵》願韵合口字，通過反切下字“萬”聯成一組，本組當爲一類。

另有：

遠（云願）**于願**（云願）

一例，和去聲合口一組不相系聯，但本例被切字和反切下字也都相當于《廣韵》願韵合口字。據枚舉歸納推理，本例和合口一組字雖不系聯，實屬同類。

例外一字：

婉（影阮） **紆願**（影願）、**於管**（影緩）

仙 部

仙部存三十七字。

平聲十二例：**徧 偏 剸 捐 焉 拳 論 鸇 鮮 緣 旋 欈**

系聯結果，得兩大類，四小類，四個小組。兩大類是指以下 A、B 兩類。

四小類是指A、B兩類各分開、合。四個小組是指A類開口一組，合口一組；B類開口一組，合口一組。

A類

開口			合口		
一	偏（偏）（滂仙A）[248]	音篇（滂仙A）	一	剸（章仙）	音專（章仙）
	偏（偏）（榜仙A）	音篇（滂仙A）		捐（以仙）	與專（以仙）

B類

開口			合口		
一	焉（影仙B）	於虔（影仙B）	一	拳（群仙B）	羌權（溪仙B）
				權（群仙B）	音權（群仙B）

A類開口一組兩例，被音字和注音的字相當于《廣韻》仙韻，“韻圖”列四等唇音字。本組自爲一類。

另有：

諞（並仙A） 敷連（敷仙）　鸇（知仙）[249] 居延（見仙）　鮮（心仙） 音仙（心仙）

三例，互不系聯，和A類開口一組字也不系聯，但以上三例，被切字和反切下字分別是《廣韻》仙韻、“韻圖”列四等唇音字和舌齒音字，根據徐音支部、脂部、祭部、宵部、真部各部系聯情況，“韻圖”列四等唇牙喉音字和舌齒音字可以聯成一類，因此以上三例和A類開口一組字雖不系聯，實亦同類。

A類合口一組兩例，被音字和注音字相當于《廣韻》仙韻合口舌齒音字，通過注音字“專”聯成一組。本組自爲一類。

另有：

緣（以仙） 音椽（澄仙）　旋（邪仙） 音全（從仙）

兩例，互不系聯，和A類合口一組字也不系聯，但以上兩例，被音字和注音字也都相當于《廣韵》仙韵合口舌齒音字。據枚舉歸納推理，以上兩例和A類合口一組字雖不系聯，實爲同類。

B類開口一組一例，被切字和反切下字相當于《廣韵》仙韵開口，“韵圖”列三等喉牙音字。本組僅此一例，當自爲一類。

B類合口一組兩例，被切字和反切下字相當于《廣韵》仙韵合口，“韵圖”列三等喉牙音字，通過反切下字“權”聯成一組。本組當自爲一類。

上聲存九例：**諞 諓 鮮 竱 辨 辯 卷 湎 孿**

系聯結果，得兩大類，四小類，四個小組。兩大類是指以下A、B兩類。四小類是指A、B各分開，合兩個小類。四個小組是指A類開、合各有一組；B類開合各有一組。

A類

開口		合口
一 **諞**（並獮A）**甫淺**（非獮）		一 **竱**（章獮） **市轡**（常獮）
諓（從獮） **在淺**（從獮）		
鮮（心獮） **息淺**（心獮）		

B類

開口		合口
一 **辨**（並獮B）**方免**（非獮B）		一 **卷**（見獮B）**紀勉**（見獮B）
辯（並獮B）**扶免**（奉獮B）		
甫免（非獮B）		

上聲A類開口一組三例，被切字和反切下字相當于《廣韵》獮韵，“韵圖”列四等唇音字和舌齒音字，通過反切下字“淺”聯成一組，本組字當爲一類。

另有：

湎（明獮A） **音緬**（明獮A）

一例，和A類開口一組字不相系聯，但本例被切字和反切下字也都相當于《廣韵》獮韵開口，“韵圖”列四等唇音字，據枚舉歸納推理，本例和A類開口一組字雖不系聯，實爲同類。

A類合口一組一例，被切字和反切下字相當于《廣韵》獮韵合口舌齒音字。本組只此一例，當自爲一類。

另有：

孿（來獮）力轉（來獮）

一例，和A類合口一組字不相系聯，但本例被切字和反切下字也都相當于《廣韵》獮韵合口舌齒音字。據枚舉歸納推理，本例和A類合口一組字雖不系聯，實爲同類。

B類開口一組兩例，被切字和反切下字相當于《廣韵》獮韵開口，“韵圖”列三等唇音字，通過反切下字“免”聯爲一組。本組當自爲一類。

B類合口一組一例，被切字和反切下字相當于《廣韵》獮韵合口，“韵圖”列三等唇牙喉音字，本組僅此一例，當爲一類。

去聲十六例：猵 便 縳 緣 弁 卞 殨 卷 廛 衍 延 㦥 羡 餞 鱄 甗

系聯結果，得兩大類、四小類、五個小組。兩大類是指以下A、B兩類。四小類是指A、B各分開，合兩個小類。五組是指A類開口兩組，合口一組；B類開口、合口各一組。

A類

開口			合口		
一	猵（滂綫A）[250]	敷面（敷綫A）	一	＊縳（書綫）[251]	升絹（書綫A）
	便（並綫A）	扶面（奉綫A）		＊緣（以綫）	悦絹（以綫A）
		扶絹（奉綫A）			

二　廛（澄线）[252]　長戰（澄錢）
衍（以錢）　以戰（以綫）
延（以錢）　餘戰（以綫）

B類

開口

一　弁（並綫B）　扶變（奉錢B）
卞（並綫B）　扶變（奉綫B）
殆（疑錢B）　魚變（疑錢B）

合口

一　卷（見綫B）　久戀（見綫）

A類開口一組兩例，被切字和反切下字相當于《廣韵》綫韵開口，“韵圖”列四等唇牙喉音字，通過反切下字“面”聯成一組。本組當爲一類。

A類開口二組三例，通過反切下字“戰”聯成一組。二組和一組字不相系聯，但二組被切字和反切下字也相當于《廣韵》綫韵開口舌齒音字。根據本部平聲A類開口一組字系聯情況，《廣韵》、“韵圖”列四等唇牙喉音字和舌齒音字可以聯成一類。可以推知，A類開口二組和一組字雖不系聯，實爲同類。

另有：

羡（邪綫）　音賤（從綫）　　餞（從綫）　才箭（從綫）

兩例，互不系聯和A類開口一、二兩組字也不系聯，但以上兩例被切字和反切上字也都相當于《廣韵》綫韵開口舌齒音字。據枚舉歸納推理，以上兩例和A類開口一、二兩組字雖不系聯，實亦同類。

A類合口一組兩例，被切字和反切下字相當于《廣韵》綫韵合口舌齒音字和“韵圖”列四等喉牙音字，兩例不相系聯，但是我們可以以任何一例作爲歸納基礎。則兩例可聯成一組。

另有：

鱄（章綫）[253]　市戀（常錢）

一例，和A類合口一組不相系聯，但本例被切字和反切下字也都相當于《廣韵》綫韵合口舌齒音字。據枚舉歸納推理，本例和合口一組字雖不系聯，實亦同類。

另有一字：

*㥦（見霰） 音絹（見綫A）

徐音重紐韵中“韵圖”列四等喉牙音字往往和純四等的字混切。

B類開口一組三例，被切字和反切下字相當于《廣韵》綫韵開口，“韵圖”列三等唇牙喉音字，通過反切下字“變”聯成一組。本組當爲一類。

另有：

甗（疑綫B） 音彦（疑綫B）

一例，和B類開口一組字不相系聯，但本例被切字和反切下字也相當于《廣韵》綫韵開口，“韵圖”列三等喉牙音字。據枚舉歸納推理，本例和B類開口一組雖不系聯，實亦同類。

B類合口一組一例，被切字相當于《廣韵》綫韵合口，“韵圖”列三等喉牙音字，反切下字是來母字。本組僅此一例，當自爲一類。

先　部

存二十九字。

平聲九例：瞑　汧　鉉　眩　駽　填　泠　禋　蠙

系聯結果，得兩組兩類。兩類即以下開、合兩類。兩組即開口一組，合口一組。

開口		合口	
一 瞑（明先）	亡千（微先）	一 鉉（見先）[254]	古玄（見先）
汧（溪先）	口千（溪先）	眩（匣先）	音玄（匣先）
		駽（曉先）	火玄（曉先）

先部開口一組兩例，被切字和反切下字相當于《廣韵》先韵開口字，通過反切下字“千”聯爲一組，本組當爲一類。

另有：

填（定先）	音田（定先）	*泠（來先）[255]	郎年（來先）
*禋（影先）[256]	音烟（影先）	蠙（並先）	扶堅（奉先）

四例，互不系聯，和開口一組字也不系聯，但以上四例被切字和反切下字也都相當于《廣韵》先韵開口字。據枚舉歸納推理，以上四例和先部開口一組字雖不系聯，實爲同類。

先部合口一組三例，被切字和反切下字相當于《切韵》《廣韵》先韵合口字，通過反切下字“玄”聯成一組。本組自爲一類。

上聲十例：湎 沔 扁 沴 跣 俔 宴 燕 顯 刋

系聯結果，得一組兩類。兩類是指以下開、合兩類。兩組是指開口一組、合口一組。

開口			合口	
一 湎（明獮A）	莫顯（明銑）	音面（明线A）	一 駽（匣銑）	胡畎（匣銑）
沔（明獮A）	莫顯（明銑）			
扁（並銑）	扶顯（奉銑）			
沴（定銑）[257]	徒顯（定銑）			
跣（清銑）[258]	七顯（清銑）			
俔（匣銑）	下顯（匣銑）			
宴（影銑）	於顯（影銑）			
燕（影銑）[259]	於顯（影銑）			

上聲開口一組八例，被切字和反切下字相當于《廣韵》銑韵開口字，通過反切下字“顯”聯爲一組，本組當爲一類。

例外一字：

刌（清混）[260] **倉典**（清銑）

上聲合口一組一例，被切字和反切下字相當于《廣韵》銑韵合口字。本組只此一例，當自爲一類。

去聲十例：**慢 綻 洒 顯 詍 前 見 眩 莧 先**

系聯結果，得兩組兩類。兩類是指以下開合兩類。兩組是指開口一組、合口一組。

	開口			合口
一	＊**慢**（明霰）[261]	**無見**（微霰）	一	**眩**（匣霰）**呼縣**（曉霰）
	＊**綻**（定霰）[262]	**治見**（澄霰）		
	＊**洒**（心霰）[263]	**西見**（心霰）		
	＊**顯**（曉霰）[264]	**苦見**（溪霰）		
	詍（定霰）	**徒見**（定霰）		
	前（從霰）	**昨見**（從霰）		
	見（匣霰）	**賢遍**（匣霰）		

去聲開口一組七例，被切字和反切下字相當于《廣韵》霰韵開口字，通過反切下字“見”聯成一組。本組當爲一類。

另有：

莧（匣霰）[265] **胡練**（匣霰） **先**（心霰） **悉薦**（心霰）

兩例，互不系聯，和一組字也不系聯，但以上兩例被切字和反切下字也都相當于

《廣韵》霰韵開口字。據枚舉歸納推理，以上兩例和一組字雖不系聯，實爲同類。

合口一組一例，被切字和反切下字相當于《廣韵》霰韵合口字。本組僅此一例，當自爲一類。

徐音寒、删、山、元、仙、先六部，大致相當于中古山攝寒、桓、删、山、元、仙、先七個韵系的字，爲了便于稱説，我們沿襲傳統的這一叫法，管徐音以上六部也叫山攝。

徐音山攝寒部來源于上古元部，其音切分布大致相當于《切韵》寒韵系字。

徐音山攝删、山兩部也來自上古元部，其音切分布相當于《廣韵》删、山兩韵系字。山部字少，僅存四例，被切字和反切下字都是《廣韵》山韵系字。删部存十六例，被切字和反切下字相當于《廣韵》删韵系字者十四例。另有僐音撰一例，是訓讀。山删混切僅“盼，敷諫反”一例。因此，上古元部删、山兩系字，在徐邈的反切系統里，是兩個獨立的韵部。但寒、桓和删音近，山和仙時有混切。

徐音山攝仙部，主要來源于上古真、元兩部的仙韵系字，上古真部的仙韵系字基本上都是唇音字。這兩部的仙韵系字徐音業已合流，和真部字合流的僅限于“韵圖”列四等的喉牙唇音字和舌齒音字。觀下例可知：

猵（真） **敷面**（元）反　　**諞**（真） **敷淺**（元）反

仙部唇牙喉音字根據反切下字可分兩大類，一類相當于《廣韵》仙韵系，“韵圖”列四等唇牙喉音字，這些字能和同部的舌齒音字聯成一類。另外一類，相當于《廣韵》仙韵系，“韵圖”列三等的唇牙喉音字。這些字自成一類。在徐邈的反切系統里，前者往往和先部字有又讀，后者往往和元部字有又讀。兩類字，上古諧聲爲不一樣。

徐音山攝先部分别來自上古真部、文部和元部的先韵系字，這三部的真韵系字徐音已合爲一類。形成一新的韵類。請看下例：

汘（元）	口千（真）反	見（元）	賢遍（真）反
沔（真）	莫顯（元）反	扁（真）	扶顯（元）反
沴（文）	徒顯（元）反	跣（文）	七顯（元）反

第十節　宕攝

唐　部

唐部存二十一字。

平聲九例：傍　蘉　瀼　亢　抗　臧　行　喤　肓

系聯結果，得兩類三組。兩類即開合兩類。三組即開口兩組，合口一組。

	開口			合口	
一	傍（並唐）	方剛（非唐）	一	喤（匣唐）[266]	音皇（匣唐）
	蘉（明唐）	莫剛（明唐）			
	瀼（泥唐）[267]	乃剛（泥唐）			
	亢（見唐）	音剛（見唐）			
	抗（匣唐）	户剛（匣唐）			
二	臧（精唐）	於郎（精唐）			
	行（匣唐）	户郎（匣唐）			

開口一組五例，被切字和反切下字相當于《廣韵》唐韵開口字，通過反切下字“剛”聯成一組，本組當爲一類。

二組兩例，通過反切下字“郎”聯成一組，二組和一組字不相系聯，但二組被切字和反切下字也都相當于《廣韵》唐韵開口字。據枚舉歸納推理，二組和一組雖不系聯，實爲同類。

合口一組一例，被切字和反切下字相當于《廣韵》唐韵合口字。本組只此一例，當自爲一類。

另有：

肓（曉唐） **音荒**（曉唐）

一例，和合口一組不相系聯，但本例被切字和反切下字也都相當于《廣韵》唐韵合口字。據枚舉歸納推理，本例和合口一組字雖不系聯，實爲同類。

上聲六例：**儻 浪 曩 蕩 埌 壙**

系聯結果，得兩組兩類。兩類即以下開合兩類。兩組即開口一組，合口一組。

開口		合口	
一 **儻**（透蕩）	**敕蕩**（徹蕩）	一 **壙**（溪蕩）[268]	**苦廣**（溪蕩）
浪（來蕩）[269]	**力蕩**（來蕩）		
曩（泥蕩）	**乃蕩**（泥蕩）		
蕩（定蕩）[270]	**勑黨**（徹蕩）		
埌（來蕩）	**力黨**（來蕩）		

開口一組五例，被切字和反切下字相當于《廣韵》蕩韵開口字，通過反切下字“蕩”聯爲一組。本組自爲一類。

合口一組一例，被切字和反切下字相當于《廣韵》蕩韵合口字。本組僅此一例，當自爲一類。

去聲六例：**喪 葬 藏 廣 纊 亢**

系聯結果，得兩組兩類。兩類即以下開合兩類。兩組即開口一組，合口一組。

	開口			合口	
一	喪（心宕）	息浪（心宕）	一	廣（見岩）[271]	公曠（見宕）
	葬（從宕）	才浪（從宕）		纊（見宕）	古曠（見宕）
	藏（從宕）	才浪（從宕）			
	亢（溪宕）	古藏（見宕）			

去聲開口一組四例，被切字和反切下字相當于《廣韻》宕韻開口字，通過反下字“浪”聯成一組。本組當爲一類。

合口一組兩例，被切字和反切下字相當于《廣韻》宕韻合口字，通過反切下字“曠”聯成一組。本組自爲一類。

陽　部

陽部存三十四字。

平聲十三例：腸　粮　墙　牀　羌　戕　相　防　枋　筐　煬　洋　昜

系聯結果，得三組兩類。兩類即以下開合兩類。三組即開口兩組，合口一組。

	開口			合口	
一	腸（澄陽）	持良（澄陽）	一	筐（溪陽）	起狂（溪陽）
	粮（來陽）[272]	音良（來陽）			
	墙（從陽）	在良（從陽）			
	牀（崇陽）	仕良（崇陽）			
	羌（溪陽）	起良（溪陽）			
	戕（從陽）	在良（從陽），在羊（從陽）			
	相（心相）	息羊（心陽），思章（心陽）			
二	防（奉陽）	徐云：毛音方（非陽）鄭音房（奉陽）			
	枋（非陽）	音方（非陽）			

陽部平聲開口一組七例，被切字和反切下字相當于《廣韻》陽韻開口字，

通過反切下字“良”聯成一組。本組字當爲一類。

開口二組兩例，通過反切下字“方”聯成一組。二組和一組不相系聯，但二組被切字和反切下字也相當于《廣韵》陽韵開口字。據枚舉歸納推理，二組字和一組雖不系聯，實屬同類。

另有：

煬（以陽） **音傷**（書陽）　**洋**（以陽） **音祥**（邪陽）　**昜**（以陽） **音陽**（以陽）

三例，互不系聯，和以上一、二兩組字也不系聯，但以上三例被音字和注音的字也都相當于《廣韵》陽韵開口字。據枚舉歸納推理，以上三例和一、二兩組字雖不系聯，實爲同類。

陽部平聲合口一組一例，被切字和反切下字，相當于《廣韵》陽韵合口字。本組僅此一例，當自爲一類。

上聲六例：**强　長　亨　兩　養　髣**

系聯結果，得兩組兩類。兩類是指開合兩類。兩組是指開口一組，合口一組。

	開口		合口
一	**强**（群養）[273] **其兩**（群養）	一	**髣**（曉養）[274] **休往**（曉養）
	長（知養） **知兩**（知養）		
	亨（曉養）[275] **許兩**（曉養）		
	兩（來養） **力掌**（來養）		

開口一組四例，被切字和反切下字相當于《廣韵》養韵開口字，通過反切下字“兩”聯成一組。本組字當爲一類。

另有：

養（以養） 以上（以養）

一例，和開口一組不相系聯,但本例被切字和反切下字也都是《廣韵》養韵的開口字。據枚舉歸納推理，本例和一組字雖不系聯，實爲同類。

合口一組一例，被切字和反切下字相當于《廣韵》養韵合口字。本組僅此一例，當自爲一類。

去聲十五例：仰 嚮 量 莊 杖 煬 償 享 養 張 向 諒 涼 往 王

系聯結果，得兩組兩類。兩類是開合兩類。兩組是開口一組，合口一組。

	開口		合口	
一	仰（疑漾）	五亮（疑漾）	一 往（云漾）[276]	于況（云漾）
	量（來漾）	音亮（來漾）	王（云漾）	于況（云漾）往（云漾）
	莊（莊漾）[277]	側亮（莊漾）		
	涼（來漾）	音亮（來漾）		
	煬（以漾）	餘亮（以漾）		
	杖（澄漾）[278]	直亮（澄亮）		
	養（以漾）	余亮（以漾）、羊尚（以漾）		
	享（曉漾）	許亮（曉漾）		
	償（常漾）	音尚（常漾）		
	嚮（曉漾）	許亮（曉漾）		
	向（曉漾）	音嚮（曉漾）		

去聲開口一組十一例，被切字和反切下字相當于《廣韵》漾韵開口字，通過反切下字“亮”聯爲一組，本組字當爲一類。

另有：

張（知漾） 音帳（知漾） 諒（來漾）[279] 力放（來樣）

兩例，互不系聯，和一組字也不系聯，但本例被切字和反切下字也都相當于《廣韵》漾韵開口字。據枚舉歸納推理，以上兩例和一組字雖不系聯，實亦同類。

去聲合口一組兩例，被切字和反切下字相當于《廣韵》漾韵合口字。本組字自成一類。

第十一節 梗攝

耕 部

耕部存二十五字。

平聲十四例：丼 泙 伻 盟 諲 牼 英 鎗 瑲 鏗 衡 䕭 擎 紘

系聯結果，得三組兩類。兩類即開合兩類。三組即開口兩組，合口一組。

	開口			合口	
一	*丼（拼）（幫耕）	補耕（幫耕）	一	紘（匣耕）	音宏（匣耕）
	泙（滂庚三）	敷耕（敷耕）			
	伻（滂耕）	敷耕（敷耕）			
	盟（明庚三）[280]	武耕（微耕）			
	諲（溪耕）	苦耕（溪耕）			
	牼（匣耕）	户耕（匣耕）			
	英（影庚三）[281]	於耕（影耕）			
二	鎗（初庚二）	勑庚（徹庚二）			
	鏗（溪耕）	苦庚（溪庚二）			
	衡（匣庚二）	户庚（匣庚二）			
	*䕭（匣庚二）	音衡（匣庚二）			
	瑲（初庚二）[282]	七䕭（清庚二）			

開口一組七例，被切字分别相當于《廣韵》庚韵三等開口字和耕韵開口

字（其中青韵一字“荓”爲拼的假借字），通過反切下字“耕”聯成一組。

開口二組五例，被切字分别相當于《廣韵》庚韵二等開口字和耕韵開口字，通過反切下字“庚”聯成一組。

一組等于説，相當于《廣韵》的庚韵三等字和耕韵的字在徐邈的反切系統里同爲一類；二組等于説，相當于《廣韵》的耕韵字和庚韵二等字在徐邈的反切系統里同爲一類。

一、二兩組的切語等于説在徐邈的反切系統里相當于《廣韵》庚、耕兩韵系字，徐音讀爲一類。

另有：

擎（群庚三）　**其驚**（群庚三）

一例，被切字和反切下字相當《廣韵》庚韵開口三等字。根據一組系聯情況，本例和一、二兩組當屬同類。

耕部合口平聲一例，被切字和反切下字相當于《廣韵》耕韵合口字。本組僅此一例，當自爲一類。

上聲七例：**邴　⿸广黽　⿱冏皿　渻　省　眚　卝**

系聯結果，得兩組兩類，兩類即開合兩類，兩組即開口一組，合口一組。

開口

一	**⿸广黽**（並耿）	**父幸**（奉耿）
	⿱冏皿（微梗三）	**亡幸**（微耿）
	渻（生梗二）	**所幸**（生耿）
	省（生梗二）	**所幸**（生耿）
		疏幸（生耿）
	眚（生梗）	**所幸**（生耿）

合口

一	**卝**（見梗二）	**音礦**（見梗二）
		古猛（見梗二）

上聲開口一組五例，被切字分别相當于《廣韵》的耿韵字和梗韵二、三

等字，通過反切下字“幸”聯成一組，幸是耿韵字。本組當爲一類。

另有：

邴（幫梗三）　音丙（幫梗三）

一例，和上聲開口一組字不相系聯，但本例被切字和反切下字相當于《廣韵》梗韵字，根據一組系聯情况，本例和一組字雖不系聯，實亦同類。

上聲合口一組一例，被切字和反切下字相當于《廣韵》梗韵合口字。本組只此一例，當自爲一類。

去聲四例：亨（烹）　行　蝗　永

系聯結果，得兩組兩類。兩類是指開合兩類。兩組指開口一組，合口一組。

開口		合口
一　亨（烹）（榜映二）[283]	普孟（榜映二）	一　蝗（匣映二）華孟（匣映二）
行（匣映二）	胡孟（匣映二）	
	下孟（匣映二）	

去聲開口一組兩例，被切字相當于《廣韵》映韵二等開口字，通過反切下字“孟”聯成一組，本組應爲一類。

去聲合口一組一例，被切字相當于《廣韵》映韵合口字，反切下字和開口同字。 徐音唇音不分開合，去聲的開合，主要是以被切字來訂的。

另有：

永（云映三）[284] 音咏（云映三）

一例，被切字和反切下字相當于《廣韵》映韵開口三等字，本例和以上各組字都不系聯，僅此一例，姑附于此。

清 部

清部存二十字。

平聲十三例：**楨 禎 菁 戕 正 令 蜻 頸 攖 坰 騂 瑩 縈**

系聯結果，得三組兩類。兩類是指開合兩類。三組指開口兩組，合口一組。

	開口			合口	
一	**楨**（知清）	**音貞**（知清）	一	**坰**（溪清）[285]	**苦營**（溪清）
	楨（知清）	**音貞**（知清）		**騂**（曉清）	**呼營**（曉清）
二	**菁**（精清）	**音精**（精清）		**瑩**（云庚）[286]	**音營**（以清）
	戕（從清）[287]	**在精**（從清）		**縈**（云庚）[288]	**音營**（以清）

清部平聲開口一組兩例，被切字和反切下字相當于《廣韵》清韵開口字，通過反切下字"貞"聯成一組。本組字當爲一類，開口二組兩例，通過反切下字"精"聯成一組。二組字和一組不相系聯，但二組被切字和反切下字相當于《廣韵》清韵開口字。據枚舉歸納推理，二組和一組雖不系聯，實爲同類。

另有：

正（章清）	**音征**（章清）	**令**（來清）	**力呈**（來清）
蜻（精清）	**子盈**（精清）	**頸**（群清）	**其聲**（群清）
攖（影清）[289]	**音嬰**（影清）		

五例，互不系聯，和一、二兩組字也不系聯，但以上五例被切字和反切下字也都相當于《廣韵》清韵開口字。據枚舉歸納推理，以上五例和一組字雖不系聯，實亦同類。

合口一組四例，被切字和反切下字相當于《廣韵》庚韵三等合口和清韵合口字，通過反切下字"營"聯成一組。本組字當爲一類。

上聲四例：**褧 潁 耿 扃**

系聯結果，得一組一類。一類即合口一類。一組即合口一組。

	合口	
一	褧（溪迥）	孔穎（溪静）
	潁（溪迥）	孔穎（溪静）
	＊耿（見迥）[290]	公穎（見静）
	＊扃（溪迥）[291]	孔穎（溪静）

合口一組今存四例，被切字相當於《廣切》迥韵合口字，反切下字相當于《廣韵》静韵合口字，通過反切下字“穎”聯成一組。本組自爲一類。

去聲三例：**並 狌 正**

開口	
並（幫勁）	方聘（非勁）
狌（心勁）[292]	音姓（心勁）
正（章勁）	音政（章勁）

以上三例互不系聯，但以上三例被切字和反切下字都相當于《廣韵》勁韵開口字。據枚舉歸納推理，我們可以用三例的任何一例作爲歸納基礎，則三例可以聯爲一組，實爲一類。

青 部

青部存十八字。

平聲七例：**銘 汧 莛 邢 鈃 扃 坰**

系聯結果，得兩類七例。兩類即開合兩類。七例即開口五例合口兩例。

開口		合口	
銘（明青）	音冥（明青）	扃（見青）[293]	公冥（見青）
洴（並青）	扶經（奉青）	坰（溪青）	欽螢（溪青）
莛（定青）	音庭（定青）		
邢（匣青）	音刑（匣青）		
鈃（匣青）	胡冷（匣青）		

開口五例，互不系聯，但被切字和反切下字都相當于《切韵》《廣韵》青韵開口字（開合首例，反切下字都是（冥），徐音唇音不分開合，爲開爲合以被切字來訂）。據枚舉歸納推理，我們可以以五例的任何一例作爲歸納基礎。則五例可以聯成一組，實爲一類。合口兩例，互不系聯，但兩例被切字和反切下字都相當于《廣韵》青韵合口字。據枚舉歸納推理，可以以兩例的任何一例作歸納基礎。則兩例可以聯成一組，應爲一類。

上聲五例：併　頂　霆　脡　絅

系聯結果，得兩組兩類。兩類即開合兩類。兩組即開口一組，合口一組。

開口			合口		
一	併（並迥）	扶頂（奉迥）	一	絅（匣迥）[294]	音迥（匣迥）
	脡（定迥）	唐頂（定迥）			
	頂（端迥）	都泠（端迥）			

開口一組三例，被切字和反切下字相當于《廣韵》迥韵開口字，通過反切下字“頂”聯成一組。本組字當爲一類。

另有：

霆（定迥），徒鼎（定迥）

一例，和一組字不相系聯，但本例被切字和反切下字也都相當于《廣韵》迥韵開口字。據枚舉歸納推理，本例和一組字雖不系聯，實亦同類。

合口一組一例，被切字和反切下字相當于《廣韵》迥韵合口字。本組僅此一例，當自爲一類。

去聲六例：**暝 聽 逕 陘 罄 絅**

系聯結果，得一組一類。一類即開口一類。一組即開口一組。

	開口	
一	**暝**（明經）	**亡定**（微經）
	聽（透徑）	**天定**（透徑）
	逕（見徑）	**古定**（見徑）
	陘（見徑）	**古定**（見徑）
	罄（溪徑）	**苦定**（溪徑）
	絅*（溪徑）[294]	**口定**（溪徑）

去聲開口一組七例，被切字和反切下字相當于《廣韵》徑韵開口字，通過反切下字“定”聯成一組。本組字當爲一類。

徐音陽、唐兩部和中古宕攝陽韵系和唐韵系字大致相當，我們沿襲這一叫法，管徐音陽、唐兩部也叫宕攝。徐音宕攝陽、唐兩部來源于上古陽部的陽、唐兩系字。上古陽部的庚系一類字，東漢時期已轉入耕部。

徐音耕部、清部和青部三部相當于《廣韵》梗攝的庚韵系、耕韵系、清韵系和青韵系四個韵系的字。我們沿襲這一叫法，管徐音耕部、清部、青部三部也叫梗攝。

徐音梗攝耕部基本上是由上古陽部的庚系字和耕部的庚系字以及耕部的耕系字三部份字構成的，其音切分布情況請看下表。

	庚二	**庚二**	**耕**
庚二	8		1
庚三		3	
耕	3	4	6

（一）右表橫讀。即被切字是《廣韵》庚韵系二等字，反切下字也是庚韵

系二等字的共有八例；被切字是《廣韵》耕韵系字，反切下字是庚韵系二等字的一例。其余以此類推。

（二）根據右表《廣韵》庚、耕兩韵系字，徐音混切有八例，占全部例字的 33%。

（三）《廣韵》庚、耕兩韵系，徐音混切的字涉及音切分布的全部範圍。即喉牙唇音字和莊組字都有混切。《廣韵》庚韵系只限于喉牙唇音和知莊組有字，徐音知組字未見。值得注意的是，在這些混切字中，《廣韵》庚韵系無論三等，二等徐音一律用耕韵系字作反切下字。請看下例：

渻（梗二） **所幸**（耿）反　　**省**（梗二） **所幸**（耿）反

眚（梗二） **所幸**（耿）反　　**泙**（庚三） **敷耕**（耕）反

盟（庚三） **武耕**（耕）反　　**皿**（梗三） **亡幸**（耿）反

英（庚三） **於耕**（耕）反

徐音清部字和青部字來源于上古耕部的清系和青系字，音切分布情况大致和《廣韵》清韵系和青韵系字相當，清韵系合口字比較複雜。《廣韵》庚韵系三等字，耕韵系字以及青韵系喉牙音字都雜入本部。徐音清部上聲，僅存合口，去聲僅存開口。青部去聲也僅存開口。

第十二節　曾攝

登　部

登部存七字。

平聲四例：**倗　鵬　鯨　曹**

系聯結果，得一組一類。

一　***傰**（並登）[295] **音朋**（並登）
　　鵬（並登）　　**音朋**（並登）

平聲一組兩例，被切字和反切下字相當于《廣韵》登韵字，通過反切下字"朋"聯成一組。本組字當爲一類。

另有：

扅（"朋"並登）[296] **扶恒**（奉登）　**曹**（微登）**武登**（微登）

兩例，互不系聯，和一組字也不系聯，但以上兩例被切字和反切下字也都相當于《廣韵》登韵字。據枚舉歸納推理，以上兩例和一組字雖不系聯，實爲同類。

上聲一例：**肯**

肯（溪等）**苦等**（溪等）

上聲一例被切字和反切下字，相當于《廣韵》等韵字。上聲只此一例當自爲一類。

去聲兩例：**堋　晅**

一　**堋**（非嶝）　　**甫贈**（非嶝）
　　***晅**（見嶝）[297] **古鄧**（見嶝）

去聲兩例，互不系聯，但去聲兩例被切字和反切下字也都相當于《廣韵》嶝韵字，因此，兩例雖不系聯，當爲同類。

蒸　部

蒸部存七字。

平聲三例：**馮　矜　膺**

系聯結果，得一組一類。

一　＊**馮**（敷蒸）　**敷冰**（敷蒸）
　　矜（見蒸）　**棘冰**（見蒸）

一組兩例，被切字和反切下字相當于《廣韵》蒸韵字，通過反切下字“冰”聯成一組。本組字當爲一類。

另有：

膺（影蒸）**音應**（影蒸）

一例，和一組字不相系聯，但本例被切字和反切上字也都相當于《切韵》《廣韵》蒸韵字。據枚舉歸納推理，本例和一組字雖不系聯，實爲同類。

蒸部上聲字未見。

去聲四例：**乘　稱　孕　應**

系聯結果，得一組一類。

一　**乘**（船證）　**食證**（船證）
　　稱（昌證）　**尺證**（昌證）
　　孕（以證）　**養證**（以證）

去聲一組三例，被切字和反切下字相當于《廣韵》證韵字，通過反切下字“證”聯爲一組。本組字當爲一類。

另有：

應（影證）**於甑**（影證）

一例，和一組字不相系聯，但本例被切字和反切下字也都相當于《廣韵》證韵字，據枚舉歸納推理。本例和一組字雖不系聯，實爲同類。

徐音蒸、登兩部大致相當于中古曾攝蒸、登兩韵系字，我們沿襲這一傳統的叫法，管徐音蒸、登兩部也叫曾攝。

徐音曾攝蒸、登兩部字來源于上古的蒸部，其音切分布大致和《廣韵》蒸、登兩韵系字相當。

徐音蒸、登兩部僅有開口字，《切韵》蒸、登兩韵系的合口字徐音未見。

第十三節　深攝

侵　部

侵部存二十三字。

平聲十四例：**愔　湛　諶　岑　祲　簪　衿　黔　沈　綅　碞　鍼　鐔　嶔**

系聯結果，得兩組兩類。兩類即以下A、B兩類。兩組即A類一組，B類一組。

A類		B類	
一　**愔**（影侵A）	**於林**（影侵）	一　***衿**（群侵B）	**音琴**（群侵B）
湛（澄侵）	**丈林**（澄侵）	**黔**（群侵B）	**音琴**（群侵B）
諶（常侵）	**市林**（常侵）		**音禽**（群侵B）

岑（崇侵） 在林（從侵）			其金（群侵B）
祲（精侵） 七林（精侵）		沈（澄侵）	直金（澄侵B）
簪（莊侵） 側林（莊侵）			

A類一組六例，被切字和反切下字相當于《廣韵》侵韵，“韵圖”列四等喉牙音字和舌齒音字，通過反切下字“林”聯成一組。本組字當爲一類。

另有：

綅（清侵） 音侵（清侵）　鍼（章侵） 音針（章侵）　鐔（邪侵） 音尋（邪侵）

三例，互不系聯，和一組字也不系聯，但以上三例被切字和反切下字相當于《廣韵》侵韵舌齒音字。據枚舉歸納推理，以上三例和一組字雖不系聯，實爲同類。

B類一組三例，被切字分別相當于《廣韵》侵韵，“韵圖”列三等的喉牙音字和澄母字，通過反下字“琴”“金”聯爲一組。本組字當爲一類。

另有：

碞（疑侵B） 音吟（疑侵B）　嶔（溪侵B） 音欽（溪侵B）

兩例，和一組字不能系聯，但以上兩例被切字和反切下字也都相當于《廣韵》侵韵、“韵圖”列三等的喉牙音字。據枚舉歸納推理，以上兩例和一組字雖不系聯，實亦同類。

上聲兩例：廞　廩

廞（曉侵B） 火飲（曉侵B）　廩（來寢） 力錦（來寢B）

上聲兩例，互不系聯，但被切字分別是《廣韵》寑韵，“韵圖”列三等喉牙音字和來母字；反切下字都是寢韵、“韵圖”列三等的喉牙音字。根據徐邈的反切系統，來母字可以和“韵圖”列三等的喉牙音字聯成一組。因此，以上兩例雖不系聯，當系同類。

去聲七例：**枕 臨 飪 衽 絍 飲 沈**

系聯結果，得兩組兩類。兩類即以下A、B兩類。兩組即A類一組，B類一組。

A類			B類	
一	枕（章沁）	針鴆（章沁）	一	沈（澄心） 直蔭（澄沁B）
	臨（來沁）	來鴆（來沁）		
	飪（日沁）[298]	而鴆（日沁）		
	衽（日沁）	而鴆（日沁）		
	絍（日沁）	而鴆（日沁）		
	飲（影沁B）	於鴆（影沁）		

A類一組六例，被切字和反切下字相當于《廣韵》沁韵舌齒音字，其中“飲”是“韵圖”列三等影母字，通過反切下字“鴆”聯成一組。本組字當爲一類。

B類一組一例，被切字是澄母字；反切下字是沁韵，“韵圖”列三等喉牙音字。本組只此一例，當自爲一類。

徐音深攝侵部二十三字，來源于上古侵部，被切字和反切上字相當于《廣韵》侵韵系字。在徐邈的反切系統里，侵部字較爲特殊。

（一）飲：《切韵》《廣韵》分别收寢、沁兩韵。上去兩聲，“韵圖”都列三等，顯系B類字。徐音讀於鴆反，以澄母字作反切下字，并和舌齒音聯成一組。

（二）《切韵》《廣韵》莊組字，在徐邈的反切系統里一般都和B類，“韵圖”列三等喉牙音字聯成一類，如支部、脂部、真部無不如此。但本部的“岑”“簪”却和A類舌齒音字聯在一起。

《切韵》《廣韵》知組字，在徐邈的反切系統里一般都和A類，“韵圖”列四等喉牙唇音字和舌齒音字聯成一組，如支部、脂部、祭部、真部、仙部無不皆然，但本部的“沈”(平、去兩讀）却和B類，“韵圖”列三等的喉牙音字聯成一類。

徐音侵部平、上聲字雖有不同的兩類反切下字。但根據以上三點來看，徐音侵部和以上支、脂、祭、宵、真、仙、鹽七部的情況不是一樣的，并且没有發現兩類喉牙唇音字的對立，也没有發現上古有不同韵部來源。

第十四節　咸攝

談　部

談部存十一字。

平聲三例：**惔　澹　三**

系聯結果，得一組一類。

一　惔（定談）**音談**（定談）
　　澹（定談）**音談**（定談）

談部平聲一組兩例，被切字和反切下字相當于《廣韵》談韵字，通過注音字“談”聯成一組。本組字當爲一類。

另有：

三（心談）**息暫**（心談）

一例，和一組字不相系聯，但本例被切字和反切下字也都相當于《廣韵》談韵字。據枚舉歸納推理，本例和一組字雖不系聯，實爲同類。

上聲五例：**淡 惔 擥 坎 闞**

系聯結果，得一組一類。

一	**淡**（定敢）	**大敢**（定敢）
	惔（定敢）	**大敢**（定敢）
	擥（來敢）	**力敢**（來敢）
	坎（溪歌）[299]	**苦敢**（溪敢）
	闞（曉敢）[300]	**火敢**（曉敢）

上聲一組五例，被切字和反下字相當于《廣韵》敢韵字，通過反切下字"敢"聯成一組。本組字當爲一類。

去聲三例：**啗 淡 三**

系聯結果，得一組一類。

一	**啗**（定闞）	**徒暫**（定闞）
	三（心闞）	**息暫**（心闞）

去聲一組兩例，被切字和反切下字相當于《廣韵》闞韵字，通過反切下字"暫"聯成一組。本組字當爲一類。

另有：

淡（定闞）**徒闞**（定闞）

一例，和一組字不相系聯，但本例被切字和反切下字也都相當于《廣韵》闞韵字。本例和一組字雖不系聯，實爲同類。

覃 部

覃部僅存三字。

平聲一例：**鐔**

鐔（定覃） **徒南**（定覃）

平聲一例，被切字和反切下字相當于《廣韵》覃韵字。平聲僅此一例，當自爲一類。

上聲一例：**坎**

坎（溪感） **苦感**（溪感）

上聲一例被切字和反切下字相當于《廣韵》感韵字，上聲僅此一例，當自爲一類。

去聲一例：**譚**

譚（定覃）[301] **徒暗**（定勘）

去聲一例，被切字是《廣韵》覃韵字，反切下字是勘韵字。本例被切字和反切下字聲調有平去之异。

咸部

咸部存五字。

平聲一例：緘

緘（見咸） 古咸（見咸）

平聲“緘”被切字和反切下字相當于《廣韵》咸韵字。徐音咸部平聲，僅此一例，當自爲一類。

上聲三例：摻 闞 黬

一 摻（生豏） 所斬（生豏）
闞（曉豏） 火斬（曉豏）
檻（甲檻） 下斬（匣豏）

一組兩例，被切字分别是《廣韵》豏韵字和檻韵字，反切下字都是《广韵》豏韵字，通過“斬”聯成一組。

另有：

*黬（影豏） 於减（影黬）

一例，被切字和反切下字也都是《广韵》豏韵字，和一組當爲一類。

去聲一例：緘

*緘（見陷） 古陷（見陷）

被切字和反切上字相當於《广韵》陷韵字。本組自爲一類。

銜　部

銜部僅存去聲一字：**儳**

儳（初鑑）　**才鑒**（從鑑）、**仕鑒**（崇鑑）

鹽　部

鹽部存十二字。

平聲七例：**覃　點　斂　綅　摻　厭　啖**

系聯結果，得一組一類。

一　＊**覃**（以鹽）[302]　**以廉**（以鹽）
　　＊**點**（章鹽）[303]　**之廉**（章鹽）
　　＊**斂**（來鹽）[304]　**音廉**（來鹽）
　　＊**綅**（心鹽）　**息廉**（心鹽）
　　＊**摻**（心鹽）[305]　**息廉**（心鹽）
　　＊**厭**（影鹽）[306]　**影廉**（影鹽）

平聲一組六例，被切字和反切下字相當于《廣韵》鹽韵字，通過反切下字“廉”聯成一組。本組字當爲一類。

另有：

＊**啖**（以鹽）[307]　**音鹽**（以鹽）

一例，和一組字不相系聯，但本例被切字和反切下字也都相當于《廣韵》鹽韵字。

據枚舉歸納推理，本例和一組字雖不系聯，實爲同類。

上聲三例：**憸 剡 厭**

系聯結果，得一組一類。

一 憸（清琰） **七漸**（清琰）
剡（以琰） **以漸**（以琰）

上聲一組兩例，被切字和反切上字相當于《廣韵》琰韵字，通過反切下字“漸”聯成一組。本組字當爲一類。

另有：

厭（影琰） **于冉**（影琰）

一例，和一組字不相系聯，但本例被切字和反切下字也都相當于《廣韵》琰韵字。據枚舉歸納推理，本例和一組字雖不系聯實爲同類。

去聲兩例：**掩 厭**

去聲兩例，相當于《廣韵》艷韵，“韵圖”列四等喉牙音字和三等喉牙音字，現分別稱爲A類和B類。

A類	B類
厭（影艷A） **於艷**（影艷A）	***掩**（影艷B）[308] **於驗**（影艷B）

添 部

添部存四字。

平聲一例：嗛

嗛（溪添）[309]　音謙（溪添）

平聲一例，被切字和反切下字相當于《廣韵》添韵字。平聲僅此一例，當自爲一類。

上聲三例：慊　猒　壓

系聯結果，得一組一類。

一　慊（溪忝）　苦簟（溪忝）
　　猒（影琰）　烏簟（影忝）

上聲一組兩例，被切字分别相當于《廣韵》忝韵字和琰韵，“韵圖”列四等喉牙音字，通過反切下字“簟”聯成一組。本組當爲一類。據徐邈反切系統，凡具重紐韵部，“韵圖”列四等唇牙喉音字往往和相應的純四等韵字混切。本組亦其一例。

另有：

壓（影琰A）於玷（影忝）

一例，和上聲一組字不相系聯，但本例被切字相當于琰韵，“韵圖”列四等喉牙音字；反切下字是四等忝韵字。據枚舉歸納推理，本例和一組字雖不系聯，實屬同類。

嚴　部

徐音嚴部尚未形成一獨立韵類。現將徐邈反切系統中相當于《廣韵》嚴、凡兩韵系字用作被切字和反切下字的切語，一并録出，作爲討論依據。

平聲四例：**氾 黔 鉗 淹**

氾（奉凡）[310] **扶嚴**（奉嚴）
黔（群鹽B）[311] **其嚴**（群嚴）、**渠嚴**（群嚴）
鉗（群鹽B）[312] **其嚴**（群嚴）
淹（影鹽B） **於嚴**（影嚴）

上聲一例：**嚴**

嚴（疑儼）[313] **魚檢**（疑琰B）

去聲五例：**渢 泛 斂 蘞 奄**

***渢**（敷梵）[314] **敷劒**（敷梵）
泛（敷梵） **敷劒**（敷梵）、**音汎**（敷梵）
斂（來艶）[315] **徐云，鄭力斂**（來梵）
蘞（來琰）[316] **力劒**（來梵）
奄（影琰B）[317] **於劍**（影梵）

從以上音切分布來看，徐音平上兩聲，被切字相當于《廣韵》嚴、凡韵系字和鹽韵系，“韵圖”列三等喉牙音字；反切下字平聲是嚴韵系字。上聲是鹽韵系喉牙音字；去聲被切字是凡韵系和鹽韵系，“韵圖”列三等的喉牙音字以及來母字。反切下字一律是梵韵字。李榮先生在《切韵音系》里説：“嚴、凡大體上是互補的。”從徐邈的切語來看，六朝早期反切，鹽、嚴、凡實爲一類。從《王仁昫刊謬補缺切韵》韵目小注里，知陸法言《切韵》嚴韵系字無上，去兩聲，但從徐邈切語來看，早期嚴韵系兼無平、入。徐音嚴韵平聲字和鹽韵字混切，入聲存一字“業”讀入合韵。

徐音侵部、覃部、談部、咸部、銜部、鹽部、添部七個韵部相當于中古深攝、咸攝，有侵、覃、談、咸、銜、鹽、嚴、凡、添九個韵系字。我們沿襲傳統的叫法，管徐音侵、覃七部也分别叫作深攝、咸攝。

徐音深、咸兩攝分别來自上古侵談兩部，但上古侵、談兩部框架似漸已混淆，觀下例可知。

三（侵） 息慙（談）反　三（侵） 息暫（談）反　緘（侵） 古陷（談）反
綅（侵） 息廉（談）反　摻（侵） 所斬（談）反　黚（侵） 其嚴（談）反
坎（談） 苦感（侵）反　慊（談） 苦簟（侵）反　厭（談） 烏簟（侵）反
泛（談） 音汎（侵）

徐音深、咸兩攝現存四十三字，侵、談兩部字混切的即達十例，幾占全部例字的四分之一。

徐音咸攝談部現存十一字，有兩例（“三”平去兩讀）來自上古侵部，另外九例被切字和反切下字都是上古談部字。《廣韻》都讀入談韻系。

徐音咸攝覃部僅存三字，其中一例“坎”有談部又讀。另有兩例，一例被切字可能是“談”的假借字，反切下字都是上古覃部字。

徐音咸攝鹽部，平、上兩聲共存十字，基本上來自上古談部細音。相當于《切韵》《廣韻》鹽韵系，“韵圖”列四等喉牙音字和舌齒音字。黄侃晚年曾分上古談、盍兩部爲談、添、盍、帖四部。后來董同龢爲了給《廣韵》鹽韵系“重紐”字找出上古音的來源，從諧聲出發，確認上古談部應分爲談、添兩部。徐音咸攝鹽部去聲現僅存兩例。一例“厭”，被切字和反切下字，來源于上古談部細音影母字；另一例“掩”，被切字和反切下字相當于黄侃所分的添部影母字。前者相當于《廣韵》鹽韵系，“韵圖”列四等影母字；后者相當于《廣韵》鹽韵系，“韵圖”列三等影母字。爲了和支、脂、祭、宵、真、仙等部一致，我們管前者叫 A 類，后者叫 B 類。

上文説過，《廣韵》嚴、凡兩韵系字，在徐邈的反切系統里尚未形成獨立的韵類。《廣韵》嚴、凡兩韵系字在徐邈的反切系統里基本上都和鹽韵系重紐三等喉牙唇音字混切。事實上，這和仙部喉牙唇音的 B 類字往往和元部的喉牙唇字混切的性質是一様的。

徐音咸攝添部僅存四字，來源于上古談部字細音，被切字分别相當于《廣韵》鹽韵系，“韵圖”列四等的喉牙音和添韵系字；反切下字都是添韵系字。

事實上，這和徐音仙部相當于《廣韵》仙韵系，“韵圖”列四等喉牙音字往往和先韵系字混切的性質上是一樣的。

第十五節　入聲韵

通入：屋部

屋部存二十三字：僕　撲　鶩　谷　剭　擭　覆　偪　牧　畐　囿　棫
踽　棫　畜　鄐　粥　蹙　鬻　倏　復　築　謏

屋一

一	*僕（滂屋）[318]	敷木（敷屋）
	鶩（明屋）	音木（明屋）
	谷（見屋）	古木（見屋）

屋三

一	*偪（非屋）	甫目（非屋）
	牧（明屋）	音日（明屋）
	囿（云屋）	于目（云屋）
	*棫（云屋）	于目（云屋）
	畐（曉燭）	况目（曉屋）
	覆（敷屋）	敷百（敷屋）
	擭（匣屋）[319]	户覆（匣屋）
二	畜（徹屋）	勑六（徹屋）
	鄐（徹屋）[320]	超六（徹屋）
	踽（澄燭）	治六（澄屋）
	觸（昌燭）	處六（昌屋）
	粥（章屋）	章六（章屋）
		音育（以屋）
	蹙（清屋）	采六（清屋）
	*鬻（見屋）[321]	居六（見屋）

倏（書屋）　始六（書屋）

音叔（書屋）

屋一一組三例，被切字和反切下字相當于《廣韻》屋韻一等字，通過反切下字“木”聯成一組。本組字當爲一類。

另有：

撲（滂屋）　敷卜（敷屋）　剭（影屋）　音屋（影屋）

兩例，互不系聯，和一組字也不系聯，但以上兩例被切字和反切下字也都是《廣韻》屋韻一等字。據枚舉歸納推理，以上兩例和一組字雖不系聯，實爲同類。

屋三一組七例，被切字和反切下字相當于《廣韻》屋韻三等字，通過反切下字“目”聯成一組。本組字當爲一類。

屋三二組八例，通過反切下字“六”聯成一組。二組和一組字不相系聯，但二組被切字和反切下字也都是《廣韻》屋韻三等字。據枚舉歸納推理，二組和一組字雖不系聯，實爲同類。

另有：

復（奉屋三）　音服（奉屋三）　築（知屋三）　音竹（知屋三）

*謏（生屋三）[322]　所穆（生屋三）

三例，以上三例互不系聯，和一、二兩組字也不系聯，但以上三例被切字和反切下字也都相當于《切韻》《廣韻》屋韻三等字。據枚舉歸納推理，以上三例和一、二兩組字雖不系聯，實亦同類。

沃　部

沃部存三例：**暴　熇　沃**

系聯結果，得一組一類：

一 *暴（並沃）[323] 扶沃（奉沃）
沃（影沃） 烏酷（影沃）於縛（影藥）
熇（曉沃） 許酷（曉沃）

沃部一組三例，被切字和反切下字相當于《廣韵》沃韵字。通過反切下字“酷”聯成一組，本組字當爲一類。

燭 部

燭部存五字：屬 矚 涑 數 擉

系聯結果，得兩組一類：

一 屬（章燭） 音燭（章燭）
矚（章燭） 音燭（章燭）
二 涑（心屋）[324] 息録（心燭）
數（生覺）[325] 所録（生燭）

燭部一組兩例，被切字和反切下字相當于《廣韵》燭韵字，通過注音字“燭”聯爲一組，本組字當爲一類。

二組兩例，通過反切下字“録”聯成一組。二組和一組字不相系聯，但二組被切字分别是《廣韵》屋一和覺韵字。《集韵》都另收燭韵。反切下字是《廣韵》燭韵字。二組和一組字雖不系聯，實爲同類。

另有：

*擉（知燭）[326] 丁緑（端燭）

一例，和一、二兩組字都不系聯。但本例被切字和反切下字也都相當于《廣韵》

濁韵字。據枚舉歸納推理，本例和一、二兩組字雖不系聯，實亦同類。

覺 部

覺部存八字：**簿　琢　鏃　浞　捉　觳　罩　箾**

系聯結果，得一組一類：

一 **琢**（知覺）　**丁角**（端覺）
　浞（崇覺）　**在角**（從覺）
　捉（莊覺）　**側角**（莊覺）
　*__觳__（匣覺）[327] **户角**（匣覺）

覺部一組四例，被切字和反切下字相當于《廣韵》覺韵字，通過反切下字“角”聯成一組。本組字當爲一類。

另有：

*__罩__（知覺）[328] **都學**（端覺）　**箾**（生覺）　**音朔**（生覺）

兩例，互不系聯，和一組字也不系聯，但以上兩例被切字和反切下字都相當于《廣韵》覺韵字。據枚舉歸納推理，以上兩例和一組字雖不系聯，實爲同類。

例外一字：

簿（並姥）[329] **步角**（並覺）

另有：

鏃（精屋）**朱角**（章覺）

一例，被切字和反切下字聲韵都不合。按《莊子·天下篇》："鏃矢之疾。"《釋文》："鏃，子木反。郭音族，徐朱角反。"郭慶藩謂："鏃爲鏃字之誤。"又謂："亦多誤爲錐、佳字。"《淮南·兵略篇》："疾如錐矢。"徐所見本，"鏃"當爲"錐"。按：錐，脂韵章母字。徐朱角反者，爲"錐"注音。朱爲章母字，角爲佳之形訛，佳爲脂韵合口字。

徐音屋部、沃部、覺部、燭部四部字大致和《切韵》《廣韵》通攝，江攝入聲屋、沃、覺、燭四韵字相當。

徐音屋部一等直接來源于上古的屋部，上古屋部兼有《廣韵》的屋韵、覺韵、燭韵三韵字。徐音屋部大致還能反映出上古屋部的一點面貌，請看下例：

轂（屋一） **户角**（覺）反　　**涑**（屋一） **息録**（燭）反

數（覺） **所録**（燭）反　　**擉**（覺） **丁録**（燭）反

屋韵一等字可用覺、燭韵字作反切下字，燭韵字也可以作覺韵字的反切下字。這些切語，正説明了上古屋一、覺、燭某些字，徐音仍然同部。《集韵》"涑""數"另收燭韵，顯依徐音另出。

現在我們來看看兩晋韵文押韵的情况。

傅玄（217—278）《靈蛇銘》：**續**（燭）**足**（燭）**岳**（覺）**族**（屋一）

陸機（261—303）《贈顧令文》：**岳**（覺）**族**（屋一）**樸**（覺）**玉**（燭）

郭璞（276—324）《鹽池賦》：**漉**（屋一）**斛**（屋一）**濮**（屋一）**岳**（覺）**涑**（屋一）

盧諶（284—350）《贈劉琨》：**木**（屋一）**燭**（燭）**璞**（覺）**騄**（燭）

以上屋一覺燭同押，這和徐音屋部切語表現的情况是一致的。

徐音屋韵三等分别來自上古的覺部和職部，上古覺部和職部的屋韵三等字徐音已讀爲一部。請看下例：

牧（職屋三） **音目**（覺屋三）　　**偪**（職屋三） **甫目**（覺屋三）

楅（職屋三） **甫目**（覺屋三）

復（覺屋三）**音服**（職屋三）

徐音覺部主要來源于上古屋覺、藥三部的覺韵字，徐音藥部覺韵字和覺部的覺韵字似已合流，請看下例：

罩（藥、覺）**都學**（覺、覺）反

徐音沃部來源于上古覺部、沃部，現僅存三例：

暴（藥沃）**扶沃**（藥沃）反

被切字和反切下字都是上古藥部沃韵字。

另有兩例：

沃（藥沃）**於毒**（覺沃）**反**　**熇**（藥沃）**許酷**（覺沃）**反**

以上兩例被切字是上古藥部沃韵字，反切下字是覺部沃韵字。上古藥、覺兩部覺韵字，徐音已讀一部。

臻入：質部

質部今存十三字：**窒　暱　叱　漆　篳　比　韠　紩　札　迭　鷸　屈　繘**

系聯結果，得兩大類、三小類、四個小組。兩大類是指A、B兩類。三小類是指A類各分開合，B類僅存開口一類。四個小組是指A類開口兩組，合口一組；B類開口一組。

A類

開口		合口	
一		一	
窒（知質）	丁吉（端質）	鷸（以術）	音述（船術）
	得悉（端質）	屈（群術）	其述（群術）
暱（泥質）	乃吉（泥質）		
二			
叱（清質）[330]	音七（清質）		
漆（清質）	音七（清質）		

B類

開口	
一	
札（莊櫛）[331]	側乙（莊質B）

質部，A類開口一組兩例，被切字和反切下字相當于《廣韵》質韵舌齒音字，通過反切下字“吉”聯爲一組。本組字當爲一類。

A類開口二組兩例，通過注音字“七”聯成一組。二組和一組字不相系聯，但二組被切字和反切下字相當于《廣韵》質韵舌齒音字。據枚舉歸納推理，二組和一組字雖不系聯，實爲同類。

另有：

篳（幫質A）	音畢（幫質A）	比（奉質A）	扶質（奉質）
䩭（徹質）[332]	敕一（徹質A）	紩（澄質）	治栗（澄質）
*迭（以質）	音逸（以質）		

五例，互不系聯，和一、二兩組字也不系聯，但以上五例，被切字和反切下字也都相當于《廣韵》質韵舌齒音字和“韵圖”列四等唇牙喉音字。據枚舉歸納推理，以上五例和一、二兩組字雖不系聯，實亦同類。

A類合口一組兩例，被切字車韵，反切下字相當于《廣韵》術韵字，通過反切下字“述”聯成一組。本組字當爲一類。

B類開口一組僅存一例，被切字相當于《廣韵》櫛韵莊組字，反切下字相當于《廣韵》“韵圖”列三等喉牙音字。本組只此一例，當自爲一類。

例外一字：

繘（見術A）　**居密**（見質B）

物　部

物部存七字：**汔　屈　詘　齕　愠　掘　費**

系聯結果，得兩類兩組。兩類是指以下開合兩類。兩組是指開口一組，合口一組。

開口		合口	
一 **汔**（曉迄）　**許訖**（曉迄）		一 **掘**（群物）　**音屈**（溪物）	
		*屈（溪物）　**其勿**（群物）	
		詘（溪物）　**丘勿**（溪物）	

物部開口一組一例，被切字和反切下字相當于《廣韵》迄韵字。本組只此一例，當自爲一類。

物部合口一組三例，被切字和反切下字相當于《廣韵》物韵字，通過反切下字“勿”聯成一組。本組當爲一類。

另有：

*愠（影物）[333] 音欝（影物）　　*費（敷物）音弗（非物）

兩例，互不系聯，和一組字也不系聯，但以上兩例被切字和反切下字也都相當于《廣韵》物韵字。據枚舉歸納推理，以上兩例和一組字雖不系聯，實爲同類。

例外一字：

齕（匣没）**胡勿**（匣物）

被切字一等，反切下字三等。

没 部

没部存三字：**悖 滑 搰**

系聯結果，得一組一類。

	合口	
一	**悖**（並没）	**蒲没**（並没）
	滑（見没）	**古没**（見没）
	搰（溪没）[334]	**苦没**（溪没）

没部一組三例，被切字和反切下字相當于《廣韵》没韵字，通過反切下字“没”聯爲一組，本組字當爲一類。

徐音質、物、没三部大致相當于中古臻攝入聲質、術、迄、物、没五個韵類字。

徐音質部現存十三字，來源于上古質部，開口十例大致相當于《廣韵》質韵字，和陰聲脂部、陽聲真部相應。徐音質部開口也分 A、B 兩類。A 類被切字和反切下字相當于《切韵》、《廣韵》、“韵圖”列四等唇牙喉音字和舌齒音字。B 類被切字和反切下字相當于《切韵》、《廣韵》、“韵圖”列三等喉牙唇音字和莊組字。

徐音質部的合口字和物、迄、没三部字都是上古的物部字，徐音齕，胡勿反；屈，其述反。“齕”“勿”，“屈”“述”被切字和反切下字，都是上古物部字。徐音質部開口和質部合口以及物、没兩部的對立。顯然，反映了上古脂、微兩部的入聲在徐邈的反切系統里，仍有疆界可尋。

山入：曷部

曷部現存十字：**獺 閼 掇 撮 捺 噲 會 括 撥 犮**

系聯結果，得兩類三組。兩類即以下開、合兩類。三組即開口兩組，合口一組。

開口			合口		
一	獺（透曷）	他達（透曷）	一	掇（端末）	都活（端末）
二	閼（影曷）	於葛（影曷）		*捺（清末）[335]	七活（清末）
				撮（精末）	子活（精末）
				*會（見末）[336]	古活（見末）
				*噲（見末）[337]	古活（見末）

徐音開口兩例，互不系聯，但兩例被切字和反切上字都相當于《廣韻》曷韵開口字。據枚舉歸納推理，我們可以以兩例中任何一例作爲歸納基礎，則兩例可以聯成一組，實爲一類。

合口一組五例，被切字和反切下字相當于《廣韻》末韵字，通過反切下字“活”聯爲一組。本組字當另爲一類。

另有：

撥（並末） **蒲末**（並末）　**犮**（並末） **音跋**（並末）　**括**（見末） **古闊**（見末）

三例，互不系聯，和合口一組字也不系聯，但以上三例，被切字和反切下字也都相當于《廣韻》末韵字，據枚舉歸納推理，以上三例和合口一組字雖不系聯，實爲同類。

鎋　部

鎋部存三字：**楬 睆 刖**

系聯結果，得兩組兩類。兩組是開口一組，合口一組。兩類是開口一組一類，合口一組一類。

開口		合口	
楬（溪鎋）	苦瞎（溪鎋）	*晼（見鎋）[338]	音刮（見鎋）
		刖（疑鎋）	五刮（疑鎋）

鎋部開口一組一例，被切字和反切下字相當于《廣韵》鎋韵開口字。本組只此一例，當自爲一類。鎋部合口一組兩例，被切字和反切下字相當于《廣韵》鎋韵合口字，通過“刮”聯成一組。本組當爲一類。

黠　部

黠部存六字：札　楔　鞂　介　戛　劀

系聯結果，得兩組兩類，兩類即以下開合兩類。兩組即開口一組，合口一組：

	開口			合口	
一	*札（軋）（影黠）[339]	於八（影黠）	一	劀（見黠）	工滑（見黠）
	戛（見黠）	古八（見黠）			
	楔（見黠）	古八（見黠）			
	鞂（見黠）	古八（見黠）			
	*介（見黠）[340]	古八（見黠）			

黠部開口一組五例，被切字和反切下字相當于《廣韵》黠韵開口字，通過反切下 字“八”聯成一組，本組字當爲一類。

合口一組一例，被切字和反切下字相當于《廣韵》黠韵合口字。本組只此一例，當自爲一類。

月 部

月部現存十字：**桀 揭 𧽊 孽 橛 蹶 蹷 刖 扤 茷**

系聯結果，得兩組兩類。兩類即以下開口一類，合口一類。兩組開口一組，合口一組。

開口			合口		
一	**桀**（見月）[341]	**居謁**（見月）	一	**橛**（群月）	**其月**（群月）
	揭（見月）	**居謁**（見月）		**蹷**（群月）	**求月**（群月）
		起謁（溪月）		***蹶**（群月）	**其月**（群月）
	***𧽊**（溪月）[342]	**起謁**（溪月）			**音厥**（見月）
	***孽**（疑月）[343]	**五謁**（疑月）		**刖**（疑月）	**音月**（疑月）
				扤（疑月）	**音月**（疑月）

月部開口一組四例，被切字和反切下字相當于《廣韵》月韵開口字，通過反切下字“謁”聯成一組。本組字當爲一類。

月部合口一組五例，被切字和反切下字相當于《廣韵》月韵合口字，通過反切下字“月”聯成一組。本組字當爲一類。

另有：

茷（奉月）**音伐**（奉月）

和一組字不相系聯，但本例被切字和反切下字也都是《廣韵》月韵合口字。據枚舉歸納推理，本例和合口一組字雖不系聯，實爲同類。

《廣韵》薛韵：桀、揭、𧽊、孽四字徐收月部，但有薛部又讀。

薛 部

薛部存十七字：**别 敝 弊 徹 晢 折 晳 渫 泄 揲 孽 讞**

揭 埒 吶 説 歠

系聯結果，得兩大類，三小類，三個小組。兩大類即A、B兩類。三小類即A類分開、合兩個小類，B類僅開口一類。四個小組，A類開口一組，合口兩組；B類僅開口一組。

A類

	開口			合口
一	敝（並祭A）	房列（奉薛）	一	埒（來薛） 音劣（來薛）
		扶滅（奉薛A）		吶（泥薛） 奴劣（泥薛）
	弊（並祭A）	扶滅（奉薛A）	二	説（書薛） 音悦（以薛）
		扶世（奉祭）		歠（昌薛） 昌悦（昌薛）
	徹（澄薛）	直列（澄薛）		
	晢（澄薛）	丈列（澄薛）		
	折（常薛）	時列（常薛）		
		音制（章祭）		
	晢（章薛）	之列（章薛）		
		音制（章祭）		
	渫（心薛）	食列（船薛）		
	泄（心薛）	思列（心薛）		
		以世（以祭）		
	*揲（心薛）	息列（心薛）		

B類

		開口
一	孽（疑薛B）	五列（疑薛）
	讞（疑薛B）	魚列（疑薛）
	別（幫薛B）	彼列（幫薛）

A類開口一組九例，被切字和反切下字分别相當于《廣韵》祭韵開口，“韵圖”列四等唇音字和薛韵舌齒音字，通過反切下字“列”聯成一組。本組字當爲一類。

A類合口一二兩組，被切字和反切下字都相當于《廣韵》薛韵合口舌齒音字，通過反切下字“劣”“悦”聯成兩組。兩組當爲一類。

B類開口一組三例，被切字相當于《廣韵》薛韵開口，“韵圖”列三等喉牙唇音字；反切下字是來母字，通過反切下字“列”聯成一組。本組字當爲一類。

另有：

揭（群薛B）**音桀**（群薛B）

一例，和B類一組字不相系聯，但本例被切字和反切下字都相當于《廣韵》薛韵開口，“韵圖”列三等喉牙音字。據枚舉歸納推理，本例和開口一組字，雖不系聯，實爲同類。

單從系聯法角度來看，B類字和A類開口字可聯成一組。不難看出，這一矛盾情况，是由于來母字作反切下字引起的。

《切韵》《廣韵》重紐韵中“韵圖”列三、四等字，徐音分别甚嚴。一般“韵圖”四等唇牙喉音字和舌齒音字爲一類，“韵圖”三等唇牙喉音字和莊組字爲另一類。本書分别稱之爲A類、B類，兩類字互不搭雜。但來母字是唯一的例外，來母字可兼爲兩類字的反切下字：

來母作A類字反切下字：

諞（並仙A）**敷連**（敷仙）　**矉**（幫真A）**扶鄰**（奉真）

來母作B類字反切下字：

匱（群至B）**其類**（群至）　**卷**（見綫B）**久戀**（見綫）

孽（疑薛B）**五列**（疑薛）　**别**（幫薛B）**彼列**（幫薛）、**讞**（疑、薛B）、**魚列**（疑薛）

另外B類字還可作來母字反切下字：

羸（來支） **力皮**（來支B） **壘**（來旨） **九軌**（來旨B）

看來，來母字和B類字似有一種較爲特殊的關係，擬另爲專文討論。

屑 部

屑部存十五字：**嫳 蔑 契 挈 頡 跌 紇 節 髻 札 絜 决 抉 闋 嚽**

系聯結果，得四組兩類。兩類即以下開合兩類。四組即開口三組，合口一組：

	開口						合口	
一	**嫳**（滂屑）	**敷結**（敷屑）	二	**跌**（定屑）	**徒紇**（定屑）	一	**决**（曉屑）	**喜缺**（曉屑）
	蔑（明屑）	**亡結**（微屑）		**紇**（匣屑）	**胡切**（匣屑）			**古穴**（見屑）
	契（溪屑）	**苦結**（溪屑）	三	***札**（從屑）[344]	**音截**（從屑）			**音穴**（匣屑）
	挈（溪屑）	**苦結**（溪屑）		**節**（精屑）	**音截**（從屑）		ᛏ**嚽**（見屑）	**姜穴**（見屑）
	***絜**（匣屑）[345]	**户結**（匣屑）		***髻**（匣屑）[346]	**胡節**（匣屑）		**抉**（見屑）	**古穴**（見屑）
	頡（匣屑）	**下結**（匣屑）					**闋**（溪屑）	**古穴**（溪屑）

屑部開口一組六例，被切字和反切下字相當于《廣韵》屑韵開口字，通過反切下字“結”聯成一組。本組字當爲一類。

另有五例，分别以反切下字“紇”和注音字“截”聯成兩組，現稱爲屑部開口二組、三組。屑部開口二組、三組互不系聯，和一組字也不系聯，但屑部二組、三組被切字和反切下字也都相當于《廣韵》屑韵開口字。據枚舉歸納推理，屑部開口二組、三組字和一組字雖不系聯，實爲同類。

屑部合口四例，被切字和反切下字相當于《廣韵》屑韵合口字，通過反切下字“穴”聯成一組。本組字當爲一類。

徐音曷、鎋、黠、月、薛、屑六部大致和中古的山攝入聲曷、末、鎋、黠、月、薛、屑七韵字相當。現分兩組討論。

徐音曷、鎋、月三部爲一組，來源于上古月部洪音。曷鎋兩部除“刖”一字和月部有又讀外，這兩部字和他部字無任何牽連，顯爲獨立韻類。

黠、薛、屑爲另一組，來源于上古月部細音，徐音薛部和陰聲祭部、陽聲仙部相應，開、合也分A、B兩類。A類相當于“韵圖”列四等唇牙喉字及舌齒音字，B類相當于“韵圖”列三等唇牙喉音字。A類字往往和屑部字混切，B類字往往和月部字混切。這和徐音仙部A類常和先部混切，仙部B類常和元部混切的性質是一樣的。

宕入：鐸部

鐸部存十四字：搏 礴 亳 薄 簿 襗 錯 洹 度 蹀 漷 濩
蠖 臒

系聯結果，得三組兩類。兩類即以下開、合兩類。三組即開口兩組，合口一組。

	開口		合口	
一	搏（幫鐸）	甫各（非鐸）	漷（見鐸）	音郭（見鐸）
	*礴（滂鐸）	敷各（敷鐸）	濩（匣鐸）	户郭（匣鐸）
	亳（並鐸）	扶各（奉鐸）	蠖（影鐸）	烏郭（影鐸）
	薄（並鐸）	扶各（奉鐸）	臒（影鐸）	烏郭（影鐸）
	簿（並鐸）	步各（並鐸）		
	襗（定鐸）	待各（定鐸）		
	錯（清鐸）	七各（清鐸）		
	*洹（匣鐸）[347]	户各（匣鐸）		
二	度（定鐸）	徒洛（定鐸）		
	蹀（來鐸）	音洛（來鐸）		

鐸部開口一組八例，被切字和反切下字相當于《廣韵》鐸韵開口字，通過反切下字“各”聯成一組。本組字當爲一類。

鐸部開口二組兩例，通過反切下字“洛”聯成一組。二組和一組字不相系聯，但二組被切字和反切下字也都是《廣韵》鐸韵開口字。據枚舉歸納推理，二組和一組字雖不系聯，實爲同類。

鐸部合口一組四例，被切字和反切下字相當于《切韵》《廣韵》鐸韵合口字，通過反切下字“郭”聯成一組。本組字當爲一類。

藥 部

藥部存十一字：鑠 爍 爚 櫟 著 汋 勺 矍 躩 沃 籥

系聯結果，得三組兩類。兩類即以下開合兩類。三組即開口兩組，合口一組。

開口						合口	
一	鑠（書藥）	音藥（以藥）	二	籥（以藥）	以略（以藥）	矍（曉藥）[348]	許縛（曉藥）
	爍（書藥）	音藥（以藥）		著（知藥）	丁略（端藥）	躩（見藥）	九縛（見藥）
		余灼（以藥）			豬略（知藥）	*沃（影藥）[349]	於縛（影藥）
	櫟（以藥）	失灼（書藥）					
	爚（以藥）	音藥（以藥）					

藥部開口一組四例，被切字和反切下字相當于《廣韵》藥韵開口字，通過注音字“藥”聯爲一組。本組字當爲一類。

藥部開口二組三例，通過反切下字“略”聯爲一組。二組和一組字不相系聯，但二組被切字和反切下字也都相當于《廣韵》藥韵開口字。據枚舉歸納推理，二組和一組字雖不系聯，實爲同類。

另有：

汋（常藥） 音酌（章藥）　　勺（常藥）市若（常藥）

兩例，互不系聯，和一組字也不系聯，但以上兩例被切字和反切下字也都相當于《廣韵》藥韵開口字。據枚舉歸納推理，以上兩例和一、二兩組字雖不系聯，實亦同類。

合口一組三例，被切字和反切下字相當于《廣韻》藥韻合口字，通過反切下字“縛”聯成一組。本組字當爲一類。

梗入：陌部

陌部存六字：**赫　謋　虢　簎　涸　郤**

系聯結果，得兩大類，三小類，三個小組。兩大類即以下二等、三等兩個大類。三小類即二等又分開、合兩個小類，三等僅存開口一個小類。三個小組是指二等開、合各一組，三等僅開口一組。

	開口		合口	
二等	簎（初陌）[350]	倉格（清陌）	虢（見陌）	公伯（見陌）
	*涸（匣陌）[351]	户格（匣陌）	*謋（曉陌）[352]	許百（曉陌）
	開口			
三等	郤（溪陌）	去逆（溪陌）		

徐音脣音字不分開合，本部二等合口反切下字“伯”“百”作合口論，是依被切字“虢”“謋”來訂的。

二等開口一組兩例，被切字和反切下字相當于《廣韻》陌韻二等開口字，通過反切下字“格”聯成一組。本組字當爲一類。

另有：

*赫（曉陌）[353]　呼陌（曉陌）

一例，和一組字不相系聯，但本例被切字和反切下字也都相當于《廣韻》陌韻二等開口字。據枚舉歸納推理，本例和一組字雖不系聯，實爲同類。

陌部二等合口兩例，互不系聯，但兩例被切字和反切下字都相當于《廣韻》陌韻二等合口字。據枚舉歸納推理，以上兩例，我們可以任選一例作爲歸納基礎。兩例即可聯爲一組，實同一類。

三等開口僅存一例，被切字和反切下字相當于《廣韵》陌韵三等開口字。三等開口僅此一例，當自爲一類。

麥 部

麥部存兩字：**絯　畫**

麥部兩字兩類：一爲開口，一爲合口。

開口		合口	
＊絯（匣麥）[354]	户隔（匣麥）	畫（匣麥）	胡麥（匣麥）

麥部開口一例，被切字和反切下字相當于《廣韵》麥韵開口字。開口僅此一例，當自爲一類。

麥部合口一例，被切字和反切下字相當于《廣韵》麥韵合口字。合口僅此一例，當自爲一類。

昔 部

昔部存十五字：**辟　僻　闢　易　蹢　椑　瘠　晳　繹　斥　射　醳　蹐　貜　攫**

系聯結果，得兩組兩類。兩類即以下開合兩類。兩組，即開口一組，合口一組。

開口		合口	
辟（幫昔）	補亦（幫昔）	貜（群昔）[355]	俱碧（群昔）
	甫亦（非昔）	攫（見昔）[356]	居碧（見昔）
	方歷（非錫）		
	方狄（非錫）		

辟（敷昔）	芳亦（敷昔）
	敷歷（敷錫）
	芳石（敷昔）
	芳益（敷昔）
	孚益（敷昔）
辟（奉昔）	房亦（奉昔）
	扶亦（奉昔）
	扶益（奉昔）
射（船昔）	神石（船昔）
闢（並昔）	甫亦（非昔）
易（以昔）	音亦（以昔）
	以赤（以昔）
僻（滂昔）	敷赤（敷昔）
蹢（澄昔）	治益（澄昔）
椑（奉昔）	房益（奉昔）
瘠（從昔）	在益（從昔）
晳（心昔）[357]	思益（心昔）

徐音昔部開口一組"辟"，常見切語即達十二例之多。現據"辟"字出現在經籍中所表示的意義，并參照《廣韵》昔韵"辟"字的音切，今訂徐音"辟"有幫、滂、並三讀。

（1）辟，必益切。皇王后辟君也。亦除也。讀幫母。

徐音：《書·洪範》："唯辟作福。"《釋文》："徐補亦反。"

《書·太甲》："唯尹躬克左右厥辟。"《釋文》："徐甫亦反。"

《周禮·司徒》："胥師二十肆則一人。"注："自胥師以及司稽，皆司市所自辟也。"《釋文》："徐方歷反。"

《周禮·冢宰》："府六人，史十有二人。"注："府史皆其官長所自辟除。"《釋文》："辟，徐方狄反。"

（2）辟（僻），芳辟切。誤也，邪僻也。讀敷母。

徐音：《禮·王制》："志淫好辟。"《釋文》："徐芳亦反。"

《莊·馬蹄》："摘辟爲禮。"《釋文》："李云：糾摘邪辟而爲禮也。

徐敷歷反。”

《禮·曲禮》：“負劍辟咡。”《釋文》：“側也，徐芳益反。”按，不使口氣及尊者。

《禮·少儀》：“辟咡而對。”《釋文》：“徐孚益反。”

《周禮·宰夫》：“辟名者以官刑詔冢宰誅之。”鄭注：“辟名，詐爲書，以空作見文書與實不相應也。”《釋文》：“辟，徐芳石反。”

（3）辟，房益切。便辟，又法也。讀並母。

徐音：《出蔡仲之命》：“致辟管叔于商。”《釋文》：“辟，徐扶亦反。”

《禮·玉藻》：“隱辟而后屨。”《釋文》：“徐房亦反。”按此避之借字。《禮·少儀》：“麕爲辟鷄。”（此爲專名）《釋文》：“辟鷄菹屬。徐扶益反。”

徐音昔部開口一組共十一例，被切字和反切下字相當于《廣韵》昔韵開口字，通過反切下字“亦”聯爲一組。本組字當爲一類。

另有：

斥（昌昔） **音尺**（昌昔） **繹**（以昔）[358] **音釋**（書昔）
踖（精昔） **音積**（精昔）、**醳**（以昔）[359]、**音昔**（心昔）

四例，互不系聯，和一組字也不系聯，但以上四例被切字和反切下字也都相當于《廣韵》昔韵開口字。據枚舉歸納推理，以上四例和一組字雖不系聯，實爲同類。

徐音昔部合口兩例，被切字和反切下字相當于《廣韵》昔韵合口字，通過反切下字“碧”聯成一組。本組字當爲一類。

錫 部

錫部存十三字：**檘 辟 澼 薄 幦 適 迪 擿 擊 闃 湨 砉 䀹**

系聯結果，得兩組兩類。兩類即以下開、合兩類。兩組即開口一組，合口一組：

開口		合口	
迪（定錫）	徒歷（定錫）	淏（見錫）	公壁（見錫）
*辟（敷錫）	敷歷（敷錫）	*馘（曉錫）[360]	况壁（曉錫）
*擿（透錫）[361]	吐歷（透錫）		
	方狄（非錫）		
澼（滂錫）	敷歷（敷錫）		
甓（溪錫）[362]	苦狄（溪錫）		
*薄（奉錫）	扶歷（奉錫）		
適（端錫）	都歷（端錫）		
擊（見錫）	古歷（見錫）		
欂（並錫）[363]	薄歷（並錫）		

錫部開口一組九例，被切字和反切下字，相當于《廣韵》錫韵開口字，通過反切下字“歷”聯成一組。本組字當爲一類。

錫部合口一組兩例，被切和反切下字相當于《廣韵》錫韵合口字，通過反切下字“壁”聯爲一組。本組字當爲一類。

另有：

砉（曉錫），許鶪（曉錫）；闃（溪錫），苦鶪（溪錫）

兩例，互不系聯，和合口一組字也不系聯，但以上兩例被切字和反切下字也都相當于《廣韵》錫韵合口字。據枚舉歸納推理，以上兩例和合口一組雖不系聯，實爲同類。

徐音鐸、藥兩部大致相當于中古宕攝入聲鐸、藥兩韵字。

徐音鐸部來源于上古鐸部的鐸韵字。（其中“躒”一字是藥部字。）

藥部來源于上古鐸、藥兩部的藥韵字。上古鐸、藥兩部的藥韵字，徐讀爲一類。觀下例可知：

籥（藥藥） **以略**（鐸藥）　　**勺**（藥藥） **市若**（鐸藥）

以上兩例上古藥部藥韵字，徐音以鐸部藥韵字作反切下字。鐸、藥兩部藥韵字，徐音顯爲一類。

徐音鐸、藥兩部音切分布大致和《廣韵》鐸、藥兩韵字的情况相當。

徐音陌、麥、昔、錫四部相當于《廣韵》梗攝入聲陌、麥、昔、錫四韵字。

徐音麥部僅存兩例，分别來源于上古職部的麥韵字和錫部的麥韵字。上古職、昔兩部麥韵字，徐音業已合流。觀下例可知：**絯**（職麥），**户隔**（錫麥）；**畫**（錫麥），**胡麥**（職麥）。

以上兩例，上古錫部麥韵字“隔”爲職部麥韵字，“絯”作反切下字。職部麥韵字“麥”爲錫部麥韵字，“畫”作反切下字。上古職、錫兩部的麥韵字，徐音顯然讀爲一類。

我們討論徐音陽聲各部的時候，曾談到上古陽部的庚韵系字和耕部的耕韵系字，徐音已基本合流。但相應的入聲，徐音陌部字和麥部字似仍分别地爲兩個獨立的韵類。（請參看上文陌部和麥部系聯的情况）

徐音昔部來源于上古鐸部昔韵字和錫部昔韵字。上古鐸、錫兩部的昔韵字，徐音已合爲一部。

僻（錫昔） **敷赤**（鐸昔）　　**闢**（錫昔） **甫亦**（鐸昔）
蹢（錫昔） **治益**（鐸昔）　　**易**（錫昔） **徐音亦**（鐸昔）

以上各例，上古錫部錫韵字，徐音一律以鐸部昔韵字作反切下字。

徐音錫部來源于上古錫部錫韵字，不和他部字有牽連，和陽聲青部字相應。顯爲一獨立韵類。

徐音麥、陌、昔、錫四部音切分布基本上和《廣韵》麥、陌、昔、錫四韵字情况相當。

曾入：德部

德部存一字：冒

開口	
冒（明德）	莫北（明德）

本例被切字和反切下字相當于《廣韵》德韵字。德部僅此一例，當自爲一類。

職　部

職部存十一字：稙　埴　堲　嶷　臆　醷　飾　弋　閾　殈　緎

系聯結果，得兩組兩類。兩類即以下開、合兩類。兩組即開口一組，合口一組：

開口		合口	
*稙（常職）[364]	時力（常職）	閾（曉職）	況逼（曉職）
埴（常職）	時力（常職）	*殈（曉職）[365]	況逼（曉職）
堲（從職）	在力（從職）		
嶷（疑職）	魚力（疑職）		
臆（影職）	於力（影職）		
醷（影職）	於力（影職）		

職部開口一組六例，被切字和反切下字相當于《廣韵》職韵開口字，通過反切下字“力”聯成一組。本組字當爲一類。

另有：

弋（以職）音翼（以職）　　飾（書職）音式（書職）

兩例，互不系聯。和一組字也不系聯，但以上兩例，被切字和反切下字也都相當于《廣韵》職韵開口字。據枚舉歸納推理，以上兩例和一組字雖不系聯，實爲同類。

職部合口一組兩例，被切字和反切下字相當于《廣韵》職韵合口字，通過反切下字“逼”聯爲一組。本組字當爲一類。

另有：

緎（云職）音域（云職）

一例，和合口一組字不相系職，但本例被切字和反切下字也都相當于《廣韵》職韵合口字。據枚舉歸納推理，本例和一組字雖不系聯，實亦同類。

徐音職、德兩部相當于中古曾攝入聲職、德兩韵字。徐音職、德兩部來自上古的職部，音切分布基本上同于《切韵》《廣韵》職、德兩韵。

深入：緝部

緝部存八字：馽 縶 蟄 揖 輯 葺 給 邑

系聯結果，得兩組一類：

一 馽（知緝）丁立（端緝）
縶（知緝）丁立（端緝）
蟄（澄緝）直立（澄緝）
揖（影緝）於立（影緝）

二 輯（從緝）音集（從緝）
葺（從緝）音集（從緝）

緝部一組四例，被切字和反切下字相當于《廣韵》緝韵字，通過反切下字“立”聯成一組。本組字當爲一類。

緝部二組兩例，通過注音字“集”聯成一組。二組字和一組不相系聯，但二組被切字和反切下字也都相當于《廣韵》緝韵字。據枚舉歸納推理，二組字和一組字雖不系聯，實爲同類。

另有：

＊給（群緝）[366] **渠急**（群急）　　**邑**（影緝）[367] **於執**（影緝）

兩例，和以上一、二兩組字都不系聯，但以上兩例被切字和反切下字也都相當于《廣韵》緝韵字。據枚舉歸納推理，以上兩例和一、二兩組字雖不系聯，實亦同類。

徐音緝部相當於中古深攝入聲緝韵字，徐音緝部來源於上古緝部，音切分布和《廣韵》緝韵字基本相當。

咸入：合部

合部存一字：**合**

合（見合）[368] **音閤**（見合）

合部一字，被切字和反切下字都相當于《廣韵》合韵字。本部只此一字，當自爲一類。

按《廣韵》，“合”有兩讀。一讀侯閤切，合同；另一讀古沓切，合集。徐音閤與古沓切合。

另有業一例：

業（疑業） **五答**（疑合）

《書·皋陶漠》：“兢兢業業。”僞孔傳：“兢兢戒慎，業業危懼。”《釋文》：“業如字。徐五答反。”又《詩·雲漢》：“兢兢業業。”毛傳：“兢兢恐也。業業危也。"《釋文》:"兢,本又作矜。居陵反。業如字。郭五答反。"按:《釋文》序録爲詩音者九人,無郭音,疑"郭"爲鄭或徐之誤。又按:業,疑爲"圾"之借字,《説文》無"圾"字。《莊·天地》:"殆哉,圾乎。"成疏:"殆,近也。圾,危也。"《釋文》:"本又作岌。五急反,又五合反。郭、李云危也。"《集韵》:"殆哉,圾圾乎。鄂合切。"《釋文》:"五合反"。《集韵》:"圾,鄂合切。"俱與徐音五答反合。

洽 部

洽部存兩字:**夾 祫**

夾(見洽) **工洽**(見洽) **祫**(匣洽) **音洽**(匣洽)

徐音洽部兩例,被切字和反切下字相當于《廣韵》洽韵字,通過反切下字"洽"聯爲一組。本組字當爲一類。

狎 部

狎部存一字:**狎**

狎(匣狎) **户甲**(匣狎)

狎部一例,被切字和反切下字相當于《廣韵》狎韵字。本部僅此一例,當自爲一類。

葉 部

葉部存七字：**聶 歃 歙 厭 壓 堞 胠**

系聯結果，得兩組一類：

一	*歙（曉葉）[369]	許輒（曉葉）
	*壓（影葉）[370]	於輒（影葉）
二	厭（影葉）	於涉（影葉）
	堞（以葉）[371]	養涉（以葉）

葉部一組兩例，被切字和反切下字相當于《廣韻》葉韻字，通過反切下字“輒”聯爲一組。本組字當爲一類。

葉部二組兩例，通過反切下字“涉”聯爲一組。二組字和一組字不相系聯，但二組被切字和反切下字相當于《廣韻》葉韻字。據枚舉歸納推理，二組和一組字雖不系聯，實爲同類。

另有：

歃（生葉） **霜獵**（生葉）　　**聶**（泥葉） **乃攝**（泥葉）

兩例，互不系聯，和一、二兩組字也不系聯，但以上兩例被切字和反切下字也都相當于《廣韻》葉韻字。據枚舉歸納推理，以上兩例和一、二兩組字雖不系聯，實亦同類。

另有：

胠（溪業） **起法**（溪乏）

一例，被切字是業韻字，反切下字是乏韻字。按徐音陽聲韻，嚴、凡爲一類，同隸鹽部。(見上文鹽部的討論) 本例業、乏混切，正與之相應。

怗部

怗部存五字：**諜 蝶 苶 敜 莢**

系聯結果，得一組一類。

一	**諜**（定怗）	**徒協**（定怗）
	蝶（定怗）	**徒協**（定怗）
	苶（泥怗）	**乃協**（泥怗）
	敜（泥怗）	**乃協**（泥怗）

一組四例，被切字和反切下字相當于《廣韵》怗韵字，通過反切下字“協”聯成一組。本組字當爲一類。

另有：

莢（見怗） **音頰**（見怗）

一例，和一組字不相系聯，但本例被切字和反切下字也都相當于《廣韵》怗韵字。據枚舉歸納推理，本例和一組字雖不系聯，實亦同類。

中古咸攝入聲，盍、合、洽、狎、葉、業、乏、怗八韵，其中盍、乏兩韵字徐音未見（指被切字而言）。《切韵》業韵字，徐音僅有兩例：

業（疑業） **五答**（疑合）反 **胠**（溪業） **起法**（溪乏）反

《切韵》業韵字徐以乏韵字作反切下字，而“業”字本身却以合韵字作反切下字。和陽聲韵一樣，徐音業、乏兩類似不足成爲獨立韵類，因此在徐邈的反切系統里現有合、洽、狎、葉、怗五部。

《切韵》《廣韵》洽、葉兩韵字各有上古盍部、緝部兩個來源。徐音：

夾（盍洽） **工洽**（緝洽）反 **歙**（緝葉） **許輒**（盍葉）反

上古緝、盍兩部葉系字，徐音似已爲一部。

《切韵》《廣韵》葉韵喉牙音字分三、四等兩類，徐音葉部僅存四等喉牙字“厭”“壓”兩例，因此無法做出什么判斷。

徐音怗部來源于上古盍部怗韵字，音切分布和《廣韵》怗韵字基本相當。

根據上文系聯的結果，在徐邈的反切系統里舒聲韵共得五十一部，其中獨韵二十一部。

魚 模 虞 侯；尤 幽；豪 肴 宵 蕭；東 冬 鍾 江；
侵 覃 談 咸 銜 鹽 添

開合韵三十部。

支$^{開}_{合}$ 脂$^{開}_{合}$ 之^{開} 微$^{開}_{合}$ 咍$^{開}_{合}$ 皆$^{開}_{合}$ 佳$^{開}_{合}$ 齊$^{開}_{合}$ 泰$^{開}_{合}$ 夬$^{開}_{合}$ 祭$^{開}_{合}$
廢$^{開}_{合}$ 麻$^{開}_{合}$ 歌$^{開}_{合}$ 真$^{開}_{合}$ 文$^{開}_{合}$ 魂$_{合}$ 寒$^{開}_{合}$ 删$^{開}_{合}$ 山^{開} 元$^{開}_{合}$ 仙$^{開}_{合}$
先$^{開}_{合}$ 唐$^{開}_{合}$ 陽$^{開}_{合}$ 耕$^{開}_{合}$ 清$^{開}_{合}$ 青$^{開}_{合}$ 登^{開} 蒸^{開}

其中之部僅有開口一類，魂部僅有合口，山部存開口四字，蒸、登僅有開口。

入聲二十七部，其中獨韵十部：

屋 沃 燭 覺 緝 合 洽 狎 葉 怗

開合韵十七部：

質$^{開}_{合}$ 物$^{開}_{合}$ 没$_{合}$ 曷$^{開}_{合}$ 鎋$^{開}_{合}$ 黠$^{開}_{合}$ 月$^{開}_{合}$ 薛$^{開}_{合}$ 屑$^{開}_{合}$ 鐸$^{開}_{合}$ 藥$^{開}_{合}$
陌$^{開}_{合}$ 麥$^{開}_{合}$ 昔$^{開}_{合}$ 錫$^{開}_{合}$ 德^{開} 職$^{開}_{合}$

徐音舒聲韵入聲韵相加，共得七十八部。

韵類表

舒聲

攝	開						合					
	一	二	子	丑	寅	四	一	二	子	丑	寅	四
止			微 jəi	之 jə	支 jɛi (jɛi) 脂 i(I)				微 juəi		支 iuɛi (juɛi) 脂 ui(uI)	
蟹	泰 ai 咍 əi	夬 (r)ai 佳 (r)ɛi 皆 (r)əi	廢 jɐi		祭 jai (jǎi)	齊 iei	泰 uai 咍 uəi	夬 (r)uai 佳 (r)uɛi 皆 (r)uəi	廢 juɐi		祭 iuai	齊 iuei
臻			文 jən		真 jen (jĕn)		魂 uən		文 juən		真 juen (juĕn)	
山	寒 an	刪 (r)an 山 (r)ɛn	元 jɐn		仙 iɛn (jĕn)	先 ien	寒 uan	刪 (r)uan	元 juɐn		仙 juɛn (juĕn)	先 iuen
果	歌 a						歌 ua					
假		麻 (r)a		麻 ja				麻 (r)ua				
宕	唐 aŋ			陽 jaŋ			唐 uaŋ			陽 juaŋ		
曾	登 əŋ			蒸 jəŋ								
梗		耕 (r)ɛŋ		清 jɛŋ		青 ieŋ		耕 (r)uɛŋ		清 juɛŋ		青 iueŋ
通	東 uŋ 冬 oŋ	江 (r)uŋ		東 juŋ 锺 joŋ								
遇	侯 u 模 uo			虞 juo 鱼 io								
效	豪 au	肴 (r)au			宵 jɛu (jĕu)	蕭 ieu						
流				尤 iəu 幽 ieu								
深					侵 jəu							
咸	談 am 覃 ɐm	銜 (r)am 咸 (r)ɐm			鹽 jɛm (jɛm)	添 iem						

入聲

攝	開						合					
	一	二	子	丑	寅	四	一	二	子	丑	寅	四
臻入					質 jet (jĕt)		没 uət		物 juət		質 juet (juĕt)	
山入	曷 at	鎋 (r)at 黠 (r)ɛt	月 jɐt		薛 jɛt (jĕt)	屑 iet	曷 uat	鎋 (r)uat 黠 (r)uɛt	月 juɐt		薛 juɛt (juĕt)	屑 juet
宕入	鐸 ak			藥 jak			鐸 uak			藥 juak		
曾入	德 ək			職 jək						職 juək		
梗入		陌 (r)ɐk 麥 (r)ɛk	陌 jɐk	昔 jɛk		錫 iek		陌 (r)uak 麥 (r)uɛk		昔 juɛk		錫 juek
通入	屋 uk 沃 ok	覺 (r)uk		燭 jok								
深					緝 jəp							
咸	合 ɐp	狎 (r)ap 洽 (r)ɐp			葉 jɛp	怗 iep						

（一）根據徐邈的反切系統，并參考近人對上古音和中古音的擬構，不難推定徐音韻母的音值。

（二）表里擬訂的音值，僅僅是一種公式。主要用來表示徐音的音韻結構及其和中古音的關係。

（三）括弧里的音值，表示正在演變中的語音。

（四）重紐韵中元音音值很難擬訂，韵固列三等韵，元音上另加“v”符號，僅表示不同於列四等韵中的元音。不表示具體音值。

（五）二等韵中“(r) -”表示“r”正在消變。

注释：

[1] 遲，《禮·三年問》："甚痛者其愈遲。"《釋文》："遲，徐直移反。"按：遲，《釋文》徐音現存三例。(1)《書·盤庚》："遲任有言曰。""遲"徐持夷反；(2)《禮·樂記》："敢問遲之遲而又久何也？"徐直尼反；(3)《禮·三年問》："甚痛者其愈遲。"徐直移反。后兩例義同。徐一讀脂韵，一讀支韵。中古支、脂兩韵系開口舌齒音字，徐音常有又讀和混切。本書兩韵并收。

[2] 《左·襄二十二年》："而何敢差池。"《釋文》："徐本作沱。直知反。"直知反是爲池作音。

[3] 倚，《書·盤庚》："恐人倚乃身。"《傳》："倚，曲。"《正義》謂："以物倚物者必曲。"《廣韵》收紙、寘兩韵。《集韵》另有支韵"於宜切"一讀。"曲也，《書》倚乃身。徐邈讀。"

[4] 《禮·三年問》："蹢躅焉，踟蹰焉。"《釋文》："踶，徐音驰。字或作踟。"因知徐和《釋文》所據本"踟"原作"踶"。

[5] 《莊·天運》："乃至委蛇。"《釋文》："蛇又作施。"徐音絁爲施注音。

[6] 《莊·山木》："無譽無訾。"《釋文》："訾，毀也。"徐邈讀。"按《切韵·支韵》。訾，思也。即移反。"又"紙韵""將此反，訿毀。"《集韵·支韵》"訾"兩讀。一、將支切，思也。二、才支切，毀也。引《莊子》："無譽無訾。"特注徐邈讀。

[7] 《易·系辭》："知崇禮卑。"《釋文》："卑，必彌反。本亦作埤，徐音婢。"按《廣韵·紙韵》："庳，下也，或作埤。又音卑。"便俾切。與徐音合。

[8] 《莊·駢姆》："而敝跬譽無用之言。"成疏："蹩躠，由自持也。"《釋文》"敝跬"分外用力之貌。此六朝故訓。按，"敝跬"爲復音詞。《切韵·紙韵》："跬，去弭反。舉一足。"聲調意義均不合，恐爲另一字。徐跂、跬同作丘婢反。"婢"爲唇音字。徐用"婢"爲反切下字。本書作合口是依"跬"来訂的。

[9] 《禮·深衣》："帶下毋厭髀。"《釋文》："髀，畢婢反。徐，匹婢反。"按《廣韵》

"髀"紙、薺兩收。收紙韵者，並弭切。股也。收薺韵者，傍禮切，髀股。與徐音均不合。《集韵·紙韵》："䠋，形下大也。普弭切，通髀，股也。"和徐音合。又《莊·人間世》："兩髀爲脅。"《釋文》本又作"脾"。音陛。徐又甫婢切。"髀"徐有兩讀。

[10]《詩·大東》："跂彼織女。"《釋文》引《説文》作"岐"。丘豉反。徐又丘婢反。隅貌。《廣韵》收寘韵，去智切，開口字。徐音婢，徐音唇音不分開合。本書凡反切下字爲唇音字，其開合是依被切字來訂的。

[11] 罷，《釋文》徐音現存三讀：(1)《易·中孚》："或鼓或罷。""罷"謂退敗。徐扶彼反。(2)《左·襄九年》："公子罷戎。"人名。徐音彼。(3)《左·昭四年》："彭生罷賴之師。"徐甫綺反。罷即"疲"之借字。

[12]《莊·胠篋》："擺工垂之指。"《釋文》："擺，郭呂系反。又力結反。徐所綺反。李云折也。"按"擺"不見於《廣韵》。《集韵》收紙韵。所綺切。與徐音合。

[13]《莊·大宗師》："皆在鑪捶之間耳。"崔云："捶，當作'甀'，盧甀之間，言小處也。"《釋文》本又作"錘"。徐之睡反，爲"甀"作音。

[14]《書·舜典》："僉曰垂哉。"《釋文》垂如字。徐音睡。按人名、地名徐多异讀。

[15]《莊·秋水》："規規然自失也。"《釋文》："李、徐紀睡反。"《廣韵·寘韵》未收。《集韵·寘韵》"規恚切"下，收"規"，并云："規規驚視自失之貌。李軌説。"按"規"不能作"規"的反切下字，"規"疑爲"紀"之形訛。

[16]《莊·駢梅》："而侈於德。"郭云多貌。《廣韵》收紙韵，尺氏切，奢也，泰也，大也。《集韵》另收寘韵，充豉切。引《字林》"汰也"，與徐音合。

[17]《禮·深衣》"緣"，鄭注，"緆也"。按《釋文》："鄭注《既夕禮》云：飾衣領袂口曰纯。裳邊側曰綼，下曰緆也。"《廣韵·錫韵》："先擊切。袒衣。"讀入聲。《集韵》收寘韵，"以豉切，裳下緣也"。與徐音合。

[18]《禮·喪大記》："纁披六。"《釋文》披，徐甫髲反。《集韵·寘韵》："彼義反。柩行夾引棺者。"與徐音合。

[19]《釋文》羸，徐音兩見：(一)《易·大壯》："羝羊觸藩，羸其角。"徐力皮反。(二)《易·井》："羸其瓶。"徐力追反。按，"羸"上古歌部字，中古讀入支韵。

徐讀力追反者以音近混切。今依徐音兼收支、脂兩部。

[20]《周禮·司約》："書於丹圖。"鄭注："《春秋傳》曰：斐豹隸也，著於丹書。"按《王三·微韵》："裴，匪肥反，裴豹，見《左傳》。"又《尾韵》："斐，妃尾反。"無注。《廣韵·微韵》："裴，斐微切，姓。"《左傳》："晋有裴豹。"《尾韵》："斐，敷尾切，文章貌。"裴，斐平上兩讀，意義不同。《集韵》："裴，斐，匪微切，姓也。"《春秋傳》："晋有裴豹。或作斐。"始引起混淆。讀平、上爲一類。

[21]《詩·十月之交》："山冢崒崩。"鄭箋："崒者崔嵬。"《集韵·脂韵》："崔嵬，高大貌。"或作嶉、佳、隹、隹。其下例"隹"，即崒之或體。《莊子·齊物論》："山林之畏佳。"即"山林崔嵬"。

[22]《書·仲虺之誥》："若粟之有秕。"又《莊·逍遥游》："塵垢秕糠。"前者徐甫止反，后者甫姊反。按《説文·禾部》："秕，不成粟也。"段注謂："不成粟之字從禾，惡米之字從米。而皆比聲，此其别也。"

[23]《王三·旨韵》："仳，仳離，符鄙反。又方匕反。"《廣韵·旨韵》："疕，頭瘍，匹鄙切，又卑履切。"按"鄙""韵圖"列三等唇音字。"匕""韵圖"列四等唇音字。"履"舌齒音字。"仳""疕"《廣韵》讀三、四等不定。今依徐音讀旨韵開口三等B類。

[24]《左·成十七年》："人恤所底。"杜注："底，至也。"按《説文·广部》："底，山也。一曰下也。從广，氐聲。"段注："《玉篇》《廣韵》底，下也，止也。皆本《説文》。底，訓止，其與厂部厎訓柔石，引伸之，訓致也，至也迥别。俗書多亂之。"此處"底"顯爲誤字。

[25]《莊·達生》："開之操拔篲。"《釋文》："篲，似歲反。徐以醉反。"《廣韵》收祭韵一讀，祥歲切。《集韵》另收至韵，帚也。引《莊子》："操拔篲。"以醉切。徐邈讀。

[26]《周禮·酒正》："中祭再貳。"注："中祭者，王服驚冕。"《釋文》："驚必列反。徐、劉，方利反。"讀入至韵。

[27]《莊子·馬蹄》："闉扼鷙曼。"成疏："鷙，抵也。"《釋文》謂："一云'鷙曼'旁出也。"按《集韵·至韵》："鷙，鷙曼，馬距扼遲頓之貌。"

[28]《詩·甘棠》："蔽芾甘棠。"《廣韵》"蔽"收祭韵一讀。《集韵》兼收至韵。收至韵者，必至反。"蔽帝"小貌，徐邈讀。

[29]《莊·庚桑楚》："簡髮而抆。"《釋文》："抆莊筆反，又作櫛，亦作楖。"《集韵·櫛韵》："櫛楖抆，測瑟切。"《説文》："梳比之總名也。"又去聲《集韵》："抆，治髮也。"引《集韵》："簡髮而抆。"按徐音脂、之兩部舌齒音字往往混切。

[30]《周禮·宮正》："凡邦之事蹕。"按《廣韵·質韵》："蹕，《漢書》曰：出稱警，入言畢。止行人也。卑吉切。"《集韵》另收至韵，毗至切，徐邈讀。

[31]《禮·曲禮》："立視五巂。"鄭注："巂或爲槷。"影宋本《釋文》槷，徐而辟反。注疏本作"而媿"反。據徐音通例，曰紐字不應以"韵圖"列三等喉牙音字作反切下字。徐音未祥。

[32]《周禮·甸師》："耕耨王藉。"鄭注："耨，芸芓也。"《釋文》"芓"音子，徐音玆。《漢書·食貨志》引《詩》"或芸或芓"。今《詩》作"或耘或耔"。《切韵·止韵》："耔，擁苗，亦作秄。本也。"《集韵》之、止兩收。收之音者"壅禾根也"。引《詩》："或耘或耔。"沈重讀。收止韵者義同止韵。

[33]《詩·楚茨》："神嗜飲食。"《釋文》："嗜，常志反，徐又巨之反。"按《説文·老部》："耆，從老省。旨聲。"《廣雅·釋詁》："長也。"古籍常借爲"嗜"。上古脂部字。又爲"脊"。《儀禮·士虞禮》："魚進耆。"《七發》："薄耆之炙。"字亦作"鬐"，又爲"黎"。《史記·周本紀》："敗耆國。"按"耆"，上古有舌面、舌根、來母各種讀音。《切韵》《廣韵》脂韵："鬐，渠脂切。"又至韵："嗜，常利切。"六朝早期脂部脂系舌齒音字，往往和之部、之系舌齒音字混切。故《釋文》嗜，讀常至反。徐又巨之反。李方桂《上古音研究》擬訂爲［kri-］。

[34]《書·顧命》："執戈上刃夾兩階戺。""戺"下，宋本存兩"音"字。影印本有"徐音士"三字。阮元謂"三字"衍文。

[35]《左·襄三十年》："子產殖之。"杜注："殖，生也。"《釋文》時力反，徐是吏反。此協下韵。按"力"爲吏的入聲，徐音去入混切爲通常現象，與協韵無涉。《切韵》收職韵。多也，常職反。

[36]《禮·中庸》："子庶民也。"《釋文》："如字，徐將吏反。"《集韵·志韵》："子，將吏切。《禮》：'子庶民也。'"徐邈讀。

[37]《禮·玉藻》："玄冠綦組，纓。士之齊冠也。"《釋文》："綦，音其徐其記反。"《切韵》收之韵。綦，履飾，渠之反。《廣韵》收之韵，"綦，履飾，又蒼白色巾也"。《詩》曰："縞衣綦巾。"《集韵》之、志兩收。收之韵者，"渠之切"。《説文》："帛，蒼艾色。"收志韵者，"渠記切，履飾"。后一切，顯依徐音另出。

[38]《莊·讓王》："時祀盡敬，而不祈喜。"成疏："祈，求也；喜，福也。"《釋文》："祈喜，如字，徐許記反。"郭慶藩集解引俞樾謂："喜當作禧《爾雅·釋詁》禧，福也。不祈禧者，不祈福也。《吕氏春秋·誠廉篇》作時祀盡敬而不祈福也。與此字异義同。"

[39]《莊·逍遥游》："世蘄乎亂。"《釋文》："蘄，徐音祈。李云求也。"音義并釋。

[40]《禮·内則》"蕡"字下。鄭注："蕡熬枲實。"《釋文》"枲"字又作"䔍"，扶云反。徐扶畏反。大麻子。按《廣韵·未韵》："䔍，《爾雅》云：'䔍，枲實。'《禮》曰：'苴麻之有䔍。又音肥。扶沸切。'"《説文·艸部》："萉，枲實也。從草，肥聲。䕯或從麻、賁。"從肥聲者微部字，從賁聲者文部字。文爲微之陽聲，文微對轉，實爲一字。讀音少异耳。

[41]《莊·達生》："倍阿鮭蠪躍之。"成疏："人宅中東北墻下，有鬼名倍阿鮭蠪。《廣韵》收'倍'海韵。薄亥切。子本等也。"《集韵》海、咍兩收。收海韵者，薄亥切。《説文》："反也。"收咍韵者，蒲來切。"倍阿"神名，與徐音義合。"倍"讀平聲，是徐邈特有讀音。

[42]《書·説命》："夢帝賚予良弼。"《廣韵》收"賚"代韵。與也，賜也。洛代切。《集韵》咍、代兩收。收代韵者，"洛代切，予也賜也"。收咍韵者，"郎才切，與也。特注《尚書》夢帝賚予良弼，徐邈讀"。

[43]《周禮·閽人》："喪服凶器不入宫。"鄭注："喪服，衰绖也。"《釋文》："衰絰，徐音崔。"按《説文·衣部》："衰，草雨衣，秦謂之草。衰，俗從草作蓑。""衰"遂專爲"等衰""衰绖"字。段注："衰绖本作'縗'，'衰'其假借字也。"《集韵·灰韵》："縗，《説文》服衣六寸，博四寸，直心。或作衰、褄，倉回切。"

[44]《诗·行葦》："黄耇台背。"毛傳："台背，大老也。"笺云："台之言鲐也。大老則背有鲐文。"按《广韵·咍韵》："湯來切，三台星，又天台山名。"《集韵》收咍韵，两读，一讀湯來切，"三台星名"，和《廣韵》同；一讀堂来切，"台背大老也。鄭康成曰，大老則有鲐文。通作鲐"。

[45]《詩·絲衣》："鼐鼎及鼒。"毛傳："小鼎曰鼒。"《廣韵》收咍韵，僅"昨哉切"一讀。《集韵》收咍韵，有"將來""墻來"兩讀，注同爲"鼎圜弇上"。

[46]《左·襄十年》："以成一隊。"《釋文》："隊，徐徒猥反。"《切韵·隊韵》："隊，徒對切。群隊。"《集韵》收隊、賄兩韵。收隊韵者，引《說文》："從高隊（墜）也。"徒對切。收賄韵者，杜罪切。群也。與徐音合。

[47]《左·襄二十五年》："當陳隧者井堙木刊。"杜注："隧，徑也。"《釋文》："隧，音遂，徐又徒猥反。"《集韵·賄韵》："隧，徑也。《春秋傳》曰，當陳隧者，杜罪切，徐邈讀。"

[48]《書·康誥》："罔弗憝。"傳："自强爲惡而不畏死，人無不惡之者。"《廣韵》收隊韵。憝，怨也，惡也。引《周書》"元惡大憝"，徒對切。《集韵》另收賄韵，憝，恨也，杜罪切。

[49]《禮·中庸》："洋洋乎如在其上，如在其左右。"鄭注："洋洋，人想思其傍僾之貌。"《釋文》："僾，徐於愷反。"《廣韵》收僾代韵，隱也，烏代切。《集韵》另收海韵，"仿佛也。倚亥切"。與徐音合。

[50]《左·襄十八年》："右回梅山。"《集韵·賄韵》："回，繞也。《春秋傳》曰：'右回梅山。'户賄切。徐邈讀。"

[51]《莊·大宗師》："夫大塊載我以形。"《集韵·賄韵》："塊，大塊天地間，苦猥切。"與徐音合。

[52]《莊·大宗師》："崔乎其不得已乎。"成疏："崔，動也。"《釋文》："向云，喜貌，徐息罪反。"《集韵·賄韵》："崔，動貌。息罪反。"

[53]《左·昭十六年》："刑之頗纇。"杜注："缘事纇以成偏頗。"《釋文》："纇，如字。事纇也。一音力對反。徐音同。"

[54]《莊·列御寇》："達生之情者，傀。"《釋文》："傀，郭、徐呼懷切。"《字林》公

回切。《廣韵》亦公回反。《集韵》兩收皆韵和灰韵。收灰韵者：“姑回切，《説文》偉也。”收皆韵者，“呼乖切，大也。《莊子》達生之情者，傀”。按呼乖切即徐呼懷切。

[55]《左·定公元年》：“從公者，皆自壞隤反。”《釋文》：“徐音懷。又户怪反。”《廣韵·怪韵》：“壞胡怪切。自破也。”《集韵》另收皆韵。“乎乖切。壞隤，地名”。和徐音同。

[56]《詩·北山》：“偕偕士子。”毛傳：“偕偕，强壯貌。”《釋文》偕音皆。徐音諧。《廣韵·皆韵》：“偕，古諧切。俱也。”《集韵·皆韵》，“偕”有“居諧”“雄皆”兩切。作“雄皆”切者，注云：“偕偕强壯貌。”與徐音合。

[57]《詩·終風》：“終風且霾。”毛傳：“霾，雨土也。”《集韵》收怪、皆兩韵。收皆韵者：“謨皆切。風雨土也。《詩》：‘終風且霾。’”收怪韵者：“暮拜切。”注同。

[58]《莊·外物》：“聖人所以駴天下。”《釋文》：“駴，户楷反。王云：謂改百姓之視聽也。徐音戒。謂上不問下也。”按《説文》馬部：“駭，驚也。從馬亥聲。”段注：“經典作駴。”《釋文》“户楷反”即爲“駭”字作音。《集韵》“駴”收駭、怪兩韵。收駭韵者，下楷切，疾雷擊鼓曰“駴”。收怪韵者，“居拜切。上不問下”。和徐音相當。

[59]《莊·外物》：“五十犗以爲餌。”《釋文》：“郭，古邁反。云，犍牛也。徐音界。《説文》云，騬牛也。”《切韵》《廣韵》收“犗”夬韵。《集韵》另收怪韻。義同。

[60]《周禮·醢人》：“脾析。”鄭司農云：“脾析，牛百葉也。”《廣韵》收支韵。脾，“心脾，符支切”。《集韵》另收佳韵，“脾，牛百葉，《周禮·醢人》，脾析。蒲街切。徐邈讀”。

[61]《周禮·鼜氏》：“于上之攡謂之隧。”鄭注：“隧在鼓中窐而生光。有似夫隧。”《釋文》：“劉，烏車反。徐於蛙反。”按《集韵·佳韵》：“窪，深也。或作窐。烏蝸切。”與徐音合。

[62]《莊·大宗師》：“其嗌言若哇。”《釋文》：“結也。言咽喉之氣结礙不通也。”《集韵·卦韵》：“哇，喉结塞也。胡卦切。”

[63]《切韵》收“驪”支韵一讀。《廣韵》支、齊兩收，和徐音同。

[64]《詩·新臺》:“河水瀰瀰。”毛傳:“彌瀰,水盛貌。”《釋文》:“瀰,莫爾反。徐又莫啓反。”《廣韵·紙韵》:“瀰,水盛貌。綿婢切。”《集韵》收紙、薺兩韵。收紙韵者,“母婢切,水盛貌”。收薺韵者,“母禮切,水流貌”。

[65]《周禮·食醫》:“八珍之齊。”鄭注:“齊,和也。”《廣韵·霽韵》:“齊,在詣切。和也。”按此爲“藥劑”之劑本字。徐才細反,相當於《廣韵》之“在詣切”。

[66]《周禮·醢人》:“蠯醢。”《釋文》:“蠯,蒲加反,徐,薄鷄反。”《廣韵·支韵》:“蠯蚌屬。符支切。”又《佳韵》,“薄佳切”,又《梗韵》,“薄猛切”。注略同。《集韵》另收齊韵,“蠯,蛤也。《周禮》蠯醢。駢迷切。徐邈讀”。按:“薄佳”“薄猛”陰、陽對轉。“薄佳”“薄鷄”“符支”古爲同部。

[67]《詩·小弁》:“萑葦淠淠。”毛傳:“淠淠,衆也。”《釋文》:“徐,孚計反。”《廣韵·至韵》:“淠,水名,在汝南。匹備切。”義不合。《集韵·霽韵》:“淠,《説文》:‘水出汝南。’《博雅》:‘淠淠,茂也。’匹計切。”

[68]《廣韵·霽韵》:“閉,博計切。”開口,徐讀合口。“閉”是脣音字。徐音不辨開合。

[69]《莊·齊物論》:“麋鹿見之决驟。”《集韵·霽韵》:“决,疾貌。《莊子》:‘麋鹿見之决驟。’徐邈説。”

[70]《詩·庭燎》:“鸞聲噦噦。”《集韵·霽部》:“聲,徐有節也。《詩》:‘鸞聲噦噦。’徐邈讀。”

[71]《莊·大宗師》:“不知端倪。”成疏:“端,緒也。倪,畔也。”《釋文》:“本或作涀,音崖。徐音詣。”按涀即涯,水際。《集韵·霽韵》:“涀,水際。研計切。”徐音詣,相當於“研計切”。

[72]《莊·養生文》:“奏刀騞然。”《集韵·霽韵》:“騞,解牛聲。徐邈讀。”

[73]《易·訟》:“歸逋竄也。”《釋文》:“七亂反,徐又七外反。逃也。”《廣韵·换韵》:“竄,逃也。七亂切。”《集韵》收换、泰兩韵。收换韵者,《説文》匿也。七亂切。收泰韵者:“逃匿也。取外切。”按《集韵》之“取外切”即徐之七外反。

[74]《詩·采菽》:“其旂淠淠,鸞聲嘒嘒。”毛傳:“淠淠,動也。嘒嘒,中節也。”

按《泮水》："其旂茷茷。鸞聲噦噦。"毛傳："茷茷，言有法度也。噦噦，言其聲也。"兩诗句法文義完全相同。"淠淠"即"噦噦"，狀旂之多而不亂。"嘒嘒"即"噦噦"，狀車馬鸞鈴之聲。

[75]《詩·甘棠》："召伯所茇。"毛傳："茇，草舍也。"謂草中止宿。《釋文》："徐，又扶蓋反。"《廣韵·末韵》："废也。蒲撥切。"

[76]《左·成十六年》："有韎韋之跗。"杜注："韎，赤色。"《廣韵·末韵》："韎，韎韐，大帶。莫撥切。"《集韵》另收泰韵，"韎，赤韋。莫貝切"。與徐音合。

[77]《詩·賓之初筵》："獻爾發功。"鄭箋："奏其發矢中的之功。"《廣韵·月韵》："發，發起。"《説文》曰："射發也。方伐切。"《集韵》另收廢韵："發，發矢也。放吠切。《詩》："獻爾發功。徐邈讀。"

[78]《左·僖六年》："受其璧而祓之。"杜注："祓，除凶之禮。"《釋文》："芳弗反，徐音廢。"《庚韵·廢韵》："'祓'，除惡祭也。方肺切。"與徐音合。

[79]《詩·緜》："維其喙矣。"毛傳："喙，困。"《廣韵·廢韵》："喙，口喙。許穢切。又昌芮切。"(祭韵失收)《集韵·廢韵》："喙，口也。許穢切。又祭韵，充芮切，口也。"無訓困者。按《廣韵·廢韵》："瘃，困極也。《詩》云，昆夷瘃矣。本亦作喙。"

[80]《書·顧命》："莫麗陳教則肄。"《傳》："定天命，施陳教，則勤勞。"《釋文》："肄徐以至反。"又《詩·汝墳》："伐其條肄。"毛傳："肄，餘也。"《釋文》："肄，以自反。餘也。斬而復生者。沈云：徐音'以世反'。非。"按《廣韵·至韵》："肄，習也。嫩條也。羊至切。"即據沈重《釋文》爲音。《集韵》收"肄"至、祭兩韵。收至韵者，"羊至切。《説文》習也"，顯沿《廣韵》爲音；收祭韻者，爲"勩"之异體字。《爾雅》："勞也。"沈重謂徐音肄以世反，非。未確。徐"以世反"爲"勩"作音。"肄"爲"勩"的借字。《詩》："莫如我勩。"或作肄。

[81]《左·襄十七年》："國人逐瘈狗。"《釋文》："徐居世反。"《字林》作猘，《廣韵》無"瘈"字，收"浙"祭韻。征例切，狂犬也。

[82]《左·襄二十七年》："司馬置折俎。"杜注："體解節析，升之于俎。"《廣韵》收"折"薛韵，有"旨熱""常列"兩讀，拗折，斷也。《集韵》收祭、薛兩韵。收

薛韵者，“之列切和食列切，断也”。收祭韵者：“時制切，曲也。又征例切，斷也。《春秋傳》：‘司馬置折俎。’徐邈讀。”此亦依徐爲音。

[83]《詩·野有死麕》：“白茅苞之。”毛傳：“凶荒則殺禮。”《集韵·祭韵》：“殺，降也，所例反。”

[84]《左·襄二十九年》：“乃使巫以桃茢先祓殯。”《集韵》收“茢”祭、薛兩韵。注同苕也。

[85]《詩·甘棠》：“召伯所憩。”毛傳：“憩，息也。”《集韵》：“憩，去例切。安息也。詩：‘召伯所憩。’徐邈讀。”

[86]《莊·應帝王》：“汝又何帠以治天下。”《釋文》：“司馬云：帠，法也。”《集韵·霽韵》：“帠，法也。”《莊子》：“帠以治天下。”

[87]《莊·至樂》：“瞀芮生乎腐蠸。”成疏：“瞀芮蟲名。”按“瞀芮”即“蚊蚋”。

[88]《廣韵·廢韵》：“喙，許穢切又昌芮切。”《廣韵·祭韵》尺制切下失收。

[89]《周禮·司徒》：“掌荼下士二人。”鄭注：“荼，茅莠。”《釋文》：“荼，音徒，徐音餘。”《廣韵》收模、麻兩韵。收模韵者，同都切。注：苦菜。收麻韵者，宅加切。苦菜。又音徒。另有异體字，“梌”。“春藏葉可以爲飲”。《集韵》收模、麻、魚三韵。收模韵者：“同都切。《説文》苦菜也。一曰茅莠。郭璞曰：‘荼樹小似梔子。今呼早采者爲荼，晚取者爲茗。’”收麻韵者：“直加切，茗也。一日蔎荼。”收魚韵者：“羊諸切。茅莠，《周官》有掌荼。徐邈讀。”按此實一物，最早時期音“徒”，“同都反”，稍后，讀“羊諸”切和“宅加切”“直加切”。讀音反映了三個層次。

[90]《左·襄二十九年》：“直而不倨。”杜注：“倨傲。”《釋文》：“音據。徐音居。”《廣部·御韵》：“倨，居御切。注，倨傲。”《集韵》收魚、御兩韵。收魚韵者，“九魚切，傲也。《春秋傳》曰直而不倨。徐邈讀”。

[91]《詩·山有扶蘇》《釋文》：“蘇，如字，徐又音疏，扶蘇，扶胥木也。”《集韵》收模、魚兩韵。收魚韵者：“山于切，木名。《詩》山有扶蘇，徐邈讀。”徐以“疏”易“蘇”。

[92]《禮·樂記》：“且汝獨未聞牧野之語乎？”《釋文》：“野，音也。徐以汝反。”《廣

部》收馬、語兩韵，義同。

[93]《周禮·鳧氏》："銑間謂之于。"鄭司農云："于，鐘唇之上祛也。"《釋文》："祛，丘書反。徐丘庻反。"《集韵》收魚、御兩韵。收御韵者："丘據切，袂末也。"與徐音同。

[94]《禮·儒行》："其任舉有如此者。"《釋文》："舉，如字。徐音據。"《集韵》語、御兩收。收御韵者："居御切。稱引也。"《禮》："其任举有如此者，徐邈讀。"

[95]《書微子》："我不顧行遯。"《釋文》："顧音故。徐音鼓。"《廣韵·暮韵》："顧，回視也。"《集韵》收暮、姥兩韵。收暮韵者："古暮切。《説文》還視也。"收姥韵者："果五切。視也。《書》：'我不顧行避。'徐邈讀。"

[96]《詩·采菽》："玄衮及黼。"《周禮·考工記》："白與黑之謂黼。"《釋文》："音斧。徐音補。"《廣韵·麌韵》："黼，白黑文也。"《集韵》收麌、姥兩韵。收麌韵者："匪父切。《说文》白與黑相次。"收姥韵者："彼五切。白黑文也。《詩》：'玄衮及黼。'徐邈讀。"

[97]《莊·秋水》："垺，大之殷也。"成疏："殷，大也。"《釋文》："垺，李普回反。徐音孚。謂盛也。"《集韵》收灰、虞、尤、侯四韵。收灰、尤、侯三韵者義同。大也，盛也。收虞韵者爲"郛"之异體。

[98]《莊·齊物論》："吾待蛇蚹蜩翼邪。"成疏"蛇蚹"謂腹下齟齬。《集韵》收虞、遇兩韵義同。

[99]《禮·曾子問》："簠簋既陳。"《釋文》："簠，徐方于反。"《廣韵》收"簠"虞韵。《集韵》收模、虞兩韵。義同。

[100]《莊·齊物論》："随者唱喁。"成疏："于喁皆是風吹樹動前后相随之聲也。"《廣韵·鍾韵》："喁，噞喁，魚容切。"《集韵》收虞韵："噞喁，魚口出入，一曰聲也。無俱切。"

[101]《禮·樂記》："煦嫗覆育萬物。"郭注："氣曰煦，體曰嫗。"《廣韵·遇韵》："嫗，衣遇切。老嫗也。"《集韵》收麌、遇兩韵。收遇韵者："威遇切。母也。"收麌韵者："委羽切。以氣曰煦，以體曰嫗。"

[102]《莊·大宗師》："問乎女偊。"成疏："女偊古之懷道人也。"《釋文》："偊，徐音

禹。李音矩。"《廣韵》未收。《集韵·缺字韵》:"偊,王矩切。"顯依徐音。

[103]《周禮·内饔》有"膴",鄭玄注:"膴,牒肉大臠。"《廣韵·模韵》:"膴,無骨腊。荒烏切。又火故切。"按暮韵"荒故切"下失收。《集韵》收模、麌兩韵。收麌韵者:"荒胡切,無骨腊也。"收麌韵者:"火羽切。《博雅》:脯也。一曰牒肉大臠。"

[104]《莊·秋水》:"捕鼠不如狸狌。"成疏:"捕,捉也。"《廣韵》收暮韵:"薄故切,捉也。"《集韵》暮、遇兩收。義同。

[105]《莊·大宗師》:"曲僂發背。"成疏:"傴僂曲腰。"樓,《廣韵》收侯、麌兩韵。《集韵》收侯、麌、遇三韵。意略同。

[106]《書·舜典》:"金作贖刑。"《廣韵·燭韵》:"贖,神屬切。又音樹。"按《廣韵》遇韵失收。

[107]《詩·葛屨》:"其民機巧趨利。"《釋文》:"趨利,七須反。徐七喻反。"《廣韵》收虞韵一讀:"走也。"《集韵》收虞、遇兩韵。收虞韵者:"逡須切。《説文》走也。"收遇韵者:"逡遇切。行之速也。"義同。

[108]《莊·在宥》:"是不愉也。"成疏:"愉,樂也。"《廣韵》收虞韵一讀。《集韵》收虞、遇兩韵。義同。

[109]《莊·達生》:"見痀僂者承蜩。"成疏:"痀僂,老人曲腰之貌。"《廣韵》收虞韵一讀,"曲脊"。《集韵》虞、遇兩讀。義同。

[110]《詩·小戎》:"陰靷鋈續。"《廣韵·燭韵》:"續,繼也。四足切。"《集韵》收燭、遇兩韵。收遇韵者:"辭屨切。連也。《詩》:'陰靷鋈續。'徐邈説文。"收燭韵者:"松玉切。"義同遇韵。

[111]《莊·外物》:"申徒狄因以踣河。"《釋文》:"踣,徐芳附反,普豆反。"《字林》云:"僵也。"《廣韵)收遇韵:"踣,上同趞。僵也。"集韵收遇、侯兩韵。義同。

[112]《禮·少儀》:"軍旅思險。"注:"險阻出奇覆諼之處也。"《釋文》:"覆,芳富反。謂伏兵也。徐音赴。"按慧琳《一切經音義》開卷注"覆載"二字云:"上敷務反,見《韵英》,秦音也。諸字書音爲敷救反,吴楚之音也。""敷救反"相當于《廣韵》宥韵之"敷救切"。敷務反相當于徐音赴。徐非秦音,但却讀

"覆"入遇部。慧琳之説待證。

[113]《禮·儒行》:"篳門圭窬。"《釋文》:"郭璞《三食解詁》云:門旁小窬也。音臾。《左傳》作竇。"

[114]《周禮·宫正》:"春秋以木鐸脩火禁。"注:"鄭司農讀火絶之。"《釋文》:"戚如字。徐音豆。"《集韵·候韵》:"誦,讀也。《周禮》鄭司農讀火絶之。徐邈讀或从。"

[115]《左·襄三十年》:"自墓之門之瀆入。"《切韵·屋韵》:"瀆,徒谷反。溝瀆。"

[116]《詩·候人》:"不濡其咮。"《傳》:"咮,喙也。"《廣韵·宥韵》:"咮,直祐切。鳥口。"又斗、卓二音,同小韵"噣",義同上。《候韵》:"噣,鳥口。都豆切,或作咮。"徐讀"咮"爲噣。

[117]《禮·曲禮》:"車驅而騶。"《釋文》:"徐仕遘反。"按《説文·馬部》:"騶,厩御也。從馬芻聲。"同部:"驟,馬疾步也。從馬聚聲。"《廣韵》"騶",收尤韵,"騶。側鳩切"。"驟"收宥韵,"馬疾步也奔也。鋤祐切"。一讀平聲,一讀去聲,意義不同。"車驅而騶"的"騶"是驟的假借字。徐"仕遘反"责爲驟作音。

[118]《周禮·掌舍》:"設梐枑再重。"鄭司農云:"梐,榱梐也。拒受居溜水涑槖者也。"《釋文》:"涑,徐、劉色遘反。"《集韵·宥韵》:"涑,水有所敗,所救切。"

[119]《禮·儒行》:"以儒爲詬病。"《廣韵》收"詬"厚韵。《集韵》收厚、候兩韵。"詈也""耻也"。

[120]《書·牧誓》:"戰于牧野。"《釋文》:"徐音茂。"《説文》作"坶",云:"地名。"《字林》音母。《廣韵》收屋韵,莫六切。"坶野"殷近郊地名。《集韵》另收候韵。地名。《尚書大傳》:"'牧之野。'劉昌宗讀。"

[121]《詩·柏舟》:"受侮不少。"《毛诗注疏》謂:"我受小人侵侮不少。"《廣韵》收麌韵。傷也。一曰慢也。文甫切。《集韵》另收"侮",候韵。"傷也。《詩》:'受侮不少。'徐邈讀。"

[122]《左·襄十四年》:"務婁。"《釋文》:"務,徐莫候反。"《集韵》遇、候兩收。收遇韵者:"亡遇切。事也。"收候韵者:"昏也。古作瞀,或作牟。"

[123]《詩·出其東門》:"出其闉闍。"毛傳:"闍,城臺也。"《釋文》:"鄭音都,履

反。"《廣韵》收模、麻兩韵。收模韵者："闍闍成上重門。又市遮切。"收麻韵者："視遮切。"義同。按徐讀"闍"止奢反。"止"疑爲"上"字之誤。

[124]《莊・讓王》："其緒餘以爲國家。"成疏："緒，殘也。"《集韵・麻韵》："緒餘，殘也。徐邈說。"又："绪餘，殘也。徐邈說。"按"緒餘"徐讀麻韵迭韵字。魚、麻上古同部，或讀魚韵，或讀麻部，方言演變不同耳。

[125]《禮・禮器》："不臺門。"注："闍者謂之臺。"《釋文》："堵，本又作闍。音都。又丁古反。徐音常邪反。"《廣韵》收姥、馬兩韵。收姥韵者："垣堵，當古切。又音者。"收馬韵者："堵，縣名，又姓。"按《廣韵》姥、馬兩韵之"堵"與"堵者謂之臺"之"堵"無涉。據《釋文》，堵當爲闍之借字。

[126]《周禮・閽人》："則幾其出入。"注："幾，谓無將帥引之者則苛其出入。"《釋文》："苛，本又作呵。呼河反。"《集韵・麻韵》："苛，黑嗟切。辨察也。鄭康成曰：苛其出入。"

[127]《禮・曲禮》："毋固獲。"《釋文》："徐云：鄭横霸反。專之曰固，争取曰獲。"

[128]《禮・曲禮》："男女不雜坐，不同椸枷。"《釋文》："枷本又作架。徐音稼。"

[129]《詩・谷旦于差》《釋文》："鄭，初佳反，擇也。王音嗟。《韓詩》作嗟。徐七何反。"今按："嗟"魏晋時期有兩讀，一讀麻韵，一讀歌韵，意義全同。《爾雅・釋詁》："嗟咨，䠞也。"郭璞注："今河北人云䠞嘆，音兔罝。"此讀麻韵。《易・離》："則大耋之嗟。"《釋文》："嗟，如字。王肅又遭哥反。"此讀歌韵。徐音麻部開口平聲以"以嗟"爲"餘"作音之"嗟"，此即"兔罝"之"嗟"也。歌部開口平聲以"七何"作音之"嗟"，此王肅"遭歌"反之"嗟"也。

[130]《詩・無羊》："或寢或訛。"傳："訛，動也。"《廣韵》收戈韵。《集韵》戈、歌兩收。收戈韵者："吾禾切。譌言也。《詩》：'民之譌言。'或作訛。"收歌韵者："動也。《詩》：'或寢或訛。'徐邈讀。"

[131]《詩・采芑》："戎車嘽嘽。"《傳》："嘽嘽衆也。"《釋文》："嘽，吐丹反。衆也。徐音他。"《廣韵・寒韵》："嘽，他丹反。馬喘。"義不合。《集韵》收寒、歌兩韵。收寒韵者："他干切。喘息也。"收歌韵者："湯何切，衆也。"與徐音義相當，按，此歌、寒對轉。

[132]《周禮・瘍醫》“折瘍”，鄭注：“折瘍，踠跌者。”《釋文》：“踠，於阮反。徐烏卧反。”按“踠”上古元部字。徐讀相應的陰聲歌部。

[133]《左・成十六年》：“在陳而囂。”杜注：“囂，喧嘩也。”《釋文》：“囂，許驕反。徐讀曰嗷。五高反。”《廣韵・豪韵》：“嗷，衆口愁也。”

[134]《禮・内則》有“肝膋”鄭注：“膋，腸間脂。”《廣韵》收“膋”蕭韵。腸間脂也，落蕭切。《集韵・豪韵》：“膫，腸脂。”膫即膋之异體字，郎刀切，與徐音合。

[135]《周禮・籩人》有“乾蕂”，鄭注：“乾蕂，乾梅也。”《廣韵》收蕂皓韵，“魯皓切。一讀。乾梅。”《集韵》收皓、號兩韵。收皓韵者：“卢皓切。乾梅之屬。《周禮》：‘饋责之籩，其實乾蕂。’”收號韵者：“郎到切，乾梅。”實則，“郎到”一切，依徐音另出。

[136]《詩・瞻彼洛矣》：“鞞琫有珌。”《傳》：“大夫鐐琫而鏐珌。”《釋文》：“《爾雅》云：白金謂之銀。其美者謂之鐐。”《集韵・號韵》：“鐐，白金之美者。”

[137]《禮・内則》有“清糟”，鄭注：“糟，醇也。”《釋文》：“糟，子曹反，徐徂到反。”《廣韵・豪韵》：“糟，粕也。”《集韵・豪韵》：“糟，酒滓也。”僅豪韵一讀。《韵會補》有祖到一切。“徂到反”顯爲徐邈特殊讀音。

[138]《禮・奔喪》：“絞帶反位。”鄭注：“絞，糾也。”《釋文》：“絞古卯反下同，徐户交反。”《廣韵・巧韵》：“絞，古巧切。縛也。”《集韵・巧韵》：“絞，古巧切。説文縊也。一曰縛也。”另收爻韵：“何交切。蒼黄色。”與徐音義不合。

[139]《書・旅獒》：“巢伯來朝。”《傳》：“巢，南方逺國。”《廣韵・肴韵》：“巢，鉏交切。”“縣名，在庐江。亦姓。有巢氏之后。”《集韵・爻韵》“巢”三讀。一、“徂交切。《爾雅》大笙謂之巢”。二、“鉏交切，《説文》鳥在木上曰巢”。三、“力交切”。“力交”一切。顯依徐音另出。

[140]《詩・小星》：“維参與昴。”《釋文》：“昴，音卯。徐又音茅。”《集韵・爻韵》：“昴，西方宿也。《詩》：‘維參與昴。’徐邈讀。”

[141]《書・顧命》：“用敬保元子釗。”《釋文》：“釗，姜遼反。又音昭。徐之肴反。”《廣韵》收宵韵：“止遥切，周康王名。”《集韵》另收爻韵：“莊交切音二，周康王名。”顯爲一音，分化爲兩讀。

[142]《易・説卦》:“橈萬物者,莫疾乎風。”《正義》:“謂:“橈散萬物。”《廣韵・巧韵》:“撓,奴巧反。”“撓”疑爲“橈”之誤字。

[143]《左・成十六年》:“有淖于前。”《釋文》:“乃孝反。徐徒較反。”《廣韵》收效韵:“奴教反。”《集韵》:“女教反。”義并爲“泥掉”。又直教切和也,義不合。

[144]《左・宣十二年》:“掉鞅而還。”杜注:“掉,正也。”《釋文》:“掉,徒吊反。徐,乃較反。”《廣韵》收嘯韵:“徒吊切。振也。摇也。”《集韵》嘯、效兩收。收嘯韵者:“徒吊切。摇也。”收效韵者:“女教切。”《春秋傳》:“曰:‘掉鞅而還。’徐邈讀。”按:淖,徐徒較反,掉,徐乃較反,疑互誤。然劉昌宗亦讀如徐音。

[145]《莊・逍遥游》:“置杯焉則膠。”崔云:“膠著地也。”李云:“黏也。”《廣韵》收肴韵:“膠,膠漆。”《集韵》收肴、效兩韵。收肴韵者:“居肴切,説文交脛也。”收效韵者:“居效切,粘也。”與徐音合。

[146]《詩・常武》:“匪紹匪遊。”鄭箋:“紹,緩也。”《釋文》:“緩,繼也。徐云:鄭尺遥反。”《廣韵・小部》:“绍,市沼切。繼也。”《集韵》宵、小兩收。收小韵者:“市沼切,繼也。”收宵韵者:“蚩招切。缓也《詩》:‘匪紹匪遊。’鄭康成讀。”

[147]《詩・苕之華》,《釋文》:“苕,音條。徐音韶。草名。”《廣韵・蕭韵》:“苕,苕菜。《詩》:‘邛有旨苕。’”《集韵》收蕭、宵兩韵。收蕭韵者:“田聊切。草也。”收宵韵者:“苕芀。草名。《詩》:‘苕之華。’徐避讀。”

[148]《左・襄六年》:“王湫帥師及正輿子棠人。軍齊師。”注:“王湫,故齊人。”《廣韵・尤韵》:“湫,水池名,北人呼。”《集韵》收尤、宵兩韵。收尤韵者:“子由切。水名。在周地。”收宵韵者:“兹消切,夫湫。地名,在吴。一曰人名。魯有子服湫,通作椒。”看來,北讀“七由”,南讀“兹消”。

[149]《禮・禮器》:“如竹箭之有筠也。”鄭注:“箭,筱也。”《説文・竹部》:“筱,箭屬。小竹也。”段注:“今字作篠。”徐音小者,音義兼釋。

[150]《莊・大宗師》:“撓挑無極。”成疏:“撓挑,宛轉也。”《釋文》:“徐而少反。郭許堯反。”《集韵》爾紹切。

[151]《禮・仲尼燕居》："昭然若發矇矣。"《釋文》："昭，章遥反。徐之紹反。明也。"《廣韵・宵韵》："昭，止遥切。明也。"《集韵》宵、小兩收。收宵韵者："之遥切，明也。"收小韵者："止少切。"義同，此亦依徐音另出。

[152]《莊・天地》："上如標枝。"《釋文》："徐方遥反。又方妙反。言樹杪之。"《廣韵》收宵、小兩韵，義同。《集韵》收宵、小、笑三韵，義皆同。收小、笑兩韵者并引《莊子》："上如標枝。"

[153]《詩・摽有梅》："摽有梅。"毛傳："摽，落也。"《釋文》："摽，婢小反，徐符表反。"又《左・襄二十八年》："宣子賦《摽有梅》。"《釋文》："摽，徐扶妙反，又扶表反。落也。"《釋文》《詩》和《左傳》引徐音不僅有上、去之异，且有三、四异等之嫌。按《説文・𠬪部》："𠬪，物落也，上、下相付也。從爪、又，讀若《詩》：'標有梅。'"段注："趙曰餓死者曰莩，詩云，莩有梅莩，零落也。丁公箸云：'莩有梅。'《韓詩》也。"《毛詩》作"摽"是假借字。《韓詩》作"𠬪"，是正字。又按，《廣韵》"摽"收小、笑兩韵。收小韵者："符少切，落也。"同韵"殍，平表切"。此即《韓詩》"莩有梅"之"𠬪"。徐音符表切者，爲𠬪作音。收笑韵者："摽落。"徐音扶妙切者爲"摽"作音。一爲正字，一爲假借。檢《集韵》可知。

[154]《莊・盗跖》："吾日與子訟于無約。"成疏："約，謂契誓也。"《集韵・笑韵》："約，契也。"

[155]《周禮・太宰》："四曰家削之賦。"賈疏："二百里之内地名削。其中有大夫采地謂之家。"《釋文》本亦作"稍"，又作"鄁"。《廣韵・效韵》："所教切。大夫食邑。"《集韵・效韵》："引《周禮》：任削地在天子三百里之内。"亦作"削"，通作"稍"。

[156]《左・昭五年》："覜有璋。"杜注："覜，見也。"《廣韵・嘯韵》："覜，他吊切。"《周禮》曰："大夫衆來曰覜。寡來曰聘。"《集韵》收蕭韵："他吊切，視也。"與徐音合。

[157]《左・襄二十六年》："楚師輕窕。"《廣韵》收"窕"篠韵，"徒了切。美色曰窕"。義不合。《集韵》宵、蕭兩收。收宵韵者，同《廣韵》。收蕭韵者，他彫切。

"佻"之异體，義爲"輕佻"。

[158]《莊·至樂》："食之鰌鮍。"《廣韵·蕭韵》："鰷，魚名。""鰍"，爲"鰷"之异體字。

[159]《莊·至樂》："髐然有形。"《釋文》："苦堯反。徐又許堯反。李呼交反司馬李云：白骨貌。"《集韵·蕭韵》："髐，髐然髑髏貌。"與"許堯"反合。

[160]《莊·齊物論》："宎者，咬者。""宎"《廣韵》未收。《集韵·蕭韵》："伊堯切。竅聲。《莊子》：'宎者，咬者。'"

[161]《詩·常武》："徐方驛騷。"《傳》："騷，動也。"《廣韵》收豪韵："愁也。蘇遭切。"《集韵》蕭、豪兩收。收豪韵者："蘇遭切。擾也。"收蕭韵者："先彫切，怒也。"與徐音合。

[162]《莊·在宥》："此以人之國僥幸也。"《釋文》："僥，古堯反徐古了反字或作儌。"成疏："儌，要也。"《集韵·筱韵》："'僥'，僥幸求利不止貌。"

[163]《詩·大東》："佻佻公子。"《傳》："佻佻獨行貌。"《釋文》："徒彫反，徐又徒了反。"按，"佻"，《韓詩》作"嬥"。《廣韵·篠韵》："嬥，嬥嬥往來貌。"徐"徒了反"爲嬥作音。

[164]《禮·曲禮》："諸候以肥牛。"注："肥，養于滌也。"《集韵·嘯韵》："滌，養牲室也。徒吊切。"

[165]《莊·齊物論》："姚佚啓態。"成疏："姚則輕浮躁動。"《集韵·嘯韵》："姚，輕也。"

[166]《禮·郊特牲》："庭燎。"《廣韵》收"燎"笑韵。力照切。

[167]《莊·人間世》："不肖。"《释文》："肖，音□。徐蘇叫反。似也。"《廣韵》《集韵》同收笑韵。義同。"蘇叫反"，爲徐特有讀音。

[168]《詩·載芟》："有椒其馨。"《集韵·笑韵》："椒，芬香也。'有椒其馨'。徐邈説。"

[169]《詩·鼓鐘》："憂心且妯。"毛傳："妯，動也。"《箋》云："妯之言悼也。"《廣韵》收尤部"丑鳩"一請。動也，悼也。《集韵》另有"陳留"一讀。動也。與徐音合。

[170]《詩·楚茨》："言抽其棘。"《傳》："抽，除也。"《集韵》"丑鳩""陳留"兩讀。義同"引也"。"陳留"與徐音合。

[171]《詩·緜》："捄之陾陾。"《傳》："蘽也。謂盛土籠也。"《集韵》有見、群兩讀，義同。

[172]《詩·六月》："炰鱉膾鯉。"《廣韵》收"炰"肴韵。《集韵》肴、有兩收。收肴韵者："蒲交切。説文厨也。"收有韵者："火熟之也。"義基本相同。

[173]《詩·絲衣》："絲衣其紑。"《傳》："紑，衣潔鮮貌。"《集韵》尤、有兩收，義同爲"潔鮮貌"。

[174]《書·大禹謨》："嘉言罔攸伏。"《傳》："攸，所也。"《集韵·有韵》："攸，所也。徐邈讀。"

[175]《易·井》："上六。井，收。"注："井功大成，在此爻矣。"《集韵·宥韵》："收，獲也。"

[176]《禮·投壺》："枉矢哨壺。"孔疏："哨謂哨峻不正。"《集韵·宥韵》："哨，不正也。"與徐音義俱合。

[177]《書·舜典》："十有一月。"《集韵·宥韵》："有，復也。通作又。"徐"于救反"即爲"又"作音。

[178]《詩·雲漢》："百姓見憂。"《釋文》："有，如字。徐於救反。"《集韵·宥韵》："憂，於救切，慮也。《詩序》：'百姓見憂。'徐邈讀。"

[179]《詩·角弓》："雨雪瀌瀌。"《箋》云："瀌，雨雪盛貌。"《廣韵》收幽、宵兩韵。

[180]《詩·靈臺》："鼉鼓逢逢。"《釋文》："逢，薄紅反。《埤蒼》云，鼓聲也。亦作韸。徐音豐。"《集韵》："韸，鼓聲。"與徐音合。

[181]《詩·車攻》："四牡龐龐。"《傳》："龐龐，充實也。"《切韵》《廣韵》收"龐"江韵，姓也。按《説文》广部："龐，高屋也。"段注："引申之爲凡高大之稱，《小雅》：'曰社龐龐。'"《集韵》另收東領："蒲蒙切。充牣也。"

[182]《詩·谷風》："采葑采菲。"毛云："葑，須也。"《釋文》："葑，孚容反。徐音豐。字書作蘴。"《廣韵》收鍾韵。《集韵》鍾、東兩收。收鍾韵者："敷容切。"收東韵者："敷馮切。《方言》："蘴蕘。蕪菁也。陳楚之郊謂之蘴，或作葑。"

《詩》：‘采葑采菲。’徐邈讀。”

[183]《莊・盜跖》：“搀衣淺帶。”成疏：“制縫掖之衣。”《禮・儒行》：“逢掖之衣。”鄭注：“‘逢’猶大也。”

[184]《易・咸》：“憧憧往來。”《集韵》收“憧”東韵。“徒東切。憧憧往來不絶貌。徐邈讀。”

[185]《詩・蓼蕭》：“鞗革忡忡。”《傳》：“忡忡，垂飾貌。”《正義》作“垂之冲冲然”。按《说文・水部》：“冲，涌繇也，從水，中聲讀若動。”段注：“《爾雅》：‘鞗革冲冲。’毛云：‘冲垂飾貌。’此涌繇之義。忡與冲聲義略同也。”《釋文》：“冲，直弓反徐音同。又音勅弓反。”徐音同者，蓋徐所見之古本作“同”。音勅弓反者，徐爲“冲”作音。“同”應作冲也。

[186]《詩・雲漢》：“蕴隆蟲蟲。”毛傳：“蟲蟲而熱。”《爾雅》“蟲”作“爞”。《廣韵》《冬韵》：“爞，旱熱。”《集韵・冬韵》：“爞，《爾雅》爞爞，薰也。謂旱熱薰炙人。或作蟲。”按徐音冬部僅此一例。但相配入聲沃部存三例，被切字和反切下字都相當于《切韵》《廣韵》沃韵字，粹而不雜，顯爲一部。因此，我們把“冬”分立出来爲一部，與之相應。

[187]《禮・哀公問》：“惷愚冥頑。”《廣韵》收“惷”江、鍾兩韵。收江韵者：“惷，愚也。丑江切。又丑龍切。”收鍾韵者：“書容切。”義同，丑江切。

[188]《詩・騶虞》：“壹發五豵。”毛云：“一歲曰豵。”鄭云：“豕生三曰豵。”《釋文》：“子公反。徐又在容反。”《廣韵》《鍾韵》：“豵，豕生三子。”《集韵》另有“墻容切”一讀，義同《廣韵》。與徐“在容反”合。

[189]《左・襄二十九年》：“與我其拱璧。”《集韵・鍾韵》：“拱。大璧也。《春秋傳》與我其拱璧。徐邈讀。”

[190]《詩・行露》：“以速我訟。”《釋文》：“訟，如字徐取韵，音才容反。”按此说不確。(見後“聲調”一節说明)

[191]《左昭三年》：“余髮如此種種。”杜注：“種種，短也。”《釋文》：“本亦作董董。”

[192]《書・蔡仲之命》：“往即乃封。”《集韵・用韵》：“封，爵土也。《書》：‘往即乃封。’徐邈讀。”

[193]《詩·長發》："爲下國駿厖。"毛云："駿，大。厖，厚。"《廣韵·江韵》："厖，莫江切。厚也。"《集韵》收江、講兩部。收江韵者："莫江切、説文石大貌。一曰厚也。"收講韵者："母項切，豐也。厚也。"《詩》："'爲下國駿厖。'徐邈讀。"

[194]《書·伊訓》："敢有殉于货色。"《傳》："殉，求也。"《集韵·諄韵》："殉，貪也。《尚書》：'殉于貨色。'徐邈讀。"

[195]《莊·人間世》："夫徇耳目内通。"成疏："徇，使也。"《集部·諄韵》："旬，松倫切。"

[196]《書舜典》："東巡守。"《集韵·諄韵》："巡，行也。《尚書》：'巡守。'徐邈讀。"

[197]《詩·長發》："幅隕既長。"《傳》："隕，均也。"《箋》云："隕當作圜，謂周也。"釋文》："隕音圓，徐于貧反。"隕、圓、貧古同部。

[198]《左·襄四年》："使行人子員問之。"《釋文》："員音云，徐于貧反。"

[199]《莊·徐無鬼》："逃于深蓁。"成疏："蓁，棘叢也。"《釋文》："蓁，徐仕巾反。一音側市反。"《切韵》："側詵切。草盛。"《廣韵》同。

[200]《左·昭十一年》："季孫意如……於厥慭。"注："厥慭，地。"《集韵·諄韵》："慭，魚巾切。地名。《春秋》：'會于厥慭。'"

[201]《書·康誥》："天惟與我民彝大泯亂。"《集韵·準韵》："泯，弭盡切，水皃，一曰盡也。"

[202]《左·成二年》："左輪朱殷。"《釋文》："殷，於閑反，徐於辰反。"《切韵》收山、欣兩韵。《廣韵》同。收山韵者："烏閑切。赤黑色也。《左傳》云：'左輪朱殷。'"收欣韵者："於斤切。衆也，正也，大也，中也。"按"殷"上古隸文部。徐讀"於辰反"者，猶存古音。

[203]《書·微子》："今殷其淪喪。"《傳》："淪，没也。"《集韵·準韵》："淪，没也。《尚書》：'商其淪喪。'徐邈讀。"

[204]《周禮·疾醫》："眡其生死。"注："扁鵲倉公。"《釋文》："扁本亦作鶣，蒲典反。徐扶忍反。""典""忍"俱文部字。

[205]《周禮·小宰》："喪荒之聯事。"注："屬其六紖。"《釋文》："紖，徐音胤。劉音引。本或作引。"《集韵·稕韵》："引，又羊進切，牽車紼也。"又《禮·祭统》：

"紖。"《釋文》："紖，直忍反，注同徐以忍反。"《廣韵·軫韵》："牛紖，直引切。"是"紖"有上，去兩讀。義亦微异。

[206]《莊·外物》："螴蜳不得成。"成疏："螴蜳猶怵惕也。"《廣韵》無"螴"字。《集韵·準韵》："螴，丑忍切。螴蜳，蟲行，一日不安定意。"

[207]《莊·齊物論》："爲其脗合。"成疏："脗，無分别之貌也。""向音脣云若兩脣之相合也。"

[208]《周禮·玉府》："衽席床笫。"鄭注："笫，簀也。"《集韵·準韵》："笫，簀也。《周禮》：'衽席床笫。'徐邈讀。"

[209]《莊·達生》："死得丁腞楯之上。"《釋文》："司馬云，腞，犹篆也。楯，猶案也。"《集韵·諄韵》："楯，敕倫切。《説文》：'車約輴也。'"

[210]《禮·大學》："恂栗也。"《集韵·諄韵》："恂，容貌嚴栗也。"

[211]《書·洛誥》："乃惟孺子，頒朕不暇。"《傳》："汝爲小子當分取我之不暇而行之。"按：頒，徐"甫云反"者，是爲"分"注音。以"分"釋"頒"。《廣韵·文韵》："分，赋也、施也、與也。"與徐音合。

[212]《書·盤庚》："有條而不紊。"《傳》："紊，亂也。"《集韵·文韵》："紊，亂也。《尚書》：'有條而不紊。'徐邈讀。"

[213]《左·襄十年》："秦堇。"徐音謹。又《莊·徐無鬼》："其實堇也。"成疏："堇，烏頭也。"《釋文》："堇音謹。"

[214]《書·大誥》："敷賁。"《傳》："布行大道。"《釋文》："賁，扶云反。徐音憤。"

[215]《周禮·醢人》："芹菹。"鄭注："芹，楚葵也。"《釋文》："芹音勤。徐又音謹。"《说文》作"菦"。云："菜類，蒿也。音謹。"

[216]《禮·服問》："于免絰之。"《廣韵·問韵》："絻，亡運切。喪服。亦作免。"《集韵·問韵》："絻免帗喪冠也。或省，亦從巾。"

[217]《禮·喪服四制》："言不文者謂臣下也。"《釋文》："文，如字。徐音問。"

[218]《禮·大學》："此謂一言僨事。"《釋文》："賁，徐音奮。本又作僨。注，注同覆芳。"按，徐和《釋文》所據本作"賁"。

[219]《禮·曲禮》："凡爲長者糞之禮。"《釋文》："攢，本又作糞。徐音奮。"知徐

和《釋文》所據本作"糞"。《廣部》未收"攅"。《集韵·問韵》:"《说文》掃除也。"

[220]《詩·裳裳者華》:"芸其黄矣。"《傳》:"芸,黄盛也。"《釋文》:"芸音云,徐音運。"《集部·問韵》:"芸,草木落之色。"

[221]《詩·大車》:"大車哼哼。"毛傳:"哼哼,重遲之貌。"《釋文》:"他敦反。徐又徒孫反。"《廣韵》魂部:"噋,他昆切。《詩》:'大車哼哼。'重遲貌。"《集韵·魂韵》:"缺字,他昆切。《詩》:'大車哼哼。'隸作哼,或從敦。"值得注意的《釋文》《廣韵》《集韵》"哼"讀透母字,徐讀定母。

[222]《莊·則陽》:"雖使丘陵草木之緡。"注:"緡,合也。"《释文》:"緡,民忍反。徐音昏。郭云:合也。司馬云,盛也。"按,《说文·糸部》有"緍"無"緡"。"緍,釣魚繳也。"段注:"《詩·召南》:'其釣維何,維絲伊緍。'毛傳:'緍,綸也。'謂糾絲爲繩也。從糸,昏聲。"《集韵·魂韵》:"緡,呼昆切。《爾雅》曰:'緡,綸也。'一曰合也。盛也。"按"緍""緡"實一字。從氏,從民,唐以后多亂。從"昏"是也。

[223]《左·成十六年》:"蹲甲而射之。"杜注:"蹲,聚也。"《集韵·混韵》:"蹲,聚也。"《春秋傳》:"'蹲甲而射之'。粗本切。徐邈讀。"

[224]《周禮·籩人》:"其實麷蕡。"《集韵》恨韵:"蕡,蒲悶切。麻也。《周禮》:'其實麷蕡。'徐邈説。"

[225]《易·坎》:"水洊至。"按《说文·水部》:"瀳,水至也。"段注:"至,疑當作荒,荒大也。"《廣韵》曰:"水荒曰洊。"洊者瀳之异文。《周易》曰:"水洊至。"《集韵》收混韵:"洊,再至也。徂悶切。"

[226]《禮·檀弓》:"微子舍其孫腯而立衍也。"《釋文》:"腯,徐本作遁,徒本反,又徒遜反。"

[227]《禮·玉藻》:"圈豚行。"《釋文》:"豚,本又作'豚',同大本反。徐徒困反。"《集韵·恨韵》:"豚,行曳腫也。徒困反。"

[228]《莊·天道》:"繙十二經以説。"成疏:"委曲敷演,故播覆说之。"《釋文》:"繙,敷袁反。徐音盤。"《集韵》另收桓韵:"蒲官切亂也。"與徐音義并近。

[229]《莊・四子方》："僤僤然不趨。"成疏："僤僤，寬閑貌。"《廣韵》僤收平聲寒、先兩韵。《集韵》另有上聲"儻旱切"一讀，"僤僤，舒閑貌"與徐音義并近。

[230]《詩・新臺》："燕婉之求。"毛傳："燕，安。婉，順也。"《集韵》收阮、緩兩韵，義同。收緩韵者，鄔管切"《詩》燕婉之求，徐邈讀"。

[231]《廣韵・寒韵》："癉，風在手足，徒干切，又都彈切。"但翰韵"得按切"下失收。

[232]《左・成三年》："使東鄙覆諸鄤。""鄤"《廣韵》未收。《集韵・換韵》："鄤，莫半切，地名。"

[233]《周禮・醢人》："菁菹。"鄭玄注："菁，蔓菁也。"《廣韵・桓韵》："蔓菁，菜名。"《集韵》："蔓，蔓菁，蔬名，謨還切，徐邈讀。"

[234]《詩・斯干》："下莞上簟。"《釋文》："莞音官，徐又九還反，草叢生水中莖。"《廣韵・桓韵》："莞，胡官切。草也。"《集韵》收删韵。"草名，姑還切。"和徐音同，徐讀二等。

[235]《禮・喪大記》："食于篹者，盥。"注："篹或作簨。"《廣韵》收"篹"準韵，思尹切，當爲另一字。《集韵・潸頰》："簨，竹器。《禮》食于簨，徐逖讀。"

[236]《左・襄十年》："諸侯之師，還鄭而南。"杜注："還繞也。"《集韵・諫韵》："還，繞也。鄭司農曰：'還市朝而爲道。'通作繯，徐邈讀。"

[237]《莊・大宗師》："其妻環而泣之。"成疏："環，繞也。"《集韵・諫韵》："還，繞也，通作繯，環，胡慣切。"

[238]《左・昭四年》："使舉清閑。"《集韵・山韵》："間，何閒切，通作閑。安也，隙也。"

[239]《詩・巧言》："無拳無勇。"毛傳："拳，力。"《集韵・元韵》："拳，己袁切，力也，徐邈讀。"

[240]《莊・在宥》："乃始臠卷獊囊。"成疏："臠卷，不舒放之容也。"《集韵・阮韵》："卷，九遠切，臠卷，不舒也。"

[241]《禮・喪大記》："捲衣投于前。"《釋文》："捲紀勉反，徐紀阮反。"

[242]《禮・内則》："去其餌。"注："餌，筋腱也。"《廣韵・元韵》："腱，筋也。居言

切。"《集韵》收阮韵："腱，大筋，紀偃切。"

[243]《詩·都人士》："我心苑结。"《釋文》："苑，於粉反，屈也，積也，徐音鬱。"按"菀"爲"緼"之借字，徐音鬱，以"鬱"釋"緼"。

[244]《禮·樂記》："名之曰建櫜。"鄭注："建，讀爲鍵之誤也。"《集韵·阮韵》："鍵門牡也，紀偃切。"

[245]《詩·菀柳》："有菀者柳。"《釋文》："菀，木茂也，音鬱，徐於阮反。"

[246]《莊·至樂》："攓蓬而指之曰。"成疏："攓，拔也。"《廣韵》未收，《集韵》收攓韵。引《説文》"拔取也"。九件切。

[247]《左·襄二十六年》："瑗不得聞君之出。"《廣韵》收"瑗"綫韵，王眷切。《集韵》收願韵，于願切。

[248]《莊·則陽》："孰正於其情，孰遍于其理。"《釋文》："遍音遍。徐音篇。"按"遍"本或作"偏"。成疏："今少知問此，以定臧否于素情妙理誰正誰偏者也。"徐音爲"偏"注音。遍、偏實一字。

[249]《左·襄二十五年》："如鷹鸇之逐烏雀也。"《釋文》："鸇，之然反，徐又居延反。"

[250]《莊·齊物論》："猨猵狙以爲雌。"司馬云："猵狙似猿狗頭。"《廣韵》收先韵，"布玄切"《集韵》另收仙韵，紕延切。

[251]《周禮·內司服》："掌王后之六服。"注："以白縳爲裹。"《集韵》："收綫韵，縳，缯也，升絹切。"

[252]《周禮·地官司徒》："廛人。"鄭注："廛，民居區域之稱。"《廣韵》收仙韵："直連切，居也。"《集韵》另收綫韵："居民區域之名。《周禮》有廛人，徐邀讀。"

[253]《左·襄十四年》："有母弟鱄以出。"《釋文》："鱄，徐市戀反。"《廣韵》收仙、獮兩韵，義同爲魚名。《集韵）另收綫韵，人名。《春秋傳》："有衛候弟鱄。"龍眷切。按"鱄"應爲"柱戀切"誤入龍眷切小韵。

[254]《易·鼎》："黄耳金鉉。"疏："广鉉，所以貫鼎而舉之也。"《廣韵》收銑韵："鼎耳，胡畎切。"《集韵》："鉸，圭玄切。舉鼎也。"與徐音合。

[255]《周禮·內饔》："羊泠毛而毳，羶。"鄭注："泠毛，毛長總結也。"《集韵·銑

韵》："泠，靈年切。毛長總結也。"《周禮》羊泠毛而毳，羶。徐邈讀。

[256]《詩・維清》："肇禋。"毛傳："肇，始。禋，祀。""禋"上古文部字。《廣韵》收"禋"真韵，"祭也，於真切"。《集韵・先韵》："禋，祀天也，因蓮切，《詩・頌》：'肇禋。'徐邈讀。"

[257]《莊・大宗師》："陰陽之氣有沴。"注："沴，陵亂也。"《釋文》音麗。徐又徒顯反。《廣韵》收霽韵："郎計的，妖氣。"《集韵・銑韵》："沴，徒典切，陵亂也。《莊子》：'陰陽之氣有沴。'徐邈説。"

[258]《書・説命》："若跣必視地。"《釋文》："跣，先典反。徐七顯反。"《廣韵》收銑韵："跣足，蘇典切。"《集韵》另收獮韵，此演切。《書》："若跣弗視地是親地也。"徐邈说。

[259]《詩・韓奕》："韓始燕譽。"《釋文》："燕，於顯反，安也。"《集韵・銑韵》："《爾雅》：'宴宴居息也。'或作燕，於殄切。"

[260]《周禮・膳夫》："膳夫授祭品。"注："祭，謂刌肺脊也。"《廣韵》收"刌"混韵。細切也，倉本切。《集韵》另收獮韵："此演切，斷也，刌肺脊以祭，徐邈説。"按"刌"，《廣韵》收混韵，上古隸文部。徐音倉典反者"典"亦上古文部字，故得作切，此古讀之殘留。

[261]《莊・知北游》："知予僻陋慢訑。"成疏："偏僻鄙陋，慢訑不專。"《廣韵・諫韵》："慢，怠也。謨晏切。""訑"未收。《集韵・霰韵》："慢，暱見切。慢訑，弛縱意。"又同韵："訑，堂練切，慢訑，弛縱意。"按此爲聯綿詞，今蘇北方言猶存此語，讀 [maitə]。

[262]《禮・內則》："衣裳綻裂。"鄭注："綻，猶解也。"《廣韵》收"綻"襇韵，"衣縫解"。《集韵・霰韵》："綻，治見切，縫解也。"

[263]《禮・內則》："屑桂與薑以洒諸而鹽之。"《釋文》："洒，所買反，徐西見反。"《廣韵・霰韵》："洒同洗。"義不合。《集韵》另收霰韵："洒，洒也。先見切。"

[264]《禮・檀弓》："子顯以致命于穆公。"《釋文》依注："音韅，呼遍反，徐苦見反。"《集韵・霰韵》："顯，人名，秦有子顯，馨甸切。"

[265]《易・夬》："莧陸夬夬。"注："莧陸，草之柔脆者也。"《廣韵・襇韵》："莧、侯

裯切。菜名。”《集韵·霰韵》：“莧，菜名，商陸也，形甸切。”

[266]《詩·執競》：“鐘鼓喤喤。”《傳》：“喤喤，和也。”《廣韵》收“喤”庚韵：“户盲切，泣聲。”義不合。《集韵·唐韵》：“鍠，鐘聲也。胡光切。與徐音合。”

[267]《詩·野有蔓草》：“零露瀼瀼。”毛傳：“瀼瀼，盛貌。”《廣韵》收“瀼”陽韵：“汝陽切。露滚貌。”《集韵》另收唐韵：“瀼，露盛貌，奴當切。《詩》：‘零露瀼瀼。’徐邈讀。”

[268]《莊·應帝王》：“以處壙埌之野。”成疏：壙埌宏博之名。崔云：“壙埌猶曠蕩也。”《集韵·蕩韵》：“壙，壙埌，原野迥貌。”

[269]《莊·齊物論》：“夫子以爲孟浪之言。”《集韵·蕩韵》：“浪，里黨切，孟浪較略之言，徐邈说。”

[270]《詩·南山》：“魯道有蕩。”《集韵·蕩韵》：“蕩，平易也。坦朗切，徐邈说。”

[271]《禮·玉藻》：“緣廣寸半。”《釋文》：“廣，徐公曠反。”《集韵·宕韵》：“廣，度廣曰廣。古曠切。”

[272]《詩·下泉》：“浸彼苞稂。”鄭箋：“稂當作涼。涼草，蕭蓍之屬。”徐音良，依鄭爲“涼”注音。

[273]《禮·學記》：“强而弗抑。”《廣韵》養韵：“彊，《说文》：‘弓有力也。’或作强，其兩反。”

[274]《莊·至樂》：“黄軦生乎九猷。”成疏：“軦亦蟲名。”《廣韵》無“軦”字。《集韵·養韵》：“軦，黄軦蟲名。詡往切。”

[275]《禮·樂記》：“孰亨而祀。”《釋文》：“亨，徐許兩反。”《廣韵·養韵》：“亨同高。獻也，祭也，許兩切。”

[276]《禮·郊特牲》：“束帛加璧往德也。”疏：“往歸于德。”《廣韵·養韵》：“往，之也，去也。于兩切。”《集韵》收漾韵：“往，歸向也，于放切。”

[277]《禮·曲禮》：“非禮不誠不莊。”鄭注：“莊，敬也。”《廣韵》陽韵：“莊，嚴也，側羊切。”《集韵》另收漾韵：“莊，恭也。側亮切。”

[278]《書·牧誓》：“王左杖黄鉞。”《廣韵》收“杖”養韵：“持也。直兩切。”《集韵》養、漾兩收。收養韵者：“持也，雉兩切。”收漾韵者：“所以扶行也，直亮切。”

[279]《周禮・膳夫》："飲用六清。"鄭注："（六清）水、漿、醴、醇、醬、酏。"《廣韵・陽韵》："醇，漿水，吕張切。"《集韵》陽、漾兩收。收陽韵者："《博雅》漿也。通作涼。"收漾韵者："《说文》雜味也，一曰，清漿曰醇，力讓切。"

[280]《莊・齊物論》："其留如詛盟。"成疏："盟，誓也。"《廣韵・庚韵》："盟約，殺牲歃血也。武兵切。"《集韵》庚、耕兩收。收耕韵者："誓約也。《莊子》：'其留如詛盟。'徐邈説。"收庚韵者："眉兵切。"義略同。

[281]《詩・閟宫》："朱英緑縢。"毛傳："朱英，矛飾也。"徐，於耕反。《廣韵・庚韵》："英，華也。於驚切。"《集韵》庚、耕兩收。收庚韵者："於驚切。《説文》草榮而不實者。"收耕韵者："於莖切，以羽飾矛。"

[282]《詩・采芑》："八鸞瑲瑲。"毛傳："瑲瑲，聲也。"《釋文》："本作瑲，七羊反，徐，七羹反。"《廣韵・陽韵》："瑲，玉聲，七陽切。"《集韵》陽、庚兩收。收陽韵者："千羊切，玉聲。"收庚韵者："楚耕切。聲也。"

[283]《禮・祭统》："草艾則墨。"注："秋，草木成，芟之給爨亨時，始行小刑也。"《釋文》："亨，普彭反，徐普孟反。"《集韵・映韵》："亨，普孟反，煮也。"

[284]《書・舜典》："聲依永。"《正義》："歌咏其意以長其言。"《集韵・映韵》："咏，歌也。爲命切。"

[285]《詩・駉》："坰野。"《釋文》："坰，遠也。林外曰坰，古熒反，徐又苦營反。"《廣韵・青韵》："坰，野外曰林，林外曰坰，古螢切。"《集韵》另收清韵："遠也，《詩》：'在坰之野。'窺營切。"

[286]《詩・淇奥》："充耳琇瑩。"《傳》："瑩，美石也。"《廣韵》收庚韵："玉色。《詩》：'充耳琇瑩。'永兵切。"《集韵》收庚、清兩韵。收庚韵者："于平切。"收清韵者："維傾切。"義同爲"石似玉"。

[287]《左・宣十八年》："邾人戕鄫子于鄫。"注："傳例曰，自外曰戕。"《釋文》："戕，在良切，徐又在精反。"《廣韵・陽韵》："戕，在良切，殺也。"《集韵・陽韵》："戕，慈良切，《春秋傳》曰，在外曰戕。"另收清韵："慈盈切，殺也。""慈盈切"即"在精反"。

[288]《左・昭元年》："于是乎禜之。"杜注："《周禮》：'四曰禜祭。'"《釋文》："禜，

音咏，徐又音營。"《廣韵·庚韵》："禜，祭名，永兵切。"《集韵》另收清韵："禜，祭水旱也，维傾切。"

[289]《莊·大宗師》："其名爲攖寧。"成疏："攖，擾動也。"《釋文》："攖，郭音縈，徐於營反，李於盈反。"郭、徐讀合口，李讀開口。又《莊·庚桑楚》："不以人物利害相攖。"成疏："攖，擾亂也。"《釋文》："攖，於營反。徐又音嬰。"《釋文》讀合口，徐讀開口，攖之讀音，不僅郭、李開合有异，徐音亦前后矛盾，按《莊·大宗師》，其名爲攖寧，攖寧者攖而后成者也。郭注："物縈而獨不縈則敗矣。故縈而任之，則莫不曲成也。"郭音縈者，即以縈釋攖，徐于營反者亦爲縈注音。又按，攖即嬰，攖爲后起字。《说文》："嬰，繞也。"（依段注）《廣韵》："于盈切。"讀開口，與李音合，《莊·庚桑楚》不以人物利言相攖。徐音攖爲嬰，即以本字易后起字，《釋文》讀合口即以縈釋嬰。

[290]《書·立政》："上帝之耿命。"《傳》："上天之光命。"《集韵·迥韵》："烱，《説文》光也，或作耿，畎迥切。"

[291]《左·襄五年》："我心扃扃。"杜注："扃扃，明察也。"《集韵·迥韵》："扃，扃扃，明察也。犬迥切。"

[292]《莊·逍遥遊》："子獨不見狸狌乎？"成疏："狸狌，猫也。司馬云：狖也。"《集韵·勁韵》："狌，鼠屬。《莊子》：'捕鼠不如狸狌。'息正切。"

[293]《左·宣十二年》："脱扃。"杜注："扃，車上兵欄。"《集韵·青韵》："扃，《説文》外閉之關也。涓螢切。"

[294]《禮·中庸》："衣錦尚絅。"注："禪爲絅。"《集韵·徑韵》："絅禪衣也。口定反《禮》：'衣錦尚烱。'徐邈讀。"

[295]《周禮·士師》："七曰邦明。"鄭注："故書，朋作倗。"鄭司哀云："朋讀如'朋友'之朋。"是"倗"爲"朋"之异體。

[296]《莊·徐無鬼》："張若、謵朋前馬。"《釋文》："倗，本作朋，蒲登反。徐扶恒反。"按"扶恒反"即爲"朋"作音。盧文弨謂："今本作謵朋。"

[297]《易·説卦》："日以晅之。"《釋文》："晅，况晚反。京云：乾也。本又作晅。徐古鄧反。"《廣韵》未收。《集韵》："居鄧切。《博雅》：'暴也。'"

[298]《易・鼎》："以木巽火，亨飪也。"《廣韵・寑韵》："飪，熟食，如甚切。"《集韵》另收沁韵："熟也。如鴆切。"

[299]《禮・曲禮》："莅牲曰盟。"注："坎，用牲臨而讀其盟書。"《釋文》："坎，苦感反，徐又苦敢反。"孔疏："盟之爲法，先鑿地爲方坎，殺牲于其上。"又《易・坎》："習坎。"王注："坎，險陷之名也。"《釋文》："坎，徐苦感反，埳本亦作焰，京、劉作欿，險也，陷也。"看來，"坎"徐音有兩讀。作名詞"方坎"，解者，苦敢反；作形容詞，動詞"險也"，"陷也"，苦感反。

[300]《詩・常武》："闞如虓虎。"鄭箋："闞然如虎之怒。"《廣韵・闞韵》："闞，魯邑，亦視也。苦濫切。"《集韵》闞、敢兩收。收闞韵者："苦濫切。《説文》'望也。'邑名。在魯。"收敢韵者："聲大貌，虎覽切。"

[301]《莊・則陽》："彭陽見于王果曰，夫子何不譚我于王。"成疏："譚，猶稱説也。本亦作言談字。"《釋文》音談，本作談。李云："説也，郭，徒堪反。徐，徒暗反。"徐讀去聲。未詳。

[302]《詩・大田》："以我覃耜。"毛云："覃，利也。"《集韵・鹽韵》："覃，余廉切，利也。"《詩》："'以我覃耜。'徐邈説"。按"覃"爲"剡"之借字。

[303]《左・襄二十八年》："孟氏之御、騶、豐點。"《集韵・鹽韵》："點，之廉切。人名魯有豐點，齊有鮑點。"

[304]《左・僖二十八年》："盟于斂盂。"杜注："斂盂衛地。"《集韵・鹽韵》："斂，離鹽切。斂盂，地名。"

[305]《詩・葛屨》："摻摻女手。"毛云："摻摻猶纖纖也。"徐"息廉反"即讀"摻"爲"纖"。

[306]《書・洛誥》："萬年厭乃德。"《釋文》："馬云：厭，飫也。"《廣韵・鹽韵》："厭，飽也，一鹽切，又於豔切。"

[307]《詩・巧言》："亂是用餤。"毛云："餤，進也。"《釋文》："沈旋音談。徐音鹽。"按《廣韵・談韵》："餤，進也，詩曰：'亂是用餤。'"《集韵》收"餤"鹽韵。余廉切。義同《廣韵》。

[308]《禮・祭義》："夫人繅三盆手。"鄭注："三盆手者，三淹也。"《釋文》："掩本亦

作淹。”知徐所據本原作掩。《集韵·艷韵》：“掩，於贍切。繅絲以手振出緒也，通作淹。”

[309]《莊·齊物論》：“大廉不嗛。”成疏：“物我俱空，何所遜讓。”《釋文》：“郭，欺簞反，徐音謙。”徐即以“謙”易“嗛”。

[310]《左·襄二十六年》：“涉于汜而歸。”杜注：“于汜城下涉汝水南歸。”《釋文》：“汜音凡，徐扶嚴反。”按《廣韵》凡韵：汜，符咸切，國名。《集韵》同符咸切，水名。

[311]《易·説卦》：“爲黔喙之屬。”《廣韵·鹽韵》：“黔，黑黄色。《说文》曰，黎也。秦謂民爲黔首。謂黑色也。”《集韵》收鹽、嚴兩韵，義同《廣韵》。

[312]《莊·田子方》：“口鉗而不欲言。”《廣韵·鹽韵》：“鉗，巨淹切，以鐵有所劫束也。”《集韵》收鹽、嚴兩韵，義同《廣韵》。

[313]《書·皋陶謨》：“日嚴祗敬六德。”《釋文》：“‘嚴’如字。徐魚檢反。”《集韵·儼韵》：“儼，魚檢反，或作嚴。”

[314]《左·襄二十九年》：“美哉，渢渢乎！”杜注：“渢渢中庸之聲。”《釋文》：“渢，扶弓反。韋昭音凡。徐敷劒反。”《廣韵》收東韵：“房戎切。大聲也。”《集韵》：“渢，孚梵切。中庸聲。徐邈讀。”風聲字魏晋時期有的仍讀侵部。

[315]《書·微子》：“用乂讎斂。”《釋文》：“斂，力檢反。馬、鄭，力艷反，謂賦斂也。徐云，鄭力劒反。”《廣韵》收艷韵：“力驗切，聚也。”《集韵》收驗韵，音義同《廣韵》。

[316]《詩·葛生》：“蘞蔓于野。”《釋文》引《草木疏》謂“蘞”似括樓。《集韵》收驗韵：“力驗切，草名，似括樓。”

[317]《周禮·天官冢宰》：“酒人。奄十人。”鄭注：“奄，精氣閉藏者。”《集韵·艷韵》：“奄，於贍切。精氣閉藏也。劉昌宗讀。”

[318]《莊·人間世》：“畜宦僕然。”《釋文》：“僕，普木反，徐敷木反。”《集韵·屋韵》：“僕，普木反，群飛貌。《莊子》：‘畜宦僕然。’”

[319]《書·费誓》：“杜乃擭。”《傳》：“擭，捕獸機檻。”《釋文》：“擭，華化反。徐户覆反。”《廣韵·鐸韵》：“柞擭，阱淺則施之。胡郭切。”《集韵》另收屋韵：“捕

獸機檻也。《書》：‘杜乃擭。’胡谷切。徐邈讀。”

[320]《左・襄二十六年》：“晋人與之郁。”《釋文》：“郁，許六反，徐，起六反。”注疏本作“超六反”。按作“超”是也。“起”形近致訛。

[321]《詩・鴟鴞》：“鬻子之閔斯。”毛云：“鬻，稚，稚子，成王也。”《集韵・屋韵》：“鬻，居六切，稺也。《詩》：‘鬻之子閔斯。’徐邈讀。”

[322]《禮・學記》：“足以謏聞。”鄭注：“謏之言小也。”《釋文》：“謏，思了反。徐所穆反。”《集韵・屋韵》：“謏小也。《禮》：‘足以謏聞。’所六切。徐邈讀。”

[323]《左・襄二十八年》：“三軍暴骨。”《釋文》：“暴，蒲卜反，徐扶沃反。”《廣韵》收屋韵：“蒲木切，日乾也。”《集韵》另收沃韵：“日乾也。蒲沃切。”

[324]《左・成十三年》：“伐我涑川。”杜注：“涑水，河東聞喜縣。”《廣韵》“涑”屋、燭兩收。《集韵》同。“水名，在河東”。

[325]《莊・天地》：“數如泆湯。”《釋文》：“蓼，所角反，徐所録反。”《廣韵》收覺韵：“所角切。頻數。”《集韵》收燭韵：“所録切，汲水疾也。‘數如泆湯’。”

[326]《莊・則陽》：“擉鱉于江。”成疏：“擉，刺也。”《廣韵》收覺韵。“側角切，司馬彪注：刺鱉。”《集韵》收燭韵：“擉，刺也。《莊子》：‘擉鱉于江。’秩玉切。徐邈讀。”

[327]《莊・天下》：“其道大觳。”注：“觳，無潤也。”郭慶藩謂：“薄也。”《釋文》：“觳，郭，苦角反。徐，户角反。”

[328]《詩・南有嘉魚》：“烝然罩罩。”毛云：“罩罩，篧也。”《廣韵》收效韵：“都教切，竹籠取魚具也。”《集韵》另收覺韵：“竹覺切，罩魚者也。”

[329]《禮・月令》：“舉五穀之要。”注：“定其租税之簿。”《釋文》：“簿，步古反，徐步各反。”《廣韵》收簿姥韵：“裴古切。簿籍。”《集韵》同。按“簿”“各”古同爲鐸部字。

[330]《莊・齊物論》：“叱者，吸者。”成疏：“叱者，咄聲也。”《廣韵》收質韵：“昌栗切，呵叱也。”《集韵・質韵》：“叱，戚悉切。聲也。《莊子》：‘叱者，吸者。’徐避讀。”

[331]《左・成十六年》：“徹七札焉。”《廣韵》收“札”黠韵。《集韵》另收櫛韵：“側

瑟切。《春秋傳》：‘蹲甲而射之，徹七札馬。’徐邈讀。”

[332]《莊・達生》：“䩵然而笑。”《廣韵・軫韵》：“丑忍切，大笑。”《集韵》另收質韵勑栗切，笑貌。《莊子》：“‘䩵然而笑。’徐邈讀。”按“䩵”即“咥”之借字。《廣韵・質韵》：“咥，丑栗切，笑貌。”“咥”爲“䩵”的入聲，音近相借。

[333]《禮・檀弓》：“愠，哀之變也。”《釋文》：“愠，庚，皇，紆粉反，積也。徐又音鬱。”按《廣韵・物韵》：“鬱，滯也，紆物切。”“鬱”爲“愠”的入聲。音義并近。《集韵》收“愠”勿韵。紆勿切。心有鬱積也。

[334]《莊・天地》：“搰搰然，用力甚多。”成疏：“搰搰，用力之貌。”《集韵・没韵》：“搰，苦骨切。搰搰，用力貌。”與徐音合。

[335]《莊・徐無鬼》：“委蛇攫搔。”成疏：“攫搔，騰擲也。”《釋文》：“搔，本又作搔。素報切。徐本作‘搔’。七活反。”《廣韵》無“搔”字。《集韵・末韵》：“搔，攫搔，搏也。麤括切。徐邈説。”

[336]《莊・人間世》：“會撮指天。”成疏：“會撮，高竪貌。”《釋文》：“崔云：‘會撮’，項椎也。”《集韵・末韵》：“會，會撮，項椎也。古活切。”又：“户括切，項椎也。《莊子》：‘會撮指天。’向秀讀。”

[337]《莊・譲王》：“顔色腫噲。”成疏：“腫噲猶剥錯也。”《廣韵・夬韵》：“噲，苦夬切，咽也。”義不合。《集韵・末韵》：“噲，腫噲，顔色剥錯也，古活切。”

[338]《禮・檀弓》：“華而睆。”《釋文》：“睆，華板反。明貌。孫炎云：睆，漆也。徐又音刮。”《集韵・牽韵》：“睆，古刹反。（按“刹”開口，疑刮誤）《禮》：‘華而睆。’徐邈讀。”

[339]《莊・人間世》：“名者，相札也。”成疏：“札傷也。”《釋文》：“札，徐於八反。李云，折也。崔云，夭也。本亦作軋。”《廣韵・黠韵》：“札，側八切，簡札。”義不合。同韵。軋，輾也。烏黠切。與徐音相當。

[340]《莊子・馬蹄》：“馬知介倪。”《廣雅》：“介，獨也。”《音义》云：“介倪，猶睥睨也。”《集韵・黠韵》：“介，特也。”《漢書》：“介居河北。”《晋》：“灼讀戛。”

[341]《詩・甫田》：“維莠桀桀。”《集韵》收“桀”月韵：“居謁切。莠，盛貌。《詩》：‘維莠桀桀。’”

[342]《詩・碩人》："庶士有朅。"毛云："朅，武壯貌。"《廣韵》收薛韵："去竭切，去也。"《集韵》另收月韵："丘謁切，却也。一曰武壯貌。"

[343]《詩・碩人》："庶姜孽孽。"毛云："孽孽，盛飾。"

[344]《周禮・膳夫》："大劄則不舉。"鄭注："大札，疫癘也。"《釋文》："側八反。徐音截。"《廣韵・黠韵》作"殃"側八切，癘疫也。《集韵》另收屑韵："昨結切。疫癘也。《周禮》：'大札則不舉。'徐邈讀。"

[345]《莊・人間世》："絜之百圍。"成疏："絜，約束也。"《集韵・屑韵》："絜，顯結切。約束也。《莊子》：'絜之百圍。'徐邈讀。"

[346]《莊・達生》："竈有髻。"司馬雲："髻，竈神。"《釋文》："髻音結。徐胡節反。"《廣韵》收霽韵："古詣切。綰髻。"義不合。《集韵》另收屑韵："奚結切，神名。"

[347]《莊・齊物論》："河漢沍而不能寒。"成疏："沍，凍也。崔云，猶涸也。"《廣韵》收暮韵："胡誤切。寒凝。"《集韵》："涸、曷各切。渴也。或作沍。"按《説文・水部》："涸，渴也。"段注："《爾雅・釋詁》曰：'涸，渴也。'俗本作'竭'。《月令》：'仲秋之月，水始涸。'"

[348]《易・震》："視矍矍。"注："矍矍，無所安視也。"《廣韵》收"矍"藥韵："居縛切。《説文》云：'佳欲逸走也。'一曰視遽貌。"《集韵》另讀："矍，目不正貌。《易》：'視矍矍。'徐邈讀。"

[349]《詩・氓》："其葉沃若。"毛云："沃若，猶欣欣然。"《廣韵・沃韵》："沃，灌也。烏酷切。"義不合。《集韵》另收"沃"藥韵："沃，茂貌。《詩》：'其葉沃若。'徐邈讀。"

[350]《周禮・鱉人》："以時簎魚、鱉、龜、蜃凡狸物。"鄭司農云："簎，謂以扠刺泥中搏取之。"《廣韵》收"簎"覺、陌兩韵。收陌韵者："測戟切。刺也。《國語》曰：簎，魚鱉也。"收覺韵者："士角切。取魚箔也。"按《廣韵・覺韵》。另有"擉"，與收陌者"簎"義同。

[351]《周禮・庖人》："凡用禽獸。"注："水涸而性定。"《釋文》："涸，胡洛反。"《廣韵》收鐸韵："下各切，水竭也。"《集韵》另收陌韵："轄格切，水竭。"

[352]《莊・養生主》："謋然已解。"成疏："骨肉離之聲也。"《釋文》："謋，化百反，

徐又許百反。"《廣韵·陌韵》："謋，謋然。虎伯切。"同小韵："砉，又呼狊切。出《莊子》。"按《廣韵·錫韵》："砉砉然物相離聲。呼狊切。"是"砉"爲"謋"之异文。但一讀二等，一讀四等。

[353]《周禮·司寇》："赤发氏。"鄭注："赤发猶言捇撥也。"《釋文》："捇，采昔反。徐呼陌反。"按從赤聲字，上古隸鐸部，徐呼陌反是也。《廣韵》收"捇"麥韵："呼麥切，掘土。又裂也。"《集韵》另收陌韵："郝格切，掘土謂之捇。"

[354]《莊·天地》："方且爲物絯。"成疏："絯，礙也。"《釋文》："絯，徐户隔反。"《廣雅》："絯，公才反。束也。"與郭義同。《廣韵·咍韵》："絯，古哀切。挂也。"《集韵》另收麥韵："下革切，拘束也。徐邈讀。"下革切"即"户隔反。"絯"讀入聲是徐邈特有讀音。

[355]《左·文十七年》："齊出玃，且長。"《廣韵》"玃"收藥韵："具矍切。"《集韵》另收昔韵："俱碧切。"

[356]《莊·徐無鬼》："委蛇攫搔。"《釋文》："攫，俱縛反。徐居碧反。《三蒼》云，搏也。"《廣韵》收藥韵："居缚切。"《集韵》另收昔韵："俱碧切。縛也。"

[357]《左·昭七年》："公孫皙。"《釋文》："皙，星歷反。徐思益反。"《廣韵》收錫韵："先擊切，人白色也。"《集韵》另收昔韵："思積切。白也。"

[358]《周禮·牛人》："亨牛求牛。"注："求，終也。終事之牛。謂所以繹者也。宗廟有繹者，孝子求神非一處。"《集韵·昔韵》："繹祭也，宗廟有繹，徐邈説。"

[359]《周禮·酒正》："二曰昔酒。"注："所謂舊醳者也。"《釋文》："徐音昔。"《集韵·昔韵》："醳，酒也。徐邈説。"按《禮·郊特性》："舊澤。"《釋文》依注讀爲"醳"。音亦。徐"詩石反"。"詩"書紐"石"昔韵。是"醳"徐有兩讀。一讀心紐，一讀書紐。

[360]《莊·列御寇》："槁項黄馘。"司馬云："面黄熟也。"《廣韵》收"馘"麥韵：古獲切。截耳，又獲也，或作"聝"。《集韵》另收錫韵："况壁切，面也。《莊子》：'槁項黄馘。'"俞樾謂，疑"馘"爲"㖕"之借字。

[361]《禮·曲禮》："名子不以國，不以山川，不以隱疾。"注："雖不得言，當可指擿。""擿"，徐吐歷反。《廣韵》收昔韵："直炙切。"《集韵》另收錫韵："他歷切，

挑也。"

[362]《禮・玉藻》:"君羔幦虎犆。"鄭注:"幦,覆苓也。"《集韵・錫韵》:"幦,詰歷切。《禮》:'君羔幣。'徐邈讀。"毛居正謂"苦"爲莫之誤。按《廣韵》錫韵:"覓,莫狄切。"毛说近是。

[363]《禮・明堂位》:"山節。"注:"刻欂盧爲山也。"《廣韵》收"欂"鐸、陌兩韵。《集韵》另收錫韵:"蒲歷切,柱也。"

[364]《詩・閟宫》:"稙穉菽麥。"毛傳:"先種曰稙。"《廣韵・職韵》:"稙,竹力切。早種未。"《集韵》另讀"丞職切"。引《説文》:"早穜也。"《詩》:"稙稚菽麥。"

[365]《禮・樂記》:"卵生不殈。"《釋文》:"卵拆不成曰殈。猶裂也。"《廣韵》收"殈"錫韵:"呼臭切。鳥卵破也。"《集韵》另收職韵:"忽域切。卵破也。《禮》:'卵生者不殈。'徐邈讀。"

[366]《禮・仲尼燕居》:"恭而不中禮謂之給。"孔疏:"给謂捷給。"《庚韵・緝韵》:"給,供給,居立切。"《集韵》:"極入切。敏言也,《禮》:'恭而不中禮謂之給。'"

[367]《廣韵・緝韵》:"俋,俋俋然,耕貌。"《集韵》另收"乙及切"一讀:"耕人行貌。《莊子》:'俋俋乎耕而不顧。'"

[368]《書・益稷》:"合止柷敔。"孔疏:"合樂用柷,止樂用敔。"

[369]《莊・山木》:"則呼張歙之。"《釋文》:"張,開也。歙,斂也。"按《廣韵・葉韵》:"歙,書涉切。"聲不合。《集韵・葉韵》:"歙,虛涉切。懼貌。"義不合。

[370]《左・成十六年》:"楚晨壓晋師而陣。"杜注:"壓笮其未備。"《廣韵》"壓",收狎韵:"烏甲切。笮也。"《集韵》另收葉韵:"益涉切《说文》:'笮也。'"

[371]《左・襄六年》:"傅于堞。"《釋文》:"堞音牒,女墻也。徐養涉反。"《廣韵》收"堞"帖韵:"徒協切。城上垣。"《集韵》另收葉韵:"弋涉切。女墻也。《春秋傳》:'環城傅于堞。'徐邈讀。"

第三章　韵類討論

第一節　徐音開合口

一爲被切字和反切下字開合關係。

徐音在開合韵里，被切字和反切下字的開合關係是相當一致的。如果被切字是開口韵字，反切下字也一定是開口韵字。如果被切字是合口韵字，反切下字也一定是合口韵字。在徐音全部切語里被切字和反切下字開合不同的僅有以下四例：

（一）耿公颖 被切字開口、反切上字獨韵，反切下字合口。

（二）闃苦鶪 被切字合口、反切上字獨韵，反切下字開口。

（三）攖於營 被切字開口、反切上字獨韵，反切下字合口。

（四）絅口定 被切字合口、反切上字獨韵，反切下字開口。

事實上，以上（一）(二)(三）例并不一定是例外：

《書·立政》："丕釐上帝之耿命。"《傳》："大賜上天之光命。"按"耿"爲熲之借字。徐"公穎反"，即爲"熲"注音。

《易·豐》："闃其無人。"《正義》謂"闃寂無人。《廣韵·錫韵》："闃，寂静也。苦鶪切。"又同韵："鶪，伯勞，古闃切。""闃""鶪"互爲反切下字。徐音闃，苦鶪切。"鶪"疑爲鶪字之訛。

《莊·大宗師》："其名爲攖寧。"成疏："攖，擾動也。"《釋文》："郭音縈。徐於營反。"徐於營反者爲"縈"注音。又《庚桑楚》："不以人物利害相攖。”成疏：“攖，擾亂也。”《釋文》：“攖，於營反。徐又音嬰。”徐音嬰者，音義兼釋。請參看梗攝有關“攖”字的討論。

例（四）才是開合混亂。“絅”，徐有兩讀。《禮·玉藻》襌爲絅。徐音迥；又《中庸》衣錦尚絅。襌衣也。口定切。徐邈讀。兩者意義全同。一讀開口，一讀合口。

二爲唇音字和開合口的關係。

上文我們曾説過，徐音在開合韵裏被切字和反切下字的開合關係是相當一致的，但這僅僅是指一般開合韵而言，并不包括以唇音字作被切字或作反切下字的切語。徐音唇音字不分開、合。换言之，徐音被切字，如果是唇音字，反切下字可以是唇音字，可以是開口韵字也可以是合口韵字。反過來説，被切字無論是開口、合口，都可以用唇音字作反切下字。請看下表。

開合韵裏唇音字的反切下字總表

聲類	被切字的數字	反切下字		
		脣音	開口	合口
幫	37	俾甫婢 披甫髮 臂方避 斐方眉 否音鄙 发音廢 祓音廢 分甫問 賁音奮 攅音奮 枋音方 棐音匪 誹音非 賁音奔	陂甫寄 跛方寄 贲甫寄 比補履 秕甫姊 芘甫至 畀甫芾 庇甫至 比甫至 鷩方利 閟方冀 蔽方四 粃甫止 芾方蓋 蔽甫世 掊方垢 把扶雅 嶓甫河 邠甫巾 藩甫言 别彼列 搏甫各	閉邊惠
滂	25	丕甫眉 坯扶眉 伾扶眉 疕芳鄙 胠芳尾 亹音尾 編音篇 偏音篇 猵扶面 便扶面 烹普孟 馮轅冰	紕孚夷 沛普蓋 淠普蓋 盼敷諫 番甫言 諞敷連 嫳敷結 礴敷各 辟芳亦 僻敷赤 伻敷耕 澼敷歷	娩方顯
並	65	卑音婢 敝音婢 髀匹婢 罷音彼 陪扶坯 培扶杯 茷扶廢 蠙音頻 仳符鄙 圮扶鄙 蕡蒲悶 伴音畔 辨音辯 昄符版 阪音板 辨方免 辯扶免 便扶面 弁扶變 卞扶變 防音房 悖蒲没 弊扶滅 蔓音蠻 漫武畔	紕補移 陴扶移 貔扶夷 蚍扶夷 比扶夷 牝扶死 比扶志 俾扶志 陪蒲來 培扶來 倍扶來 偝扶代 脾扶佳 弊扶計 茇扶蓋 幣扶世 矉扶真 臏方忍 扁扶引 牝扶盡 諞甫淺 荓補耕 泙敷耕 鼊父幸 洴扶經 併扶頂 敝房列 亳扶各 簿步各 辟房亦 闢甫亦 樽薄歷 狴扶蟹	蕡扶畏 氛扶云 贲扶云 颁甫云 汾扶云 棼扶云 伻扶袁

明	24	弭(武婢) 靡(亡彼) 免(音間) 闻(音間) 文(音間) 銘(音冥)	脉(亡代) 霾(莫戒) 瀰(莫啓) 韎(莫蓋) 沫(武蓋) 瞖(亡巾) 湣(武軫) 脗(武軫) 慢(莫但) 鄤(武但) 瞑(亡千) 湎(莫顯) 沔(莫顯) 慢(無見) 蕒(莫刚) 盟(武耕) 皿(亡幸) 瞑(亡定)	
總	151	57	85	9

注：《切韵》《廣韵》收“閉”“霽韵、掩閉、博計切、開口”。“閉”是唇音字，徐唇音字不分開合，故得以合口字作“閉”的反切下字。

徐音現存的唇音字小韵共一百五十一個。其中以同類字（唇音字）作反切下字的五十六個，以開口韵字作反切下字八十五個。以合口字作反切下字的十個。

開合韵以唇音字爲反切下字的切語總表

唇音字作開口韵的反切下字表				唇音字作合口韵的反切下字表			
紙開 A	跂（丘婢）	黠開二	戛（古八）	支合 B	羸（力皮）	職合三	閾（況逼）
紙開 B	踦（居彼）	黠開二	鞂（古八）	支合 A	跬（丘婢）	職合三	殈（況逼）
卦開二	解（古賣）	黠開二	*介（古八）	紙合 B	恑（九彼）		
卦開二	解（胡賣）			怪合二	壞（胡拜）	共二十例	
薺開四	涕（他米）	共十八例		軫合 B	隕（于貧）		
霽開四	*䁯（許嬖）			軫合 B	*員（于貧）		
夬開三	芥（姬邁）			真合 B	筠（于貧）		
軫開 B	策（側敏）			慁合一	洊（䇤）（在悶）		
裥開二	間（古辦）			删合二	頑（五班）		
先開四	見（賢遍）			狝合 B	卷（紀勉）		
庚開四	烹（普孟）			先合四	駽（胡眄）		
映開二	行（胡孟）			青合四	扃（公冥）		
蒸開三	矜（棘冰）			陌合二	虢（公伯）		
黠開二	札（於八）			陌合二	謋（許伯）		
黠開二	楔（古八）			麥合二	畫（胡麥）		
				昔合三	*攫（居碧）		
				錫合四	*䦨（況壁）		
				錫合四	湨（公壁）		

上表，徐音開口韵以唇音字作反切下字的現存十八例，合口韵以唇音字作反切下字的現存二十例。特别是，“跂”和“跬”同作“丘婢反”，《切韵》

《廣韵》一作開口，一作合口。“踦”和“恑”同用“彼”作反切下字，《切韵》《廣韵》一作開口，一作合口。看來，徐音對唇音字爲開爲合似乎没有什么一定的標準。

第二節　等和介音

我們用系聯法把徐邈爲經籍注音的音切（直音和反切）系聯爲若干韵類。爲了便于和《廣韵》比較，進一步把這些韵類歸納爲七十八個韵部，并采用《廣韵》平聲韵目作爲這些韵部的名稱。徐音每一韵部相當于《廣韵》平、上、去三聲。入聲則沿用《廣韵》入聲韵目，自爲一類。在這一基礎上，我們打算對徐音七十八部的等、呼作進一步研究。在本書第一節已討論了徐音韵類的開口問題，本節主要討論徐音的“等”和“介音”。

一

在徐邈的反切系統里，咍（灰）、模、侯、歌（戈）、豪、泰、東、冬、魂、寒（桓）、唐、談、登十三個韵部（及其相應的入聲）的音切分布情况和《廣韵》相應的十六個韵系字大致相當。宋元等韵學家管《廣韵》這十六個韵系字叫一等韵。我們沿用這一叫法，管徐音這十三個韵部也叫一等韵。《廣韵》一等韵除以上十六個韵系外，另有臻攝和魂韵系相配的痕韵系字。以及咸攝和談韵系并列的覃韵系字，徐音痕韵系字未見。覃韵系僅存三字：坎、譚、鐔。

（一）坎：徐音，“坎”，苦敢反，又苦感反。一讀談部，一讀覃部。

（二）譚：《莊·則陽》：“何不譚我於王。”《釋文》：“譚，徐徒暗反。”本亦作談。顯然，“譚”是談的异文。

（三）鐔：徐音被切字和反切下字同屬覃韵系字的僅“鐔，徒南反”一例而已。

因此，在徐邈的反切系統里，對《廣韵》的痕韵系字和覃韵系字音切分布情況，實無法做出什么推斷。

二

徐音江、佳、皆、夬、麻二、肴、删、山、銜、咸、耕十一個韵部（及其相應的入聲）和《廣韵》相應的十一個韵系字相當。宋元等韵學家管《廣韵》這十一個韵系字叫二等韵。我們沿用這一叫法，管徐音這十一個韵部也叫二等韵部。《廣韵》二等韵，除以上十一個韵系字以外，還有臻攝臻韵系字和梗攝庚韵系字。這兩系字，徐音分別地并入真部和耕部。因此，徐音二等韵僅有以上十一個韵部。

下面我們討論一個比較麻煩的問題。

20世紀60年代雅洪托夫（S.E・YAKHOTOV）發現《廣韵》二等韵没有來母字。同時還發現在諧聲系統里，二等字和來母字的關係异常密切。因此，主張上古漢語二等韵有一個介音“r”。有這個介音“r”，既可以解釋中古二等韵爲什麽没有來母字，也可以解釋諧聲系統里二等字和來母字的關係爲什麽异常密切。後來李方桂在《上古音研究》里也主張上古漢語二等韵曾有一個使舌尖音捲舌化（并能使元音央化）的“r”介音。

現在我們要問，在徐邈的反切系統里，二等韵還有没有介音？（雅洪托夫曾説過，上古漢語二等字的“r”介音遠在漢代就已經消變了）這的確是一個比較困難的問題。陳澧曾説過：反切之法以二字爲一字之音，上字與所切之字雙聲，下字與所切之字迭韵。這就是説，反切上字與所切之字同聲母。反切下字與所切之字同韵母。就漢語的音節結構來説，“介音”僅僅是韵母的一小部分。因此，孤立地來考察反切上、下字，是發現不了什么介音的。

下面我們打算采用一種間接的方法，我們打算從徐音的一些非正則的切語入手，也就是利用徐音某些切語的又讀和混切作爲研究的切入點。然后透過這些表面的現象，來探討一些較爲深入的問題。

我們在第一章討論徐音聲類的時候曾説過，凡具有又讀或混切的切語，大致有兩種情況。一種是“多向”的。例如，徐邈反切系統里的“以母”字。徐音以母字除和邪母字互爲反切上字外，并能和定母、船母字混切或有又讀。换言之，徐音以母字可以和多類聲母發生關係。因此，我們説，徐音以母是“多向”的。并説，這種現象是由多種因素造成的。有歷史方面的，有方言的不同，有經師的异讀，也有音近的混切。另外一種是“單向”的。例如，徐音知、莊兩組字分别的只和端、精兩組字又讀或混切。我們解釋這種現象，曾説過，在較早的某一時期，端、知兩組字是一類（根據傳統的説法），精、莊兩組字也是一類，僅僅由于某種原因，促使這些本屬相同的聲類，發生裂變。經過一個時期的組合調整，然後沿不同道路，各自發展。在徐邈的反切系統里，端、知兩組字和精、莊兩組字，正處于這種裂變和組合調整的階段。

從漢語語音發展的歷史來看，知、莊兩組字和二等韵的關係特别密切。特别是莊組字，即使在三等韵里，等韵學家也管莊組字叫二等字。因此，考察徐音知、莊兩類聲母分布的情況，是研究徐音二等韵是否還有介音的一個帶有關鍵性的問題。

爲了便于討論，下面我們把徐音知、莊兩組字分别地列成兩表，加以説明，作出推斷。

表一　知組

二等		奓都嫁　罩都學　淖（掉）徒較　琢丁角
三等	a	中丁仲　縶丁立　窒丁吉
	b	著都慮張慮　著丁慮張慮　綴丁衛張衛
	c	追音追　鎮音珍　築音竹　絺張履　禎音貞

知組二等現存四例，一律以端組字作反切上字。按照錢大昕的説法，徐音二等韵里，中古端、知兩組字徐仍讀一類。

知組三等，根據反切上字和被切字關係的不同，特分 a、b、c 三個小類。

爲了叙述方便，現以知母字爲例，a 類，反切上字是端組字，這和二等韵情况一樣，這些字徐仍讀舌尖塞音。b 類，反切上字端、知不定。這就是説，同一個字，有時用端組字作反切上字，有時又用知組字作反切上字。可以推知，這些字正處于一種裂變的狀態。c 類，一律用本組字作反切上字。顯然，這些字由原來聲類向一新的聲類轉化，已基本定型。我們還可以進一步推知，在徐邈的反切系統里，促成這一演變的條件是三等韵的前腭介音。

表二　莊組字表

二等	a	棧在簡　浞在角　簎倉格
	b	儳在仕鑒鑒　札側音八截　驟在仕遣遣
	c	齊側皆　訕所奸　摻所斬　渻所幸　省所幸　捉仕角　巢吕交
三等	a	俎側吕　莊側亮　牀仕良　陬側留　傻所留　簪側林　岑在林　數所録　殺所所例列　畝霜獵
	b	差初宜　蓁仕巾　抆側冀　灑所綺　釃所綺　纚所綺　攦所綺　縱（躧）所綺
	c	剗初展　插初輒　錙側其　鉏在在魚居　苴爭七初餘　謏所穆

徐音二等韵莊組字共存十三例，另有一例“篹”是訓讀。（參看聲類崇母系聯）另十二例，現仿知組的辦法，根據反切上字和被切字關係的不同，也分兩類。其中二等莊組字再分 a、b、c 三個小類。a 類三例，反切上字都是精組字；b 類兩例，反切上字讀精讀莊不定；c 類六例，都以本組字作反切上字。另有一例“巢”，以來母字作反切上字。

徐音二等莊組字，反切上字分布情况和三等知組字的情况大致相似。也就是説，徐音二等韵的精組字正在向莊組字演變。上面我們曾援引李方桂先生的説法“上古漢語二等韵曾有一個使舌尖音捲舌化的‘r’介音”。看來在徐邈的反切系統里，這個“r”還在起作用，因爲二等韵里的莊組字有的徐音還在以精組字作反切上字，説明這些字的“r”還没有消變。

三等韵莊組字現存二十四例，其中鉏、岑兩例反切上字是精組字，苴、數兩例讀精讀莊不定，其餘二十例一律用本組字作反切上字。

徐音三等韵莊組字，以本組字作反切上字的占的比例比二等韵要大得多。從表面上看，徐音三等韵莊組字已基本完成了由精組向莊組這一歷史性的演變，但促成這一演變的條件是什么，情況不明。董同和在《上古音韵表稿》里花了很大的力氣證明《廣韵》三等韵里莊組字都是由二等韵轉來的，似乎可以解釋上面的問題。

徐音三等韵的莊組字，根據反切下字特點也可分 a、b、c 三個小類，a 類十例，反切下字都是來母字。b 類八例，反切下字都是“重紐”韵中“韵圖”列三等的喉牙音字。其中灑、醨、纚、攦、縱（躧）五例都是麗聲字。這些字在歷史上都曾有過來母或相當于來母字的讀音。特别是“攦”，《經典釋文・莊子音義》引郭象的讀音是“吕系反”。顯然，西晋初年，這個字還讀來母。c 類六例，其中剗、插等字顯由二等韵轉入三等的。徐音三等莊組字共二十四例，其中，以來母字作反切下字高達十例。占全部例字 41%。如果加上從、麗、得、聲、的五例，占全部例字 62.5%，看來這不像是偶然的，可以認爲這些字由二等韵轉入三等的時候，介音“r”色彩還没有完全消變。特别是 a 類十例都以來母字作反切下字。可以推知，這是以反切下字的聲首來摩狀還未消變的“r”音值。在《釋文》和《切韵》里，徐音以來母字作反切下字的切語都經過了改寫，因爲到了《釋文》《切韵》時候，“r”已完全消失了，以來母字作反切下字再也没有什么意義了，參看下表。

表三　徐音三等莊組 a 類例字表

例字	俎	莊	牀	陬	傁	簪	岑	數	殺	歃
徐音	側吕	側亮	仕良	側留	所留	側林	在林	所録	所例	霜獵
釋文	側吕	側良	徐仕良	走侯	素口	徐側林	仕金	所角	所界	山洽
切韵	側吕	側羊	仕莊	側鳩	蘇后	側岑	鋤金	所角	所拜	所洽

不難看出，内轉各攝，《釋文》有的仍沿用徐音。（因爲没有獨立二等韵）個别讀音，特標“徐”，以示异讀。外轉各攝，一律改讀二等。《切韵》除保留遇攝“俎，側吕反”一例外，其他一律改寫徐邈的切語。

現在我們把上面所討論的問題再簡單地概括如下。

▲徐音知、莊兩組字正處于演變的狀態中。

▲二等韵：知組字（還在讀舌尖前塞言）還看不出有什么變化。

莊組字(舌尖前塞擦言)正處于一種裂變狀態,正在向一個新的聲類(舌尖后音)過渡。

▲三等韵：知組字和二等韵莊組字一樣，正處于一種裂變的狀態，正在向一個新的聲類（舌面塞音）過渡，并且還可進一步推知，促成這一演變的條件，是三等韵的前顎介音。

徐音三等韵的莊組字大致像董同和所説的,是由二等變來的,在徐邈的反切系統里,這些字的反切下字,40%以上的都用來母字。根據雅洪托夫和李方桂的説法,二等韵有一個可以使舌尖音捲舌化的“r”介音。據此可以推知,這些以來母字爲反切下字的莊組字,是由二等韵轉入三等韵后,其“r”讀音還未完全消變。

下面我們打算再換一個角度來看看這一問題，打算從魏晋韵文用韵的情況，來推測徐邈時代漢語二等字是否還存在介音。

爲了能把問題説清楚，我們打算先談一下漢語上古音晚近研究的一些情況和漢語韵文押韵一般的要求。

漢語上古音的研究經過晚近學者的努力，大家一致認爲上古漢語，在同一韵部里主要元音是相同的。但上古漢語同一韵部往往兼有中古的一、二、三、四等韵的韵字。各等韵字后來演變不同，一般認爲這種不同的演變是由介音不同引起的。

但就漢語韵文押韵來説，一般要求能在一起押韵的主要元音和韵尾一定要相同，介音是無關緊要的。以上的兩點説明，對我們研究魏晋時期漢語二等字還有没有介音提供了一個重要的啓示。由《詩經》到魏晋韵文，上古音同部的一、二等韵的韵字，始終都能在一起押韵，這不僅説明了由上古到魏晋，上古音中同部的一、二等字的元音没有什么大的差异，同時也説明了在上古音中，用以區别一、二等字的介音也一直是存在的。

下面我們打算以陶潛詩爲例來考察徐邈時代，上古同部的一、二等字的押韻情况。

徐邈生于東晋康帝建元二年，卒于安帝隆安元年（344—397）；陶潛生于東晋哀帝興寧三年，卒于宋文帝元嘉四年（365—427）。兩人時間比較接近。徐邈祖籍東莞（今山東諸城縣境），其祖父南遷，邈生于京口（今江蘇鎮江）。陶潛祖父陶侃家于潯陽（今江西九江），陶潛生于潯陽。兩人出生宦遊不出江南。在他們的著作里，大概都是用的江南讀書音。下面是陶詩用韻的情况：

例句中，字下加“○”的是中古一等韻字；加“●的是二等韻字。無任何符號的爲三、四等韻字。

東	贈長沙公：	同東江通 ○○●○	左兩例，上古東部字。
	停雲：	濛江窗從 ○●●○	
歌	擬古：	和歌多華何 ○○○●○	左三例上古歌部字。上古魚部麻韻系字“華”“家”已轉入歌部。
	臘日：	和花多歌 ○●○○	
	挽歌：	何家歌阿 ○●○	
宵	祭程氏妹：	操樂效孝蹈報 ○●●●○○	左兩例上古宵部字。上古幽部豪韻系字“蹈”“報”已轉入宵部。
	歸鳥之四：	條標交勞 　　●○	
微	歸鳥之三：	徊栖諧懷 ○　●●	左兩例上古微部字。上古脂部皆韻字“諧”“階”已和微部皆韻字“懷”合流，并和微部一等字押韻。
	闲情赋：	徊階哀摧懷 ○●○○●	

	庚戌歲九月：	端安觀還寒難干顏關歡 ○○○●○○○●●○	左四例上古元部字。
元	咏貧士：	干官餐寒顏關 ○○○○●●	
	擬古：	完冠顏關端彈鸞寒 ○○●●○○○○	
	歸去來辭：	顏安關觀還桓 ●○●○●○	

以上東、歌、宵、微、元，五部共十三例。上古其他韵部字陶詩極少取韵。這里就不能一一備舉了。以上十三例有兩點值得我們注意的。

（一）上古异部而中古同韵的字，魏晋時期這些字已經合流并爲一部。（參看上文，徐音各部系聯情況）

（二）上古同部的一、二等字還常常在一起押韵。説明上古音一、二等字仍同處一個韵部。上古原有的格局未變。由陶詩用韵，可以推知，徐邈時期同部的一、二等字主要元音一定相同。同時也可以推知，上古用以區别一、二等字的介音也一定存在。齊梁以后，這種情況就大不相同了。

周祖謨先生在《齊梁陳時期詩文韵部研究》一文裏里説過：“齊梁以下，韵部的分類，跟劉宋時期有很多的不同。其中最顯著的二等韵大部分獨立成爲一部。如江韵、山韵、皆韵、佳韵、麻韵、肴韵、覺韵、黠韵等都是，屬于《切韵》二等韵只有庚韵、耕韵、臻韵、夬韵、咸韵、銜韵幾個韵没有獨立。”

按咸、銜、夬三韵，晋宋韵文，入韵字少，似不能以之决定其是否獨立。庚韵、耕韵、臻韵上古無一等韵字與本文討論的關係不大。

周先生又説：“二等韵分用是齊、梁、陳、隋時期一大特點。”的確，二等韵脱離了一等韵獨立是漢語語音史上帶有關鍵性的問題。二等韵分立，説明了劉宋以后二等韵介音“r”完全消失了。上古音的框架已經徹底瓦解。一、二等韵元音開始分化，進入了以元音洪細分等的中古音的格局。

本文脱稿后，承李榮先生指出：《隋韵譜》蟹效兩攝二等韵，除自相押韵外，還和海、蟹、薺同用一次，泰、怪同用三次。《庾信詩文用韵研究》：“咍皆一次、泰怪一次、寒山一次、寒、桓删、山一次、翰諫一次、覺藥、鐸三次。”附記于此，作進一步研究參考。

三

徐音、微、廢、殷、文、元、之、麻三、魚、虞、尤、幽、東三、鍾、陽、清、蒸、支、脂、祭、宵、真、仙、侵、鹽二十四個韵部音切分部情況和《廣韵》的微、廢、殷、文、元、之、麻三、魚、虞、尤、幽、東三、鍾、陽、清、蒸、支、脂、祭、宵、真、諄、仙、侵、鹽二十五韵系字大致相當。等韵學家管這二十五個韵系都叫作三等韵。我們沿襲這一叫法，管徐音以上二十四個韵部也叫作三等韵部。《廣韵》三等韵除上面二十五個韵系外，另有戈韵三等、咍韵三等、庚韵系三等，以及嚴、凡等韵系字。徐音戈韵三等字和咍韵三等字未見，庚韵系三等字并入耕韵系，嚴韵系字徐音僅存上聲一例。凡韵系字存平、去聲三例。嚴韵系入聲僅存"業"一字，五答反，讀入合部。因此，《廣韵》嚴、凡兩韵系字在徐邈的反切系統里，還没有形成一個完整的韵類。

按照《切韵音系》的作法，我們把徐音這二十三個三等韵部也分爲子、丑、寅三個類型來進行討論。

（一）子類：微、廢、殷、文、元五部（及其相應的入聲）

以上五部和《廣韵》微廢殷文元五韵系字大致相當。語言學界習慣上管《廣韵》這五個韵系字叫純三等韵。徐音五部和《廣韵》不同的是，徐音元部開合兩類都有唇音字。開口：藩、番，同甫言反。合口：繙，音煩，又音盤。幡，孚袁反。

（二）丑類：之、麻三、魚、虞、尤、幽、東三、鍾、陽、清、蒸十一部（及其相應的入聲）

以上十一部和《廣韵》之、麻三、魚、虞、尤、幽、東三、鍾、陽、清、蒸十一個韵系字大致相當。其中之、麻三没有合口，清、蒸、陽兼具開、合，餘爲獨韵。和《廣韵》不同的是，之部上、去聲有唇音字。上聲：秕，甫止反又甫姊反；匕，扶志反又扶至反。顯然，徐音之韵部的唇音字僅僅是脂韵部唇音字的又讀。

（三）寅類：支、脂、祭、宵、真、仙、鹽七部

以上七部和《廣韵》支、脂、祭、宵、真、仙、鹽七韵系字大致相當。習慣上有人管《廣韵》這七個韵系叫“重紐”韵。我們沿襲這一叫法，管徐音以上七部也叫作具有“重紐”的韵部。《廣韵》重紐韵除以上七個韵系外，還有侵韵系喉牙音字也有重紐對立。徐音侵部兩類喉牙音僅存兩例，反切下字都是舌齒音字，構不成兩類字的對立。因此徐音重紐韵僅有以上七部。

徐音重紐七部，每一韵部大致可分 A、B 兩類。A 類，相當于“韵圖”列四等的喉牙唇音字和舌齒音字（莊組字除外）。B 類，相當于“韵圖”列三等字的喉牙唇音字。但 B 類字可以和莊組字聯成一類。

B 兩類的反切下字有嚴格的區別，互不雜厠，顯爲兩類不同的韵母。

但是我們必須注意到以下兩點事實：1. 徐音重紐韵，A、B 兩類喉牙唇音字，魏晋韵文往往能在一起押韵，現仍以陶詩爲例。《桃花源詩》：世逝廢憩 $_B$ 藝税吠制詣厲歲慧界蔽 $_A$ 外契。《癸卯歲始春》：踐免 $_B$ 緬 $_A$ 善遠返淺。顯然，當時兩類字讀音一定非常相近。2. 徐音重紐韵兩類喉牙唇音，A 類除莊組字能和任何舌齒音字系聯，B 類只能和莊組字系聯，并能和來母字互爲反切上、下字。但是限于我們掌握的資料，這一現象不能做更進一步分析了。

四

在徐邈的反切系統里，齊、先、蕭、青、添五個韵部音切分布情况大致相當于《廣韵》齊、先、蕭、青、添五個韵系的字。語言學界習慣上管《廣韵》這五韵系字叫純四等韵，以别于上文寅類，所謂三、四等合韵。我們沿襲這一叫法，管徐音、齊、先、蕭、青、添五部也叫純四等韵部。

徐音純四等韵部比較簡單，需要討論的僅蕭、青兩部。

（一）《廣韵》宵韵系齒頭音字徐音基本上都讀入蕭韵系

蕉（精宵）　在（從）堯（蕭）　愀（清小）　子（精）了（筱）

焦（精宵）　在（從）堯（蕭）
嘸（精宵）　在（從）堯（蕭）
綃（心宵）　桑（心）堯（蕭）
肖（心笑）　蘇（心）叫（嘯）

另有唇音字：

飄（非宵A）　扶（奉）堯（蕭）

因此，有人主張徐音宵、蕭兩部應合爲一部。事實上徐音宵、蕭兩部混切的僅僅限于“韵圖”列四等的唇音字和舌齒音字，其他聲紐字兩韵部仍有嚴格的區别。

（二）徐音青韵系合口喉牙音字多數讀入清韵系

坰（見青）　苦（溪）營（清）　褩（溪迥）　孔（溪）穎（静）
耿（炯）（見迥）　公（見）穎（静）　扃（溪迥）　孔（溪）穎（静）
頴（溪迥）　孔（溪）穎（静）

《韵鏡》三十三，開；三十四，合，分别列清韵系字四等。三十五，開。清韵系喉牙唇音基本無字。因此，有人主張庚三和清韵系喉牙唇音字相配。這樣庚和清就和《廣韵》三、四等合韵的重紐韵相當。根據徐音通例，凡具重紐的各個韵部，“韵圖”列四等的喉牙唇音字往往和上古同部的中古純四等韵字混切或有又讀。因此，以上青、清混切就合乎徐音一般演變的通例。

據此，徐音宵、蕭、清、青爲四個獨立的韵部。

五

現在我們來討論徐音三、四等韵的介音。

我們在上一節曾説過，徐音支、脂、祭、宵、真、仙、鹽七部兩類喉牙唇音字有不同的反切下字。用系聯法系聯，嚴格地分爲兩類。另外，這兩類喉牙唇字混切和又讀所涉及的範圍也完全不同。我們無法否認在徐邈具有重紐的七個韵部里，兩類喉牙唇音字是代表完全不同的兩種韵類。

因此，徐音三等韵介音的擬訂就簡單多了，我們把徐音三類三等韵介音一律訂爲“j”。

根據上文第三節和第四節指出的現象。徐音三、四等韵字有大量的又讀和混切，我們無法否認徐音齊、先、蕭、青、添五部應該有和三等韵音值相近的介音。比方説，如果我們假定徐音四等韵類没有介音，我們就無法解釋下面徐音這一對音切：

僚（來蕭） **力**（來）**遥**（宵） **瓢**（顯宵） **扶**（奉）**堯**（蕭）

我們必須假定“僚”和“瓢”具有相同的介音。我們把徐音四等韵介音訂爲“i”。

現在我們把徐音一、二、三、四等韵的介音列表如下。

等	介音
一	o
二	r
三	j
四	i

附：异等相切例字

在徐邈的切語里，被切字如果是《切韵》一等韵字。一般，也都用一等韵字作反切下字；被切字是二等韵字，也都用二等韵字作反切下字；被切字是三、四等韵字，也分别的用三、四等韵字作反切下字。但有少數例外，現列舉如下。

异等相切例字表

等次	被切字和反切下字异等	例字
一等	被切字一等，反切下字二等	傀(一)呼懷(二)　⿵几虫呼懷　苛(一)黑嗟(二)　闞(一)火斬(二) 蔓(一)音蠻(二)　蔓(一)音蠻(二)　莞(一)九還(二)
	被切字一等，反切下字三等	捕(一)音付(三)　貿(一)亡救(三)　踣(一)音附(三) 傻(一)所留(三)　涑(一)息録(三)　覃(一)以廉(三) 茶(一)音餘(三)　堵(一)常邪(三)　齕(一)胡勿(三) 擭(一)户覆(三)
	被切字一等，反切下字四等	噦(一)呼惠(四)　薄(一)扶歷(四)
二等	被切字二等，反切下字一等	龐(二)扶公(一)　嗟(二)七河(一)　慢(二)莫但(一) 坎(二)苦敢(一)
	被切字二等，反切下字三等	數(二)所録(三)　札(二)側乙(三)　櫛(二)側冀(三) 擉(二)丁録(三)
	被切字二等，反切下字四等	慢(二)無見(四)　綻(二)治見(四)　札(二)音截(四) 莧(二)胡練(四)　(二)薄鷄(四)
三等	被切字三等，反切下字一等	黼(三)音補(一)　膴(三)莫杜(一)　傅(三)方暮(一) 繙(三)方盤(一)　務(三)莫候(一)　搻(三)扶公(一) 驟(三)在遘(一)　騶(三)側侯(一)　甯(三)音豆(一) 咮(三)都豆(一)　隧(三)徒猥(一)　瀼(三)乃剛(一) 婉(三)于管(一)
	被切字三等，反切下字二等	泙(三)敷耕(二)　盟(三)武耕(二)　皿(三)亡幸(二) 英(三)於耕(二)　剑(三)之肴(二)

續表

等次	被切字和反切下字异等	例字		
三等	被切字三等，反切下字四等	鞑（三）邊惠（四）	獼（三）五兮（四）	淠（三）孚計（四）
		愒（三）丘麗（四）	眭（三）許圭（四）	禋（三）音烟（四）
		湎（三）莫顯（四）	沔（三）莫顯（四）	刌（三）倉典（四）
		飄（三）扶堯（四）	蕉（三）在堯（四）	噍（三）在堯（四）
		綃（三）桑堯（四）	銶（三）音虯（四）	絿（三）音虯（四）
		遒（三）在幽（四）	滫（三）相幼（四）	糔（三）相幼（四）
四等	被切字四等，反切下字一等	膋（四）音勞（一）		
	被切字四等，反切下字二等	窐（四）於蛙（二）		
	被切字四等，反切下字三等	黎（四）力私（三）	殹（四）鳥例（三）	帠（四）魚例（三）
		僚（四）力遥（三）	柚（四）以救（三）	點（四）之廉（三）
		扁（四）扶忍（二）	懁（四）音絹（二）	坰（四）苦營（三）
		褧（四）孔穎（三）	顈（四）孔穎（三）	扃（四）孔穎（三）
		軼（四）徒列（三）	隉（四）語折（三）	

上表不難看出，徐音三四等字混切占的比例最大。

第三節　徐邈反切系統里重紐字

《切韵》支、脂、祭、宵、真、仙、侵、鹽八個韵系的喉牙唇音字有兩套對立的小韵。“韵圖”把這兩套小韵的代表字分别放在三、四等地位，習慣上叫作“重紐”。

語言學界主張“重紐”有語音上區别的主要有兩派。一派認爲《切韵》

支、脂、祭、宵、真、仙、侵、鹽八韵系的重紐字是代表兩類不同的韵母。另一派主張《切韵》這八個韵系的喉牙唇字重出是因爲《切韵》三等韵里有兩種介音。"韵圖" 列三等的喉牙唇音字介音是 [I-]，列四等的介音是 [i-]。(有的學者認爲三等是 [j-]，四等是 [i -])

這兩種説法，迄今未得到統一的認識。現在來看看這兩類喉牙唇音字在徐邈的反切系統里反映的情況是否能給我們一點新的啓示。

下面我們打算分兩個部分來進行討論。第一部分，采用列表的方式，列舉徐邈反切系統里相當于《切韵》《廣韵》支、脂、祭、宵、真、仙、侵、鹽八韵系兩類喉牙唇音字分布的情況。(下表僅列七部，徐音侵韵系無對立的例字）用以觀察在漢語語音發展史中，這八個韵系、兩類喉牙唇音字，徐音和《切韵》《廣韵》一系韵書的分布有哪些不同。第二部分，根據徐音所提供的一些現象，進一步推斷徐音在漢語語音發展史上所具有的特點。

一

本表説明：

一、本表共分兩個部分，暫稱表一、表二。表一主要收録《經典釋文》中相當于《廣韵》支、脂、祭、宵、真、仙、鹽七韵系，"韵圖" 列四等的喉牙唇音字。

表二主要收録《經典釋文》中相當于《廣韵》支、脂、祭、宵、真、仙、鹽七韵系，"韵圖" 列三等的喉牙唇音字。

二、表一第一欄 "例字" 是指摘録《經典釋文》中有關的經文，作爲本表的例字。第二欄 "徐音"，是指在《經典釋文》中徐邈爲第一欄中例字所作的切語。第三欄是指一欄中的例字在《廣韵》中的切語。二、三兩欄可比證《廣韵》和徐音异同。第四、五兩欄是用等韵的語言解釋例字和徐邈的讀音。四欄是表示一欄中 "例字" 在 "韵圖" 中的音韵地位。五欄是表示徐音反切下字在 "韵圖" 中的音韵地位。第四、五兩欄表示 "例字" 和 "徐音" 在

“韵圖”中有相同的音韵地位。即徐音和例字讀音是一致的。第六、七兩欄表示“例字”和“徐音”上古來源相同。

表二的說明和表一全同。所不同者，表一是陳述“韵圖”列四等的喉牙唇音字，表二是陳述“韵圖”列三等的喉唇音字。

表一 “韵圖”列四等的喉牙唇音字

《廣韵》韵類	例字	徐音	例字	例字	徐音反切下字	例字	徐音切下字
			《廣韵》音讀	韵圖讀音	韵圖讀音	上古音	上古音
支	俾	甫婢反	＊卑婢切	紙開幫四	紙開並四	支	支
	弭	武婢反	綿被切	紙開明四	紙開並四	支	支
	跂	丘婢反	去智切	紙開溪四	紙開並四	支	支
脂	秕	甫姊反	卑履切	旨開幫四	旨開精	脂	脂
	比	補履反	卑履切	旨開幫四	旨開來	脂	脂
	耆	其夷反	渠脂切	脂開群三	脂開以	脂	脂
	祁	巨尸反	渠脂切	脂開群三	脂開書	脂	脂
祭	蔽	甫世反	必袂切	祭開幫四	祭開書	祭一	祭一
宵	摽	方妙反	匹妙切	笑〇滂四	笑〇明四	宵一	宵一
	漂	敷妙反	匹妙切	笑〇滂四	笑〇明四	宵一	宵一
真	矉	扶真反	必鄰切	真開幫四	真開章	真	真
	泯	音民	彌鄰切	真開明四	真開明四	真	真
仙	偏	音篇	芳連切	仙開滂四	仙開滂四	元一	元一
	湎	音緬	彌兖切	狝開明四	狝開明四	元一	元一
鹽	厭	於艷反	於艷切	艷〇影四	艷〇以四	談	談

本表注釋：

①“俾”，《廣韵·紙韵》“並弭切”，誤。此從《切韵》。

②徐音：耆，其夷反；祁，巨尸反。按“耆”“祁”是《廣韵》脂韵，“韵圖”列三等喉牙音字。在徐邈的反切系统里，例不能以舌齒音字作反切下字。今按“耆”“祁”是上古脂部開口脂韵系字。據徐音一般的演變通則，在徐邈的反切系统里，這兩個字應爲脂韵開口，“韵圖”列四等喉牙音字，可以用舌齒音字作反切下字。徐音不誤，“韵圖”列三等來源不明。

③否、鄙兩字漢以前均隸之部；軌，原屬幽部，漢以后轉入之部。魏晋時期，否、鄙、軌兼隸之、脂兩部。（参看羅、周兩氏《漢魏晋南北朝韵部演變研究》和丁邦新《魏晋音韵研究》）

④董同和在《上古音韵表稿》里曾説：宵韵當有兩類不同的韵母，從諧聲字來看也不同。后來白一平、余迺永進一步分上古宵部爲兩個韵部。一部，大致相當于《切韵》豪、肴兩韵系以及宵韵系“韵圖”列三等的喉牙唇音字和端、知兩組字，本書暫名爲宵二；另一部，大致相當于《切韵》蕭韵系和宵韵系，“韵圖”列四等的喉牙唇音字及精、章組字，本書暫名爲宵一。和宵部相應的入聲也分爲兩部。

⑤董同和在《上古音韵表稿》里分上古祭、元兩部韵母，各爲兩類。一類大致相當于《切韵》：寒刪仙二、元、夬祭二、廢、鎋、薛二、月；另一類大致相當于《切韵》：山、仙一、先、皆、祭一、齊、黠、薛一、屑。這里仙二、祭二、薛二；仙一、祭一、薛一分别指《切韵》《廣韵》仙韵系以及祭韵和薛韵，“韵圖”列三等的喉牙唇音字和列四等的喉牙唇音字，本書沿用董氏的叫法，前者暫名之爲祭二、元二；后者暫名之爲祭一、元一。

⑥在徐邈的反切系统里相當于《切韵》鹽韵系兩類喉牙唇音字僅存去聲兩例。“韵圖”列四等的喉牙唇音字，被切字和反切下字是上古談部的細音。“韵圖”列三等的喉牙唇音字，被切字和反切下字是黄季剛晚年所分的添部字。

表二 “韵圖”列三等的喉牙唇音字（附莊組兩字）

《廣韵》韵類	例字	徐音	例字	例字	徐音反切下字	例字	徐音切下字
			《廣韵》音讀	韵圖讀音	韵圖讀音	上古音	上古音
支	觭	起宜反	去奇切	支開溪三	支開疑三	歌	歌
	灑	所綺反	所綺切	支開生	支開溪三	歌	歌
	佹	九彼反	過委切	紙開見三	紙開幫三	歌	歌
脂	圮	扶鄙反	符鄙切	紙開奉三	紙開幫三	之	之
	否	音鄙	方美切	紙開幫三	紙開幫三	之	之
	頯	去軌反	居洧切	旨合見三	旨合見三	之	之
	扻（櫛）	側冀反	阻瑟切	櫛開莊	至開見三	質	質
祭	憩	許罽反	去例切	祭開溪三	祭開見三	祭二	祭二
宵	瀌	方苗反	甫嬌切	宵〇幫三	宵〇明三	宵二	宵二
	囂	許嬌反	許嬌切	宵〇曉三	宵〇見三	宵二	宵二
真	邠	甫巾反	府巾切	真開幫三	真開見三	文	文
	憖	五巾反	魚巾切	真開疑三	真開見三	文	文
仙	辨	方免反	符蹇切	猕開並三	猕開明三	元二	元二
	卷	紀勉反	居轉切	猕合見三	猕合明三	元二	元二
鹽	掩（綅）	於驗反	魚劒切	鹽〇影三	艷〇疑三	添	添

在徐邈的反切系統里，相當于《切韵》《廣韵》侵韵系兩類喉牙唇音字，僅存平、去兩例：

愔（影侵）**於**（影）**林**（來侵）　　**飲**（影寑）**於**（影）**鴆**（澄、沁）

以上兩例，被切字分别是“韵圖”列四等的影母字和“韵圖”列三等的影母字。但一爲平聲，一爲去聲，反切下字都是舌齒音字。顯然不能構成兩類字的對立。因此，在徐邈的現存切語里構成重紐的僅有支、脂、祭、宵、真、仙、鹽七部。徐音七部兩類喉牙唇音字共一百二十七例，而支、脂、宵、真、仙五部即占一百二十例，占全部例字 94% 以上。

齊梁以后，在文獻資料中，這兩類喉牙唇音的反切下字嚴格對立現象，就再也不存在了。

下面我們把《原本玉篇殘卷》以及空海所編著的《萬象名義》中有關《切韻》《廣韻》支、脂、宵、真、仙五韻系兩類喉牙唇音字切語，迻録于后，以資參證。

（一）"韻圖" 列三等的喉牙唇音字，《殘卷》《名義》可用舌齒音字作反切下字：

支韻	《殘卷》	縻（明、支三），靡（明）知（知、支）；	奇（群支三），竭（群）知（知、支三）；	觖（溪、支三），丘（溪）知（知、支）
系字：	《名義》	同上	同上	缺
脂韻	《殘卷》	饑（見脂三）、羈（見）治（澄、脂）；		
系字：	《名義》	同上	幾（見旨三），羈（見）俟（俟、旨）；	冀（見、至三），居（見）致（知至）
宵韻	《殘卷》	廟（明笑三），摩（明）召（澄、笑）；	轎（群、宵三：），奇（群）朝（知、宵）；	矯（見、小王），居（見）趙（澄小）
系字：	《名義》	同上	撟（見、小三），幾（見）小（心小）；	
真韻	《殘卷》	嚚（疑，真三），彥（疑）陳（澄、真）	斌（邦），彼（邦）鄰（來真）；	
系字：	《名義》	彬（幫真三），鄙（幫）陳（澄、真）；		
仙韻	《殘卷》	蹇（見、錢三），居（見）展（知狝）		
系字：	《名義》	缺		

（二）《切韻》《廣韻》支、脂、宵三韻系中兩類喉牙唇音字，《名義》往往用相同的字作反切下字。（《殘卷》中未見）

	支韻系字	宵韻系字		脂韻系字	質韻字
三等	靡，縻菙；	蕎，居妖；	僑，渠消；	嚊，普利；	潷，補蜜
四等	跬，羌菙；	摇，與妖；	蟯，去消；	祕，俾利；	珌，俾蜜

（一）說明在《原本玉篇殘卷》和《萬象名義》反切系統里，兩類喉牙唇音字對立的現象已經不存在了，舌齒音字除了作四等喉牙唇音字反切下字，也可以作三等喉牙唇音字的反切下字。

（二）説明在《原本玉篇殘卷》和《萬象名義》反切系統里，兩類喉牙唇音字的讀音已無法區别。

《切韵》在這八個韵系里，兩類喉牙唇字的反切下字的混亂，僅僅是這一現象繼續擴大罷了。

另外，在徐邈的反切系統里，脂、祭、宵、真、仙各部，“韵圖”列四等的喉牙唇音字往往跟上古同部，中古所謂“純四等”韵字混切或有又讀。“韵圖”列三等的喉牙唇音字往往跟上古同部，中古所謂“純三等”韵字混切或有又讀。現舉例如下：

1. 以微切脂三：	劓（疑，至三）	吾（疑） 氣（未）	餽（群，至三）	紀（見） 畏（未）
2. 以霽切祭四：	弊（並，祭四）	蒲（並） 計（霽）		
3. 以蕭切宵四：	飄（滂，宵四）	扶（奉） 堯（蕭）		
4. 以真$_{B}$切文：	员（云，文）	于（云） 貧（真三）		
5. 以元切仙$_{B}$：	甗（疑綫三）	音 言（疑元）	搴（見狝三）	紀（見） 偃（阮）
6. 以仙$_{A}$切先：	偏（並先）	音 篇（滂仙四）	徧（幫霰）	敷（敷） 面（綫四）
	嬛（见霰）	音 绢（见綫四）		
7. 以先切仙$_{A}$：	沔（明四）	莫（明） 顯（銑）	湎（明四）	莫（明） 顯（銑）
8. 以月切薛$_{B}$：	桀（群薛三）	居（見） 謁（月）	朅（溪薛三）	起（溪） 謁（月）

1.“劓”是上古脂部字，“氣”是上古微部字。漢以後脂、微合流，“劓”“氣”同部。中古“劓”屬脂三，“氣”隸未韵，“未”是純三等韵。

2.“弊”是上古祭部字。“計”隸脂部。魏晋時期上古支、脂、祭三部齊韵系字已經合流，讀入祭部。中古并入蟹攝，“弊”屬祭四，“計”隸霽韵，霽是純四等韵。

3. 票聲、堯聲字，上古同隸宵部。中古“飄”屬宵四，“堯”是蕭韵字，“蕭”是純四等韵。

4.“員”“貧”同隸上古文部。中古“員”屬文韵，“貧”屬真三，“文”是純三等韵。

5.“甗”“撵”“蹇”“拳”，“言”“偃”“袁”上古同隸元二。中古“撵”“甗”“蹇”“拳”讀入仙三。“言”“偃”“袁”讀入元韵系，元韵系是純三等韵。

6.“遍”“遍”“懁”，“篇”“面”“絹”同隸上古元一。中古“遍”“遍”“懁”讀入先韵系，“篇”“面”“絹”濆讀仙 $_{A}$。先韵系字是純四等韵字。

7.“沔”“湎”顯上古同隸元二。中古“沔”“湎”讀入仙韵系B類，“顯”讀入先韵系，先韵系是純四等韵。

8. 桀聲、揭聲字上古同隸月一。中古“桀”“碣”讀入薛三，“謁”入月韵，“月”是純三等韵。

二

現將徐音七部兩類喉牙唇音字音切分布總的情况概括如下。

（一）徐音七部，兩類喉牙唇音字分别來自上古不同的韵部。（參看上面表一、表二兩表）

（二）徐音七部，每一部來自上古不同韵部的字，舌齒音已完全合流，并和“韵圖”列四等的喉牙唇音字聯成一類（莊組字除外）。莊組字和“韵圖”列三等的喉牙音字聯成一類，兩類喉牙唇音字的反切下字有嚴格的區别。（參看本書第二章支、脂……等部系聯情况）

（三）徐音七部，四等喉牙唇音字往往和上古同部的中古所謂純四等韵字混切或有又讀。三等喉牙唇音字往往和上古同部，中古所謂純三等韵字混切或有又讀。這也反映了兩類唇牙喉音字上古有不同的來源。中古各有相近的讀音。

李榮先生在《切韵音系》脚注84“一、二等重韵問題和寅類韵重紐問題”的里，曾指出過這一現象。

根據以上三點，可以推知，《切韵》《廣韵》支、脂、祭、宵、真、仙、鹽等韵系，兩類喉牙唇音字，在徐邈的反切系統里是不同的兩類韵母，反映了由《詩經》到徐邈的反切系統上古不同韵部字讀音的最后差别。

《顔氏家訓·音辭篇》曾説過：“岐山當音爲奇，江南皆呼爲神祇之祇。江陵陷没，此音被于關中。”

這段話大致的意思是説：據顔之推了解，當時江南人已不能分辨這兩類喉牙唇音字了。自從江陵敗毁，梁元帝殉國，大批人口俘入長安，關中方言受到了很大的冲擊，關中人也不能區分這兩類喉牙唇音了。

從這段話可以推知，在齊梁以后，在漢語當時有影響的方言，江南、關中已不能區别這兩類喉牙唇音字。《切韵》作者在支、脂、祭、宵、真、仙、侵、鹽八韵系保存了兩類喉牙唇音字是“酌古”，把這兩類喉牙唇音字分别收入一韵，有時竟用相同的字作兩類喉牙唇字的反切下字，這是“沿今”。

第四章　聲調

第一節　徐音聲調

徐邈聲調分布的情況，陰聲韵三類，陽聲韵三類，入聲自爲一類，分别和《切韵》《廣韵》平上去入四聲相當。

以上僅僅是一種大致的説法。事實上，在徐邈的反切系統里，現存的切語和《切韵》《廣韵》聲調不合者約有八十多條。這些詞語大致可分兩個大類。

第一大類：徐音某些詞語，聲調的分布，本來就和《切韵》《廣韵》不同。這些詞語的聲調，或沿古讀，或反映六朝舊音，均不同于《切韵》《廣韵》。

第二大類：有些詞語，因意義不同分爲幾讀。亦即前人所説的“四聲别義”。

現在先討論第一大類。

我們根據以下四條原則，可以推定，某些詞的聲調是徐音不同于《切韵》《廣韵》的特有的聲調。

一、凡徐音某字的切語的聲調，不同于《切韵》《廣韵》，而獨見于《集韵》。并在《集韵》里，特注爲徐邈的讀音。

這顯然是徐音特有聲調。請看下例：《詩・小星》：“維參與昴。”《釋文》：“昴音卯。”《切韵》僅收上聲巧韵一讀。《廣韵》同。徐，茆音茅、讀平聲。《集韵》收“昴”巧、肴兩韵。收巧韵者，《説文》：“白虎宿星，莫飽切。”收肴韵者：“西方宿。《詩・小星》‘維參與昴。’謨交切。徐邈讀”。不難看出，“謨交”一切，是因徐讀另出的一音。因此，“昴”，平聲一讀，對《切韵》《廣韵》而言，可視爲徐邈特有的讀音。

二、凡徐音某字的切語不同于《切韵》《廣韵》而獨見于《集韵》。在《集韵》里特注爲六朝某經師的讀音，這類切語必爲六朝舊讀。當然也包括徐邈的讀音。

例如：《周禮・甸師》：“耕耨王藉。”注：“耨，芸芓也。”孔疏：“芓，擁本是也。”《釋文》：“芓，音子。”徐音兹。《切韵》僅收上聲止韵一讀，即里切。《廣韵》同。《集韵》收止、之兩韵。收止韵者：“秄，《説文》壅禾本。或從耒（耔），從草（芓）。祖似切。”收之韵者：“耔秄，壅禾本也。《詩》或耘或耔。津之切。沈重讀。”顯然，“芓”讀平聲，是不見于《切韵》《廣韵》的六朝舊讀。《集韵》收“芓”之韵，讀津之切者，是依沈、徐另出一音。

三、凡徐音某字切語不同于《切韵》《廣韵》，僅見于《集韵》，則亦視爲六朝舊讀。

例如：《詩・終風》：“終風且霾。”毛傳：“霾，雨土也。”《釋文》：“霾，亡皆反。徐，莫戒反。”《切韵》僅收皆韵，莫皆切平聲一讀。《廣韵》同。《集韵》收皆、怪兩韵。收皆韵者，引《説文》：“風雨土也。《詩》終風且霾。謨皆切。”收怪韵者：“風而雨土。莫拜切。”與徐音莫戒反合。顯然《集韵》“莫拜”一切，乃依徐音别出。

四、凡徐音某字切語不同于《切韵》《廣韵》，亦不同于《集韵》。一般只能認爲此類切語是徐邈特有的讀音。

例如：《禮月令》：“舉五穀之要。”注：“定其租税之簿。”《釋文》：“簿，步古反，徐步角反。”《切韵》僅收“簿”上聲，姥韵，裴古反一讀。《廣韵》《集韵》同。因此，“簿”讀入聲步角反是徐邈特有的讀音。

現根據以上四條原則，把徐音不同于《切韵》《廣韵》聲調的一些詞語，列舉如下。需要説明的是：括號里的字是表示《切韵》《廣韵》的聲調。“蹕（入）”表示“蹕”是《切韵》《廣韵》的入聲字。“徐音痺（去）”表示徐讀“蹕”相當于《切韵》《廣韵》去聲字“痺”的聲調。

1. 蹕（入）徐音瘅（去）

《周禮・宮正》："凡邦之事蹕。"《釋文》："蹕，音畢。"《切韵》收入聲質韵。《廣韵》同。《集韵》收質、至兩韵。收質韵者，《説文》："止行也。壁吉切。"收至韵者，同"止行也。《周禮》凡邦之事蹕。徐邈讀"。顯然《集韵》至韵一讀，依徐音另出。

2. 猵（平）徐敷面反（去）

《莊・齊物論》："猨猵狙以爲雌。"《釋文》："猵，篇面反。郭、李音偏。"《切韵・先韵》："猵，布玄切，獺屬。"《廣韵》同。《集韵》收"猵"先、綫兩韵。收先韵者："卑眠切，獺屬。"收錢韵者："匹羡切。猵狙獸名。"后者與徐音合。

3. 敝（去）徐扶滅反（入）

《詩・敝笱》："敝笱在梁。"《釋文》："敝，婢世反，本又作弊，敗也。"《切韵・祭韵》："弊，毗祭反，敗衣也。"《廣韵》《集韵》收"敝"祭、薛兩韵。收祭韵者，和《廣韵》同。收薛韵者："敗也。薄結切。《詩》：'敝笱在梁。'徐邈讀。"

4. 弊（去）徐扶滅反（入）

《周禮・司弓矢》："句者謂之弊弓。"鄭注："弊，猶惡也。"《釋文》："弊，婢世反，惡也。"《切韵・祭韵》："弊，毗祭反。"《廣韵》同，"惡也"。《集韵》收"弊"祭、薛兩韵。收祭韵者，同《切韵》《廣韵》。收薛韵者，引"《周禮》：弊弓。徐邈讀"。

5. 蚹（去）徐音敷（平）

《莊・齊物論》："吾待蛇蚹蜩翼邪。"《釋文》："蚹，音附。"《切韵》收"蚹"遇韵。"蛇蚹。符遇反。"《廣韵》同。《集韵》收"蚹"虞、遇兩韵。收遇韵者："符遇切、蛇下齟齬也。"收虞韵者，"芳無反"，注同上。虞韵"芳無"一切，顯依徐音另出。

6. 蕡（平）徐蒲悶反（去）

《周禮・籩人》："其實麷蕡。"鄭注："蕡，枲實也。"《釋文》："蕡，符文反。"《切韵·文韵》:"蕡，符分反。草木多實。"《廣韵》同。《集韵》收"蕡"文、恨兩韵。收文韵者:"符分切。《説文》雜香。一曰草木多實。"收恨韵者:"蒲悶切，麻也。《周禮》:'其實麴蕡。'徐邈説。"

7. **侮**（上）徐音茂（去）

《詩·邶風·柏舟》:"受侮不少。"《釋文》:"侮，音武。"《切韵·麌韵》:"侮，無主反，慢。"《廣韵》同。《集韵》兼收麌、候兩韵。收麌韵者:"罔甫切，慢也。"收候韵者:"傷也。莫候切，《詩》:'受侮不少。'徐邈讀。"按江有誥《唐韵四聲正》,"侮"古有去聲一讀。

8. **紊**（去）徐音文（平）

《書·盤庚》:"有條而不紊。"《傳》:"紊，亂也。"《釋文》音"問",《切韵》收問韵。"無運反，紊亂"。《廣韵》同。《集韵》兼收問、文兩韵。收問韵者:"文運切。《説文》:'亂也。'《尚書》:'有條而不紊。'"收文韵者:"亂也。《尚書》:'有條而不紊。'徐邈讀。"

9. **儃**（平）徐音但（上）

《莊·田子方》:"儃儃然不趨，成疏:'儃儃寬閑貌。'"《釋文》:"儃，音但。"《切韵》收仙韵,"市連反，態也"。《廣韵》收寒、仙兩韵，一讀"徒干切"，一讀"市連切"，義同。《集韵》收寒、仙、緩三韵。收寒韵者,"唐干切，何也。"收仙韵者:"時連切，態也。"收緩韵者:"儻旱切，儃儃舒閑貌"。后者顯依徐音另出。

10. **憝**（去）徐徒猥反（上）

《書·康誥》:"元惡大憝。"僞孔傳:"大惡之人。"《釋文》:"憝，徒對反。"《切韵》收隊韵,"徒對反，怨憝"。《廣韵》同。《集韵》兼收隊、賄兩韵。收隊韵者:"徒對切，怨也。"收賄韵者:"恨也。"后者與徐音合。

11. **廛**（平）徐長戰反（去）

《周禮·地官司徒》"廛人"，鄭注:"廛，民居區域之稱。"《釋文》:"廛，直連反。"《切韵·仙韵》:"廛，一畝半，一曰城市内空地。直連反。"《廣韵·仙韵》:"廛，居也。《説文》曰，一畝半也。一家之居也。直連切。"《集韵》兼收仙、綫兩韵。收仙韵者："一畝半，一家之居曰廛。澄延切。"收綫韵者："直碾切。民居區域之名，《周禮》有'廛人'，徐邈讀"。

12. **椒**（平）徐子料反（去）

《詩·載芟》："有椒其馨。"鄭注："椒，猶飶也。"《釋文》："椒，子消反。"《切韵·宵韵》："椒，椒椵。即遥反。"《廣韵》同。《集韵》兼收宵、笑兩韵。收宵韵者："木名，玆消切。"收笑韵者："子肖切。"芬香也。《詩》："'有椒其馨。'徐邈讀。"

13. **糟**（平）徐徂到反（去）

《禮·内則》"清糟"注："糟，醇也。"《釋文》："糟，子曹反。"《切韵·豪韵》："糟，酒糟，作曹反。"《廣韵》《集韵》同。"徂到"一切，顯爲徐音所特有。

14. **蹲**（平）徐在損反（上）

《左·成十一年》："蹲甲而射之。"《釋文》："蹲，在尊反。聚也。"《切韵·魂韵》："蹲，徂尊反，坐。"義不合。《廣韵》同。《集韵》兼收魂、混兩韵。收魂韵者："徂尊切，踞也。"收混韵者："粗（疑'徂'誤）本切，《春秋傳》：'蹲甲而射之。'徐邈讀。"

15. **隧**（去）徐徒猥反（上）

《左·襄二十五年》："當陳隧者。"杜注："隊，徑也。"《釋文》音遂。徑也。《切韵·至韵》："隧，墓道，徐醉反。"義不合。《廣韵·至韵》："隧，埏隧，墓道。俗作墜。徐醉切。"《集韵》兼收至、賄兩韵。收至韵者："墓道也。徐醉切。"收賄韵者："徑也。《春秋傳》：'當陳隧者。'徐邈讀。"

16. **莊**（平）徐側亮反（去）

《禮·曲禮》："非禮不誠不莊。"鄭注："莊，敬也。"《釋文》"側良反"，《切·陽韵》："莊，側羊反。"《廣韵》："側羊切，嚴也。"《集韵》兼收陽、漾兩韵。收陽韵者："側羊切，恭也。"收漾韵者："側亮切，恭也。"顯然，"側亮"一切，依徐音另出。

17. **昭**（平）徐之紹反（上）

《禮·仲尼燕居》："昭然發矇矣。"《釋文》："昭，章遥反。"《切韵·宵韵》："昭，明。止遥反。"《廣韵》同。《集韵》兼收宵、小兩韵。收宵韵者："之遥切。《説文》：'日明也。'"收小韵者："止少切，明也。"后一切與徐音合。

18. **折**（入）徐音制（去）

《左·襄二十七年》："置折俎。"《釋文》："折，之設反。"《切韵·薛韵》："折，旨熱反，斷折。"《廣韵·薛韵》："折，斷而猶連也。"《集韵》兼收薛祭兩韵。收薛韵者："之列反，斷也。"收祭韵者："征例切，義同薛韵。《春秋傳》曰：'司馬置折俎。'徐邈讀。"

19. **侈**（上）徐處豉反（去）

《莊·駢拇》："而侈于德。"《釋文》："侈，昌是反，郭云多貌。"《切韵·紙韵》："侈，尺爾反，奢。"《廣韵·紙韵》："侈，尺氏反。奢也。"和《切韵》基本相同。《集韵》兼收紙寘兩韵。收紙韵者："敞爾切。《説文》掩協也。一曰奢也。"收寘韵者："《字林》汰也。充豉切。"顯然，"侈"有去聲一讀，系六朝舊音。不僅見于徐音，亦見于吕忱《字林》。

20. **耒**（去）徐力猥反（上）

《莊·胠篋》："耒耨之所刺。"《釋文》："耒，力對反。李云犁也。"《切韵·隊韵》："耒，盧對反。耒耜。"《廣韵》同。《集韵》兼收隊、賄兩韵。收隊韵者，引"《説文》，手耕曲木也。盧對切"。收賄韵者："魯猥切，田器。"后者與徐音合。

21. **賚**（去）徐音來（平）

《書·湯誓》："予其下賚汝。"《傳》："賚，與也。"《釋文》："力貸反。"《切韵·代韵》："賚，洛代反，賜也。"《廣韵》同。《集韵》兼收代、咍兩韵。收代韵者："洛代切，賜也。"收咍韵者："郎才切，與也。《尚書》：'夢帝賚予良弼。'徐邈讀。"

22. **鐐**（平）徐盧到反（去）

《詩·瞻彼洛矣》："鞞琫有珌。"《傳》："大夫鐐琫而璆珌。"《釋文》："鐐音遼，《爾雅》云：白金謂之銀。其美者謂之鐐。"《切韵·蕭韵》："鐐，落蕭反。有孔鑪。"《廣韵・蕭韵》："鐐。《爾雅》曰：'白金曰銀，其美謂之鐐。'落蕭切。"《集韵》兼收蕭、號兩韵。收蕭韵者："憐蕭切。《説文》：'白金也。'"收號韵者："郎到切，白金之美者。"后者顯依徐音另爲一讀。

23. 橑（上）徐力到反（去）

《周禮・籩人》："乾橑。"《釋文》："橑音老。"《切韵・皓韵》："橑，乾梅。盧浩反。"《廣韵》同。《集韵》兼收皓、號兩韵。收皓韵者："魯皓切。《説文》：'乾梅之屬。'"引《周禮》："饋食之籩，其實乾橑。"收號韵者："郎到切，乾梅。"與徐音合。

24. 蘞（平）徐力劍反（去）

《詩・葛生》："蘞蔓于野。"《釋文》："蘞音廉，力恬反，又力儉反，徐又力劍反，《草木疏》云，似括樓，葉盛而細，子正黑如燕薁不可食。"《切韵・鹽韵》："蘝，力鹽反，白蘝，藥名。"《廣韵・鹽韵》："蘝，力鹽切。白蘝，藥。"又《琰韵》："蘝，白蘝，藥名。良冉切。"又"蘞"同上。據此，是"蘞"爲蘝之或體。《廣韵》有平、上兩讀。《集韵》收鹽、琰，驗三韵。收鹽韵者："白蘝，藥名。又蘞，草名，似括樓，一曰蔓也。離鹽切。"收琰韵者："蘝，蘞，草名。《説文》：'白蘝也。'或從斂，力冉切。"收驗韵者："草名，似括樓。力驗切。"去聲一讀，與徐音合。

25. 淪（平）徐力允反（上）

《書微子》："今殷其淪喪。"《傳》："淪，没也。"《釋文》音"倫"。《切韵・真韵》："力屯反，没也。"《廣韵・諄韵》音義與《切韵》同。《集韵》收諄、準兩韵。收諄韵者："小波爲淪。一曰没也。龍春切。"收準韵者："婁尹切。没也，《尚書》：'商其淪喪。'徐邈讀。"

26. 醇（平）徐力放反（去）

《周禮・膳夫》注："六清：水、漿、醴、醇、醫、酏。"《釋文》："醇，力羊反。"《切韵》："吕張反，漿。"《集韵》兼收陽、漾兩韵。收陽韵者："吕張切。《博雅》漿也。通作'凉'。"收漾韵者："《説文》雜味也，一曰清漿曰醇。力讓切。"后者與徐音合。

27. **茢**（入）徐音例（去）

《左・襄二十九年》："以桃茢先祓殯。"《釋文》："茢音列。"《切韵・薛韵》："吕結反，桃茢。"《廣韵》："《禮》注云：桃茢可以爲帚，除不祥，良薛切。"《集韵》兼收薛、祭兩韵。收薛韵者："力蘖切。《説文》：'芀也。'"收祭韵者："力制切，草名，一曰芀也。"與徐音合。

28. **橤**（上）徐而辟反（入）

《禮・曲禮》："立視五巂。"注："巂，猶規也。謂轉之度。巂或爲橤。"《釋文》："橤本又作蘂，如捶反，徐而辟反。"《切韵・紙韵》："蘂，而髓反。花心。"《廣韵・紙韵》："蘂，花外曰芳，花内曰蘂。如累切。"《集韵・紙韵》："蘂，草木花蘂，乳捶切。"讀上聲。入聲一讀僅限徐音。

29. **飪**（上）徐而鴆反（去）

《易・鼎》："以木巽火，亨飪也。"《釋文》："入甚反，熟也。"《切韵・寑韵》："飪，如甚反熟食。"《廣韵》同。《集韵》收寑、沁兩韵。收寑韵者："《説文》：'火食也。忍甚切。'"收沁韵者："熟也。如鴆切。"與徐音合。

30. **鉉**（上）徐古玄反（平）

《易・鼎》："鼎，黄耳金鉉。"《釋文》："鉉，玄典反。馬云：鉉，扛鼎而舉之也。"《切韵・銑韵》："鼎耳，胡犬反。"《廣韵》："鉉，鼎耳，《説文》云，舉鼎也。胡畎切。"《集韵》兼收銑、先兩韵。收銑韵者："《説文》舉鼎也。《易》謂之鉉，《禮》謂之鼏。胡犬切。"收先韵者："舉鼎也。圭玄切。"義與銑韵全同。"鉉"讀平聲，顯依徐音另出。

31. **顧**（去）徐音鼓（上）

《書微子》："我不顧行遯。"《釋文》："顧音故，徐音鼓。"《切韵・暮韵》："顧，視。古暮反。"《廣韵》同。《集韵》兼收暮、姥兩韵。收暮韵者："古暮切，還視也。"收姥韵者："視也，果五切。《書》：'我不顧行遯'。徐邈讀。"按："顧"上古有上聲一讀，參看江有誥《唐韵四聲正》。

32. **綦**（平）徐其記反（去）

《禮・玉藻》："綦組。"《釋文》："綦音其，雜色也。"《切韵・之韵》：

"綦，渠之反，履飾，亦作綥，未嫁女所服。"《廣韵》："綦，渠之反，履飾。又蒼白色巾也。"《集韵》兼收之、志兩韵。收之韵者："斤於切。《説文》：'帛，蒼艾色。'《詩》：'縞衣綥巾。'未嫁女所服。渠之切。"收志韵者："履飾。渠記切。"與徐音合。去聲一讀顯依徐音另出。

33. 腱（平）徐其偃反（上）

《禮·内則》："去其餌。"注："筋，腱也。"《釋文》："皇，記偃反。一音其言反。筋之大者。"《切韵·元韵》："腱，居言反，筋肉，一日筋頭。"《廣韵》同。《集韵》兼收元、阮兩韵。收元韵者："居言切。《博雅》：'膂腱肉也。'一曰筋之大者。"收阮韵者："紀偃切。大筋。""紀偃"一切，顯爲六朝舊讀。

34. 倨（去）徐音居（平）

《左·襄二十九年》："直而不倨。"《釋文》音"據"。《切韵·御韵》："倨，居御反。倨傲。"《廣韵》同。《集韵》兼收御、魚兩韵。收御韵者："居御切。《説文》不遜也。"收魚韵者："傲也，《春秋傳》：'直而不倨。'徐邈讀。"按江有誥《唐韵四聲正》，"倨"古有平聲一讀。

35. 舉（上）徐音據（去）

《禮·儒行》："其任舉有如此者。"《釋文》："舉如字。"《切韵·語韵》："舉，居許反。薦。"《廣韵·語韵》："舉，擎也，又立也。言也，動也。居許切。"《集韵》兼收語、御兩韵。收語韵者："苟許切《説文》：'對舉也。'"收御韵者："居御切，稱引也。《禮》：'其任舉有如此者。'徐邈讀。"《唐韵四聲正》"舉"古有去聲一讀，按本例可兼入"四聲别義"類。

36. 祛（平）徐丘庶反（去）

《周禮·鳧氏》："銑間謂之于。"鄭司農云："于，鐘脣之上祛也。"《釋文》："祛，丘書反。"《切韵·魚韵》："祛，去魚反，袖。"《廣韵》同。《集韵》兼收魚、御兩韵。收魚韵者："丘于切。《説文》：'衣袂也。'"收御韵者："丘據切。袂末也。"去聲一讀顯依徐音另出。《唐韵四聲正》"祛"古有去聲一讀。

37. 絅（上）徐口定反《去》

《禮·中庸》："衣錦尚絅。"鄭注："禪爲絅。"《釋文》："本又作顈，《詩》

作褧。口迥反。"《切韵·迥韵》:"褧,口迥反。衣。亦作絅。"《廣韵》:"褧,褧衣,口迥切。"《集韵》兼收迥、徑兩韵。收迥韵者:"犬迥切。禪也,通作褧。"收徑韵者:"口定切,禪衣也。《禮》衣錦尚絅。徐邈讀。""口迥""口定"開合不同。

38. **哇**(平)徐胡卦反(去)

《莊·大宗師》:"其嗌若哇。"成疏:"哇礙也。"《釋文》:"哇,獲媧反。"《切韵》收麻、佳兩韵。收麻韵者:"烏瓜反。"收佳韵者:"於佳反。"義同爲"滛聲"。《廣韵》同。《集韵》收麻、佳、卦三韵。收麻韵者:"烏瓜切。滛樂。"收佳韵者:"獲媧切。喉結塞也。《莊子》:'言若哇。'"收卦韵者:"胡卦切,喉結塞也。"顯然,《集韵》"胡卦"一切,依徐另出。

39. **冱**(平)徐户各反(入)

《莊·齊物論》:"河漢冱而能寒。"《釋文》:"冱,胡故反。向云,凍也。"《切韵》失收。《廣韵·暮韵》:"冱,寒凝。胡誤切。"《集韵·暮韵》:"固寒也。胡故切。"顯然,"冱"讀入聲,實爲徐音獨有。

40. **絯**(平)徐户隔反(入)

《莊·天地》:"方且爲物絯。"成疏:"絯,礙也。"《釋文》:"徐户隔反。《廣雅》公才反。云束也。與郭義同。"《切韵·咍韵》:"絯,古哀反,挂也。"《廣韵·咍韵》:"絯,古哀切。挂也。出《淮南子》。"《集韵·咍韵》:"咍,《博雅》,纏絯,束也。柯開切。"又麥韵:"拘束也。《莊子》:'方且爲物絯。'徐邈讀。"

41. **倚**(上,去)徐于奇反(平)

《書·盤庚》:"恐人倚乃身,迂乃心。"《傳》:"倚,曲。迂,僻。"《釋文》:"倚,於綺反。"《切韵·紙韵》:"倚,於綺反,恃也。"又《寘韵》:"於義反。"無注。《廣韵》收紙、寘兩韵。收紙韵者:"依倚也。於綺切。"收寘韵者:"倚,恃也,因也,加也、於義切。"《集韵》收紙、寘、支三韵。收紙韵者:"隱綺切,立也。"收寘韵者:"因也,加也,於義切。"收支韵者:"於宜切。由也。《書》:'倚乃身。'徐邈讀。"讀平聲,爲徐特有讀音。

42. **僾**（去）徐於愷反（上）

《禮·中庸》："洋洋乎如在其上。" 注："洋洋，人想思其傍僾之貌。"《釋文》："徐於愷反，又音愛。"《切韵·代韵》："烏代反，僾然仿佛貌。"《廣韵·代韵》："僾，烏代切。隱也。"《集韵·代韵》："僾，《説文》：'仿佛也。'於代切。" 又《海韵》："仿佛也。倚亥切。"《集韵》"倚亥" 一讀，顯依徐音另出。

43. **奄**（上）徐於劍反（去）

《周禮·天官冢宰》："酒正，奄三人。" 鄭注："奄，精氣之閉者，今謂之宦人。"《釋文》："奄，於檢反，謂精氣之閉藏也。劉於驗反，徐於劍反。"《切韵·琰韵》："奄，應儉反。忽。又'閹，宦官'。"《廣韵·琰韵》："奄，衣儉切，忽也，藏也，《説文》覆也。"《集韵》兼收琰、艷兩韵。收琰韵者和《廣韵》同。收艷韵者："於贍切。精氣閉藏之人也。《周禮》'奄人'。劉昌宗讀。" 顯然 "奄"，去聲一讀，是六朝早期舊音。

44. **醫**（平）徐於計反（去）

《周禮·膳夫》："飲用六清：水、漿、醴、涼、醫、酏。"《釋文》："醫，於美反。"《切韵·之韵》："醫，於其反。"《廣韵·之韵》："醫，於其切，醫療也。"《集韵》兼收之、霽兩韵。收之韵者："於其切，治病工也。" 收霽韵者："壹計切。'醴、酏'，爲飲也。《周禮》六飲。一曰醫。徐仙民讀。" 按 "殹" 聲，王念孫入祭部。徐於計反，是也。

45. **愉**（平）徐音喻（去）

《莊·在宥》："是不愉也。"《釋文》："愉音瑜。"《切韵·虞韵》："愉，悦也，和也。羊朱反。"《廣韵》同。《集韵》兼收虞、遇兩韵。收虞韵者："容朱切。樂也，和也。" 收遇韵者："俞戍切，樂。" 與徐音合。

46. **綖**（平）徐羊戰反（去）

《周禮·追師》："追師掌王后之首服。" 鄭司農云："《春秋傳》曰：'衡紞紘綖。'"《釋文》："綖，以然反。徐，羊戰反。"《切韵·仙韵》："綖，冠上覆，以然反。"《廣韵》同。《集韵》兼收仙、綫兩韵。收仙韵者："夷然切。冠上覆，通作延。”收綫韵者：“延面切。冕上覆，通作延。”顯然《集韵》“延面”一切，依徐音另出。

47. 攸（平）徐以帚反（上）

《書・大禹謨》：“嘉言攸猶。”《僞孔傳》：“攸，所也。”《釋文》：“攸，音由。”《切韵・尤韵》：“攸，以周反。所。”《廣韵》同。《集韵》兼收尤、有兩韵。收尤韵者：“夷周切。所也。”收有韵者：“以九切。懸危貌。《春秋傳》曰：‘湫乎，攸乎。’一曰所也。徐邈讀。”

48. 拱（上）徐音恭。（平）

《左・襄二十八年》：“與我其拱璧。”杜注：“崔氏大璧。”疏：“拱謂合兩手也。兩手拱抱之，故爲大璧。”《釋文》：“居勇反。”《切韵》僅收腫韵“居悚反”一讀。義爲“手抱”。《廣韵》同。《集韵》收腫、鐘兩韵。收腫韵者：“古勇切。《説文》斂手也。”收鐘韵者：“大璧也，《春秋傳》曰：‘與我其拱璧。’徐邈讀。”

49. 憂（平）徐于救反（去）

《詩・雲漢》：“百姓見憂。”《釋文》：“憂，如字，徐於救反。”《切韵》僅收尤韵“於求反”一讀。義爲“愁甚”。《廣韵》同。《集韵》收尤、宥兩韵。收尤韵者：“於求切《説文》愁也。”收宥韵者：“於救切。《詩序》：‘百姓見憂。’徐邈讀。”按“憂”上古有去聲一讀，參看江有誥《唐韵四聲正》。

50. 訟（去）徐才容反（平）

《詩・行露》：“以速我訟。”《釋文》：“訟，如字。徐取韵，音才容反。”按江有誥《唐韵四聲正》謂“訟”古惟有平聲一讀。徐音存古，非關取韵。

51. 賁（平）徐音憤（上）

《書・大誥》：“敷賁。”注：“布行大道。”《釋文》：“賁，扶云反。徐音憤。”按《説文・貝部》：“賁，從貝賁聲。”《切韵》《廣韵》《集韵》收微、寘、文三韵。讀上聲者，蓋爲徐邈特有讀音。

52. 騞（入）徐許嬖反（去）

《莊・養生主》：“奏刀騞然。”《釋文》：“騞，呼獲反。徐許嬖反，崔云音近獲，聲大于砉也。"《切韵》《廣韵》收麥韵，"破聲"。《集韵》收入霽韵，"解牛聲，顯計切。《莊子》：'奏刀騞然。'徐邈讀"。

53. 崔（平）徐息罪反（上）

《莊·大宗師》："崔乎其不得已乎。"成疏："崔，動也。"《釋文》："崔，千罪反。徐息罪反，向云，動貌。"《切韵·灰韵》："崔，此回反，人姓。"《廣韵》同。《集韵》收灰、賄兩韵。收灰韵者："倉回切。齊邑名，因封爲姓。"收賄韵者："息罪切。動貌。"與徐音合。

54. 溢（入）徐云，毛音謚（去）

《詩·維天之命》："假以溢我。"《傳》："假，嘉、溢，慎。"《釋文》："溢，音逸，毛，慎也，鄭，盈也。徐云，毛音謚。"《切韵·質韵》："溢，夷質反，滿。"《廣韵》同。《集韵》收質、至兩韵。收質韵者："《説文》器滿也。弋質切。"收至韵者："慎也，《詩》：'假以溢我。'神至切，徐邈讀。"

55. 發（入）徐音廢（去）

《詩·騶虞》："壹發五豝。"《釋文》："發如字，徐音廢。"《切韵·月韵》："發，方伐反，疾風。"《廣韵·月韵》："發起，又舒也。《説文》曰：'射發也。'方伐切。"《集韵》收月、廢兩韵。收月韵者："《説文》射發也。一曰舉也。方伐切"。收廢韵者："發矢也。《詩》：'獻爾發功。'放吠切。徐邈讀。"江有誥謂"發"古有去聲一讀。

56. 殉（去）徐辭荀反（平）

《書·伊訓》："敢有殉于貨色。"《傳》："殉，求也。"《釋文》："辭俊反，徐辭荀反。"《切韵·震韵》："殉，辭閏反，以人送死。"《廣韵·稕韵》"殉"，音、義同《切韵》。《集韵》收稕、諄兩韵。收稕韵者："徐閏切。以人送死。"收諄韵者："松倫切，貪也。《尚書》：'殉于貨色。'徐邈讀。"

57. 徇（去）徐辭倫反（平）

《莊·人間世》："夫徇耳目内通。"成疏："徇，使也。"《釋文》："徇，辭俊反。徐辭倫反。"《切韵·震韵》："徇，自衒名行，辭閏反。"《廣韵》收稕韵。義同。《集韵》收稕、諄兩韵。收稕韵者："徐閏切，《説文》：'行示也。’”收諄韵者：“使也，一曰遍示。松倫切。”與徐音合。

58. 獲（入）徐横霸反（去）

《禮・曲禮》：“毋固獲。”鄭注：“争取曰獲。”《釋文》：“固獲，并如字，徐云，鄭横霸反，專之曰固，争取曰獲。”《切韵・麥韵》：“呼麥反。”《廣韵》：“胡麥反。得也。”《集韵》另收禡韵。“胡化切，争取也”。與徐音義合。江有誥謂，“獲”古有去聲一讀。

59. 宎（上）徐于堯反（平）

《莊・齊物論》：“激者，謞者……譹者，咬者。”成疏：“宎者，深也。”《釋文》：“徐於堯反。一音杳。又於吊反。”《切韵》《廣韵》未收。《集韵・蕭韵》：“宎，窔聲。《莊子》：‘宎者，咬者。’伊堯切。”另收筱、嘯兩韵。義同蕭韵。

以上59例連同本節開始所舉四例共63例。現列爲表一。其中26例《集韵》注明是徐邈讀音。另外經江有誥證明爲先秦舊讀的九例。《集韵》注明爲吕忱、李軌、劉昌宗、皇侃、沈重、陸德明讀音的各一例，共15例。可以推斷，徐音這63例基本上都是來自古讀或沿襲六朝舊讀。

表一徐音聲調分布和《切韵》、《廣韵》不同總表

切韵	徐音				
	平	上	去	入	小计
平		8	17	2	27
上	5		8	1	14
去	8	5		2	15
入			7		7

説明：

（一）本表横讀，第一横排：《切韵》平，徐音上，表示《切韵》平聲字徐讀上聲者8例；《切韵》平徐音去，表示《切韵》平聲字徐讀去者17例；平、入，表示《切韵》平聲字徐讀入聲者兩例。第一横排共 27 例。餘類推。

（二）本表共 63 例，分布範圍較廣，遍及喉牙舌齒唇音，但知組字未見，莊組字僅有 1 例。（参看上文）

第二節　四聲别義

現在來討論第二大類。

《顔氏家訓·音辭篇》曾謂一字兩音，各有意義，始于葛洪、徐邈，清儒多主此説。20 世纪 40 年代周祖謨在其所著《四聲别義釋例》一文中，才詳加駁議。并在《賈昌朝》《群經音辨》基礎上，調整義例。得兩大類，十一個小類。兩大類是指“因詞性不同而變調”和“因意義不同而變調”兩類。下面我們采用周氏的辦法把徐音“以聲别義”的詞語也分兩個大類。每類子目和周文略有出入。現分别敘述如下：

一、因詞性不同而變調的，可再分以下 8 個小類

1. 區分名詞用爲動詞

王　《易師》：“可以王矣。”《釋文》：“王，如字。物歸往也。徐又往況反。”按《廣韵·陽韵》：“王，君也。雨方切。”顯爲名詞，讀平聲。“物歸往也”的“王”是動詞。徐另出一音，讀去聲，往況反。以别于讀平聲“君王”的王。賈昌朝《群經音辨》：“王，君也。于方切。名詞，君有天下曰王。動詞。”與此正同。

風　《詩·關雎》序：“風，風也。”《釋文》：“并如字。徐上如字，下福鳳反。”崔靈恩集注本下字作“諷”。按《廣韵·東韵》：“風，教也，方戎切。名詞。讀平聲。又《送韵》：諷，‘諷刺’，方鳳切。”動詞，讀去聲。《詩序》“風，風也”，上“風”爲名詞，下“風”意爲諷刺，動詞也。徐“福鳳反”者，相當于《廣韵》之“方鳳切”。

膏　《左·襄十九年》：“如百穀之仰膏雨焉，若常膏之。”《釋文》：“膏，

如字。徐古報反。”按《廣韵・豪韵》：“膏，脂也。古勞切。”名詞，讀平聲。又號韵：“膏車，古到切。”動詞，讀去聲。《廣韵》“古到切”相當于徐音之“古報反”，以别于“脂膏之膏的名詞”。

文　《禮・檀弓下》：“杜氏之葬在西階之下。”注：“自見夷人冢墓以爲寢，欲文過之。”《釋文》：“文如字。徐音問。”按《集韵・文韵》：“《説文》錯畫也，無分切。”名詞，平聲。又《問韵》：“文飾，文運切。”動詞，問韵一讀與徐音義合。

膠　《莊・逍遥游》：“置杯焉則膠。”成疏：“膠，黏也。”《釋文》：“徐，李，古效反。一音如字。崔云：膠，著地也。”按《集韵》：“《説文》昵也。作之以皮。居肴切，名詞。”讀平聲。又《效韵》：“黏也。居效切。”動詞，讀去聲。以别于“作之以皮”的名詞。與徐音義合。

間　《禮・文王世子》：“遠近間三席，可以問。”《釋文》：“遠、近、間，并如字。間，猶容也。注同。徐古辨反。”按《廣韵》：“間，隙也，中間。古閑切。”名詞，讀平聲。又《襇韵》：“厠也，隔也。古莧切。”動詞，讀去聲。以别丁“中間”之“間”的名詞。與徐音義同。

子　《禮・中庸》：“子庶民也。”鄭注：“子，猶愛也。”《釋文》：“子，如字。徐，將吏反。”按“子”男女之通稱，名詞。《廣韵》《集韵》收止韵、上聲。又《集韵・志韵》：“子，愛也。將吏切。”動詞，讀去聲。以别于“男女之通稱”的“子”。

被　《書・堯典》：“光被四表。”《僞孔傳》：“故其名聞，充溢四外。”《釋文》：“被，皮寄反。徐扶義反。”按《廣韵・紙韵》：“被，寢衣也，皮彼切。”名詞，讀上聲。又《集韵》：“覆也。《書》曰：‘光被四表。’平義切。”動詞，讀去聲，以别于“寢衣也”的“被”。與徐音義合。

喪　《左襄・二十三年》：“晋悼夫人喪之。”《釋文》：“喪，如字，徐息浪反。”按《廣韵・唐韵》：“喪，死喪也。息郎切。”喪爲死亡之稱，名詞，本讀平聲。杞孝公卒，晋悼夫人，孝公姊也。“喪之”，爲喪禮也，此爲動詞。《廣韵》收宕韵，“蘇浪反”。徐“息浪切”，亦即《廣韵》之“蘇浪切”。

嫗 《禮·樂記》:"煦嫗覆育萬物。"鄭注:"氣曰煦,體曰嫗。"《説文·女部》:"嫗,母也。"《廣韵·遇韵》:"嫗,老嫗也。"名詞。僅去聲一讀,"衣遇切"。《集韵》兼收遇、麌兩韵。收遇韵者:"威遇切,《説文》母也。"名詞。收麌韵者:"委羽切。以氣曰煦,以體曰嫗。"此依鄭注,用如動詞。徐依鄭注,讀"於甫反"。

2. 區分動詞用如名詞

卷 《禮·曲禮》:"請業則起。"鄭注:"業,謂篇卷也。"《釋文》:"卷音眷,徐久戀反。"按《廣韵·狝韵》:"卷,卷舒。"讀上聲,本爲動詞。又《綫韵》:"卷,書卷。居倦切。"名詞,讀去聲。徐"久戀反"相當于《廣韵》"居倦切",顯爲"篇卷"之"卷"注音。

緣 《禮·間傳》:"練冠縓緣。"《釋文》:"緣,徐音掾。"《正義》謂:"以縓爲領緣也。"此用爲名詞。又《説文·糸部》:"緣,衣純也。"段注:"緣其邊而飾之也。"此爲動詞,引申之爲"因緣""夤緣"。按《廣韵·仙韵》:"緣,緣由。與專切。"此動詞也。又《綫韵》:"緣,衣緣,以絹切。"此名詞也。徐音掾,相當于《説文》,段注"緣其邊而飾之也"之"緣",以及《廣韵·綫韵》"以絹切"之"緣"。

藏 《禮·禮運》:"義之脩而禮之藏也。"《釋文》:"藏,徐才浪反。"《群經音辨》:"藏,徂郎切,入也。"用作動詞,讀平聲。謂物所入曰藏。"徂浪切"。用如名詞,讀去聲。徐"才浪反",相當于《群經音辨》之"徂浪切"。

緘 《莊·天運》:"意者其有機緘而不得已也。"成疏:"機關,緘閉。"《釋文》:"緘,古咸反。徐古陷反。"《切韵》《廣韵》僅收《咸韵》"古咸切"一讀。《集韵》兼收咸、陷兩韵。收咸韵者:"居咸切,《説文》,束篋也。"用如動詞。收陷韵者:"公陷切。棺旁所以系縴者。"用如名詞。《群經音辨》:"緘,束也。古咸切;齊謂束棺曰緘。古陷切。劉昌宗讀。"可參證。

縫 《周禮·天官冢宰》:"縫人。"注:"女工,女奴曉裁縫者。"《釋文》:"縫,戚奉容反。徐、劉扶用反。"《説文·糸部》:"縫,以針衣也。"用作動詞。讀平聲。相當于《釋文》戚之"奉容反"。又《集韵·用韵》:"縫,衣會也。《周官》有縫人。房用切。”此即徐、劉之“扶用反”也。用如名詞，讀去聲。《群經音辨》：“縫，紩也。符容切；既紩曰縫。符用切。”與此正同。

乘 《詩·鴛鴦》：“乘馬在厩。”《釋文》：“乘，王、徐，繩證反。四馬也。鄭如字。”按《廣韵·蒸韵》：“乘，駕也，食陵切。”本爲動詞，又《證韵》：“乘，車乘，實證切。”名詞，王、徐“繩證反”即讀如“實證切”“車乘”之“乘”。

行 《詩·天作》：“岐有夷之行。”鄭箋：“行，道也。”《釋文》：“行，如字。王徐，并下孟反。”按《廣韵·庚韵》：“行，行步也。户庚切。”本作動詞。又《映韵》：“行，景迹。下更切。”王、徐“下孟反”即《廣韵·映韵》之“下更切”。

量 《禮·王制》：“慎測淺深之量。”《釋文》：“徐音亮。”按《廣韵·陽韵》：“量，量度，吕張切。”用作動詞。又《漾韵》：“量、合、斗、斛，量物器，容量。力讓切。”名詞，后者與徐音義合。

守 《書·畢命》：“慎固封守。”《僞孔傳》：“當謹慎堅固封疆之守備。”《釋文》：“守，徐始救反。”《廣韵·有韵》：“守，主守，保守，書九切。”用作動詞。又《宥韵》：“太守，官名。諸侯爲天子守土，故稱守。書救切。”此爲名詞。《廣韵》之“書救切”即徐之“始救反”。

封 《書·祭仲之命》：“往即乃封。”《釋文》：“封，如字，徐，甫用反。”《切韵·鍾韵》：“封，府容反。疆土。”又《用韵》：“方用切。采地。”平、去兩聲，同爲名詞。《廣韵》《集韵》略同。《群經音辨》説的比較清楚。“封，甫容切，與爵土也”，用如動詞，讀平聲；“封，甫用切，所受爵土也”，用如名詞，讀去聲。后者與徐音義合。

飲 《周禮·宰夫》：“掌其牢禮；委積，膳獻，飲食，賓客之飧、牽，……”鄭注：“委積，謂，牢米薪芻。膳獻，禽羞俶獻也。飲食，燕饗也。飧，夕食也。牽，牲牢可牽而行者。”五者皆用如名詞，作爲“掌”的賓語。“飲”“食”本爲動詞，此處用如名詞。《釋文》：“飲，鄭、徐，而鴆反。”《群經音辨》：“飲，酒漿也，方錦切。”用如名詞。“所以歠曰飲，於禁切”。用如動詞。

收 《易井》："井收勿幕。"《正義》曰："收，式冑反，凡物之可收成者則謂之收。"《釋文》："徐詩救反。"《切韵》收尤、宥兩韵。收尤韵者："式州反，取也。"動詞。收宥韵者："舒救反，獲多。"義不甚了了。按《群經音辨》："收，斂也。式周切。"顯爲動詞；"斂獲曰收，式救切"，顯爲名詞，説得較爲清楚。《群經音辨》的"式救切"相當于徐音的"詩救切"。

3. 區分名詞用如形容詞

椒 《詩・載芟》："有椒其馨。"《傳》："椒，猶飶也。（飶，芬香也）"《釋文》："椒，子消反，徐子料反。"按《廣韵・宵韵》："椒，木名，即消切。"義不合。《集韵・笑韵》："椒，芬香也。子肖切。《詩》：'有椒其馨。'徐邈説。"《集韵》之"子肖切"，即徐之"子料反"。

芸 《詩・裳裳者華》："芸其黄矣。"毛傳："芸，黄盛也。"《釋文》："徐音運。"《廣韵・文韵》："芸，香草也。名詞，讀平聲。王分切。"義不合，又《集韵・問韵》："芸，草木落之色，王問切。"形容詞。讀去聲，按徐音運，"運"相當于《集韵》之"王問切"。

4. 區分形容詞與動詞

好 《書・大禹謨》："惟口出好興戎。"《僞孔傳》："好，謂賞善。戎，謂伐惡。"《釋文》："好，徐，呼到反。"按《廣韵・皓韵》："好，善也，美也。呼皓切，形容詞。"讀上聲。又號韵："愛好，呼到切。"動詞，去聲，與徐音義合。

下 《易・復》："休復之吉，以下仁也。"《釋文》："王肅云：'下附于仁。'下，徐户嫁反。"按《廣韵・馬韵》："下，賤也，胡雅切。"形容詞，讀上聲。又《禡韵》："行下。胡駕切。"動詞，讀去聲。《群經音辨》："居卑定體曰下，胡賈切。自上而降曰下，胡嫁切。"徐"户嫁反"即《群經音辨》之"胡嫁切"。

廣 《禮・玉藻》："緣廣寸半。"《釋文》："廣，徐，公曠反。"按《廣韵・蕩韵》："廣，大也，闊也。古晃切。"形容詞，僅上聲一讀。《集韵》收蕩、宕兩韵。收蕩韵者，"古晃切，闊也"。讀上聲。收宕韵者，"古曠切。度廣曰廣”。讀去聲，與徐音合。

卑 《易·系辭》：“知崇禮卑。”王注：“知以崇爲貴，禮以卑爲用。”《釋文》：“卑，必彌反。本亦作埤，徐音婢。”《廣韻·支韻》：“卑，賤也，下也。府移切，形容詞。”讀平聲。又《紙韻》，庳。“下也，便婢切”。義與支韻同。按《群經音義》：“卑，下也、補支切。對高之稱。”形容詞，讀平聲，又下之曰卑，部止切。動詞，讀上聲。與徐音相當。

5. 區分名詞之時間詞用如動詞

先 《左·襄二十六年》：“先八邑。”《釋文》：“先，徐悉薦反。”《廣韻·先韻》：“先後也。蘇前反。”即在前曰先，時間名詞，讀平聲。又《霰韻》韻：“先，先後，猶娣姒。”周祖謨引《六書正誤》云：“先、後二字，指定體在先在後，則先平聲，後上聲；若當後而先之，當先而後之。則去聲也。”按《群經音辨》謂：“先，前也，思天切。前之曰先，思見切。”又，“居其後曰後，胡苟切。從其後曰後，胡豆切”。可互證。

後 《左·成十八年》：“君後諸侯。”《釋文》：“後，如字。徐胡豆反。”按《廣韻》收“後”厚、候兩韻。徐讀去聲，則謂“當先而後之也”之“後”。參看上條“先”字注。

6. 區分名詞用如副詞

豚 《禮·玉藻》：“圈豚行。”鄭注：“圈，轉也。豚之言若有所循，不舉足曳踵。”《正義》謂：“此釋言徐趨之形也。”按“豚行”者，若豚之循地而行也。《廣韻·魂韻》：“豚，小豕也。徒渾切。”名詞，平聲，又《恨韻》：“徒困切。行曳踵也。”此即鄭所謂“若有所循”，狀豕之行也。用如副詞，讀去聲。

7. 數詞用如量詞

三 《禮·郊特牲》：“樂三闋。”《釋文》：“三，如字，徐息暫反。”按《廣韻·談韻》：“三，數名，蘇甘切。”數詞。又《闞韻》：“蘇暫切，三思。”即考慮三次，用如量詞。與徐音義合。

8. 自動詞用如使動詞

降 《書·盤庚》：“適于山，用降我凶德。”《傳》：“徙必依山之險，無城郭之勞，下去凶惡之德。”（按“用降我凶德”謂“以之使我去凶惡之德”）《釋文》：“降工巷反，徐下江反。”《廣韵·絳韵》：“降，下也，歸也，落也。古巷反。”本自動詞，又《江韵》：“降，下江反，謂降伏。”即使之認輸，使動詞。賈昌朝《群經音辨》謂：“下謂之降，古巷切。”自動詞，讀去聲。“伏謂之降。户江切”。使動詞，讀平聲。按“伏”即使之降服。

二、因意義不同而變調的，可再分爲以下4個小類

1. 相同的事物或相同的行爲，因情况不同而有不同的聲調

涕 《易·萃》：“齎咨涕洟。”《釋文》：“涕，徐音體。洟，他麗反，又音夷。”鄭云：“自目曰涕，自鼻曰洟。”《群經音辨》謂：“目汁曰涕，他體切。鼻汁曰涕，他計切。”（周祖謨謂：涕、洟實爲一字，僅聲調不同，故賈氏均書爲涕）。爲了區别“自目”“自鼻”的不同，一讀上聲，一讀去聲。賈氏非無所據而然也。徐邈即音“自目曰涕”的涕爲體。

養 《左·襄二年》：“婦養姑者也。”《釋文》：“養，徐餘亮反。”《廣韵》收養、漾兩韵。收養韵者：“餘兩切，育也。”收漾韵者：“餘亮切，供養。”《群經音辨》謂：“上育下曰養，餘兩切。下奉上曰養，餘亮切。”徐“餘亮反”與“下奉上”之義恰合。

巧 《詩·葛屨·小序》：“其民機巧趨利。”《正義》謂：“機心巧僞，以趨于利。”《釋文》：“巧，如字，徐苦孝反。”《切韵》收巧、效兩韵。收巧韵者：“苦絞反。工巧。”收效韵者：“苦教反。巧僞。”《群經音辨》謂：“善工曰巧，苦絞切；僞工曰巧，苦效切。”徐“苦孝反”相當于“僞工之巧”的讀音。

2. 限定爲特殊意義的詞語往往有不同的聲調

臨 《禮·文王世子》：“吊臨。”《釋文》：“臨，徐力鴆反。”《切韵》《廣韵》收侵、沁兩韵。收侵韵者：“莅也。”收沁韵者：“哭臨。”與徐音合。按“臨”一般字書常解爲“到達”“莅臨”。讀平聲。“哭而莅喪”限于“臨”的一種特殊意義，改用去聲。以示非尋常也。

回 《左·襄十八年》：“右回梅山。”《釋文》：“回，如字，徐胡猥反。”

《切韵》收“回”灰韵。“户灰反”。《廣韵》同。“違也，轉也，邪也”。《集韵》收灰、賄兩韵。收灰韵者：“胡限切，轉也，邪也。”收賄韵者：“户賄切繞也《春秋傳》：‘右回梅山。’徐邈讀。”按“回”一般字書解作“回轉”“奸邪”，讀平聲。“環繞”限于“回”的較爲特殊的意義。別讀去聲。

往 《禮·郊特牲》：“束帛加璧，往德也。”鄭注：“君王有德而歸往之。”《釋文》：“往，皇如字，徐于况反。”《切韵》《廣韵》收養韵。“去也，之也，行也。”《集韵》收養、漾兩韵。收養韵者：“羽兩切。《説文》：‘之也。’”收漾韵者：“于放切。歸嚮也。”與徐音合，按“往”一般字書解爲去也，之也。讀上聲。作“歸嚮”解者，限于往的一種特殊意義。別讀去聲。

3. **意義引申轉變而异其聲調**

比 《周禮·宫正》：“以時比宫中之官府，次舍之衆寡。”鄭注：“四時比較，次其人之在否。”《釋文》：“比，徐方履反。”讀上聲。又《書·盤庚》：“比于罰。”《傳》：“比近于殃罰。”《釋文》：“比，毗志反，徐扶至反。”讀去聲。周祖謨謂比擬、比較、比例、比方之比，多讀上聲。比近、比次、黨比、頻比之比，多讀去聲。由比近、比次，可引申爲比較、比擬。

治 《禮·文王世子》：“周公相，踐阼而治。”鄭注：“攝位而治天下也。”《釋文》：“治，徐直吏反。”按字書，“治”一般平、去兩讀。《群經音辨》：“治，理也。直基切。”平聲；又“致理成功曰治。直吏切”。去聲，與徐音義合。“踐阼而治”，言周公攝位，而天下大治也。“致理成功”是“治理”的引申義。

聽 《書·大禹謨》：“無稽之言勿聽。”《釋文》：“聽，徐天定反。”《切韵》《廣韵》收青、徑兩韵。收青韵者：“他丁切，聆也。”收徑韵者：“他定反，聆也，待也。謀也。”《群經音辨》：“聽，聆也，他丁切。聆謂之聽，他定切。”比較清楚。按“聆”，作爲一種行爲而言，讀平聲。就這種“行爲本身”而言，讀去聲。

應 《書·康誥》：“乃服惟弘王，應保殷氏。”《傳》：“乃當服行德政，惟弘大王道，上以應天，下以安我受殷之民衆。”《釋文》：“應，應對之應。徐於甑反。"《切韵》《廣韵》收"應"蒸、證兩韵。收蒸韵者："於陵切，當也。"收證韵者："於證切，物相應也。"后者，與徐音義合。《群經音辨》："應，當也，於陵切；相當曰應。於證切。""相當曰應"，即"當"之引申。

少 《禮·曲禮》："乾肉，不齒决，毋嘬炙。"注："特牲、少牢，嚌之加乎俎。"《釋文》："少，徐式照反。"《切韵》《廣韵》收"少"小、笑兩韵。收小韵者："書沼切，不多也。"收笑韵者："失照切，幼少。"與徐音義合。《群經音辨》謂："凡微曰少，施沼切；其降曰少，施照切。""其降曰少"即"凡微曰少"之"少"的引申。

齊 《周禮·食醫》："掌和王之……八珍之齊。"《釋文》："齊，才細反。徐，蔣細反。"《切韵》《廣韵》收齊、霽兩韵。收齊韵者："徂奚切，整也，中也，莊也。"收霽韵者："在詣切，齊和。"《集韵》收齊韵者："前西切。《説文》：'禾麥吐穗上平也。'一曰等也，中也。"收霽韵者："子計切，和也。《周禮》八珍之齊。徐邈讀。"《群經音辨》："齊等也。徂奚切。等平曰齊，在計切。""等平"即使之調和適當。

喜 《易·賁》："六五之吉，有喜也。"《釋文》："喜，如字，徐許意反。"《切韵》《廣韵》收"喜"止、志兩韵。收止韵者："虚里切、喜樂。"收志韵者，字作"憙"許記切，好也。《集韵·止韵》："喜，許已切，《説文》：'樂也。'"收志韵者："喜，許記切。《説文》：'悦也。'"《群經音辨》："喜，悦也，虚已切；情所悦謂之喜。虚記切。"按"情所悦"謂"所悦"有定向。即"悦"之引申也。

强 《禮·學記》："强而弗抑。"《釋文》："强，徐其兩反。"按《説文》："彊，弓有力也。或作强。"《切韵》收"强"陽、養兩韵。收陽韵者："其良切，健也。"收養韵者："其兩切。弓有力也。"與徐音義合。顯然，讀平聲的"强健"之"强"，是"弓有力"的引申義也。

4. 一般人名、地名徐邈都和《切韵》《廣韵》有不同的讀音

垂 《書·舜典》："僉日垂哉！"《僞孔傳》："垂，臣名。"《釋文》："垂如字，徐音睡。"《切韵》收支韵，"是爲反"。《廣韵》同。《集韵》收支、寘兩韵。

收支韵者："是爲切。《説文》：'邊遠也。'"收寘韵者："傂，樹僞切，人名。堯時有工傂。"於徐音合。顯然，徐爲人名另立一音。

點　《左・襄二十三年》："孟氏之御，騶，豐點。"《釋文》："點，都簟反，徐之廉反。"《切韵・忝韵》："點，多添反。"《廣韵》同。《集韵》收忝、鹽兩韵。收忝韵者："多忝切。《説文》小黑也。"收鹽韵者："之廉切，人名。魯有豐點，齊有鮑點。"

傁　《左・昭十二年》："公孫傁趨進曰。"杜注："便，齊大夫。"《釋文》："傁，素口反，徐又所留反。"《切韵》《廣韵・厚韵》："叟（傁）。蘇后切。老叟。"《集韵》收厚、尤兩韵。收厚韵者："蘇后切。《説文》：'老人。'或作傁。"收尤韵者："疏鳩切，人名。《春秋傳》：'齊有公孫傁。'"

鱄　《左・成十四年》："吾不獲鱄也。"杜注："鱄，衎之母弟。"《釋文》："鱄，徐市戀反。"《切韵》收狝韵。"旨兗反，魚名"。《廣韵》收仙、狝兩韵，義同魚名。《集韵》同。又另收綫韵。人名，《春秋傳》："衛侯弟鱄，龍眷切。"（按，"鱄"疑"杜戀切"誤入"龍眷切"下）

髻　《莊・達生》："竈有髻。"《釋文》："髻，音結。徐胡節反。郭音詰，李音吉，司馬云髻竈神。"《切韵・霽韵》："髻，綰髮。古詣反。"《廣韵》同。《集韵》另收屑韵。"竈神名"，奚結切。此必六朝舊讀。

倍　《莊・達生》："倍阿鮭蠪。"司馬云："倍阿，神名。"《釋文》倍音裴。徐扶來反《切韵》收海韵，"薄亥反，多"。《廣韵》同。"子本等也"。《集韵》收海、咍兩韵。收海韵者："薄亥切。《説文》：'反也。'"收咍韵者："蒲來反，倍阿，神名。"

斂　《左・宣十七年》："盟于斂盂。"《釋文》："斂：徐音廉。一音力漸反。"《切韵》《廣韵》收琰、艷兩韵。同，聚也。《集韵》同。另收鹽韵。斂盂地名。離鹽切。

壞　《左・成十九年》："公出壞隤。"杜注："壞隤，魯邑名。"《釋文》："壞，徐音懷。"《切韵》收怪韵："胡怪反。敗。"《廣韵》同。自破也。《集韵》收怪、皆两韵。收怪韵者："胡怪切。《説文》：'敗也。'"收皆韵者："壞隤，地名。乎乖切。”與徐音合。

務 《左·襄十四年》：“執莒公子務婁。”《釋文》：“務婁。徐，上莫侯反，下，力侯反。”《切韵》《廣韵》收“務”遇韵，亡遇切。事務。《集韵》收遇、侯兩韵。收遇韵者：“亡遇切。《説文》趣也。一曰事也。”收侯韵者：“迷浮切，務婁，邑名。”

憖 《左·昭十一年》：“秋季孫意如會……盟于厥憖。”《釋文》：“憖，魚靳反。徐五巾反。”《切韵》《廣韵》收“憖”震韵，魚覲切。且也。一曰傷也。《集韵》收“憖”稕、諄兩韵。收稕韵者：“魚僅切。《説文》問也。一曰傷也。”收諄韵者：“地名。《春秋傳》：‘會于厥憖。’魚巾切。”與徐音合。

牧 《書·牧誓》：“戰于牧野。”《釋文》：“牧，如字。徐音茂。”《説文》作“坶”。云，“地名”。《字林》音母。《切韵》《廣韵·屋韵》：“坶，莫六切。坶野，殷地名。”《集韵》收屋、候兩韵。收屋韵者，同《切韵》《廣韵》。收候韵者：“地名，《尚書大傳》：‘牧之野。’劉昌宗讀。”

下面我們把徐音因“詞性不同變調”和“詞意不同變調”57例，列成二、三兩表：

表二，33例，《切韵》《廣韵》平、上聲字徐音因詞性轉變讀爲去聲的達30例，占全部例字的90%。平聲字讀上聲的1例，去聲字讀平、上聲的各1例。以上三例僅占全部例字的9%。

表三，24例。《切韵》《廣韵》平、上聲字徐音因詞義轉變，讀爲去聲的13例，占全部例字的54%。另外平聲讀上聲的2例，上聲讀平聲的2例，去聲讀上聲的1例，去聲讀平聲的五例共10例。占全部例字的41%。另有入聲讀去聲的1例。

表二、表三，無論從詞性轉變來看，還是從詞義轉變來看，《切韵》《廣韵》平、上聲字徐音轉讀爲去聲的占壓倒的優勢。這一現象，根據目前所掌握的資料，還無法做出什么有意義的論斷。

周祖謨在《四聲別義釋例》一文里，認爲：“古代書音以四聲區分詞性及詞義。頗似印歐語言之中構詞的形態變化。”周先生的看法大致是可信的。后來日本學者太田辰夫、志村良治都有所論述。事實上，上古漢語，一字兼備數用，一音可兼有數形，增加偏旁可分别字用，轉變調類可擴大語音的功能。此亦自然之勢。古漢語以“四聲别義”確爲一種構詞的手段。是上古漢語的一種發展。六朝以后，由于復音詞和復合詞大量涌現。詞頭、詞尾的産生。而利用變音、變調作爲一種構造新詞的手段，才逐漸喪失了活力。

表二

詞性不同變調						
類别	切韵	徐音				
		平	上	去	入	小計
名詞如用動詞	平			7		7
	上			2		2
	去		1			1
	入					
動詞如用名詞	平			9		9
	上			3		3
	去					
	入					
名詞用如形容詞	平			2		2
	上					
	去					
	入					
形容詞用如動詞	平		1			1
	上			3		3
	去					
	入					
時間名詞用如動詞	平			1		1
	上			1		1
名詞用如副詞	平			1		1
數詞用如量詞	平			1		1
自動詞用如使動詞	去	1				1
	總計	1	2	30		33

表三

意義不同變調							
類別	切韵	徐音					
		平	上	去	入	小計
相同事物因情況不同變調	平					
	上			2		2
	去		1			1
	入					
特殊意義變調	平		1	1		2
	上			1		1
	去					
	入					
意義轉變引申變調	平		1	3		4
	上			3		3
	去	1				1
	入					
人名地名變調	平			2		2
	上	2		1		3
	去	4				4
	入			1		1
	總計	7	3	14		24

注：表二、表三讀法參看表一。

附：徐音特殊音切

所謂“特殊音切”是指與常例不合的音切，其内容概括起來大致有以下三點：1. 依師儒故訓或依據别本、古本，以反切改訂經籍中的被音字。這種情况相當于漢儒注經，所謂某字“當爲”或“讀爲”另一字。2. 根據經籍的今、古文傳本的不同，以反切改訂被音字。一般以今文改訂古文。或以漢以后通行的文字改訂經籍中傳抄的古字。3. 以反切對被音字的意義加以闡釋。一般以專語釋專語，以專語釋泛語或以泛語釋專語。

下文我們要經常提到《廣韵》，這不僅因爲《切韵》或《廣韵》音系是研究上古音一個重要的參照系統，還因爲六朝經師所用的切語大量保存在《切韵》或《廣韵》里。這些切語是用來比證徐邈音的一種重要的參考資料。

以下按徐音中這些特殊切語在《經典釋文》中出現的先后，叙述如下。（圓括號里的字是《廣韵》音）

1.《易・坤》：“馴致其道，至堅水也。”“**馴**”（邪諄），徐音**訓**（曉問）。《釋文》：“似遵切，向秀云，從也。徐音訓。此依鄭義。”按《説文・馬部》：“馴，馬順也。”《言部》：“訓，説教也。”二者本有區别。但古多通用。《史記・五帝本紀》：“文不雅馴。”《正義》：“馴，訓也。”又《萬石張叔列傳》：“馴行孝謹。”《集解》引徐廣，謂“馴一作訓”。徐音依鄭義，以“訓”易“馴”。謂：“順致其道，以至堅水也。”

2.《易・訟》：“不克訟，歸逋竄也。”“**竄**”（清换），徐**七**（清）**外**（泰）反。按《字林》《萬象名義》的“竄”俱“七外反”。吴承仕《經籍舊音辨證》謂：“竄，本七外反，對轉寒，則七玩反。六朝以還，本音久不用，故《玉篇》

《切韵》遂不收‘七外’一音。”

3.《易・泰》：“天地交泰，后以財成天地之道。”“**財**”(從咍)，徐**才**(從)**載**(代)反。《正義》謂：“后以財成天地之道者……君當剪財，成就天地之道。”《正義》以“財”爲“剪裁”之“裁”的假借字。《廣韵》“裁”收咍、代兩韵。收咍韵者，昨哉切，裁衣。“收代韵者，制裁。昨代切”。和“載”同小韵。徐“才載反”者，相當于代韵之“裁”，徐以“裁”易“財”。

4.《易・大有》：“九四，匪其彭，無咎。”“**彭**”(並庚)，徐音**旁**(並唐)。王注：“常匪其旁，則無咎矣。”旁謂三也。《正義》：“匪，非也，彭，旁也。”按《説文・人部》：“傍，近也。”段注：“古多假旁爲之。”王注：“常匪其旁。”即常非其傍。“彭”“旁”(傍)古同爲陽部字。“彭”爲“旁”(傍)的借字。徐依王注，音“彭”爲“旁”，謂“彭”當爲“旁”(傍)。

5.《易・噬嗑》：“噬乾胏，得金矢。”“**胏**”(莊止)，徐音**甫**(非麌)。《正義》：“乾胏是臠肉之乾者。”《釋文》引《字林》云：“食所遺也。一曰脯也。子夏作脯。”按《廣韵・麌韵》：“脯，方矩切。東方朔云，乾肉爲脯。”“脯”和“甫”同小韵。因知徐音甫是依子夏爲“脯”注音。意謂“胏”當爲“脯”。

6.《易・遯》：“六二，執之用黄牛之革，莫之勝説。”“**説**”(書薛)，徐**吐**(透)**活**(末)反。王注：“若能執乎理中厚順之道以固之，則莫之勝解。”王釋“説”爲“解脱”之“脱”。《廣韵・末韵》：“挩，除也……又解挩，或作脱。他括切。”與徐音合。徐依王注，以説易“挩”。

7.《易・坎》：“水洊至。”**洊**(從霰)，徐**在**(從)**悶**(恨)反，《説文・水部》：“瀳，水至也。從水，薦聲。讀若尊。”按“薦”“尊”上古同隸文部。六朝以后讀音分化。“瀳”一讀“在甸切”，《廣韵》收霰韵。而唐石經作“洊”。《集韵・恨韵》：“荐，再至也。或從水。徂悶切。”蓋六朝以后“洊”有兩讀，或依“薦”聲，讀霰韵；或沿古讀，讀恨韵。徐音屬后一派。徐音在悶反即《集韵》之徂悶切。

8.《易・咸》：“止而説。”“**説**”(書薛)，徐音**悦**(以薛)。《説文・言部》：“説，説釋也。”段注謂“説釋”即“悦懌”。“説”“悦”，“釋”“懌”皆古今字，許書無“悦”“懌”二字。今按，“説”爲古字，“悦”爲今字。徐以“悦”音“説”是以今字易古字。

9.《易·系辭》：“挎木爲舟。”“**挎**”(溪模)，徐**口**(溪)**溝**(侯)反。《説文》無“挎”字。《説文·刀部》：“刳，判也。”段玉裁謂：“《内則》：‘刲之刳之。’刲謂刺殺之。刳謂空其腹。《系辭》：‘刳木爲舟。’亦謂虚木之中。”段以“挎”爲“刳”之后起字。但“刳”上古是魚部字，《切韵》收模韵，“枯胡反，剖破”。與徐“口溝反”不合。今按《廣雅·釋詁》：“剾、俞、剮、剜也。”《切韵·侯韵》：“剾，恪侯反，剜裹。”與徐音合。《集韵·侯韵》：“剾，墟侯切剜也。”相當于徐音之“口溝反”或體有“鏂、斪、鏂、刳”四字。

10.《易·説卦》：“艮爲山……爲黔喙之屬。”“喙”(曉廢)，徐**丁**(端)**遘**(候)反。《正義》：“黔喙之屬，取其山居之獸也。”按《説文·口部》：“喙，口也。”同部：“噣，喙也。”“噣”“喙”遞訓。則“噣”亦爲口。《廣韵·候韵》：“噣，都豆切，鳥口，或作咮。”徐“丁遘反”相當于《廣韵》之“都豆切”。因知徐“丁遘反”是爲“**噣**”(咮)注音，以專語釋泛語耳。

11.《書·序》：“八卦之説，謂之八索。”“**索**”(心鐸)徐音**素**(心暮)《釋文》：“索，所白反，求也。徐音素，本或作素。”按徐音乃依另本改經文。

12.《書·堯典》：“方命圮族。”“**方**”(非陽)，徐云：“鄭，王音‘**放**’(非漾)。”《釋文》：“馬云，方，放也。”《正義》：“鄭，王，以‘方’爲‘放’，謂放弃教命。”徐遵馬鄭，以“放”音“方”，即以“放”易“方”。

13.《書·堯典》：“寅賓出日。”《僞孔傅》：“寅，敬。賓，導。”“**賓**”(幫真)，徐音**殯**(幫震)。按《廣韵·震韵》：“儐，《説文》導也。必刃切。”“儐”與“殯”同小韵。徐音是爲“儐”注音，以“儐”易“賓”。

14.《書·皐陶謨》：“天聰明自我民聰明，天明畏自我民明威。”“**畏**”(影未)徐音**威**(影微)《釋文》：“馬本作威。”按畏、威古同聲同部。賈昌朝《群經音辨》：“畏，嚴也。”“畏”音威。即古“威”字，江有誥《唐韵四聲正》謂“畏”古有平聲一讀。徐音“畏”爲“威”，即依馬本以“威”易“畏”。

15.《書·禹貢》：“山行乘樏。”“**樏**”(來脂)，徐**丘**(溪)**遥**(宵)反。按《史記·河渠書》“檋”作“橋”。徐“丘遥反”是爲“橋”作音。吴承仕疑爲徐廣音。

16.《書·洪範》：“曰雨、曰霽、曰蒙。”“**蒙**”(明，東)，徐音**亡**(微)**鉤**(侯)反。《傳》：“蒙，陰暗。”段玉裁謂本作“雺”，開寶中改作“蒙”。按《廣韵·尤韵》：“雺，天氣下，地不應。”又“莫紅”“莫貢”“莫候”三切。根據徐邈反切系統，《廣韵》的平聲字在徐邈切語里往往和去聲字混切。因此，徐“亡鉤反”相當于《廣韵》“莫候”一切，則知徐“亡鉤反”是爲“雺”注音。

17.《書·金縢》：“植璧秉圭。”“**植**”(澄志)，徐音**置**(知志)。鄭玄《周禮》注，謂：“植古置字。”“植”爲古文，“置”爲今文。徐音“植”爲“置”，是以今文易古文。

18.《書·酒誥》：“薄違農夫。”“**違**”(云微)音“**回**”(匣灰)。鄭注：“况能迫迴萬民之司徒乎？”鄭以“迴”釋“違”。回、迴古今字。徐依鄭以“回”易“違”。“回”“違”古常通用。《書·堯典》：“静言庸違。”《論衡·恢國篇》作“靖言庸回”。《三國志·陸抗傳》作“靖譖庸回”。

19.《書·蔡仲之命》：“將遷其君于蒲姑。”“**蒲**”(並模)，徐**扶**(奉)**各**(鐸)反。《傳》：“蒲姑，齊地”。《釋文》：“蒲，馬本作薄。”按《廣韵·鐸韵》：“薄，傍各切。”徐“扶各反”，相當于《廣韵》的“傍各切”。知徐“扶各反”是依馬本爲“薄”注音，謂“蒲”當讀爲“薄”。

20.《書·顧命》：“王三宿、三祭、三咤。”**咤**(知麻)，徐音**託**(透鐸)。《傳》：“王三進爵、三祭酒、三奠爵。”《釋文》：“咤，涉駕反。字亦作‘宅’，又音妒。《説文》作詫，丁故反，奠爵也。馬本作詫。與《説文》音義同。”按《廣韵·暮韵》：“詫，當故切。奠酒爵也。”《廣韵》之“當故切”亦即《釋文》所引《説文》之“丁故反”，也相當于徐音的“託”。因爲從“乇”聲的字本讀入聲，六朝時有的才轉爲相應的去聲。徐音託，與《説文》、馬本、《廣韵》合。

21.《書·顧命》：“西夾南向，敷重筍席。”“**筍**”(心準)，徐**于**(云)**貧**(真)反。《釋文》：“筍，馬云：箬䈽也。徐云：竹子竹。”按“竹子竹”不辭，當爲“竹之皮”。《説文・竹部》：“筍，竹胎也。從竹，旬聲。”段引《周禮・醢人》注謂：“筍，竹萌。許與鄭稍异，胎言其含苞，萌言其已抽也。《吴都賦》：‘苞筍抽節。’”引申爲竹青皮之稱。今字作“筠”。按《廣韵・真韵》：“筠，爲贇切。竹皮之美者。”“爲贇切”相當於徐音之“于貧反”。徐音于貧反，是爲“筠”注音。以“筠”易“筍”。

22.《書・顧命》：“宅受宗人同。”**宅**（澄陌），徐**殆**（定）**故**（暮）反。《傳》：“太保居其所受宗人同。”《正義》：“宅，訓居。”段玉裁《古文尚書撰异》謂徐音殆故，和“度”同音。按“宅”“度”上古同聲同部。

23.《書・費誓》：“杜乃擭。”“**擭**”（匣鐸），徐**户**（匣）**覆**（屋）反。《傳》：“擭，捕獸檻。”段玉裁謂當作“户覈反”。“覈”訛爲“覆”。按《集韵・屋韵》：“擭，捕獸機檻也。胡谷切。徐邈讀。”“胡谷切”相當于徐音之“户覆反”。是宋人所見之本即有讀屋韵者。

24.《詩・行露》：“何以速我訟。”“**訟**”（邪用），徐**才**（從）**容**（鍾）反。《釋文》：“訟如字，徐取韵音才容反。”按江有誥《唐韵四聲正》謂：“訟古惟讀平聲，并無去聲。”徐音訟，才容反者，正惟古讀，非關取韵。

25.《詩・匏有苦葉》：“旭日始旦。”“**旭**”（曉燭），徐**許**（曉）**袁**（元）反毛傳：“旭日始出，謂大昕之時。”箋云：“請期用昕，親迎用昏。”按韓詩“旭”作“煦”（昫），煖也。《説文》：“昫，日出温也。”“煖，温也。”黄季剛謂：“徐許袁反，讀爲‘日以暄之’之‘暄’。”按“暄”亦即“煖”，《禮・樂記》：“昫之以日月。”“煖”，徐即音“許袁反”。可知徐“許袁反”者是爲“煖”注音。徐用韓詩，以“昫”易“旭”，以“煖”釋“昫”。

26.《詩・旄丘》：“狐裘蒙戎。”“**蒙**”（明東），徐音**武**（微）**邦**（江）反。王先謙《詩三家義集疏》謂，徐音是依《左傳》讀“蒙戎”爲“尨茸”。按《左傳・僖公五年》：“退而賦曰，狐裘尨茸。”杜注：“尨茸，亂貌。”朱駿聲《説文通訓定聲》謂：“蒙，假借爲尨。”《廣韵・江韵》：“尨，莫江切。”《廣韵》的“莫江切”即徐音的“武邦反”。徐“武邦反”是依《左傳》爲“尨”注音。以“尨”易“蒙”。

27.《詩·碩人》:“領如蝤蠐。”“**蝤**”(從尤),徐音**曹**(從豪)。毛傳:“蝤蠐,蝎蟲也。”按《説文·蟲部》:“蝤,蝤蝵也。”又“蝵,蝵蠐也”。《正義》謂:“孫炎曰:‘蠐螬謂之蟦蝵,關東謂之蝤蝵,梁益謂之蝎。’”《爾雅·釋蟲》:“蟦蝵螬蝤蝎。”義爲一物。徐以“曹”音“蝤”,實以“曹”音“螬”,以“螬”釋“蝤”。“曹”“蝤”上古同聲,同部。“蝤蝵”爲專名。六朝早期讀音,必有仍讀如“曹”者。王念孫《廣雅疏證·釋蟲》“蛭蛒”條,謂:螬蠐即蝤蠐。

28.《詩·芄蘭》:“能不我甲。”“**甲**”(見狎),徐**胡**(匣)**甲**(狎)反。按“甲”不能作“甲”的反切下字。毛傳:“甲,狎也。”《釋文》謂“甲”,韓詩作“狎”,因知“狎”爲本字。“甲”是借字。《廣韵·狎韵》:“狎,胡甲切。”徐“胡甲反”相當于《廣韵》的“胡甲切”。知徐“胡甲反”是依韓詩爲“狎”注音,韓詩是今文,徐以今文易古文。

29.《詩·山有扶蘇》:“山有扶蘇。”“**蘇**”(心模),徐音**踈**(生魚)。王先謙《詩三家義集疏》:“段玉裁云:‘《説文》:“扶,扶疏四布也。從木,夫聲。”古書多作扶疏’同音假借也。疏通作胥,亦作蘇。”漢人辭賦多作“扶疏”。“扶蘇”爲復音聯綿詞,徐音“蘇”爲“疏”。是以通用之“疏”易“蘇”。

30.《詩·揚之水》:“人實迋女。”“**迋**”(云漾),徐**居**(見)**望**(樣)反。毛傳:“迋,誑也。”按《説文·辵部》:“迋,往也。從辵,王聲。《春秋傳》曰:‘子無我迋。’”段玉裁謂:“《鄭風》:‘無信人之言,人實迋女。’毛曰:‘迋,誑也。’傳謂‘迋’爲‘誑’之假借。左氏此‘迋’正同。‘迋’本訓‘往’,而經傳假借爲誑。”《廣韵·漾韵》:“迋,于放切,往也;誑,居况切,欺也。”《廣韵》之“居况切”和徐之“居望反”正同,知徐“以本字易借字”。

31.《詩·墓門》:“歌以訊之。”“**訊**”(心,震),徐**息**(心)**悴**(至)反。毛傳:“訊,告也。”《釋文》:“訊,本又作‘誶’。”按《説文·言部》:“訊,問也。”與《傳》意不合。同部:“誶,讓也。”段玉裁謂:“《釋文》《毛傳》皆云,誶,告也。許云,讓也。”《釋文》:“毛傳泛言之,許專言之也。”又曰“今《國語》《毛詩》《爾雅》及他書‘誶’皆譌‘訊’,皆由轉寫形近而誤”。《廣韵·至韵》："誶，言也，《詩》云：'歌以誶止。'雖遂切。"《廣韵》"雖遂切"即徐音息悴反。知徐音以"詳"易"訊"。

32.《詩·伐木》："於粲洒掃。""**洒**"（生卦），徐**所**（生）**寄**（寘）反。鄭箋："粲然已灑攢矣。"《説文·水部》："洒，滌也。從水，西聲。古文以爲灑掃字。"同部："灑，從水麗聲。汛也。"又："汛，從水，卂聲。灑也。"段注："按汛與灑互訓而殊音。洒則經典用爲'灑'之假借。然謂洒即'汛'之假借，則於古音尤合。蓋洒從西聲。西，古音如'詵'也。小顔注《東方朔傳》'洒埽'云：'洒音信。'此謂即汛字也。又山豉反，此謂即灑字也。此必《漢書音義》舊説。"洒爲"灑"之古文。

33.《詩·朱芑》："八鸞瑲瑲。""**瑲**"（清陽），徐**七**（清）**羹**（庚）反。毛傳："瑲瑲聲也。"《釋文》"瑲瑲"，本亦作"鎗"，七羊反。徐七羹反。按《説文·玉部》："瑲，玉聲也。"《金部》："鎗，鐘聲也。"二者本有區别。但古同聲同部，可以通假。六朝以后"鎗"讀入庚韵。《切韵》《廣韵》俱讀"楚庚反"，和"鐺"混爲一字。徐七羹反爲另本"鎗"注音，非爲"瑲"注音也。

34.《詩·節南山》："尹氏大師，維周之氐。""**氐**"（端齊），徐從鄭**都**（端）**履**（旨）反。鄭箋："氐，當作桎鎋之桎。"《釋文》："桎，之實反。又丁履反，礙也。"因知徐依鄭，讀"都履反"者是爲"桎"作音。吴承仕謂："徐邈謂鄭讀'氐'爲'都履反'者，疑當徐邈之時，'桎鎋'之'桎'本讀'都履'之音，故能確知鄭讀耳。音之實反者，德明當時之音，其又音則據徐説也。"

35.《詩·十月之交》："抑此皇父，豈日不時。""**抑**"（影職），徐音**噫**（影之）。鄭箋："抑之言'噫'。噫是皇父，疾而呼之。"《廣韵·之韵》："噫，恨聲。"徐依鄭箋，以"噫"音"抑"。謂"抑"當作"噫"。

36.《詩·十月之交》："百川沸騰，山冢崒崩。""**崒**"（從術），徐**子**（精）**綏**（脂）反。鄭箋："崒者崔嵬。"《釋文》："舊，子恤反。徐子綏反，宜依《爾雅》音徂恤反。"又《説文·山部》："崒危高也。從山，卒聲。"大徐"醉綏切"。段玉裁謂宜音"慈衈切"。今按《集韵·脂韵》：崔，崔嵬，高大也。或作嗺，隹、崒、陮。"遵綏切"，徐邈之"子綏反"，大徐之"醉綏切"即《集韵》之

"遵綏切"。是爲崔作音。"崒"即"崔"之或體。

37.《詩·小旻》："民雖靡膴，或哲或謀。""**膴**"(微虞)，徐依鄭音"**謨**"(明模)。鄭箋："膴，法也。"《正義》謂："鄭訓膴音謨，爲法。"按字書從無音"膴"爲"謨"，訓"膴"爲"法"者。《説文·木部》："模，法也。"段注："《漢書》亦作橅。"實則徐音以"謨"。音"模"(撫)，以"橅"易"膴"。

38.《詩·生民》："酌以大斗。以祈黄耇。""**斗**"(端厚)，徐音**主**(章麌)。毛傳："大斗長三尺也。"《釋文》："斗又作枓，都口反。"按《説文·木部》："枓，勺也。"《廣韻》收馸、厚兩韵。收厚韵者，和"斗"同音，"柱上方木也"。收麌韵者，和主同音，"斟水器也"。徐以"主"音"斗"是以麌韵的"枓"易"斗"。

39.《詩·雲漢》："旱魃爲虐，如惔如焚。""**惔**"(定談)，徐音**炎**(云鹽)。毛傳："惔，燎之也。"按《説文·心部》："惔，憂也。從心炎聲。《詩》：'憂心如炎。'"蓋徐所據本亦作"惔"。故據之以"炎"易"惔"。

40.《詩·云漢》："蘊隆蟲蟲。""**蟲**"(澄東三)，徐**徒**(定)**冬**(冬)反。《釋文》："蟲，直忠反，徐徒冬反。《爾雅》作爞，云，熏也。韓詩作'烔'，音徒東反。"王先謙《詩三家義集疏》謂："'蟲'韓詩作'烔'，魯詩作'爞'《廣韵》爞，徒紅切。"熱氣爞爞，出《字林》，"讀東韵一等"。"爞"收東、冬兩韵。收東韵者，陟弓切。《爾雅》云："爞，炎炎薰也。"收冬韵者，"徒冬切。旱熱"，與徐音合。

41.《詩·桑柔》："民有肅心，荓云不逮。""**荓**"(䁖青)，徐**補**(幫)**耕**(耕)反。鄭箋："肅，進。逮，及。……民有進于善道之心，當任用之，反却退之，使不及門。"《爾雅·釋詁》："俾、拼、抨，使也。"郭注："皆謂使令。《釋文》荓，本或作'拼'，使也。"《廣韵·耕韵》："拼，北萌切，使也。"徐"補耕反"，相當于《廣韵》之"北萌切"，知徐"補耕反"爲"拼"注音。以"拼"易"荓"。

42.《詩·執競》："鐘鼓喤喤。""**喤**"(匣庚)，徐音**皇**(匣唐)。毛傳："喤喤，和也。"《釋文》："喤，華彭反。和也。徐音皇。"王先謙《詩三家義集疏》謂

"喤"，三家皆作"鍠"。按"喤""鍠"上古同部。六朝早期，"喤"已讀入庚韵，徐音皇，即爲"鍠"注音。《釋文》"華彭反"依《毛詩》讀"喤"爲庚韵字也。

43.《詩·載見》："和鈴央央。""**央**"(影陽)，徐音**英**(影庚)。《釋文》："央，於良反，徐音英。"按《文選·東征賦》："和鈴央央。"李善引《毛詩》"央央"作"鉠鉠"，説者謂徐音"英"是爲"鉠"注音。按《廣韵》"鉠"收陽、庚兩韵，有人認爲如果"英"讀庚韵，就很難解釋《詩·載見》以王、章、陽、央、鶬、光押韵現象。因此，主張古屬陽部的庚韵系字仍與陽，唐韵字同部。此説似未可信。根據徐邈的反切系統，上古陽部庚韵系字和陽、唐韵系字已經分立。不應以"英"一個字的牽連，混淆陽、庚兩韵系的大界限。實則，徐音反映了魏晋時期上古陽部庚韵系字分化的一種現象。請看下面兩個例子。《詩·六月》："織文鳥章，白斾央央。"《釋文》央音"英"，或"于良反"。《詩·出車》："旗旐央央。"本亦作"英"。古寫本作"英英"，同"於京反"，又"於良反"。顯然，古本"央""英"仍同隸陽部，故"英""央"可以通假。后陽部字分化，"英"轉入"今音"庚韵，故"央"又有"於良"一切又音。徐邈則據古本以"英"音"央"。徐邈當時實際讀音，已讀"英"入"今音"庚韵矣。觀下例可知。《詩·閟宫》："公車千乘，朱英緑縢。"《釋文》："英如字，徐於耕反。"今考徐邈反切系統，《廣韵》的庚、耕兩韵系字徐音讀爲一部，與陽、唐韵系字絲毫不混。徐以"於耕"反"英"，則知"英"已隸"庚耕"韵系。

44.《詩·有客》："敦琢其旅。""**敦**"(端魂)，徐音**彫**(端蕭)。《正義》謂："敦琢治玉之名，……，《釋器》云，玉謂之雕，又云，玉謂之琢，是雕琢皆治玉名。"敦、雕古今字，徐音"敦"爲"雕"，即以今字易古字。

45.《詩·泮水》："薄采其茆。""**茆**"(明巧、有)，徐音**柳**(來有)。《釋文》："茆音卯，徐音柳。韋昭，萌藻反。"按《周禮·天官》："茆菹麋臡。"《釋文》："茆音卯，北人音柳。"看來，"茆"既有南北方言讀音不同，也有經師師承讀音的差异。徐南人，讀"茆"爲"柳"當與師承有關。

46.《詩·魯頌》："松桷有舄。""舄"（心昔），徐音託（透鐸）。毛傳："舄，大也。"按字書從無訓"舄"爲大者，除徐音外，亦無音"舄"爲"託"者。今按"斥""舄"爲古今字。《尚書·禹貢》："海濱廣斥。"《史記·夏本紀》作"海濱廣潟（舄）"，《吕氏春秋·樂成篇》："終古斥鹵。"《漢書·溝洫志》作"千古舄鹵"。《文選·海賦》："襄陵廣舄。"李善注："《史記》斥爲舄，古今字也。""斥"訓大。《文選·魏都賦》："原濕昫昫，墳衍斥斥。"李善注："斥斥，廣大貌。"《蒼頡篇》曰："斥，大也。""斥"音托。《莊·田子方》："揮斥八極。"《釋文》："斥，李音託。"按"託"上古隸鐸部，透母。"斥"上古鐸部，昌母。但從"斥"得聲的字都隸譯部，透母，因知"斥"和"託"古爲同音字。故在較早的文獻資料里，"斥"得音"託"。根據以上三點，可知徐音托，是爲"斥"注音。謂"舄"古爲"斥"，毛傳訓大也是爲"斥"作訓釋。

47.《詩·長發》："幅隕既長。""隕"（云軫），徐音于（雲）貧（真）反。按江有誥《唐韵四聲正》謂"隕"古有平聲一讀。《詩·氓》四章"隕"與"貧"叶，《穆天子傳》"隕"與"恩"叶。與徐音合。

48.《詩·殷武》："歲事來辟，勿與禍適。""適"（端錫），徐張（知）革（麥）反。毛傳："以歲時朝覲于我殷王者，勿罪過與之禍福。"孔疏："以歲時行朝覲之事，來見君王，我殷王勿與之禍患，不責其罪過。"《傳》《疏》都訓"適"爲罪責。按《廣韵·麥韵》："讁，責也。陟革切。"《廣韵》"陟革切"相當于徐音張革反。知徐音爲"讁"注音，以"讁"易"適"。

49.《周禮·太宰》："五曰賦貢以馭其用。"注："賦，口率出泉也。貢，功也。九職之功所税也。""率"（生術），徐音類（來至）。按，賈疏："賦，口率出泉也者，……是九職之功出税也。"即按九職類别出税。徐音類，即以"類"釋"率"。《史記·老莊申韓列傳》："大抵率寓言也。"《正義》："率，猶類也。"可證。

50.《周禮·大宰》："大喪贊贈玉含玉。"注："贈玉既窆所以送先王，含玉，死者口實，天子以玉。"窆（非艷），徐甫（非）贈（嶝）反。按《説文·土部》："堋，喪葬下土也。從土，朋聲。《春秋傳》曰：'朝而堋。'《禮》謂之封。《周官》謂之窆。"段注："皆葬下棺也。"《廣韵·嶝韵》："堋，束棺下之。《説文》作'堋'。喪葬下土也。方隥切。"《廣韵》"方隥切"相當于徐的"甫贈反"，知徐以"堋"釋"窆"。

51.《周禮·内饔》："鳥皫色而沙鳴，貍。""**貍**"（來之），徐於（影）**弗**（物）反。《釋文》："貍，音鬱，徐於弗反。"孔疏："鳥毛失色而鳴又澌其肉氣必鬱。鬱謂腐臭。"《廣韵·物韵》："鬱，腐臭也。紆物切。"《廣韵》之"紆物切"相當于徐音之"於弗反"，因知徐音於弗反，是爲"鬱"注音，以"鬱"易"貍"。

52.《周禮·酒正》："辨三酒之物。"注："……所謂舊醳者也。""**醳**"（云昔），徐音**昔**（心昔）。按《周禮·酒正》："辨三酒之物。"注，鄭司農云："事酒有事而飲也。昔酒無事而飲也。"玄謂："事酒酌有事者之酒。昔酒今之酋久白酒，所謂舊醳者也。"賈疏："昔爲久，酋亦遠久之義。"又曰："事酒爲新醳，昔酒爲舊醳。"徐以"昔"音"醳"，即以"昔"兼釋"舊醳"也。

53.《周禮·太宰》："以擾萬民。""**擾**"（日小），徐、李**尋**（邪）**倫**（諄）反。鄭注："擾，猶馴也。"按《廣韵·諄韵》："馴，詳遵切。擾。"徐"尋倫反"相當于《廣韵》之"詳遵切"。因知徐是依鄭注爲"馴"注音，以"馴"易"擾"。黄季剛謂："此徐、李徑讀爲馴，不關音理。"是也。

54.《周禮·内宰》："正其肆陳其貨賄，出其度量淳制。""**淳**"（常諄），徐音**純**（常諄）。鄭注："度，丈尺也；量，豆區之屬；鄭司農云，淳爲敦，杜子春讀敦爲純。純謂幅廣，制謂匹長。"根據鄭玄的説法，經文中的"淳"是"純"的借字。徐以"純"音"淳"，是以本字易借字。

55.《周禮·掌舍》："設梐枑再重。"注："故書，枑爲柜。"《釋文》："枑，户故反。重，直龍反。柜，音矩。徐胡故反。"按《釋文》應以"徐胡故反"置"枑，户故反"之后。徐"胡故反"爲"枑"注音。

56.《周禮·天官·女祝》："掌以時招梗襘禳之事。""**梗**"（見梗），徐音**亢**（溪宕）。鄭注："鄭大夫（先鄭）讀梗爲亢。謂招善而亢惡去之。"《釋文》：

“梗，古猛反。徐依鄭音亢。”以“亢”易“梗”。

57.《周禮·染人》：“夏纁玄。”注：“盛暑熱潤，始湛染之。”“**湛**”(澄侵)，徐**子**(精)**廉**(鹽)反。按《考工記·鐘氏》：“染羽，以朱湛丹秫，三月而熾之。”鄭司農云：“湛，漬也。”鄭玄謂“湛”讀如“漸車帷裳”之“漸”。今考《廣韵·鹽韵》：“漸，子廉切，漬也。”與徐音合。徐“子廉反”相當于《廣韵》之“子廉切”。因知徐是爲“漸”注音，以“漸”易“湛”。

58.《周禮·秋官司寇》序官：“赤犮氏。”“**赤**”(昌昔)，徐**呼**(曉)**陌**(陌)反。鄭注：“赤犮猶言赤拔也。主除蟲豸自埋。”《廣韵·麥韵》：“捇，呼麥切。掘土。”徐“呼陌反”相當于《廣韵》之“呼麥切”。根據徐邈的反切系統。陽聲韵《廣韵》庚、耕兩韵系字讀音，徐音基本上讀爲一類，入聲字徐音以陌韵字爲“捇”作切語下字，實際上陌、麥亦有混切。《集韵》另收“捇”陌韵，顯據徐音另出。

59.《周·夏官職方氏》：“其畜宜六擾。”鄭注：“六擾，馬牛羊豕犬鶏。”“**擾**”(日小)，徐音**饒**(日宵)。《釋文》：“擾，而少反。徐，劉音饒。”《切韵》《廣韵》收“擾”小韵，“而沼切”一讀。“亂也，順也。”《説文》作：“擾，煩也。”《集韵》兼收小、宵兩韵。收小韵者同《廣韵》。收宵韵者：“如招切。順也。”顯依徐、劉另出。擾讀平聲，爲徐、劉特有之。

60.《周禮·甸師》：“甸師掌帥其屬而耨王籍。”注：“耨，芸芓也。”賈疏：“芸，助。芓，擁本是也。”“**芓**”(從志)，徐音**茲**(精之)。按《廣韵·志韵》：“芓，《爾雅》，莩（字）麻母。郭璞云，苴麻成子者。”與“疏”義不合。《詩·甫田》：“或芸或耔。”《釋文》：“芸，本又作耘，除草也。耔，音子，沈音兹，擁禾根也。”蓋“芓”爲“耔”的异文。《廣韵》收“耔”止韵。“即里切，擁苗本也”。《集韵》收“耔”之，止兩韵。收之韵者：“壅禾根也。《詩》：‘或耘或耔。’津之切。沈重讀。通作芓。”收止韵者，義略同。

61.《周禮·考工記》：“車戟常崇于殳四尺。”注：“戈殳戟矛皆插車輢。”“**插**”(初洽)，徐**初**(初)**輒**(葉)反。黄焯《經典釋文報校》謂：“宋本，葉鈔，何校本‘插’作‘捷’，《集韵》插、捷并列。”按《説文·手部》：“插，刺内也。”段注：“内者，入也。漢人注經，（插）多假捷字，扱字爲之。”按《廣韵·葉韵》：“捷，疾葉切。”據徐邈反切系統，《廣韵》全濁塞音字、塞擦音字，在徐邈的讀音里常和次清音字混切。另外，初、崇和清、從四母基本上讀爲兩類。因此，徐“初輒反”相當于《廣韵》之“疾葉切”。徐“初輒反”是爲“捷”注音，徐所據本應作“捷”。

62.《周禮·考工記》：“凡車之道，不微至無以爲戚速也。”《釋文》戚、徐將六反。鄭注：“齊人有名疾爲戚者，《春秋傳》曰：蓋已操之爲已戚矣。”孔疏：“《公羊傳·莊公三十年》：‘冬，齊人伐山戎。’傳云：‘司馬子曰，蓋以操之爲已蹙矣。’”按《説文·戈部》：“戚，戉也。”段注：“戚之引申義爲促迫，古書用戚者俗多改爲蹙。”《廣韵·屋韵》：“蹙，子六切。”相當于徐之“將六反”，因知徐音是爲“蹙”注音。徐以漢以后之通用字易古字耳。

63.《周禮·夏采》：“以乘車建綏復于四郊。”鄭注：“故書綏爲旞。”《廣韵》未收。《集韵·至韵》：“䍁或作旞。”徐醉切，徐音**遂**（邪至）。徐音遂，相當于《集韵》之“徐醉切”也。

64.《禮·坊記》：“**坊**（奉陽），徐**扶**（奉）**訪**（漾）反。”鄭玄謂：“名《坊記》者，以其記六藝之義，所以防人之失也。”按《廣韵·漾韵》：“防，守御也。符况切。”《廣韵》之“符况反”相當于徐音之“扶訪反”，知徐音是爲“防”注音，以“防”易“坊”。

65.《禮·禮運》：“龍之爲畜，故魚鮪不淰。”“**淰**”（泥忝）、徐**舒**（書）**再**（琰）反。鄭注：“淰之言閃也。”《正義》謂：“龍既來爲人之畜，故其屬見人不驚走也。”按《廣韵·琰韵》：“閃，出門貌。”《集韵》：“閃，《説文》闚頭門中也。失冉切。”《廣韵》《集韵》之“失冉切”相當于徐音之“舒冉反”，故知徐“舒冉反”是爲“閃”注音，以“閃”釋“淰”。

66.《禮·玉藻》：“羔幦，虎植。”**幦**（明錫），徐**苦**（溪）**狄**（錫）反。鄭注：“幦，覆苓也。”《詩·大雅》：“鞹鞃淺幭。”毛傳：“幭，覆式，即幦也。”又《周禮·巾車》：“犬幎。”鄭注：“犬皮爲覆苓。”幦、幭、幎三者實爲一物。《廣韵·錫韵》幦、幎同爲莫狄切。《集韵》幦、幭、幎同爲冥狄切，音相同也。毛居正謂徐音苦狄切，“苦”爲“莫”字之誤。可信。

67.《禮・玉藻》：“圈豚行。”“**豚**”（定魂），徐**徒**（定）**困**（混）反。鄭注：豚之言若有所循。《釋文》本又作豚，犬本反。“豚”，《廣韵・魂韵》：“徒渾切。”“豚”字未見，“豚”蓋六朝時豚之异體字。《集韵・恨韵》：“豚行曳踵也。或作豚。徒困切。”蓋以徐音另出。

68.《禮・三年問》：“蹢躅焉，踟躕焉。”“**蹢**”（端錫），徐**治**（澄）**革**（麥）反。《釋文》本又作躑，直亦反。《廣韵・昔韵》：“躑，躑躅，行不進也。”《集韵・麥韵》：“蹢，治革切。蹢躅，不行也。徐邈説。”

69.《禮・曲禮》：“摳衣，趨隅。”“**趨**”（清虞），徐音**奏**（精候）。《釋文》：“奏，本又作走。”按《説文・走部》：“走，趨也；趨，走也。”“趨”“走”互訓。《廣韵・候韵》“走”“奏”同“則候切”。因知徐爲“走”注音，以“走”釋“趨”。

70.《禮・曲禮》：“男女不雜坐，不同椸枷。”“**枷**”（見麻），徐音**稼**（見禡）。《釋文》：“枷，本又作架……古本無此字。”按《廣韵・禡韵》：“架，架屋，亦作枷，《禮記》云：‘不同椸枷。枷古訝切。’阮元校勘記謂。”“據徐音知此字（枷），晋以來已衍。‘古本無此字’陸當據徐本云然耳。”

71.《禮・曲禮》：“大夫去國，逾竟，爲壇位向國而哭。”“**壇**”（定寒），徐音**善**（常獮）。按《説文・土部》：“壇，祭壇場也。”同部：“墠，野土也。”段注：“野，郊外也。”段注：“壇，《祭法》曰：‘封土曰壇，除地曰墠。’壇必封土，墠必除地。此壇墠之别也。大夫去國，于郊野除土而祭，于經文義合。”《廣韵・獮韵》：“墠，常演切。”與“善”同小韵，則知徐音是爲“墠”注音，以“墠”易“壇”。

72.《禮・曲禮》：“士視五步。”注：“士視得旁游目五步之中也。‘**遊**’（以尤），徐音‘**流**’（來尤）。《正義》：‘傾則奸。’鄭注，傾，欹側也。若視尊者而欹側旁視，流目東西，則似有奸惡之意也。”又《淮南・修務訓》：“冶由笑，目流眺。”高注：“流眺，睛盼也。”《文選・西京賦》：“睚藐流眄。”薛注：“流眄，轉眼貌。”“游目”“流目”音近義同，似俱爲當時通用語。徐以“流”

音“游”。謂“游目”即“流目”也。

73.《禮·檀弓》：“布幕衛也，縿幕魯也。”**縿**(生銜)，徐音**蕭**(心蕭)。鄭注：“縿，縑也，讀如綃。”《釋文》：“縿音綃。”“綃音消，徐本又作綃。桑堯反”，據徐邈反切系統，宵、蕭兩韵舌齒音字，常常混切。因此宵韵“綃”能作蕭韵“綃”的异文。徐音蕭，即爲所據本的“綃”字作音。

74.“**幕**”(明鐸)，徐音**覓**(明錫)。鄭注：“幕，所以覆棺上也。”按《説文·巾部》：“幎，幔也。”段注：“謂冡其上也。其字亦作冪。”《廣韵·錫韵》：“幎，覆也，亦作冪，莫狄切。”和“覓”同音，因知徐音覓，是爲幎注音。(參看66條)

75.《禮·檀弓》：“夫子之疾革矣。”“**革**”(見麥)，徐音**極**(群職)。鄭注：“革，急也。”經籍中常假借“亟”爲“革”。《禮·檀弓》：“公曰，若疾革，雖當祭，必告。”《釋文》：“革，本又作亟，居力反。”按《廣韵·職韵》：“亟，急也，疾也，紀力切。”和“極”同音。因知徐音極，是爲“亟”注音，以“亟”易“革”。

76.《禮·檀弓》：“公叔木有同母异父之昆弟死。”“**木**”(明屋)，徐音**之**(章)**樹**(遇)反。鄭注：“木，當爲朱。”《春秋傳》：“作戍。”《釋文》：“木音戍，式樹反。”徐“之樹反”，疑爲“朱”字注音。

77.《禮·檀弓》：“小功不稅。”注：“日月已過，乃聞喪而服曰稅。”“**稅**”，徐**他**(透)**外**(泰)反。按《廣韵·祭韵》：“裞，舒芮切，衣送死也。”《禮》注云：“日月已過，乃聞喪而服曰裞。”又收泰韵“他外切”，義同。按《廣韵·泰韵》：“裞，他外切。”即徐之“他外反”。知徐“他外反”是爲“裞”注音，以“裞”易“稅”。

78.《禮·檀弓》：“哀公使人吊蕢向，遇諸道，辟于路，畫宮而受吊焉。”“**辟**”(幫昔)，徐音**避**(並寘)。“辟”，鄭無注。揆諸文義，“辟”當爲“避”，徐音避，即以“避”易“辟”。

79.《禮·王制》：“髡者使守積。”“**髡**”(溪魂)，徐**户**(匣)**官**(桓)反。按《周禮·掌戮》：“髡者使守積。”注：“鄭司農云：髡，當爲完。謂但居作三年不虧體者也。”徐“户官反”是依先鄭爲“完”作音，《廣韵·桓韵》：“完，胡官切。”《廣韵》“胡官切”即徐音之“户官反”，徐以“完”易“髡”。

80.《禮·贍》：“律中太簇。”注：“凡律空圍九分。”“**空**”(溪東)，徐音**孔**(溪董)。按《正義》：“凡律空圍九分者。”以黄鐘爲律之首，諸律雖長短有差，其圍皆以九分爲限。“空圍”即“孔的圓周”，“空”即“孔”，徐音孔，即以“孔”釋“空”。

81.《禮·曾子問》：“布奠于賓，賓奠而不舉，不歸肉。”“**歸**”(見微)，徐**其**(群)**位**(至)反。鄭注：“肉，俎也。謂與祭者留之共燕。”孔疏：“歸，饋也。謂不饋俎于賓也。”按《廣韵·至韵》：“饋，求位切。餉也。”徐“其位反”，即《廣韵》之“求位切”，知徐“其位反”爲“饋”注音，以“饋”易“歸”。

82.《禮·文王世子》：“其刑罪，則纖剸。”“**纖**”(心鹽)，徐**子**(精)**廉**(鹽)反。鄭注：“纖讀爲殲。殲也。”按《廣韵·鹽韵》：“殲，滅也，盡也。子廉切。”徐“子廉反”。即《廣韵》之“子廉切”。知徐“子廉反”是依鄭爲“殲”注音。

83.《禮·内則》：“施槃袠(帙)。”注：“槃，小囊。”“**囊**”(泥唐)，徐音**託**(透鐸)。按《説文·束部》：“囊，槖也，槖，囊也。”囊、槖互訓。《廣韵·鐸韵》：“槖，無底囊。他各切。”和“託”同音。徐音託，是以“託”音“槖”，以“槖”釋“囊”。

84.《禮·禮器》：“不台門。”注：“闍者謂之台門。”《正義》：“築闍爲基，基上起屋曰台門。”《釋文》：“堵，卒又作闍。音都。又丁古反。徐音常邪反。”按《釋文》所據本作“堵”，故云本又作“闍”。《廣韵》收“闍”模、麻兩韵。收模韵者，“當孤切，闉闍，城上重門，又市遮切”。收麻韵者，“視遮切，闉闍城上重門也”。《廣韵》“視遮切”和“市遮切”相當于徐音之“常邪切”。徐本與《釋文》异。

85.《禮·喪服小記》：“宗子之諸父無后者，爲墠祭之。”“**墠**”(常獮)，徐**徒**(定)**丹**(寒)反。《正義》引《祭法》：“先壇后墠，今祭之墠者，皇氏云，以其無后賤之也。故于墠也。皇別壇、墠。"《説文・土部》："墠，野土也。"段注："野者，郊外也。野土者，于野治地除草，又曰，封土曰壇，除地曰墠。"按《廣韵・寒韵》："壇，封土祭處，徒干切。"《廣韵》之"徒干切"即徐"徒丹反"。徐以"壇"易"墠"，蓋謂宗子之諸父無后者亦祭于壇。不必野祭也。

86.《禮・郊特牲》："于舊澤之酒也。""**澤**"（澄陌），徐**詩**（書）**石**（昔）反。鄭注："澤讀爲醳，舊醳之酒，謂昔酒也。"《釋文》："澤依注讀爲醳。音亦。徐詩石反。"按《廣韵・昔韵》："醳，苦酒，羊益切。"和"亦"同音，根據徐邈反切系統，以母字和書母字間有混切。因知徐"詩石反"者即依注爲"醳"注音。

87.《禮・樂記》："怗懘，音不和也。""**怗**"（透怗），徐**昌**（昌）**廉**（鹽）反。按《廣韵・鹽韵》："怗懘，處占切，怗懘，音不和也。"徐"昌廉反"相當于"廣韵之處占切"。因知徐"昌廉反"是爲"惉"注音。

88.《禮・喪大記》："食于篹者盥。""**篹**"（心緩），徐音**撰**（崇潸）鄭注："篹，竹筥也。"按《汗簡》卷二"撰"字之古文作"篹"。徐以"撰"音"篹"，即以今文易古文。

89.《禮・少儀》："拚席不以鬣。"注："鬣，謂帚也。恒帚地，不潔清也。""**清**"（清清），徐**才**（從）**性**（勁）反。按《廣韵・勁韵》："净，疾政切，無垢也。"徐音才性反，亦即《廣韵》之"疾政切"。徐之"才性反"爲"净"注音。以"净"易"清"。

90.《禮・祭義》："其行也趨趨以數。""**數**"（生遇），徐音**速**（心屋）。鄭注："趨讀如促，數之言，速也。"徐音速，即以"速"釋"數"。

91.《禮・祭統》："秋草木成可芟艾給爨亨，始行小刑也。""**亨**"（曉庚），徐**普**（滂）**孟**（庚）反。《説文・亯部》："亯，獻也。象孰物形。"段注："薦神作'亨'亦作'享'。讀許庚切；飪物作'亨'亦作'烹'，讀普庚切。"徐"普孟反"顯爲"烹"字作者。

92.《禮・坊記》："君子之道辟則坊與，坊民之所不足者也。"《正義》：

"君子之道，防民過，譬如防之礙水。"今按"辟""譬"古多通用。《論語》："譬如爲山。"《漢書·禮樂志》作"辟如爲山""譬之宮墻"。《隸釋》載漢熹平石經，"譬"作"辟"。徐音譬，實以"譬"易辟。

93.《禮·坊記》："相彼盍旦，尚猶患之。《詩·小雅·角弓》""**盍**"(匣盍)，徐**苦**(溪)**蓋**(匣泰)反。《正義》："盍旦，夜鳴求旦之鳥。"《方言》第八：鶡鴠……自關而東謂之城旦，自關而西謂之鶡鴠。"按《廣韵·泰韵》："鶡，鶡鴠鳥。苦蓋切。"徐"苦蓋反"相當《廣韵》之"苦蓋切"。因知徐音是爲"鶡"作切，以"鶡"易"盍"。

94.《禮·中庸》："君子之道費而隱。""**費**"(敷未)，徐音**弗**(非物)。鄭注："費，猶危也。"《釋文》："本又作'拂'。"同扶弗反，猶危也。徐音弗，徐音"弗"，蓋依另本爲"拂"作音，以"弗"易"費"。

95.《禮·緇衣》："狐裘黄黄。"《釋文》謂徐本作"横"音"黄"。横，匣母庚韵，黄，匣母唐韵，鄭注："黄衣則狐裘。"《正義》引《論語》云："黄衣則狐裘，故狐裘則黄衣也。"按徐所據本"黄"作"横"。該本"横"仍隸陽部。徐據鄭注，以明本字應讀"黄"。

96.《禮·儒行》："静而正之。""**静**"(從静)，《釋文》謂徐作"**諍**"(莊静)，亦作"**争**"(莊耕)。《正義》："静而正之。謂静退自居而尋常守正也。"按徐以"静"爲"諍"，顯與《正義》旨趣大异。"諍而正之"者，謂以諫諍正君之失。此六朝經注猶存古意也，徐以所據本"諍"，改訂傳注所據本"静"。

97.《禮·大學》："此之謂自謙。""**謙**"(溪添)，徐**苦**(溪)**簟**(忝)反。鄭注："謙讀慊，慊之爲言厭也。厭讀爲黶，黶，閉藏貌也。"《釋文》謙，依注讀爲"慊"。按《廣韵·忝韵》："慊，慊恨，苦簟切。"與徐音合，知徐依注爲音。

98.《左·宣十七年》："余將老，使郤子逞其志，庶有鳩乎。""**鳩**"(見尤)，徐音**豸**(澄紙)。《釋文》："鳩，徐音貎(豸)，直是反。解也。本又作'貎'注同。或音居牛反，非也。"據《釋文》可以推知，徐本作"鳩"。徐音豸，即以"豸"易"鳩"。

99.《左·宣十七年》："歸父還自晋至笙。"**笙**(生庚)，徐**敕**(徹)**貞**(清)反。

《釋文》：“笙音生。”本又作“檉”。按《公羊傳》和《穀梁傳》作“歸父還自晋至檉”。《廣韵·清韵》：“檉，丑（徹）貞（清）切。”與徐音合。二傳今文，徐依二傳。以今文改訂古文。以“檉”易“笙”。

100.《左·成二年》：“浹辰之間。”“**浹**”（精怗），徐**子**（清）**答**（合）反。杜注：“浹辰，十二月也。”《正義》：“浹，周匝也。”按《廣韵·合韵》：“匝，遍也，周也。子答切。”徐“子答反”相當于《廣韵》之“子答切”。知徐“子答反”是爲“匝”注音。以泛語“匝”釋專語“浹”。

101.《左·成十四年》：“不内酌飲。”“**内**”（泥隊），徐音**納**（泥合）。《説文·入部》：“入，内也。内，入也。”二字互訓。段注：“今人謂所入處爲内，乃以其引申義爲本義。”又説：“内多假爲納。”今按《金文·克鼎》：“出内朕命。”《詩·大雅》作“出納王命”。句法文義全同，可證段説。上古“入”“内”同聲、同部。后來分化。“内”讀入微部，“入”“納”仍讀緝部。詞意分化、詞性也不同。作“從上俱下”義的“入”則專作動詞，以引申義爲本義的“内”字，一般用作名詞。“内”的假借字“納”作形容詞。《説文·系部》“納，絲濕納納也”。而“内”之本義，反借“納”爲之。徐以“納”音“内”，則以“納”釋“内”也。

102.《左·襄五年》：“我心扃扃。”“**扃**”（見青），徐**孔**（溪）**穎**（迥）反。杜注：“扃，扃扃明察也。”朱駿聲《説文通訓定聲》謂“扃”爲“炯”之借字。按《集韵·迥韵》：“扃，扃扃明察也。犬迥切。”六朝時“扃”自有溪母上聲一讀。

103.《左·襄十四年》：“衛人出其君，不亦甚乎！”“**出**”（昌術），徐音**黜**（徹術）。按《説文·黑部》：“黜，貶下也。”段注：“《玉篇》云：‘貶也，下也。’按，當作貶也，下色也。貶也者，黜陟之義也；下色也者，爲從黑張本也。”徐以“黜”音“出”，即以貶下之義解釋“出”，以專語釋泛語也。

104.《左·襄公十四年》：“譬如捕鹿，晋人角之，諸戎掎之。”“**捕**”（並暮），徐音**賦**（非遇）。《説文·手部》：“搏，索持也。”段注：“索持謂摸索而持之也。”同部捕，取也。“此與‘搏’義别”。按田獵搏獸，伺搏盗賊，皆用“搏”，“搏”訓獲取，故段謂二字迴别。《廣韵・遇韵》：“搏，方遇反。”與“賦”同音。徐音“縛”爲“賦”。因知徐是爲“搏”注音，以“搏”易“捕”也。

105.《左・襄二十七年》：“公喪之，如稅服終身。”“**稅**”(書祭)，徐讀曰“**繐**”(心祭)。杜注：“稅即繐也。”按《説文・系部》：“繐，細疏布也。”《廣韵・祭韵》：“繐，布縷細也，相鋭切。”徐讀曰繐者，以“繐”易“稅”。

106.《左・昭元年》：“其母曰，弗去懼選。”“**選**”(心獮)，徐**素**(心)**短**(緩)反。杜注：“選，數也。恐景公數其罪而加戮。”按《説文・竹部》：“算，數也。”又按《詩・邶風》：“不可選也。”毛云：“不可數也。”古“算”“選”音同義通，故可通假。《廣韵》：“算，蘇管切。”徐“素短反”相當于《廣韵》之“蘇管切”。因知徐“素短反”是爲“算”注音，以“數”釋“算”，以“算”易“選”。

107.《昭・三年》：“余髮如此董董。”“**董**”(端董)，徐**章**(章)**勇**(腫)反。《釋文》：“種，徐本作董。”蓋《釋文》所據本作“種”。杜注：“種種，短也。”按《廣韵・腫韵》：“種，之隴切。”徐“章勇反”即《廣韵》之“之隴切”。徐“章勇反”是爲“種”注音，徐本或亦作“董”，故徐以“種”易“董”。

108.《左・昭七年》：“叔孫婼如齊莅盟。”“**婼**”(徹藥)，徐音**釋**(書昔)。按《公羊傳・昭公七年》：“叔孫舍如齊蒞盟。”何休注：“叔孫舍二傳作婼。”按“舍”是書母字。上古魚部、麻系三等去聲。“釋”是上古鐸部昔類書母字和“舍”是相配的入聲。在徐邈的反切系統里，上古韵部陰聲去聲字常和相應的韵部入聲字混切，因知徐音“釋”是爲“舍”注音。《公羊》是今文，徐以今文的“舍”易《左氏》的古文“婼”。

109.《左・昭七年》：“民人痛疾而或燠休之。”“**燠**”(影皓)，徐音**憂**(影尤)。杜注：“燠休，痛念之聲。”朱駿聲《説文通訓定聲》謂“燠”假借爲“欨”。《集韵・遇韵》：“燠，燠休，痛念聲或作噢。”又《尤韵》：“燠，燠休，痛念聲。於求切。”與徐音合。

110.《莊・逍遥游》：“而莫之閼夭者。”“**閼**”(影昌)，徐**於**(影)**葛**(曷)反。

成疏："夭，折也；閼，塞也……折塞之禍。"按徐"於葛反"似爲"遏"注音。《廣韻·曷韻》："遏，遮也，絶也，止也。""莫之夭閼者"即無能折止之者，遏與"閼"音同意近。

111.《莊·逍遥游》："宋人有善爲不龜乎之藥者。""**龜**"（見脂合），徐**舉**（見）**倫**（諄）反。《釋文》："龜，愧悲反，徐舉倫反。李居危反。向云，拘坼也。"郭慶藩《莊子集解》："李楨曰：'龜爲皸之假借。'《通俗文》：'手、足坼裂曰皸。'"《集韵·諄韵》："龜，手凍坼也。《莊子》：'不龜手之藥。俱倫切。'"《集韵》之"俱倫切'即徐之'舉倫反。"

112.《莊·齊物論》："山林之畏佳。""**佳**"（章脂），徐**子**（精）**唯**（脂）反。《釋文》："畏，崔本作嵔。佳，醉癸反，徐，子唯反，郭祖罪反。李頤云，畏佳，山阜貌。"《説文·山部》："崔，大高也。"段注："《莊子》：'山林之畏佳。''佳'即今之'崔'字也。"按"畏佳"即"嵔崔"，亦即"崴崔"。《廣韵·尾韵》："崴，崴崔山高曲下。於鬼切。"又《脂韵》："嶉，高貌。醉綏切。"按"嶉"即"崔"之异體字。《集韵·脂韵》："崔，崔崔，高大也。遵綏切，或作嶉、佳、崒、隹。"可證。徐"子唯反"即《廣韵》之"醉綏切"，亦即《集韵》之"遵綏切"。俱爲"崔"注音。其或體有佳、嶉、崒、隹。

113.《莊·齊物論》："旁曰月。""**旁**"（並庚），徐**扶**（奉）**莽**（岩）反。《釋文》："旁，司馬云，依也。"崔本作"謗"，按應作"傍"。《説文·人部》："傍，近也。"引申爲依。段注謂"傍"古多假"旁"爲之。《廣韵·宕韵》："傍，蒲浪切。"《廣韵》之"蒲浪切"相當于徐音之"扶莽反"。知徐"扶莽反"是爲"傍"注音。

114.《莊·齊物論》："作則萬竅怒呺。""**呺**"（集韵·匣豪），徐**許**（曉）**口**（厚）反。按"呺"《廣韵》未收。《集韵》收豪、號、厚三韵。收豪韵者："乎刀切。風聲。《莊子》：'萬竅怒號。'"收號韵者："后到切，風聲。"收厚韵者，還是"風聲"。《莊子》："萬竅怒號。"徐邈讀。按"呺"從口、從号，讀"乎刀切"或"后到切"是也，讀"許口反"者是爲"吼"注音，以"吼"釋"呺"耳。《集韵·厚韵》："吼許后切。怒聲。"《集韵》"許后切"即徐之"許口反"。

徐“許口反”爲“吼”注音，以“吼”釋“吗”。

115.《莊·人間世》：“名也者，相札也。”“**札**”(莊黠)，徐**於**(影)**八**(黠)反。成疏：“札，傷也。”《釋文》：“札，崔云，夭也。亦作軋。”盧文詔曰：“今本作‘軋’。”《廣韵·黠韵》：“軋，車輾，烏黠切。”《集韵·黠韵》：“軋，乙黠切。《説文》：‘報也。’或作‘札’。”按《説文·車部》：“軋，報也。”段注：“大徐作‘輾’非。”本謂車之報于路，引申之爲勢相傾。徐“於八反”相當于《廣韵》之“烏黠切”和《集韵》之“乙黠切”，因知徐“於八反”是爲“軋”注音，以“軋”易“札”。

116.《莊·德充符》：“彼且擇日而登假。”“**假**”(見禡)，徐音**遐**(匣麻)。成疏：“彼王駘者，豈復簡擇良日而登昇玄道。”按《列子·黄帝篇》：“又二十八年，天下大治，幾若華胥氏之國，而帝登假。”張湛注：“假當爲遐。”又《周穆王》：“猶百年乃徂，以爲登假焉。”注：“假音遐。世以爲登遐，明其實死焉。”“登遐”即成玄英所謂“登玄道”，“假”是“遐”的借字。徐以“遐”音“假”，即以“遐”易“假”。

117.《莊·應帝王》：“立未定，自失而走。”“**走**”(精厚)，徐音**逸**(以質)。成疏：“遂使立未安定，奔逸而走也。”按徐以“逸”音“走”，是依成疏以“奔逸”釋“走”也。

118.《莊·應帝王》：“因以爲弟靡，因以爲波流(王念孫謂應作‘波隨’)。”“**弟**”(定薺)，徐音**頽**(定灰)。按郭注：“變化頽靡，世事波流。無往而不因也。”成疏：“頽者放任，靡者順從。”郭象、成玄英所見本都作“頽靡”。作“頽靡”者，六朝通行本也，故徐以“頽”易弟。

119.《莊·馬蹄》：“燒之剔之。”“**剔**”(透錫)，徐**詩**(書)**赤**(昔)反。成疏：“剔謂剪其毛。”按即“鬄”。《廣韵》收錫、昔兩韵。收錫韵者，“他歷切。鬄髮”。收昔韵者，“施隻切”，注和錫韵同。徐“詩赤反”相當于《廣韵》之“施隻切”，因知徐是爲“鬄”注音，意謂“剔”當爲“鬄”。

120.《莊·在宥》：“吾未知聖知之不爲桁楊接槢也。”“**椄**”(精葉)，徐音**燮**(心怗)。“**槢**”(邪緝)，徐**徒**(定)**燮**(怗)反。成疏：“接槢，械楔也。”按《廣韵·帖韵》䐑，“䐑牒”，小契。䐑，蘇協切；牒，徒協切。《廣韵》之“蘇協切”相當于徐音燮；《廣韵》的“徒協切”相當徐音徒燮反。《廣韵》“小契”即成疏之“械楔”也，故知《莊子》之“接槢”徐讀“䐑牒”也。

121.《莊·庚桑楚》：“兒子終日嗥而嗌不嗄。”“**嗄**”（生禡），徐音**憂**（影尤）。郭注：“任聲之自出不由于喜怒。”成疏：“嗌，喉塞也。嗄，聲破。”《釋文》：“嗄，於邁反。本又作嚘。徐音憂。司馬云：楚人謂啼無聲曰嗄。”俞樾謂《釋文》嗄，徐音憂，當從之。《老子》“終日號而不嗄”，傅奕本作“㰶”即“嚘”，异文也。楊子《太元經》：“夷次三日柔，嬰兒於號三日不嚘。”二宋、陸王本皆如是，蓋以嚘與柔爲韵。楊子所見《老》《莊》皆作“嚘”也。

122.《莊·則陽》：“衛靈公有妻三人同濫而浴。”“**濫**”（來闞），徐**胡**（匣）**暫**（闞）反。《釋文》：“濫，徐，胡暫反。或力暫反，浴器也。”按《説文·金部》：“鑑，大盆也。”朱駿聲《説文通訓定聲·謙部》：“鑑，大盆也……《莊子·則陽》：‘同濫而浴。’《釋文》浴器也。以濫爲之，字亦作‘㔋’。”按《集韵·闞韵》：“鑑，陶器。胡暫切。”與徐音合。

123.《莊·天下》：“其道舛駁。”“**舛**”（昌獮），徐**尺**（昌）**允**（準）反。成疏：“舛，差殊也；駁，雜揉也。”郭慶藩謂，司馬作“踳駁”。《文選》左太冲《魏都賦》注：“司馬云，踳讀曰舛。舛，乖也。駁，色雜不同也。”按《廣韵·準韵》：“踳，踳駁，相乖舛也。尺尹切。”《廣韵》之“尺尹切”即徐音之“尺允反”，知徐是爲“踳”注音，以“踳”易“舛”。

124.《莊·徐無鬼》：“其求鈃鍾也以束縛。”“**鈃**”（匣青），徐**户**（匣）**挺**（回）反。《釋文》：“鈃，音刑，《字林》云，鈃似小鍾而長頸。”《廣韵》僅收青韵“户經切”一讀。《集韵》收青、迥兩韵。收青韵者：“乎經切。似鍾而頸長，一曰酒器。”收迥韵者：“下頂切。似小鍾而長頸。”顯依徐音另出。

125.《莊·則陽》：“丘陵草木之緍。”“**緍**”（明真），徐音**昏**（曉魂）。郭注：“緍，合也。”《釋文》：“緍，民忍反，徐音昏，郭云，合也。司馬云，盛也。”按《説文·系部》：“緡，釣魚繳也。”《説文》有“緡”無“緍”。段玉裁謂隸書淆亂乃有從民作昏者。徐音“緍”爲“昏”，則“緍”本“緡”字也。黄焯

《報校》謂宋本“緡”“昬”二字皆從“氏”。

另附：

一、以下五例音讀未詳

1.《禮·禮運》：“以爲醴酪。”注：“烝釀之也。酪、酢截。”“**截**”(從代)，徐**祖**(精)**冀**(至)反。《説文·𢦔部》：“截，酢漿也。從酉，𢦔聲。”《釋文》：“截，才再反。”《廣韻·代韻》：“截，醋也，徒耐切，又昨代切。”按從“𢦔”聲字古多隸之部，今音多讀入咍韵系。“冀”系微部字，今音讀入至韵合口。徐以“冀”爲“截”的反切下字，切語未詳。

2.《禮·喪大記》：“大夫殯以幬。”注：“幬覆也。”“**幬**”或作“錞”，或作“**埻**”(見鐸)。徐**都**(端)**卧**(箇)反。《釋文》：“依字應作支允及又支閏反。”徐音都卧反，未詳。

3.《周禮·司徒·序官》：“媒氏下士二人。”注：“齊人名麴麩曰媒。”“**麩**”，徐**去**(溪)**穢**(廢)反。麩不見于《説文》《切韵》《廣韵》。《釋文》：“麩，魚列反，又五結反。”吴承仕謂，“魚列”“五結”二反讀爲“萌櫱”字，黄季剛謂“麩”即“櫱”的后起字。但“麩”(櫱)爲疑母。徐讀溪母，未詳。

4.《莊·天地》：“方且爲物絯。”“**絯**”(見咍)，徐**户**(匣)**隔**(麥)反。郭注：“將遂使后世拘牽而制物。”《釋文》：“《廣雅》公才反，束也。今用《廣雅》音。”吴承仕謂“絯”即“該”之孳乳字耳，今本《廣雅》，曹憲“絯”音“該”。大致可信，然徐音户隔反，則未詳。

5.《周禮·天官·膳夫》：“膳夫授祭品。”注：“祭謂刌肺脊。”“**刌**”(清混)，徐**倉**(清)**典**(銑)反。《釋文》：“刌，寸本反，劉音忖。沈，寸没反。”《儀禮音義》：“刌，七本反。”《廣雅·釋詁》：“刌，斷也，曹憲音村本反。宋本《玉篇》刌，忽混反。”六朝舊音一般讀“刌”爲魂韵系字，徐音未詳。但“刌”“典”同爲上古文部字，徐倉典反爲古音殘留？

二、以下字有錯訛

1. **鬻** 《禮·樂記》："羽者嫗伏，毛者孕鬻。""鬻"徐**扶**（奉）**袁**（元）反。《釋文》："鬻，音育。生也。"段玉裁謂："作鬻者，《樂記》假'鬻'爲'育'。轉寫致誤也。"按誤以"鬻"爲"番聲"，故有"扶袁"一讀。

2. **哼** 《莊·胠篋》："哼哼已亂天下矣。""**哼**"（定魂），徐**許**（曉）**彭**（庚）反。郭注："哼哼，以已誨人也。"《釋文》："李之閏反。又之純反。司馬云，少智貌。郭音惇，以已誨人之貌。"按郭音惇，李之閏反。蓋讀"哼"爲"諄"，與"以已誨人"之意合。六朝書寫，訛誤，"𦎫"或爲"亯"。徐"許彭反"者則誤以"哼"爲從"亯"得聲也。

3. **棷** 《禮·禮運》："鳳凰麒麟皆在郊棷。""**棷**"（清侯），徐**惣**（從）**會**（泰）反。《釋文》："棷，素口反。徐惣會反。澤也。"本或作"藪"。《説文·冂部》："冣，積也。"段注："冣與聚音義皆同，與冃部之'最'義皆别。六朝時冣，最頗多錯互。"吴承仕謂，讀"棷""惣會反"者。誤讀如最，作"素口反"者是也。

4. **疷** 《詩·白華》："之子之遠，俾我疷兮。""**疷**"（端脂），徐**都**（端）**禮**（薺）反。毛傳："疷，病也。"《釋文》："徐都禮反。"按《説文·疒部》："疷，病不翅（啻）也。"段注謂，氏聲、支聲、帝聲的字都在十六部（按即支部）。從"氐"聲的字在十五部（即脂部）。徐讀"底"，都禮反者，誤以"底""疷"爲"氐"聲。

5. **貸** 《禮·月令》："宿離不貸。""**貸**"（透代），徐音**二**（日至）。《釋文》："貸，吐得反。徐音二。"按朱駿聲《説文通訓定聲·頤部》："貸，假借爲忒。《禮記·月令》：'毋有差貸。'注'謂失誤'。"又爲"貳"之誤字。《釋文》吐得反即爲"忒"字注音，徐音二，即爲誤字之"貳"注音。

6. **純** 《禮·雜記》："紕以爵韋六寸……純以素，紃以五采。""**純**"（以諄），徐**力**（來）**移**（支）反。《釋文》："紕，婢支反，又方移反；純之閏反，又支允反。注同。徐，方移反。"按"純……徐，方移反"者，此沿上文"紕……又方移反"之誤。"方"又説爲"力"。

7. **瘳** 《莊·徐無鬼》："張若謵瘳前馬。""**瘳**"，徐**扶**(奉)**恒**(登)反。《釋文》："瘳，舒氏反。崔本作庈。本亦作朋，蒲登反。"盧文弨謂："今書作謵朋。"郭慶藩認爲古"多""朋"字常相混。因形似致誤。按徐作"扶恒反"即爲"朋"字作音。注疏本從"多"者誤也。

索引

《經典釋文》現存徐邈的反切共2154條，其中有《公羊傳》4條、《穀梁傳》2條、《孝經》1條、《爾雅》2條，以上四經的徐音均不見于《釋文》叙録，顯爲后人羼入。

爲了便于讀者對徐音做進一步研究，現將這2154條反切，根據被切字形體，按“部首”分别歸類，編成索引一卷，附于全書之末。本索引包括以下六個部分：一例字；二徐音反切；三出現例字的語句；四語句出處；五《釋文》出現例字的卷次；六《釋文》出現例字的頁碼。

本索引主要爲了閱讀本書，檢對原文之用。并爲讀者進一步研究，提供一較爲完整的資料。

本書所用《釋文》底本是1985年上海古籍出版社據北京圖書館藏宋刻影印本，上文所説《釋文》頁碼即指宋刻影印本頁碼。

部首檢字

説明：本索引共收2154字。現按傳統的編排字典的方法把這2146字分别地隸屬於159個部首。其中轄字60以上的有“手”“水”“艸”三部。一般部首轄字10到20個不等。最少的僅轄一至兩字。因此，我們只要找到所要查尋的部首，就能很容易發現所要查尋的隸屬於該部首的例字。

在下面的檢字表里，有的部首右方注有阿拉伯數字。這些數字是指在索引中該部首所占的頁碼。

例如：一畫“一”是指隸屬於部首“一”的字都在本索引的第333頁中；二畫“人”是指隸屬於部首“人(亻)的字都在本索引的第334頁至337頁之中。以此類推。

部首	例字	徐音	出現例字的語句	語句出處	釋文卷次	釋文頁碼（影宋刻本）
一部	下	户嫁	象曰：休復之吉，以～仁也	易・復	卷二・周易音義	91
	三	息暫	晝日～接	易・晋	卷二・周易音義	99
		息暫	樂～闋	禮・郊特牲	卷十二・禮記音義	728
	且	子餘	揚～之顔也	詩・君子偕老	卷五・毛詩音義	232
		子胥	士曰既～	詩・湊洧	卷五・毛詩音義	254
		七餘	曰父母～	詩・巧言	卷六・毛詩音義	317
		子餘	則有變乎，～不乎	禮・曾子問	卷十二・禮記音義	708
		子余	彼～擇日而登假	莊・德充符	卷二十六・莊内篇音義	1440
		子徐	我必～爲鏌鎁	莊・大宗師	卷二十六・莊内篇音義	1450
		子餘	而～説明邪，是淫于色也	莊・在宥	卷十二七・莊外篇音義	1472
		子餘	必～數眯焉	莊・天運	卷二十七・莊外篇音義	1489
	附：旦	子餘	谷～于差	詩・東門之枌	卷五・毛詩音義	272
		鄭音旦，明也，本亦作且。王，七也反，苟且也。徐子餘反。				
	丕	甫眉	嘉乃～績	書・大禹謨	卷三・尚書音義	149
		甫眉	肆嗣王～承基緒	書・太甲	卷三・尚書音義	164
		甫眉	是有丕子之責于天	書・金滕	卷四・尚書音義	179
丨部	中	丁仲	昏，參～	禮・月令	卷十一・禮記音義	687
		丁仲	～年考校	禮・學記	卷十三・禮記音義	765
		丁仲	～月而禫	禮・間傳	卷十四・禮記音義	841
		丁仲	同盟于～分	左・襄九年	卷十七・左傳音義	1012
	乘	繩證	～馬在厩	詩・鴛鴦	卷六・毛詩音義	332
		食證	～路，同路也	禮・明堂位	卷十二・禮記音義	751
		繩證	畜馬～	禮・大學	卷十四・禮記音義	854
二部	互	徐音牙	凡祭祀共其牛牲之～	周禮・牛人	卷八・周禮音義	452
	亟	起吏	齊桓公～舉兵	禮・曾子問	卷十二・禮記音義	706
亠部	亢	音剛	可無亢也	左・昭元年	卷十八・左傳音義	1067
		苦莽	與豕之～鼻者	莊・人間世	卷二十六・莊内篇音義	1437
	亨	音向	致飾然后～則盡矣	易・序卦	卷二・周易音義	135
		許兩	孰～而祀	禮・樂記	卷十三・禮記音義	770
		普孟	草艾則墨。注：秋草木成，可芟艾給爨～	禮・祭統	卷十三・禮記音義	805
	享	許亮	～于祖考	詩・信南山	卷六・毛詩音義	327
		許亮	以～以祀	詩・大田	卷六・毛詩音義	330

部首	例字	徐音	出現例字的語句	語句出處	釋文卷次	釋文頁碼（影宋刻本）
		許亮	以～以祀	詩・早麓	卷七・毛詩音義	354
		許亮	我將我～	詩・我將	卷七・毛詩音義	394
	亳	扶各	湯始居～	書・胤征	卷三・尚書音義	161
		扶各	朕哉自～	書・伊訓	卷三・尚書音義	164
		扶各	同盟于～城北	左・襄十一年	卷十七・左傳音義	1015
	亹	音尾	君子達～～焉	禮・禮器	卷十二・禮記音義	722
人部	介	音戒	～于石	易・系辭	卷二・周易音義	130
		古八	而馬知～倪	莊・馬蹄	卷二十七・莊外篇音義	1466
	令	力呈	因商奄之民。注：商奄國名也，……皆～即屬	左・定四年	卷十九・左傳音義	1152
	付	音賦	以～豚	禮・內則	卷十二・禮記音義	738
	休	許求	順天～命	易・大有	卷二・周易音義	84
		許留	而或燠 - 之	左・昭三年	卷十八・左傳音義	1074
	仵	音五	以觭偶不～之辭相應	莊・天下	卷二十八・莊雜篇音義	1582
	仰	五亮	咸～朕德	書・說命	卷三・尚書音義	170
		五亮	予小子垂拱～成	書・畢命	卷四・尚書音義	196
		五亮	小國之～大國也	左・襄十九年	卷十八・左傳音義	1028
	仳	符鄙	有女～離	詩・中谷有蓷	卷五・毛詩音義	244
	伻	敷耕	～來以圖	書・洛誥	卷四・尚書音義	186
		敷耕	乃～我有夏	書・立政	卷四・尚書音義	191
	伴	音畔	～奐爾游矣	詩・卷阿	卷七・毛詩音義	368
	伾	扶眉	至于大～	書・禹貢	卷三・尚書音義	158
	侈	處豉	而～于德	莊・駢拇	卷二十七・莊外篇音義	1459
	並	扶頂	行肩而不～	禮・祭義	卷十三・禮記音義	802
	佳	子唯	山林之畏～	莊・齊物	卷二十六・莊內篇音義	1417
	佻	徒了	～～公子	詩・大東	卷六・毛詩音義	321
	侅	音礙	～溺于馮氣	莊・盜跖	卷二十八・莊雜篇音義	1570
	侗	音同	在后之～	書・顧命	卷四・尚書音義	193
	供	紀用	用～王能祈天永命	書・召誥	卷四・尚書音義	185
	便	扶緜	可用也，而不可～其器也	禮・郊特牲	卷十二・禮記音義	727
		扶面	故异～	莊・秋水	卷二十七・莊外篇音義	1497
		扶面	猿狙之～自山林來	莊・天地	卷二十七・莊外篇音義	1480
	侮	音茂	受～不少	詩・柏舟	卷五・毛詩音義	221

部首	例字	徐音	出現例字的語句	語句出處	釋文卷次	釋文頁碼（影宋刻本）
		古雅	～哉皇考	詩・雝	卷七・毛詩音義	399
		毛音格，鄭音暇	昭～遲遲	詩・長發	卷七・毛詩音義	417
		音遐	彼且擇日而登～	莊・德充符	卷二十六・莊内篇音義	1440
	偊	音禹	南伯子葵問乎女～曰	莊・大宗師	卷二十六・莊内篇音義	1448
	僂	力主	曲～發背	莊・大宗師	卷二十六・莊内篇音義	1449
		良付	見痀～者承蜩	莊・達生	卷十二七・莊外篇音義	1507
	傍	方罔	洋洋乎如在其上。注：洋洋想思其～僾之貌	禮・中庸	卷十四・禮記音義	819
	傅	方慕	～其伍	周禮・大宰	卷八・周禮音義	425
		音賦	酌之祭器。注：言斟酌其美～著于鐘鼎也	禮・祭統	卷十一・禮記音義	806
	傀	呼懷	達生之情者～	莊・列御寇	卷二十八・莊雜篇音義	1579
	傲	五報	無若丹朱～	書・益稷	卷三・尚書音義	152
	倏	音叔	～然而往	莊・大宗師	卷二十六・莊内篇音義	1444
	翛	始六	能～然乎	莊・庚桑焚	卷二十八・莊雜篇音義	1530
	僥	古了	此以人之國～幸也	莊・在宥	卷二十七・莊外篇音義	1477
	僕	敷木	適有蚉寅～緣	莊・人間世	卷二十六・莊内篇音義	1435
	傰	音朋	七曰邦朋。注：故書朋作～	周禮・士師	卷九・周禮音義	517
	僔	子損	錯立族談者。注：錯立族談違其～語也	周禮・朝士	卷九・周禮音義	519
	僚	力遥	市南宜～	莊・山木	卷二十七・莊外篇音義	1513
	儃	音但	～～然不趨	莊・田子方	卷二十七・莊外篇音義	1520
	僻	敷赤	淫～于仁義之行	莊・駢姆	卷二十七・莊外篇音義	1460
	僾	于愷	洋洋乎如在其上。注：洋洋想思其傍～之貌	禮・中庸	卷十四・禮記音義	819
	償	音尚	申祥以告。曰，請庚之。注：庚～也	禮・檀弓下	卷十一・禮記音義	676
	儳	才鑒	凡宅不毛者有里布。注：廛人職掌斂市之次布～布	周禮・載師	卷八・周禮音義	452
		仕鑒	毋～言	禮・曲禮	卷十一・禮記音義	641
		在鑒	君子不以一日使其躬～焉	禮・表記	卷十四・禮記音義	825
	儵	音條	～魚出游從容，是魚之樂也	莊・至樂	卷二十七・莊外篇音義	1502

部首	例字	徐音	出現例字的語句	語句出處	釋文卷次	釋文頁碼（影宋刻本）
	刌	倉典	膳夫授祭品。注：祭謂～肺脊也	周禮・膳夫	卷八・周禮音義	429
	列	音例	上附下附，～也	禮・服問	卷十四・禮記音義	840
	刖	五刮	劓～	易・困	卷二・周易音義	108
	别	彼列	以～吉凶	禮・雜記	卷十三・禮記音義	781
	剌	七智	耒耨之所～	莊・胠篋	卷二十七・莊外篇音義	1667
	刵	如志	爰始淫爲劓～椓黥	書・吕刑	卷四・尚書音義	197
	削	所召	四曰家～之賦	周禮・太宰	卷八・周禮音義	424
	前	昨見	～期十日	周禮・太宰	卷八・周禮音義	425
	剡	以漸	期喪如～	禮・雜記下	卷十三・禮記音義	785
	剗	初展	汜埽反道。注：反道，～令新土在上也	禮・郊特牲	卷十二・禮記音義	725
	剔	詩赤	燒之剔之	莊・馬蹄	卷二十七・莊外篇音義	1463
	剭	音屋	邦若屋諸。注：玄謂屋讀如其刑～之～	周禮・司烜氏	卷九・周禮音義	524
	剽	敷遥	有長而無本～者宙也	莊・庚桑楚	卷二十八・莊雜篇音義	1533
	劀	工滑	～殺之齊	周禮・瘍醫	卷八・周禮音義	434
	劓	魚器	九五，～刖	易・困	卷二・周易音義	108
		吾氣	我乃～殄滅之	書・盤庚中	卷三・尚書音義	168
力部	券	音勸	～內者行乎無名	莊・庚桑楚	卷二十八・莊雜篇音義	1532
	務	莫侯	執莒公子～婁	左・襄十四年	卷十七・左傳音義	1018
	勗	況目	以～寡人	詩・燕燕	卷五・毛詩音義	222
	勦	子小	無及于鄭而～民	左・宣十二年	卷十七・左傳音義	970
勹部	勺	市若	今夫水一～之多	禮・中庸	卷十四・禮記音義	822
匸部	區	丘于	～萌達	禮・樂記	卷十三・禮記音義	773
		如字	作僕～之法	左・昭七年	卷十九・左傳音義	1088
	匽	音偃	爲其井～	周禮・宫人	卷八・周禮音義	437
	匯	胡罪	東～澤爲彭蠡	書・禹貢	卷三・尚書音義	158
十部	卉	許貴	島夷～服	書・禹貢	卷三・尚書音義	156
	卑	音婢	知崇禮～	易・系辭	卷二・周禮音義	123
	博	毛如字	戎車孔～	詩・泮水	卷七・毛詩音義	410
卜部	卞	扶變	率循大～	書・顧命	卷四・尚書音義	195
	卝	音礦	～人。注：～之言礦也	周禮・司徒	卷八・周禮音義	446

部首	例字	徐音	出現例字的語句	語句出處	釋文卷次	釋文頁碼（影宋刻本）
		古猛	用水火金木。注：用金，謂～人以時取金玉錫石也	禮・禮運	卷十二・禮記音義	718
		故猛	司貨。注：司貨～人也	禮・曲禮下	卷十一・禮記音義	652
卩部	巹	音謹	合～	禮・昏義	卷十四・禮記音義	856
	卷	久戀	請業則起。注：業，謂篇～也	禮・曲禮	卷十一・禮記音義	641
		紀勉	束五兩。注：合其～是謂五兩	禮・雜記下	卷十三・禮記音義	788
		紀阮	其小枝～曲而不中規矩	莊・逍遥游	卷二十六・莊内篇音義	1416
		居阮	乃始臠～獊囊	莊・在宥	卷二十七・莊外篇音義	1472
		居阮	豐～奔晋	左・襄三十年	卷十八・左傳音義	1060
厂部	厖	鄭音武講	爲下國駿～	詩・長發	卷七・毛詩音義	417
	厭	於廉	萬年～乃德	書・洛誥	卷四・尚書音義	186
		於十	～浥行露	詩・行露	卷五・毛詩音義	215
		於艷	其孫不降其父。注：祖不～孫也	禮・喪服小記	卷十二・禮記音義	255
		於涉	帶下毋～髀	禮・深衣	卷十二・禮記音義	843
		於輒	楚晨～晋軍而陳	左・成十六年	卷十七・左傳音義	996
		於輒	楚晨～晋軍而陳	左・襄二十六年	卷十八・左傳音義	1047
		於廉	無～之甚也	左・襄二十七年	卷十八・左傳音義	1050
		於瞻	復而不～	左・襄二十九年	卷十八・左傳音義	1057
		於輒	僑將～焉	左・襄三十一年	卷十八・左傳音義	1064
		於艷	再拜皆～紐	左・昭十三年	卷十九・左傳音義	1104
		於冉	其～也如緘	莊・齊物論	卷二十六・莊内篇音義	1419
		於瞻	不～其天	莊・達生	卷二十七・莊外篇音義	1507
		於瞻	上下見～而强見也	莊・天下	卷二十八・莊雜篇音義	1582
		烏簟	《釋文》讀爲黶見君子，而后～然	禮・大學	卷十四・禮記音義	851
厶部	参	所林	～直養者也	禮・祭義	卷十三・禮記音義	801
口部	右	音佑	左～就養無方	禮・檀弓	卷十一・禮記音義	656
	叱	音七	激者，謞者，～者，……	莊・齊物論	卷二十六・莊内篇音義	1418
	句	古侯	～贅指天	莊・大宗師	卷二十六・莊内篇音義	1449

部首	例字	徐音	出現例字的語句	語句出處	釋文卷次	釋文頁碼（影宋刻本）
		其俱	屨～屨者知地形	莊・田子方	卷十七・莊外篇音義	1520
	台	音臺	祗～德先	書・禹貢	卷三・尚書音義	159
	駘	音臺	黄耇～背	詩・行葦	卷七・毛詩音義	364
	叫	古吊	或～于宋大廟	左・襄三十年	卷十八・左傳音義	1058
	向	音嚮	望洋～若而嘆	莊・秋水	卷二十七・左傳音義	1496
	名	亡政	～之曰鴟鴞	書・金縢	卷四・尚書音義	180
		武政	銘者，自～也	禮・祭統	卷十三・禮記音義	805
		武政	康叔～之	左・昭七年	卷十九・左傳音義	1091
	合	音閤	～止柷敔	書・益稷	卷三・尚書音義	153
		音閤	～葬非古也	禮・檀弓	卷十一・禮記音義	656
		音閤	天子不～圍	禮・王制	卷十一・禮記音義	682
		音閤	～語之禮	禮・文王世子	卷十二・禮記音義	710
		音閤	範金～土	禮・禮運	卷十二・禮記音義	714
		音閤	然后焫蕭～羶薌	禮・郊特牲	卷十二・禮記音義	729
		音閤	將～二姓之好	禮・冠義	卷十四・禮記音義	855
		音閤	～巹而酳	禮・冠義	卷十四・禮記音義	856
		音閤	～樂之終	禮・鄉飲酒	卷十四・禮記音義	859
		音閤	～其卒伍	禮・燕義	卷十四・禮記音義	862
	吁	往付	帝曰～	書・堯典	卷三・尚書音義	144
	否	方有	小人～	易・遯	卷二・周易音義	98
		音鄙	～則威之	書・益稷	卷三・尚書音義	152
		音鄙	或聖或～	詩・小旻	卷六・毛詩音義	314
	吶	奴劣	其言～～然，如不出其口	禮・檀弓下	卷十一・禮記音義	678
		許憍	非不～然大也	莊・逍遥游	卷二十六・莊内篇音義	1415
		許口	萬竅怒～	莊・齊物論	卷二十六・莊内篇音義	1417
	哇	胡卦	其嗌言曰～	莊・大宗師	卷二十六・莊内篇音義	1444
	咤	音托	王三宿三祭三～	書・顧命	卷四・尚書音義	195
	咮	都豆	不濡其～	詩・候人	卷五・毛詩音義	278
		丁遘	故～爲鶉火	左・襄九年	卷十七・左傳音義	1010
	哉	音載	厥四月～生明	書・武成	卷四・尚書音義	176
	咡	如志	負劍辟～詔之	禮・曲禮	卷十一・禮記音義	639
	唉	烏來	狂屈曰～	莊・知北游	卷二十七・莊外篇音義	1522
	哨	以救	某有～壺	禮・投壺	卷十四・禮記音義	844

部首	例字	徐音	出現例字的語句	語句出處	釋文卷次	釋文頁碼（影宋刻本）
	嚌	在堯	其聲～以殺	禮・樂記	卷十三・禮記音義	768
	嘻	音熙	列子曰～	莊・應帝王	卷十六・莊內篇音義	1457
	噲	古活	顏色腫～	莊・讓王	卷二十八・莊雜篇音義	1563
	噫	音醫	許由曰，～	莊・大宗師	卷二十六・莊內篇音義	1453
	噦	呼惠	鸞聲～～	詩・庭燎	卷六・毛詩音義	302
	嚮	許亮	伻～即有僚	書・洛誥	卷四・尚書音義	186
	囅	勑一	～然而笑曰	莊・達生	卷二十七・莊外篇音義	1511
	嚴	魚檢	曰～祗敬六德	書・皋陶謨	卷三・尚書音義	150
	囂	徐讀曰嗷	在陳而～五高反	左・成十六年	卷十七・左傳音義	996
		五高	而惡～乎	左・昭元年	卷十八・左傳音義	1068
		許驕	使……～尹、午陵、尹喜帥師圍徐	左・昭十二年	卷十九・左傳音義	1100
	囊	音托	施縏袠。注：縏，小～也	禮・內則	卷十二・禮記音義	731
		音托	君大夫鬊瓜實于緑中。注：必爲小～盛之	禮・喪大記	卷十三・禮記音義	794
	啻	徐本作商。	爾不～不有爾土	書・多士	卷四・禮記音義	187
黄焯謂：徐本作翅。宋本作商。影宋本作商。作商是也。商爲啻之隸變。						
	哲	徐本作“知”	既明且～	禮・中庸	卷十四・禮記音義	823
	喧	徐作殨，音喧	～衛侯	左・襄十四年	卷十七・左傳音義	1020
囗部	回	胡猥	右～梅山	左・襄十八年	卷十八・左傳音義	1027
	园	五丸	五者 - 而幾向方矣	莊・齊物論	卷二十六・莊內篇音義	1423
	囿	于目	王在靈～	詩・靈臺	卷七・毛詩音義	358
		于目	取蔿國之圃以爲～	左・莊十九年	卷十五・左傳音義	899
	圃	音布	孔子射于矍相之～	禮・射義	卷十四・禮記音義	860
	圈	其阮	似鼻、似口……似～、似臼……	莊・齊物論	卷二十六・莊內篇音義	1417
	團	徒丸	桓～、公孫龍辯者之徒	莊・天下	卷二十八・莊雜篇音義	1590
土部	圮	扶鄙	祖乙～于耿	書・咸有一德	卷三・尚書音義	166
	坐	才卧	舍其～遷	詩・賓之初筵	卷六・毛詩音義	335
	坏	扶眉	堪～得之，以襲崐崘	莊・大宗師	卷二十六・莊內篇音義	1447
	坊	扶訪	～記	禮・坊記	卷十三・禮記音義	812

部首	例字	徐音	出現例字的語句	語句出處	釋文卷次	釋文頁碼（影宋刻本）
	坎	苦感	習～	易・坎	卷二・周易音義	95
		苦敢	～用牲讀其盟書	禮・曲禮下	卷十一・禮記音義	653
	坻	之爾	凡道路之舟車轚互者。注：車有轘轅～閡	周禮・野盧氏	卷九・周禮音義	523
		直夷	有肉如～	左・昭十二年	卷十九・左傳音義	1099
	坰	欽螢	至于大～	書・仲虺之誥	卷三・尚書音義	162
		苦營	在～之野	詩・駉	卷七・毛詩音義	406
	垂	音睡	僉曰～哉	書・舜典	卷三・尚書音義	148
	埒	音劣	爲壇壝宮棘門。注：又委壝土起堳～以爲宮	周禮・掌舍	卷八・周禮音義	438
	堲	在力	朕～讒説殄行	書・舜典	卷三・尚書音義	148
	埌	力黨	以處壙～之野	莊・應帝王	卷二十六・莊内篇音義	1455
	垺	音孚	～，大之殷也	莊・秋水	卷二十七・莊外篇音義	1497
	埋	武乖	祭器敝則～之	禮・曲禮	卷十一・禮記音義	648
	培	扶來	墳墓不～	禮・喪服	卷十四・禮記音義	865
		扶杯	而后乃今～風背負青天	莊・逍遥游	卷二十六・内篇音義	1409
	堵	常邪	不臺門。注：闍者謂之臺。本又作～	禮・禮器	卷十二・禮記音義	719
	埴	徐鄭王皆讀曰熾	厥士赤～墳	書・禹貢	卷三・尚書音義	155
		時力	我善治～	莊・馬蹄	卷二十六・莊外篇音義	1464
	埻	都卧	君殯用輴。注：諸侯輴不畫龍，欑不題湊象～	禮・喪大記	卷十三・禮記音義	794
	堥	徐音母	以五毒攻之。注：有五毒之藥。作之合黄～，置石膽…其中燒之。	同禮・瘍醫	卷八・周禮音義	434
	堞	養涉	傅於～	左・襄六年	卷十七・左傳音義	1008
		養涉	乃～而絶之	左・襄十年	卷十七・左傳音義	1013
		養涉	崔氏～其宫而守之	左・襄二十七年	卷十八・左傳音義	1050
	填	徐盧王并如字	主人既祖～池	禮・檀弓	卷十一・禮記音義	663
		音田	其行～～	莊・馬蹄	卷二十七・莊外篇音義	1464
	堋	甫贈	毀之，則朝而～	左・昭十二年	卷十九・左傳音義	1098

部首	例字	徐音	出現例字的語句	語句出處	釋文卷次	釋文頁碼（影宋刻本）
	塊	口回	大～噫氣	莊・齊物論	卷二十六・莊内篇音義	1417
		胡罪	夫大～載我以形	莊・大宗師	卷二十六・莊内篇音義	1446
		苦怪	～然獨以其形立	莊・應帝王	卷二十六・莊内篇音義	1457
	墉	音容	乘其～	易・同人	卷二・周易音義	84
	墠	徒丹	庶子不祭殤。注：無后者爲～祭之	禮・喪服小記	卷十二・禮記音義	754
	塈	許氣	惟其塗～茨	書・梓材	卷四・尚書音義	184
	墮	待果	～肢體，黜聰明	莊・大宗師	卷二十六・莊内篇音義	1453
	壇	音善	爲～位	禮・曲禮下	卷十一・禮記音義	651
	壘	力軌	四郊多～	禮・曲禮	卷十一・禮記音義	648
	壙	古廣	以處～埌之野	莊・應帝王	卷二十六・莊内篇音義	1455
	壝	羊誰	爲壇～宮棘門	周禮・掌舍	卷八・周禮音義	438
	壞	胡拜	則～亂而不脩	禮・學記	卷十三・禮記音義	767
		音懷	公出於～隤	左・成十六年	卷十七・左傳音義	998
		音懷	自～隤反	左・定元年	卷二十・左傳音義	1149
	垢	或作詬。徐云亦音垢。	國君含～	左・宣十五年	卷十七・左傳音義	975
夕部	夢	莫公	雲土～作乂	書・禹貢	卷三・尚書音義	156
		莫公	王以田江南雲～	昭三年	卷十八・左傳音義	1076
	夤	音胤	艮其限，列其～	易・艮	卷二・周易音義	112
大部	大	勑佐	無已～康	詩・蟋蟀	卷五・毛詩音義	262
		勑佐	昊天～憮	詩・巧言	卷六・毛詩音義	317
		勑佐	亦已～甚	詩・巷伯	卷六・毛詩音義	319
		勑佐	無俾～怠	詩・賓之初筵	卷六・毛詩音義	335
		他佐	旱既～甚	詩・雲漢	卷七・毛詩音義	380
		音泰	奏～武也	詩・武	卷七・毛詩音義	400
		音泰	是用～介	詩・酌	卷七・毛詩音義	405
		他佐	童子不衣裘裳。注：裘～温防陰氣	禮・曲禮	卷十一・禮記音義	639
		音泰	～凡生于天地之間者皆曰命	禮・祭法	卷十三・禮記音義	797
		音泰	晉荀吴帥師敗狄于～鹵	左・昭元年	卷十八・左傳音義	1065
		勑佐	～有逕庭	莊・逍遥游	卷二十六・莊内篇音義	1413
		勑佐	且汝亦～早計	莊・齊物論	卷二十六・莊内篇音義	1425

部首	例字	徐音	出現例字的語句	語句出處	釋文卷次	釋文頁碼（影宋刻本）
		勑佐	~多政	莊・人間世	卷二十六・莊内篇音義	1432
		勑佐	~至則多奇巧	莊・人間世	卷二十六・莊内篇音義	1434
		勑佐	曰，~慢	莊・天道	卷二十七・莊外篇音義	1486
	夭	於驕	有若閎夭	書・君奭	卷四・尚書音義	189
	夫	方無	~人而能爲鎛也	周禮・考工記	卷九・周禮音義	533
	央	音英	和鈴~~	詩・載見	卷七・毛詩音義	400
	奇	去宜	與其~衺之民	周禮・宮正	卷八・周禮音義	428
	夾	音頰	西~南向	書・顧命	卷四・尚書音義	194
		工洽	執戈上刃~兩階戺	書・顧命	卷四・尚書音義	194
	奄	於劍	~十人	周禮・冢宰	卷八・周禮音義	422
		王徐	~觀銍艾并如字	詩・臣工	卷七・毛詩音義	396
	奓	都嫁	妸荷甘日中~户而入	莊・知北游	卷二十七・莊外篇音義	1525
	契	苦結	~寤嘆	詩・大東	卷六・毛詩音義	322
	奐	音換	伴~爾游矣	詩・卷阿	卷七・毛詩音義	368
	奉	如字	主人~矢	禮・投壺	卷十四・禮記音義	844
女部	女	音汝	執~手之卷然	禮・檀弓下	卷十一・禮記音義	678
	好	許到	惟口出~興戎	書・大禹謨	卷三・尚書音義	149
	姆	音茂	待~也	左・襄三十年	卷十八・左傳音義	1058
	妯	直留	憂心且~	詩・鼓鐘	卷六・毛詩音義	325
	妋	方附	孚尹傍達。注：孚或作~	禮・聘義	卷十四・禮記音義	864
	委	如字	乃至~蛇	莊・天道	卷二十七・莊外篇音義	1489
	姣	如字	弃位而~	左・襄九年	卷十七・左傳音義	1011
	姚	勑吊	~佚啓態	莊・齊物論	卷二十六・莊内篇音義	1419
	要	於召	八曰宮治。注：八曰聽出入以~令	周禮・太宰	卷十一・周禮音義	423
	婁	鄭音樓	式居~驕	詩・角弓	卷六・毛詩音義	339
		力侯	部~無松柏	左・襄二十四年	卷十八・左傳音義	1038
		力俱	及雩~	左・襄二十六年	卷十八・左傳音義	1044
		力俱	薳啓疆待命于雩~	左・昭五年	卷十九・左傳音義	1085
	婉	於管	燕~之求	詩・新臺	卷五・毛詩音義	230
		紆願	姆教~娩聽從	禮・内則	卷十二・禮記音義	741
	娵	子須	十有二月之號。注：謂，從~至荼	周禮・硩蔟氏	卷九・周禮音義	526

部首	例字	徐音	出現例字的語句	語句出處	釋文卷次	釋文頁碼（影宋刻本）
	婤	勑周	嬖人～始生孟縶	左·昭七年	卷十九·左傳音義	1091
	婏	音萬	姆教婉～聽從	禮·内則	卷十二·禮記音義	741
	媧	古蛙	女～氏之笙簧	禮·明堂位	卷十二·禮記音義	753
	嫉	音自	后妃不～妒	詩·序	卷五·毛詩音義	206
	嫳	敷結	告盧蒲～	左·襄二十七年	卷十八·左傳音義	1050
	嫚	音慢	使無黜～	左·襄二十八年	卷十八·左傳音義	1053
	嫗	於甫	煦～覆育萬物	禮·樂記	卷十三·禮記音義	773
	嬖	甫詣	毋以～御人疾莊后	禮·緇衣	卷十四·禮記音義	832
		甫詣	～人伍參欲戰	左·宣十二年	卷十七·左傳音義	971
	嫱	在良	毛～麗姬人之所美也	莊·齊物論	卷二十六·左傳音義	1424
子部	子	將吏	易直～諒之心油然生矣	禮·樂記	卷十三·禮記音義	777
		將吏	則易直～諒之心生	禮·祭義	卷十三·禮記音義	801
		將吏	～庶民也	禮·中庸	卷十四·禮記音義	821
	孕	養證	刳剔～婦	書·泰誓	卷四·尚書音義	173
	孚	音敷	需，有～	易·需	卷二·周易音義	28
	孛	扶憒	有星～于北斗	左·文十四年	卷十六·左傳音義	952
		扶憒	有星～于北斗	公羊·文十四年	卷二十一·公羊傳音義	1237
	孟	武黨	夫子以爲～浪之言	莊·齊物論	卷二十六·莊内篇音義	1424
宀部	宁	珍吕	天子當～而立	禮·曲禮下	卷十一·禮記音義	653
	宅	殆故	～授宗人同	書·顧命	卷四·尚書音義	195
	守	始救	慎固封～	書·畢命	卷四·尚書音義	196
	宎	於堯	叫者、譹者、～者，……	莊·齊物論	卷二十六·莊内篇音義	1418
		烏了	而鷯生于～	莊·徐無鬼	卷二十八·莊雜篇音義	1543
	宴	烏殄	君子以飲食～樂	易·需	卷二·周易音義	79
		烏練	君子以嚮晦入～息	易·随	卷二·周易音義	86
		於顯	～爾新婚	詩·谷風	卷五·毛詩音義	226
		於顯	于是乎有亨～之禮	左·成十三年	卷十七·左傳音義	991
	宿	音秀	～離不貸	禮·月令	卷十三·禮記音義	689
	寅	以真	～賓出日	書·堯典	卷三·尚書音義	143
		音夷	夙夜惟～	書·舜典	卷三·尚書音義	148
	寥	九彫	玄冥聞之參～按“九”疑“力”譌	莊·大宗師	卷二十六·莊内篇音義	1449
	賓	音殯	寅～出日	書·堯典	卷三·尚書音義	143

部首	例字	徐音	出現例字的語句	語句出處	釋文卷次	釋文頁碼（影宋刻本）
	差	七何	穀旦于～	詩・東門之枌	卷五・毛詩音義	272
		初宜	則肩隨之。注：與之并行～退	禮・曲禮	卷十一・禮記音義	638
		初宜	其祿以是爲～也	禮・王制	卷十一・禮記音義	680
		初宜	親親之殺也。注：殺，～也	禮・文王世子	卷十二・禮記音義	712
		初宜	以地廣狹。注：謂貢賦之常～	禮・禮器	卷十二・禮記音義	719
		初宜	君大棺八寸。注：以是爲～	禮・喪大記	卷十三・禮記音義	794
		初宜	～若豪厘，繆以千里	禮・經解	卷十三・禮記音義	807
		初宜	獲秦成～	左・成十三年	卷十七・左傳音義	993
		祖宜	尹公佗學射于庾公～	左・襄十四年	卷十七・左傳音義	1020
巾部	帨	音歲	凡内具之物。注：内具紛～綫纊鞶袠之屬	周禮・内司服	卷八・周禮音義	443
		始鋭	尊卑垂～	禮・曲禮	卷十一・禮記音義	645
	帠	音藝	汝又何～以治天下感予之心爲	莊・應帝王	卷二十六・莊内篇音義	1455
	幣	扶世	禮從宜，使從俗。注：牲～之屬	禮・曲禮	卷十一・禮記音義	636
	韠	苦狄	君羔～虎犆	禮・玉藻	卷十二・禮記音義	742
		音覓	拖諸～	禮・少儀	卷十二・禮記音義	759
干部	干	讀曰犴，胡旦反	陪臣～掫有淫者，不知二命	左・襄二十五年	卷十八・左傳音義	1040
	幵	方聘	左～轡	左・成二年	卷十七・左傳音義	980
幺部	幾	音祈	君子～	易・屯	卷二・周易音義	77
		音祈	月～望	易・小畜	卷二・周易音義	81
		音畿	疾大漸惟～	書・顧命	卷四・尚書音義	193
		舉豈	齎賜予之財用。注：問～月之齎	周禮・外府	卷八・周禮音義	439
		音畿	日～中而后禮成	禮・聘義	卷十四・禮記音義	863
		音畿	不從晋國，～亡	左・襄十一年	卷十七・左傳音義	1015
		其衣	適得而～矣	莊・齊物論	卷二十六・莊内篇音義	1421
		其衣	五者圓而～向方矣	莊・齊物論	卷二十六・莊内篇音義	1423
		其依	更生則～矣	莊・達生	卷二十三・莊外篇音義	1506

部首	例字	徐音	出現例字的語句	語句出處	釋文卷次	釋文頁碼（影宋刻本）
		扶世	搏～而扶翼。《釋文》～，郭作幣，帛也。盧文弨曰，今書作幣	莊・則陽	卷二十八・莊雜篇音義	1551
弋部	弋	音翼	非我小國敢～殷命	書・多士	卷四・尚書音義	187
	式	毛如字	～勿從謂	詩・賓之初筵	卷六・毛詩音義	335
	弑	徐云，字	君謂我欲～君也又作嗣	禮・檀弓	卷十一・禮記音義	658
弓部	弛	式氏	～其文德	禮・孔子閑居	卷十三・禮記音義	811
	弣	音甫	左手承～	禮・曲禮	卷十一・禮記音義	645
	弟	音頹	因以爲～靡	莊・應帝王	卷二十六・莊内篇音義	1457
	弭	武婢	欲～諸侯之兵以爲名	左・襄二十七年	卷十八・左傳音義	1048
	張	音帳	素沙。注：以白縛爲裹，使之～顯	周禮・内司服	卷十八・周禮音義	443
	强	其兩	～而弗抑	禮・學記	卷十三・禮記音義	767
		其兩	凱以～教之	禮・表記	卷十四・禮記音義	828
	彌	五兮	中路嬰兒失其母也。注：嬰，猶鷖～也	禮・雜記	卷十三・禮記音義	785
		音弥	狄虒～建大車之輪	左・襄十年	卷十七・左傳音義	1012
	鬻	扶袁	毛者孕～	禮・樂記	卷十三・禮記音義	773
彐部	彗	雖醉	國中以策～郵勿驅	禮・曲禮	卷十一・禮記音義	649
	彝	音夷	無從匪～	書・湯誥	卷三・尚書音義	163
		音夷	君西向酌犧象。注：裸用鷄～	禮・禮器	卷十二・禮記音義	722
彳部	往	于況	束帛加璧～德也	禮・郊特牲	卷十二・禮記音義	724
	後	胡豆	昧爽而朝。注：成人也	禮・内則	卷十二・禮記音義	732
		胡豆	前詘～直	禮・玉藻	卷十二・禮記音義	743
		胡豆	君～諸侯	左・成公八年	卷十七・左傳音義	988
		胡豆	未嘗～	左・襄七年	卷十七・左傳音義	1008
	徇	辭倫	夫～耳目内通	莊・人間世	卷二十九・莊内篇音義	1433
	從	才用	請問居～父母昆弟之仇	禮・檀弓	卷十一・禮記音義	663
		子容	荀伯不復～	左・成十六年	卷十七・左傳音義	996
		子用	～然以天地爲春秋	莊・至樂	卷二十七・莊外篇音議	1503
	復	音服	掌邦布之出入。注：謂受之～出入	周禮・外府	卷八・周禮音義	439

部首	例字	徐音	出現例字的語句	語句出處	釋文卷次	釋文頁碼（影宋刻本）
		音服	使爲君～陶	左・襄三十年	卷十八・左傳音義	1058
			扶又反，徐淫僻于仁義之行。注：而少者横～尚之，以至淫僻……	莊・駢拇	卷二十七・莊外篇音義	1460
		扶又	夫～謵不餽而忘人	莊・庚桑楚	卷二十八・莊雜篇音義	1535
	徹	直列	太保降收。注：有司于此盡收～	書・顧命	卷四・尚書音義	195
	德	音置	立容～	禮・玉藻	卷十二・禮記音義	749
	御	魚舉	亦以～冬	詩・谷風	卷五・毛詩音義	227
	遍	音篇	孰～于其理	莊・則陽	卷二十八・莊雜篇音義	1552
	循	辭均	卿大夫以～法爲節	禮・射義	卷十四・禮記音義	860
心部	志	音試	子～之心也	禮・哀公問	卷十三・禮記音義	809
	忖	子本	瓜祭上環。注：上環頭～也	禮・玉藻	卷十二・禮記音義	747
	怊	尺遥	～乎，若嬰兒之失其母也	莊・天地	卷二十七・莊外篇音義	1482
	忮	之豉	大勇不～	莊・齊物論	卷二十六・莊内篇音義	1422
	怩	乃私	顏厚有忸～	書・五子之歌	卷三・尚書音義	160
	怗	昌廉	則無～懘之音矣	禮・樂記	卷十三・禮記音義	769
	恢	苦回	～恑憰怪	莊・齊物論	卷二十六・莊内篇音義	1421
	恑	九彼	恢～憰怪	莊・齊物論	卷二十六・莊内篇音義	1421
	恂	音峻	惴慄～懼	莊・齊物論	卷二十六・莊内篇音義	1423
		音荀	～然弃而走	莊・徐無鬼	卷二十八・莊雜篇音義	1541
	悖	蒲没	説義邪，是～于理也	莊・在宥	卷二十七・莊外篇音義	1472
	思	息吏	予未有知～	書・皋陶謨	卷三・尚書音義	151
		如字	予～日孜孜	書・益稷	卷三・尚書音義	151
		息吏	五曰～	書・洪範	卷四・尚書音義	177
		息嗣	儼若～	禮・曲禮	卷十一・禮記音義	635
		息吏	～莫在公	左・昭五年	卷十九・左傳音義	1083
	惔	音炎	如～如焚	詩・雲漢	卷七・毛詩音義	381
		大敢	釋夫恬～寂漠	莊・胠篋	卷二十七・莊外篇音義	1471
		音談	恬～无爲	莊・刻意	卷二十七・莊外篇音義	1493
	愀	在九	孔子～然變容曰：	莊・讓王	卷二十八・莊外篇音義	1563
	愈	音庾	痛甚者其～遲	禮・三年問	卷十四・禮記音義	842
	愉	吐豆	則民不～	周禮・小司寇	卷九・周禮音義	516

部首	例字	徐音	出現例字的語句	語句出處	釋文卷次	釋文頁碼（影宋刻本）
		音喻	是不～也	莊・在宥	卷二十七・莊外篇音義	1471
	慍	音鬱	～哀之變也	禮・檀弓下	卷十一・禮記音義	670
	愔	於林	祈招之～～	左・招十二年	卷十九・左傳音義	1101
	愒	丘麗	不尚～焉	詩・菀柳	卷六・毛詩音義	339
		丘麗	汔可小～	詩・民勞	卷七・毛詩音義	370
	愾	音慨	心悵焉、愴焉、惚焉、～焉	禮・問喪	卷十四・禮記音義	838
	慢	無見	天知予僻陋～訑	莊・知北游	卷二十七・莊外篇音義	1525
		莫但	郢人堊～其鼻端	莊・徐無鬼	卷二十八・莊雜篇音義	1540
	惷	昌容	寡人～愚冥煩	禮・哀公問	卷十八・禮記音義	809
		昌容	～而愚	禮・表記	卷十四・禮記音義	828
	憩	許罽	召伯所～	詩・甘棠	卷五・毛詩音義	1215
	憝	徒猥	罔弗～	書・康誥	卷四・尚書音義	182
	憂	於救	百姓見～	詩・雲漢	卷七・毛詩音義	380
	憚	音旦	哀我～人	詩・大東	卷六・毛詩音義	322
		音旦	～我不暇	詩・小明	卷六・毛詩音義	324
	憧	音童	～～往來	易・咸	卷二・周易音義	97
	憖	五巾	季孫意如會晉韓起……于厥～	左・昭八年	卷十九・左傳音義	1097
	懁	音絹	有順～而達	莊・列御寇	卷二十八・莊雜篇音義	1578
	憸	七漸	相時～民	書・盤庚	卷三・尚書音義	167
		七漸	國則罔有立政用～人	書・立政	卷四・尚書音義	191
		七漸	爾無昵于～人	書・冏命	卷四・尚書音義	197
	懥	丁四	身有所忿～	禮・大學	卷十四・禮記音義	852
戈部	戎	而容	狐裘蒙～	詩・旄丘	卷五・毛詩音義	227
	戕	在良	從回～之	易・小過	卷二・周易音義	119
		在羊	～敗人宥	書・梓材	卷四・尚書音義	184
		在精	邾人～鄫子于鄫	左・宣十八年	卷十七・左傳音義	977
	戛	古八	～擊鳴球	書・益稷	卷三・尚書音義	152
	戚	將六	不微至，無以爲～速也	周禮・考工記	卷九・周禮音義	535
	戲	音義	於～，前王不忘	禮・大學	卷十四・禮記音義	851
户部	扃	公冥	楚人惎之脱～	左・宣十二年	卷十六・左傳音義	973
		孔穎	我心～～	左・襄五年	卷十七・左傳音義	1007
	扁	扶忍	以五氣，……眂其生死。注：審此四者莫若～鵲倉公	周禮・醫師	卷八・周禮音義	433

部首	例字	徐音	出現例字的語句	語句出處	釋文卷次	釋文頁碼（影宋刻本）
		音恭	與我其～璧	左・襄二十八年	卷十八・左傳音義	1053
	挎	口溝	～木爲舟	易・系辭	卷二・周易音義	128
	挑	徒了	撓～無極	莊・大宗師	卷二十六・莊内篇音義	1451
	挈	苦結	以～天地	莊・大宗師	卷二十六・莊内篇音義	1446
	拳	己袁	無～無勇	詩・巧言	卷六・毛詩音義	318
		羌權	～～服膺	禮・中庸	卷十四・禮記音義	818
	捐	以全	是之謂不以心～道	莊・大宗師	卷二十六・莊内篇音義	1444
	捄	音鳩	～之陾陾	詩・綿	卷七・毛詩音義	351
	挫	子卧	～針治繲	莊・人間世	卷二十六・莊内篇音義	1438
	搽	徐本作搽	委蛇攫～	莊・徐無鬼	卷二十八・莊雜篇音義	1541
	捉	側角	夫外韄者不可繁而～	莊・庚桑楚	卷二十八・莊雜篇音義	1530
	捇	采昔	赤发氏。注：赤发猶～拔也	周禮・司寇	卷九・周禮音義	514
	捕	音賦	臂如～鹿	左・襄十四年	卷十七・左傳音義	1019
		音付	～鼠不如狸狌	莊・秋水	卷二十七・莊外篇音義	1498
	捊	普溝	禮義以爲器。注：器所以操事，田人所～治也	禮・禮運	卷十二・禮記音義	717
	掣	市制	其牛～	易・睽	卷二・周易音義	102
	掇	都活	患至～也	易・訟	卷二・周易音義	80
	掩	於驗	夫人繅三盆手。注：三盆手，三～也	禮・祭義	卷十三・禮記音義	801
	掊	甫垢	曾是～克	詩・蕩	卷七・毛詩音義	372
		方垢	吾爲其無用而掊之也	莊・逍遥游	卷二十六・莊内篇音義	1415
		方垢	自～擊于世俗者也	莊・人間世	卷二十六・莊内篇音義	1436
		方垢	～擊而知	莊・知北游	卷二十七・莊外篇音義	1523
	掀	許言	乃～公以出于淖	左・成十六年	卷十七・左傳音義	997
	捲	紀阮	～衣投于前	禮・喪大記	卷十三・禮記音義	289
	掉	乃較	～鞅而還	左・宣十二年	卷十七・左傳音義	972
	掫	子俱	陪臣干～有淫者，不知二命	左・襄二十五年	卷十八・左傳音義	1040
	掘	音屈	～若槁木	莊・田子方	卷二十七・莊外篇音義	1520
	揲	息列	～之以四，以象四時	易・系辭	卷二・周易音義	125
	提	徒嵇	～刀躊躇	莊・養生主	卷二十六・莊内篇音義	1428
	捶	之縈	腵脩。注：腵脩～脯施薑桂也	禮・内則	卷十二・禮記音義	735

部首	例字	徐音	出現例字的語句	語句出處	釋文卷次	釋文頁碼（影宋刻本）
		之睡	皆在鑪~之間耳	莊・大宗師	卷二十六・莊內篇音義	1453
		之累	大馬之~鉤者，年八十矣	莊・知北游	卷二十七・莊外篇音義	1526
	捷	初輒	車戟常崇于殳四尺。注：殳、戟矛皆插車軫，徐劉，插爲~	周禮・考工記	卷九・周禮音義	534
		采協	裨冕搢笏。注：搢，猶插也《釋文》~，本亦作插	禮・樂記	卷十三・禮記音義	777
	揖	音集	獲沈子~	左・成八年	卷十七・左傳音義	987
	揵	其偃	將內~	莊・庚桑楚	卷二十八・莊雜篇音義	1530
	援	于願	主人二手承衾而哭。注：承衾哭者，哀慕若欲攀~	禮・喪大記	卷十三・禮記音義	789
	搏	甫各	~人以投	左・襄二十四年	卷十八・左傳音義	1039
		音付	螳蜋執翳而~之	莊・山木	卷二十七・莊外篇音義	1517
	搢	音箭	~笏	禮・內則	卷十二・禮記音義	730
		音箭	君衣布~本	禮・玉藻	卷十二・禮記音義	742
	搖	音遥	搏扶~而上者九萬里	莊・通遥游	卷二十六・莊內篇音義	1408
	揭	其謁	葭菼~~	詩・碩人	卷五・毛詩音義	239
		起謁	西柄之~	詩・大東	卷六・毛詩音義	322
		其謁	則負匱~篋擔囊而趨	莊・胠篋	卷二七・莊外篇音義	1467
	搰	苦滑	~~然，用力甚多	莊・天地	卷二十七・莊外篇音義	1480
	摽	符表	~有梅	詩・摽有梅	卷五・毛詩音義	217
		扶妙	宣子賦~有梅	左・襄八年	卷十七・左傳音義	1009
	摻	所斬	~執子之手兮	詩・遵大路	卷五・毛詩音義	250
		息廉	~~女手	詩・葛屨	卷五・毛詩音義	260
	摓	扶公	~衣淺帶	莊・盜跖	卷二十八・莊雜篇音義	1567
	摯	之二	庶人之~匹，童子委~而退	禮・曲禮下	卷十一・禮記音義	655
	撮	子活	會~指天	莊・人間世	卷二十六・莊內篇音義	1438
	撓	許高	~亂我同盟	左・成十三年	卷十七・左傳音義	992
		而小	~挑無極	莊・大宗師	卷二十六・莊內篇音義	1451
	播	補卧	~刑之不迪	禮・緇衣	卷十四・禮記音義	832
		敷袁	~於諸侯	左・昭四年	卷一九・左傳音義	1080
	擎	其驚	~跽曲拳	莊・人間世	卷二十九・莊內篇音義	1432
	擊	古歷	掊~聖人	莊・胠篋	卷二十七・莊外篇音義	1468

部首	例字	徐音	出現例字的語句	語句出處	釋文卷次	釋文頁碼（影宋刻本）
	擉	丁録	冬則～鱉於江	莊・則陽	卷二十八・莊雜篇音義	1546
	擠	子計	故其君因其修以～之	莊・人間世	卷二十六・莊雜篇音義	1431
	擭	户覆	杜乃～	書・費誓	卷四・尚書音義	200
	擩	耳誰	尸則坐。注：尸左執爵，右兼取肝肺～于俎鹽振祭嚌之，加于菹豆	禮・少儀	卷十二・禮記音義	764
	擖	音葉	執箕膺～	禮・少儀	卷十二・禮記音義	759
	擥	力敢	毋勦説。注：勦～也	禮・曲禮	卷十一・禮記音義	641
	擿	吐歷	不以隱疾。注：尚可指～	禮・曲禮	卷十一・禮記音義	642
	擾	音饒	～而毅	書・皋陶謨	卷三・尚書音義	150
		音饒	～萬民	書・周官	卷四・尚書音義	192
		尋倫	以～萬民	周禮・太宰	卷八・周禮音義	423
		音饒	其畜宜六～	周禮・職方氏	卷九・周禮音義	511
	攖	于營	其名爲～寧	莊・大宗師	卷二十六・莊内篇音義	1449
		音嬰	人物利害相～	莊・庚桑楚	卷十八・莊雜篇音義	1531
	攦	所綺	～工倕之指	莊・胠篋	卷二十七・莊外篇音義	1469
	攓	紀偃	～蓬而語之曰	莊・至樂	卷二十七・莊篇音義	1504
	攢	音奮	凡爲長者奮之禮。《釋文》"～"本又作奮	禮・曲禮	卷十一・禮記音義	640
	攣	力轉	有孚～如	易・小畜	卷二・周易音義	81
	攫	居碧	委蛇～搔	莊・徐無鬼	卷二十八・莊雜篇音義	1541
攵部	收	詩救	井，～	易・井	卷二・周易音義	110
	攸	以帚	嘉言罔～伏	書・大禹謨	卷三・尚書音義	149
		以帚	湫手，～乎	左・昭十二年	卷十九・左傳音義	1099
	放	鄭王如字	曰～勲	書・堯典	卷三・尚書音義	142
	敗	甫邁	欲～度	書・太甲	卷三・尚書音義	165
	敚	乃協	～乃罪	書・費誓	卷四・尚書音義	200
	敖	五到	以侯～者	莊・逍遥游	卷二十六・莊内篇音義	1416
		五高	我欲伐宗膾胥～	莊・齊物論	卷二十六・莊内篇音義	1423
	敦	都雷	～弓既堅	詩・行葦	卷七・毛詩音義	363
		音彫	～琢其旅	詩・有客	卷七・毛詩音義	400
		都門	～商之旅	詩・㠭宫	卷七・毛詩音義	411
		丁雷	則共珠槃玉～	周禮・玉府	卷八・周禮音義	438

部首	例字	徐音	出現例字的語句	語句出處	釋文卷次	釋文頁碼（影宋刻本）
		音陽	奇服怪民不入宮。注：春秋傳曰，尨奇無常，怪民狂～	周禮・閽人	卷八・周禮音義	442
		以豉	～之而已	禮・檀弓	卷十一・禮記音義	666
		音亦	以吉祭～喪祭	禮・檀弓下	卷十一・禮記音義	671
		神豉	貴貨～土	左・襄四年	卷十七・左傳音義	1006
		神豉	必～我而不戒	左・襄十三年	卷十七・左傳音義	1018
	昄	符版	爾土宇～章	詩・卷阿	卷七・毛詩音義	368
	昴	音茅	維參與～	詩・小星	卷五・毛詩音義	217
	昭	之紹	～然若發矇矣	禮・仲尼燕居	卷十三・禮記音義	810
	晏	於顯	今曰～間	莊・知北游	卷二十七・莊外篇音義	1523
	晅	古鄧	日以～之	易・說卦	卷二・周易音義	192
	晳	之世	明辯～也	易・大有	卷二・周易音義	84
		丁列	明作～	書・洪範	卷四・尚書音義	177
		音制	曰～	書・洪範	卷四・尚書音義	178
	暋	亡巾	其在受德～	書・立政	卷四・尚書音義	191
	暱	乃吉	無自～焉	詩・菀柳	卷六・毛詩音義	339
		乃吉	其誰～我	左・襄二年	卷十七・左傳音義	1004
	暴	扶沃	～骨以逞	左・襄九年	卷十七・左傳音義	1011
		扶沃	三軍～骨	左・襄二十六年	卷十八・左傳音義	1044
	暵	音漢	～其乾矣	詩・中谷有蓷	卷五・毛詩音義	244
	曩	乃蕩	～子行，今子止	莊・齊物論	卷二十六・莊内篇音義	1427
曰部	曼	音萬	因之以～衍	莊・齊物論	卷二十六・莊内篇音義	1426
	最	子會	殖綽、郭～	左・襄十八年	卷十八・左傳音義	1026
		采會	物何爲～之哉	莊・德充符	卷二十六・莊内篇音義	1440
	會	古活	～撮指天	莊・人間世	卷二十六・莊内篇音義	1437
	朅	起謁	庶士有～	詩・碩人	卷五・毛詩音義	239
月部	有	于救	十～一月朔	書・舜典	卷三・尚書音義	146
	朝	朝旦之朝	～而不夕	左・成十二年	卷十七・左傳音義	991
木部	木	之樹	公叔～	禮・檀弓	卷十一・禮記音義	665
	札	音截	大～則不舉	周禮・膳夫	卷八・周禮音義	429
		側乙	王～子殺召伯毛伯	左・宣十五年	卷十七・左傳音義	975
		側乙	徹七～焉	左・成十七年	卷十七・左傳音義	997
		於八	名也者，相～也	莊・人間世	卷二十六・莊内篇音義	1431

部首	例字	徐音	出現例字的語句	語句出處	釋文卷次	釋文頁碼（影宋刻本）
	棐	音匪	天～忱辭	書・大誥	卷四・尚書音義	181
	棟	丁貢	～橈	易・大過	卷二・周易音義	94
	椒	物會	鳳凰麒麟皆在郊～	禮・禮運	卷十二・禮記音義	719
	棼	扶云	泯泯～～	書・吕刑	卷四・尚書音義	197
	椄	音蘷	吾未知聖知之不爲桁揚～槢也	莊・在宥	卷二十七・莊外篇音義	1474
	極	紀力	以爲～亡	禮・檀弓	卷十一・禮記音義	657
		紀力	夫子之～言禮也	禮・禮運	卷十二・禮記音義	713
	椒	子料	有～其馨	詩・載芟	卷七・毛詩音義	403
	椑	徐房益	君即位而爲～。黄焯謂葉鈔及撫本作“又”。宋本缺，阮之十行本作“徐”。敦煌本亦作“徐”	禮・檀弓	卷十一・禮記音義	667
	楬	苦瞎	夏后氏以～豆	禮・明堂位	卷十二・禮記音義	753
	楯	辭尹	禮義以爲干櫓。注：小～大～也。	禮・儒行	卷十四・禮記音義	848
		敕荀	死於滕～之上	莊・達生	卷二十七・莊外篇音義	1509
		音尹	以甲～三千	莊・徐無鬼	卷二十八・莊雜篇音義	1545
	楫	音集	剡木爲～	易・系辭	卷二・周易音義	128
		音集	用汝作舟～	書・説命	卷三・尚書音義	169
		音集	檜～松舟	詩・竹竿	卷五・毛詩音義	241
		音集	烝徒～之	詩・棫樸	卷七・毛詩音義	353
	業	五答	兢兢～～	書・皋陶謨	卷三・尚書音義	151
	楔	古八	大夫中振與烝之間。注：棖門～也	禮・玉藻	卷十三・禮記音義	748
	榆	音逾	搶枋～而止	莊・逍遥游	卷二十六・莊内篇音義	1409
	楨	言貞	峙乃～幹	書・費誓	卷四・尚書音義	200
	槢	徒褻	吾未知聖知之不爲桁楊椄～也	莊・在宥	卷・莊外篇音義	1974
	橛	其月	前有～飾之患	莊・馬蹄	卷二十七・莊外篇音義	1464
	標	方遥	上如～枝	莊・天地	卷二十七・莊外篇音義	1482
	槔	居橋	其名爲～	莊・天地	卷二十七・莊外篇音義	1481
	樞	苦溝	穴室～户	莊・盗跖	卷二十八・莊外篇音義	1566

部首	例字	徐音	出現例字的語句	語句出處	釋文卷次	釋文頁碼（影宋刻本）
	殈	況逼	卵生者不～	禮・樂記	卷十三・禮記音義	774
	殖	是吏	子產～之	左・襄三十年	卷十八・左傳音義	1060
	殲	息廉	～我良人	詩・黃集	卷五・毛詩音義	據抱經堂本補
殳部	段	丁亂	攻金之工：築、冶、鳧、栗、～、桃	周禮・考工記	卷九・周禮音義	534
		徒亂	褚師～逆之以受享	左・襄二十年	卷十八・左傳音義	1030
	殺	所例	神武而不～者夫	易・系辭	卷二・周易音義	126
		所例	素絲五總。注：縫言縫～之大小	詩・羔羊	卷五・毛詩音義	217
		所例	白茅苞之。注：凶荒則～禮	詩・野有死麕	卷五・毛詩音義	218
		所例	八曰～哀	周禮・大司徒	卷八・周禮音義	448
		所例	親親之～也	禮・文王世子	卷十二・禮記音義	712
		所例	不豐也，不～也	禮・禮運	卷十二・禮記音義	718
		所例	故年雖大～	禮・禮器	卷十二・禮記音義	719
		所例	葛帶榛杖喪～也	禮・郊特牲	卷十二・禮記音義	726
		所例	諸侯荼前詘后直。注：詘，謂～其首，不爲椎頭	禮・玉藻	卷十二・禮記音義	743
		所例	婦人爲夫與子稽顙。注：恩～于父母	禮・喪服小記	卷十二・禮記音義	754
		所例	五世袒免，～同姓也	禮・大傳	卷十二・禮記音義	757
		所例	其聲噍以～	禮・樂記	卷十三・禮記音義	769
		所例	使其曲直繁瘠廉肉……注：繁瘠廉肉聲之鴻～也	禮・樂記	卷十三・禮記音義	778
		所例	凡喪服未必。注：客始來，主人未可以～禮待之	禮・雜記	卷十三・禮記音義	781
		所例	兄弟之喪內除。注：明未竟而哀已～	禮・雜記	卷十三・禮記音義	784
		所例	君錦冒黼～	禮・喪大記	卷十三・禮記音義	793
		所例	祭法。注：亦禮～也	禮・喪大記	卷十三・禮記音義	796
		所例	親親之～	禮・中庸	卷十四・禮記音義	821
		所例	思親疏之～焉	禮・祭統	卷十三・禮記音義	805
		所例	緦小功以爲～	禮・三年問	卷十四・禮記音義	842

部首	例字	徐音	出現例字的語句	語句出處	釋文卷次	釋文頁碼（影宋刻本）
		扶云	非祭祥也，喪～也	左・昭十五年	卷十九・左傳音義	1108
水部	永	音咏	聲依～	書・舜典	卷三・尚書音義	148
	氾	扶嚴	鄭伯勞子蕩于～	左・昭五年	卷十八・左傳音義	1083
		扶嚴	涉於～而歸	左・襄二十六年	卷十八・左傳音義	1047
	汔	許訖	～至亦未繘井	易・井	卷二・周易音義	109
	汋	音酌	敗諸～陂	左・成十六年	卷十七・左傳音義	995
	汰	徒蓋	泠～于物	莊・天下	卷二十八・莊雜篇音義	1583
	沈	直金	我用～酗于酒	書・微子	卷三・尚書音義	171
		直蔭	～其二子	左・成十一年	卷十七・左傳音義	990
	汾	扶云	～水之陽	莊・逍遥游	卷二十六・莊内篇音義	1414
	冲	音同	鞗革～～	詩・蓼蕭	卷六・毛詩音義	296
	泛	音汎	粢醍在堂。注：周禮五齊，一曰～齊	禮・禮運	卷十二・禮記音義	715
		敷劔	～然而辭	莊・田子方	卷二十七・莊外篇音義	1521
	決	古穴	剛～柔也	易・夬	卷二・周易音義	105
		音穴	爲附～	易・説卦	卷二・周易音義	134
		古穴	～嫌疑	禮・曲禮	卷八・禮記音義	636
		古穴	以死爲～疣潰癰	莊・大宗師	卷二十六・莊内篇音義	1451
		喜缺	我～起而飛	莊・逍遥游	卷二十六・莊内篇音義	1409
		古惠	麋鹿見之～驟	莊・齊物論	卷二十六・莊内篇音義	1424
	沃	烏酷	帝告釐～	書・胤征	卷三・尚書音義	161
		於毒	作～丁	書・咸有一德	卷三・尚書音義	166
		於縛	其葉～若	詩・氓	卷五・毛詩音義	240
		於縛	六轡～若	詩・裳裳者蕐	卷六・毛詩音義	331
	汧	口千	其澤藪曰弦蒲。注：弦蒲在～	周禮・職方氏	卷九・周禮音義	511
	沔	莫顯	～彼流水	詩・沔水	卷六・毛詩音義	302
	沍	户各	河漢～而不能寒	莊・齊物論	卷二十六・莊内篇音義	1424
	泰	敕佐	不～多事乎	莊・漁父	卷二十八・莊雜篇音義	1573
	沬	武蓋	日中見～	易・豐	卷二・周易音義	115
	治	直吏	踐阼而～	禮・文王世子	卷十二・禮記音義	710
		直吏	所以～政安君也	禮・禮運	卷十二・禮記音義	716
	池	直知	而何敢差～	左・襄二十二年	卷十八・左傳音義	1033

部首	例字	徐音	出現例字的語句	語句出處	釋文卷次	釋文頁碼（影宋刻本）
	沮	在吕	世亂不～	禮・儒行	卷十四・禮記音義	849
	沛	普蓋	豐其～	易・豐	卷二・周易音義	115
	泙	敷耕	朱～漫學屠龍于支離益	莊・列御寇	卷二十六・莊雜篇音義	1576
	洴	扶經	世世以～澼絖爲事	莊・逍遥游	卷二十六・莊内篇音義	1415
	泯	武軫	天惟與我民彝大～亂	書・康誥	卷四・尚書音義	182
		音民	～～棼棼	書・吕刑	卷四・尚書音義	197
		音民	靡國不～	詩・桑柔	卷七・毛詩音義	377
		亡軫	不～其社稷	左・宣十二年	卷十七・左傳音義	969
	注	之樹	君殯用輴。注：上四～如屋以覆之	禮・喪大記	卷十三・禮記音義	794
		之喻	～焉而不滿	莊・齊物論	卷二十六・莊内篇音義	1423
	沴	徒顯	陰陽之氣有～	莊・大宗師	卷二十六・内篇音義	1449
	泠	郎年	羊～毛而毳，羶	周禮・庖人	卷八・周禮音義	430
	洋	音翔	聖謨～～	書・伊訓	卷三・尚書音義	164
		音祥	河水～～	詩・碩人	卷五・毛詩音義	239
		音翔	萬舞～～	詩・閟宫	卷七・毛詩音義	412
	洒	所寄	於粲～埽	詩・伐木丁丁	卷六・毛詩音義	290
		西見	以～諸上而鹽之	禮・内則	卷十二・禮記音義	739
	洮	音逃	王乃～頮水	書・顧命	卷四・尚書音義	193
	泄	以世	無言～～	詩・板	卷七・毛詩音義	370
		思列	小枝～	莊・人間世	卷二十九・莊内篇音義	1436
		以世	運物之～也	莊・山木	卷二十七・莊外篇音義	1517
		以世	發～乎太清	莊・列御寇	卷二十八・莊雜篇音義	1577
	洩	以世	蓋言語漏～	左・襄十四年	卷十七・左傳音義	1018
	洵	音荀	～直且侯	詩・羔裘	卷五・毛詩音義	249
	洊	在悶	水～至	易・坎	卷二・周易音義	95
		在悶	～雷震	易・震	卷二・周易音義	111
	泚	七禮	新臺有～	詩・新臺	卷五・毛詩音義	230
	涗	音歲	蕭～水	禮・祭統	卷十三・禮記音義	804
	涑	色邁	設楃柩再重。注：柩，受居溜水～橐者也	周禮・掌舍	卷八・周禮音義	437
		息録	伐我～川	左・成十三年	卷十七・左傳音義	992
	涕	他米	出～沱若	易・離	卷二・周易音義	96

部首	例字	徐音	出現例字的語句	語句出處	釋文卷次	釋文頁碼（影宋刻本）
		音體	齎咨～洟	易・萃	卷二・周易音義	107
		言弟	泣～如雨	詩・燕燕	卷五・毛詩音義	222
	浪	力蕩	夫子以爲孟～之言	莊・齊物論	卷二十六・莊内篇音義	1424
	浞	在角	而用寒～	左・襄四年	卷十七・左傳音義	1006
	浹	子答	～辰之間	左・成九年	卷十七・左傳音義	989
	蒞	力自	成王將～政	詩・公劉	卷七・毛詩音義	366
		音利	～官行法	禮・曲禮	卷十一・禮記音義	637
		力二	～牲曰盟	禮・曲禮下	卷十一・禮記音義	653
	涸	户格	凡用禽獸。注：水～而性定	周禮・庖人	卷十一・周禮音義	430
	淹	於嚴	君～恤在外	左・襄二十六年	卷十八・左傳音義	1044
	清	才性	皆有湯沐之邑。注：給齊戒潔～之用	禮・王制	卷十一・禮記音義	687
		才性	汜埽曰埽。注：帚恒帚地不潔～也	禮・少儀	卷十二・禮記音義	759
	涼	音亮	君子作法于～	左・昭四年	卷十九・左傳音義	1080
	淖	徒孝	有～于前	左・成十六年	卷十七・左傳音義	997
	淪	力允	今殷其～喪	書・微子	卷三・尚書音義	171
	淳	之倫	～十五乘	左・襄十五年	卷十七・左傳音義	1016
	淡	徒闞	君子～以成	禮・表記	卷十四・禮記音義	829
		大敢	汝游心于～	莊・應帝王	卷二十六・莊内篇音義	1455
	淰	舒冉	故魚不～	禮・禮運	卷十二・禮記音義	717
	湨	公壁	會于～梁	左・襄十六年	卷十八・左傳音義	1023
	渢	敷劒	～～乎，大而婉	左・襄二十九年	卷十八・左傳音義	1056
	湎	音緬	羲和～淫	書・胤征	卷三・尚書音義	161
		莫顯	沈～淫液	詩・賓之初筵	卷六・毛詩音義	334
		莫顯	天不～爾以酒	詩・蕩	卷七・毛詩音義	373
	渻	所幸	工僂灑渻竈……出奔莒	左・襄三十一年	卷十八・左傳音義	1061
		所幸	紀～子爲王養鬥鷄	莊・達生	卷二十七・莊外篇音義	1511
	湫	子鳥	王～奔萊	左・成十八年	卷十七・左傳音義	1001
		子鳥	王～帥師及正輿子……軍齊師	左・襄六年	卷十七・左傳音義	1008
		音秋	勿使有所壅閉～底，以露其體	左・昭元年	卷十八・左傳音義	1070

部首	例字	徐音	出現例字的語句	語句出處	釋文卷次	釋文頁碼（影宋刻本）
		音秋	～隘囂塵	左・昭三年	卷十八・左傳音義	1075
		在酒	～乎，攸乎	左・昭十二年	卷十九・左傳音義	1099
		音椒	子服～從	左・昭十三年	卷十九・左傳音義	1106
	涽	音昏	置其滑（向本作汨）～	莊・齊物論	卷二十六・左傳音義	1425
	淠	孚計	萑筆淠淠	詩・小弁	卷六・毛詩音義	316
		孚蓋	其旂～～	詩・采菽	卷六・毛詩音義	337
	溢	毛音謚	假以～我	詩・維天之命	卷七・毛詩音義	393
	滑	古没	置其～涽	莊・齊物論	卷二十六・毛詩音義	1425
	湛	於廉	染人。注：始～研之	周禮・染人	卷八・周禮音義	443
		丈林	及晉戰于～阪	左・襄十六年	卷十八・左傳音義	1023
	渫	食列	井～不食	易・井	卷二・周易音義	110
	滫	相幼	調以滑甘。注：枌榆娩槁～瀡以滑之	周祀・食醫	卷八・周禮音義	433
	滌	同吊	諸侯以肥牛。注：肥養於～也	禮・曲禮下	卷十一・禮記音義	654
		徒嘯	帝牛必在～三月	禮・郊特牲	卷十二・禮記音義	725
		同弟	～蕩其聲	禮・郊特牲	卷十二・禮記音義	728
	漷	音郭	取邾田自～水	左・襄十九年	卷十八・左傳音義	1028
		音郭	其言自～水何	公羊・襄十九年	卷二十一・公羊傳音義	1249
		音郭	取～東田	公羊・哀二年	卷二十一・公羊傳音義	1265
	漫	武畔	又欲以其辱行～我	莊・讓王	卷二十八・莊雜篇音義	1564
	漂	敷妙	血流～杵	書・武成	卷四・尚書音義	176
		敷妙	～疽疥癰	莊・則陽	卷二十八・莊雜篇音義	1550
	漻	力蕭	～乎其清也	莊・天地	卷十七・莊外篇音義	1478
	漆	七利	～仍几	書・顧命	卷四・尚書音義	194
		音七	邾庶其以～閭丘來奔	左・襄二十一年	卷十八・左傳音義	1030
	漱	素遘	咸盥～	禮・内則	卷十二・禮記音義	730
	潨	在容	鳧鷖在～	詩・鳧鷖	卷七・毛詩音義	365
	澼	敷歷	世世以洴～絖爲事	莊・逍遥游	卷二十六・莊内篇音義	1415
	澤	詩石	于舊～之酒也	禮・郊特牲	卷十二・禮記音義	730
	澹	音談	～然無極	莊・刻意	卷二十七・莊外篇音義	1493
	濡	音須	盟于～上	左・昭七年	卷十六・左傳音義	1088
	濟	子禮	朝廷～～翔翔	禮・玉藻	卷十二・禮記音義	749

部首	例字	徐音	出現例字的語句	語句出處	釋文卷次	釋文頁碼（影宋刻本）
	瀆	音豆	自墓門之～入	左・襄三十年	卷十八・左傳音義	1059
	瀌	符彪	雨雪～～	詩・角弓	卷六・毛詩音義	339
	濫	胡暫	同～而入	莊・則陽	卷二十八・莊雜篇音義	1551
	湻	音純	出其度量～制	周禮・内宰	卷八・周禮音義	440
	瀼	乃剛	零露～～	詩・野有蔓草	卷五・毛詩音義	254
		乃剛	零露～～	詩・蓼蕭	卷六・毛詩音義	296
	瀰	莫啓	河水～～	詩・新臺	卷五・毛詩音義	230
	灉	音邕	～沮會同	書・禹貢	卷三・尚書音義	154
	灑	所綺	齊崔杼殺高厚于～藍	左・襄十九年	卷十八・左傳音義	1029
	濩	户郭	見舞韶～者	左・襄二十九年	卷十八・左傳音義	1656
火部	炰	甫交	～鱉膾鯉	詩・六月	卷六・毛詩音義	298
		甫九	～鱉鮮魚	詩・韓奕	卷七・毛詩音義	385
	炮	扶交	以～以燔	禮・禮運	卷十二・禮記音義	714
	爲	于僞	臣～上～德	書・咸有一德	卷三・尚書音義	166
		于僞	父母有疾。注：憂不～容也	禮・曲禮	卷十二・禮記音義	644
	烘	音洪	卬～于煁	詩・白華	卷六・毛詩音義	341
	猋	芳遥	～風暴雨總至	禮・月令	卷十一・禮記音義	690
	焉	如字	～使倍之	禮・三年問	卷十四・禮記音義	842
		於虔	懼傷我，～逃之	左・成十年	卷十七・左傳音義	989
	焦	在堯	晋師自鄭以鄬之師侵楚～夷	左・襄元年	卷十七・左傳音義	1003
	無	如字	視瞻～回	禮・曲禮	卷十一・禮記音義	639
	煬	音傷	天下有王。注：魯～公者伯禽之子也	禮・祭法	卷十三・禮記音義	797
		餘亮	抱德～和	莊・徐無鬼	卷二十八・莊雜篇音義	1544
	煦	况甫	～嫗覆育萬物	禮・樂記	卷十三・禮記音義	773
	煖	况煩	必視寒～之節	禮・文王世子	卷十二・禮記音義	709
		許袁	～之以日月	禮・樂記	卷十三・禮記音義	770
		况晚	～然似春	莊・大宗師	卷二十六・莊内篇音義	1445
	熇	許酷	多將～～	詩・板	卷七・毛詩音義	371
	熙	音怡	殺子狐，子～，子侯，子丁	左・襄八年	卷十七・左傳音義	1009
	熯	音漢	莫～乎火	易・卦	卷二・周易音義	132
	燎	力燒	庭～之光	詩・庭燎	卷六・毛詩音義	302
		力燒	～之方揚	詩・正月	卷六・毛詩音義	310

部首	例字	徐音	出現例字的語句	語句出處	釋文卷次	釋文頁碼（影宋刻本）
		力吊	庭～之百	禮・郊特牲	卷十二・禮記音義	724
		力遥	甸設庭～	左・襄三十一年	卷十八・左傳音義	1062
		力燒	夜設庭～	孝經・孝治章	卷二十三・孝經音義	1339
	燠	音憂	而或～休之	左・昭三年	卷十八・左傳音義	1074
	燕	鄭於顯	～師所完	詩・韓奕	卷七・毛詩音義	387
	爍	余灼	～金以爲刃	周禮・考工記	卷九・周禮音義	533
		音藥	下～山川之精	莊・胠篋	卷二十七・莊外篇音義	1471
	爚	音藥	而以～亂天下者也	莊・胠篋	卷二十七・莊外篇音義	1469
爿部	床	仕良	小功緦麻～可也	禮・間傳	卷十四・周禮音義	841
		音床	與王同筐～	莊・齊物論	卷二十六・莊内篇音義	1426
片部	版	音板	設皇邸。注：皇羽覆上後～也	周禮・掌次	卷八・周禮音義	438
牙部	牙	五加	豶豕之～	易・大畜	卷二・周易音義	93
牛部	牝	扶忍	利～馬之貞	易・坤	卷二・周易音義	76
		扶死	畜～牛・吉	易・離	卷二・周易音義	96
		扶忍	～鷄无晨	書・牧誓	卷四・尚書音義	175
		扶死	壹發五豝。注：豕～曰豝。	詩・騶虞	卷五・毛詩音義	220
		扶死	騋～三千	詩・命彼倌人	卷五・毛詩音義	234
		扶盡	麀鹿麌麌。注：鹿～曰麀	詩・吉日	卷六・毛詩音義	301
		扶盡	故父子聚麀。注：鹿～曰麀	禮・曲禮	卷十一・禮記音記	637
		扶死	游　于牧	禮・月令	卷十二・禮記音義	692
	牧	音目	卑以自～也	易・謙	卷二・禮記音義	85
		牧養之牧	乃日覲四岳群～	書・舜典	卷三・尚書音義	146
		音茂	與受戰於～野	書・牧誓	卷四・尚書音義	175
		音目	萊夷作～	書・禹貢	卷三・尚書音義	155
		音目	自・歸荑	詩・静女	卷五・毛詩音義	230
		音目	矢于～野	詩・大明	卷七・毛詩音義	349
		音目	～于坰野	詩・駉	卷七・毛詩音義	406
		音目	四曰藪～	周禮・太宰	卷八・周禮音義	424
		音目	～人	周禮・司徒	卷八・周禮音義	445
		音目	入天子之國曰～	禮・曲禮下	卷十一・禮記音義	653
		音目	鄭人侵衛～	左・隱五年	卷十五・左傳音義	876

部首	例字	徐音	出現例字的語句	語句出處	釋文卷次	釋文頁碼（影宋刻本）
		音目	三夏天子所享元侯也。注：元侯～伯	左・襄四年	卷十七・左傳音義	1005
	犁	力私	執邾宣公莒～比公	左・襄十六年	卷十八・左傳音義	1023
		力私	莒～比公生去疾	左・襄三十一年	卷十八・左傳音義	1063
	牼	户耕	邾子～卒	左・襄十七年	卷十八・左傳音義	1024
	犗	音界	五十～以爲餌	莊・外物	卷二十八・莊雜篇音義	1554
	犥	孚趙	鳥～色而沙鳴，狸	周禮・庖人	卷八・周禮音義	430
犬部	犮	音跋	赤～氏	周禮・司寇	卷九・周禮音義	514
	狐	音胡	小狐汔濟	易・未濟	卷二・周易音義	120
	狌	音姓	子獨不見狸～乎	莊・逍遥游	卷二十六・莊内篇音義	1416
	狎	户甲	德易～而難親也	禮・緇衣	卷十四・禮記音義	833
	猗	於宜	～彼女桑	詩・七月	卷五・毛詩音義	280
		於宜	～于畝丘	詩・巷伯	卷六・毛詩音義	320
	猈	扶蟹	蔡公使須務牟與史猈先入	左・昭十三年	卷十九・左傳音義	1102
	猵	敷面	猿～狙以爲雌	莊・齊物論	卷二十六・莊内篇音義	1424
	獲	鄭云横霸	毋固～	禮・曲禮	卷十一・禮記音義	643
	獸	始售	往伐歸～	書・武成	卷四・尚書音義	176
	獺	他達	～祭魚	禮・玉制	卷十一・禮記音義	682
玄部	率	音類	五曰賦貢。注：采地之民口～出泉也	周禮・太宰	卷八・周禮音義	424
		所類	使王黑以靈姑銔～吉…	左・昭十年	卷十九・左傳音義	1095
玉部	王	往况	可以～矣	易・師	卷二・周易音義	80
		于况	能自得師者～	書・仲虺之誥	卷三・尚書音義	163
		于况	～此大邦	詩・皇矣	卷七・毛詩音義	356
		于况	成 - 不敢康	詩・昊天有成命	卷七・毛詩音義	394
		于况	魯莊公爲之大功。注：嫁如～者之后	禮・檀弓下	卷十一・禮記音義	669
		于况	～者	禮・王制	卷十一・禮記音義	679
		于况	～制	禮・王制	卷十一・禮記音義	679
		于况	～者功成作樂	禮・樂記	卷十三・禮記音義	770
		于况	霸～之器也	禮・經解	卷十三・禮記音義	807
		于况	成～之孚	禮・緇衣	卷十四・禮記音義	831

部首	例字	徐音	出現例字的語句	語句出處	釋文卷次	釋文頁碼（影宋刻本）
		敕六	驪～氏	莊・胠篋	卷二十七・莊外篇音義	1470
	畛	音真	徂隰徂～	詩・載芟	卷七・毛詩音義	402
		之忍	爲是而有～也	莊・齊物論	卷二十六・莊内篇音義	1422
	畫	胡麥	藻三采六等。注：以朱白蒼～之	禮・雜記下	卷十三・禮記音義	787
	番	甫言	～維司徒	詩・十月之交	卷六・毛詩音義	311
疒部	疕	芳鄙	～瘍者造焉	周禮・醫師	卷八・周禮音義	432
	痀	居具	見～僂者承蜩	莊・達生	卷二十七・莊外篇議	1507
	疵	才斯	悔吝者，言乎其小～也	易・繫辭	卷二・周易音義	122
	疷	都禮	俾我～兮	詩・白華	卷六・毛詩音義	343
	痔	直里	與人有～病者	莊・人間世	卷二十六・莊内篇音義	1437
	痡	音敷	毒～四海	書・泰誓	卷四・尚書音義	174
	瘞	烏計	伏～亦如之	周禮・犬人	卷九・周禮音義	521
	瘈	居世	國人逐～狗	左・襄十七年	卷十八・左傳音義	1025
	瘠	在益	～爲下	禮・雜記下	卷十三・禮記音義	784
		在益	勉而爲～	禮・檀弓下	卷十一・禮記音義	671
	癉	音旦	荀偃～疽，先瘍于頭	左・襄十九年	卷十八・左傳音義	1028
癶部	發	音廢	壹～五豝	詩・騶虞	卷五・毛詩音義	220
		音廢	獻爾～功	詩・賓之初筵	卷六・毛詩音義	334
		音廢	再～盡殪	左・成十六年	卷十七・左傳音義	998
白部	皇	于況	齊齊～～	禮・少儀	卷十二・禮記音義	760
	皙	思益	澤門之～	左・襄十七年	卷十八・左傳音義	1025
		思益	公孫～曰	左・昭七年	卷十九・左傳音義	1087
	皞	胡老	～天不宜	莊・人間世	卷十二・莊内篇音義	1432
皿部	盍	苦蓋	相彼～旦	禮・坊記	卷十三・禮記音義	812
	盟	亡幸	莅牲曰～	禮・曲禮下	卷十一・禮記音義	653
		武耕	其留如詛～	莊・齊物論	卷二十六・莊内篇音義	1419
	盡	子忍	不獲自～	書・咸有一德	卷三・尚書音義	166
		子忍	往～乃心	書・康誥	卷四・尚書音義	181
		子忍	～此三道者，教之行也	禮・祭統	卷十三・禮記音義	803
目部	盼	敷諫	美目～兮	詩・碩人	卷五・毛詩音義	238
	相	息羊	～時憸民	書・盤庚	卷三・尚書音義	167
		思章	治亂以～	禮・樂記	卷十三・禮記音義	774

部首	例字	徐音	出現例字的語句	語句出處	釋文卷次	釋文頁碼（影宋刻本）
	䓕	丈列	～蔟氏	周禮・司寇	卷九・周禮音義	514
	碞	音吟	用顧畏于民～	書・召誥	卷四・尚書音義	185
	磬	苦定	尊卑垂帨。注：～折則佩垂	禮・曲禮	卷十一・禮記音義	645
	礴	敷各	則解衣般～	莊・四子方	卷二十七・莊外篇音義	1520
示部	祓	音廢	受其璧而～之	左・僖六年	卷十五・左傳音義	912
		音廢	祝～社	左・襄二十五年	卷十八・左傳音義	1041
		音廢	～殯而襚，則布幣也	左・襄二十九年	卷十八・左傳音義	1054
		音廢	～禳于四方	左・昭十六年	卷十九・左傳音義	1114
		音廢	～社釁鼓	左・定四年	卷十九・左傳音義	1151
	祔	音附	庶子不祭殤與無后者。注：此二者當祖～食而已	禮・喪服小記	卷十二・禮記音義	754
	祝	之又	女～四人	周禮・冢宰	卷八・周禮音義	423
		之又	～聲三	禮・曾子問	卷十二・禮記音義	705
		之又	作其～號	禮・禮運	卷十二・禮記音義	715
		之又	～稱卜葬虞	禮・雜記下	卷十三・禮記音義	784
	祫	音洽	干～及其高祖	禮・大傳	卷十二・禮記音義	757
	祭	如字	爲邢凡蔣茅胙～臨于周公之廟	左・襄十二年	卷十七・左傳音義	1017
	視	市志	虎～耽耽	易・頤	卷二・周易音義	94
		市至	～矍矍	易・震	卷二・周易音義	112
		市止	三曰～	書・洪範	卷四・尚書音義	177
		音示	～瞻毋回	禮・曲禮	卷十一・禮記音義	639
		市志	毋淫～	禮・曲禮	卷十一・禮記音義	641
		市志	睇～	禮・內則	卷十二・禮記音義	733
		市志	～容清明	禮・玉藻	卷十二・禮記音義	749
		市志	～不明	禮・雜記下	卷十三・禮記音義	785
		市至	二月甲寅卒而～不可含	左・襄十九年	卷十八・左傳音義	1028
		市至	鳥乃眩～憂悲	莊・至樂	卷二十七・莊外篇音義	1504
	祟	息類	其鬼不～	莊・天道	卷二十七・莊外篇音義	1484
	祲	七林	仲孫貜會邾子盟于～祥	左・昭十一年	卷十九・左傳音義	1097
	祺本又作禎	音貞	維周之～	詩・維清	卷七・毛詩音義	393
	裯	直留	抱衾與～	詩・小星	卷五・毛詩音義	218

部首	例字	徐音	出現例字的語句	語句出處	釋文卷次	釋文頁碼（影宋刻本）
	窆	補贈	贊贈玉含玉。注：贈玉既～所以送先王	周禮・太宰	卷八・周禮音義	426
	窅	烏了	～然喪其天下焉	莊・逍遥游	卷二十六・莊内篇音義	1414
	窒	得悉	～惕，中吉	易・訟	卷二・周易音義	79
		得悉	懲忿～欲	易・損	卷二・周易音義	104
		得悉	穹～熏鼠	詩・七月	卷五・毛詩音義	281
		丁吉	刻其面以墨～之	周禮・司刑	卷九・周禮音義	519
	窕	勑堯	楚師輕～	左・襄二十六年	卷十八・左傳音義	1046
	窐	於蛙	于上之攡謂之隧。注：隧在鼓中，～而生光	周禮・考工記	卷九・周禮音義	541
	竇	音豆	篳門圭～	禮・儒行	卷十四・禮記音義	848
		音豆	在小人則穿～之盜也	禮・表記	卷十四・禮記音義	830
	窺	起規	顔回端拱還目而～之	莊・山木	卷二十七・莊外篇音義	1517
	竅	苦吊	～於山川	禮・禮運	卷十二・禮記音義	717
	窾	苦管	道太～	莊・齊物論	卷二十六・莊内篇音義	1428
	竄	七外	歸逋～也	易・訟	卷二・周易音義	80
竹部	竽	音于	鑠絶～瑟	莊・胠篋	卷二十七・莊外篇音義	1469
	笙	勑貞	歸父還自晋至～	左・宣十八年	卷十七・左傳音義	978
	策	側敏	衽席床～	周禮・玉府	卷八・周禮音義	438
	筐	起狂	與王同～床	莊・齊物論	卷二十六・莊内篇音義	1426
	筭	音蒜	終殤之月～	禮・服問	卷十四・禮記音義	839
	筴	音頰	鼓～播精	莊・人間世	卷二十六・莊内篇音義	1438
	筍	于貧	敷重～席	書・顧命	卷四・尚書音義	194
	節	音截	～彼南山	禮・大學	卷十四・禮記音義	853
		如字	武子賦～之卒章	左・昭二年	卷十八・左傳音義	1072
	筳	音庭	故爲是舉～與楹，厲與西施	莊・齊物論	卷二十六・莊内篇音義	1421
	箾	音朔	見舞象～南籥者	左・襄二十九年	卷十八・左傳音義	1056
	篲	以醉	開之操拔～	莊・達生	卷二十七・莊外篇音義	1508
	篠	音小	如竹箭之有筠也。注：箭～也	禮・禮器	卷十二・禮記音義	719
	簎	倉格	以時～魚鱉……	周禮・鱉人	卷八・周禮音義	432
	篳	音畢	～門圭窬	禮・儒行	卷十四・禮記音義	848
	築	音竹	蕢而土鼓。注：～土爲鼓也	禮・禮運	卷十二・禮記音義	714
	簠	方于	～簋既陳	禮・曾子問	卷十二・禮記音義	707

部首	例字	徐音	出現例字的語句	語句出處	釋文卷次	釋文頁碼（影宋刻本）
	簸	府佐	不可以～揚	詩・大東	卷六・毛詩音義	322
	簿	步角	舉五穀之要。注：定其租稅之～。	禮・月令	卷十一・禮記音義	698
	簨	音撰	食於簝者盥。注：簝或作～	禮・喪天記	卷十三・禮記音議	792
	簪	側林	朋盍～	易・豫	卷二・周易音義	86
		側林	咸盥漱……笄。注：笄今～也	禮・内則	卷十二・禮記音義	731
	籥	以略	啓～見書	書・金縢	卷四・尚書音義	179
米部	米	徐本作絑，音米	藻火粉～	書・益稷	卷三・尚書音義	152
	粃	甫姊	是其塵垢～糠	莊・逍遥游	卷十二六・莊内篇音義	1414
	粥	音育	饘～之食	禮・檀弓	卷十一・禮記音義	658
		徐本作鬻章六	～～若無能也	禮・儒行	卷十四・禮記音義	847
	糔	相幼	酏食糁食。注：取稻米舉～溲之	周禮・醢人	卷八・周禮音義	437
	糟	徂到	清～	禮・内則	卷十二・禮記音義	734
	糴	徒吊	晉侯使～茂如楚	左・成十年	卷十七・左傳音義	989
糸部	糾	居酉	養國老于東膠注：膠之言～也	禮・王制	卷十一・禮記音義	686
		居虯	本詘而反以報之。注：上至要，中合而～之。	禮・喪服小記	卷十二・禮記音義	756
	紇	胡切	爵禄有列于朝。注：若臧～奔邾立臧爲矣	禮・曲禮	卷十一・禮記音義	650
		胡切	孔子少孤。注：孔子之父郰叔梁～	植・檀弓	卷十一・禮記音義	657
	紃	辭均	～以五采	禮・雜記下	卷十三・禮記音義	288
	約	於妙	大信不～	禮・學記	卷十三・禮記音義	768
		於妙	勤大命，施于烝彝鼎。注：周禮大～劑書于尊彝.	禮・祭統	卷十三・禮記音義	806
		於妙	魏瑩與田侯牟～	莊・則陽	卷二十八・莊雜篇音義	1548
		於妙	今大王欲廢法毀～而見説	莊・讓王	卷二十八・莊雜篇音義	1562
		於妙	吾日與子訟于無～	莊・盗跖	卷二十八・莊雜篇音義	1569
	紉	而陳	～箴請補綴	禮・内則	卷十二・禮記音義	733

部首	例字	徐音	出現例字的語句	語句出處	釋文卷次	釋文頁碼（影宋刻本）
	紐	女酒	禹舜之所～也	莊・人間世	卷二十九・莊內篇音義	1433
	紑	孚不	絲衣其～	詩・絲衣	卷七・毛詩音義	404
	純	如字	追師。注：女次～衣	周禮・追師	卷八・周禮音義	444
		方移	紕以爵韋六寸。注：紕在下曰純，力移反，按力移反爲紕注音，“力”爲方之誤。	禮・雜記下	卷十三・禮記音義	788
	紓	音舒	必三年而后～	左・襄二十九年	卷十八・左傳音義	1057
	索	音素本或作索	謂之八～	書・序	卷三・尚書音義	140
	紘	音宏	殷之崇牙。注：刻畫爲崇牙以挂縣～也	禮・明堂位	卷十二・禮記音義	753
	紖	音胤	官府之六聯。注：司徒帥六鄉之衆庶屬其六～	周禮・小宰	卷八・周禮音義	426
		以忍	君執～	禮・祭統	卷十三・禮記音義	804
	紕	補移	冠衣不純素。注：縞冠素～	禮・曲禮	卷十一・禮記音義	638
		孚夷	王者一物～繆民莫得其死	禮・大傳	卷十二・禮記音義	757
	紊	音文	有條而不～	書・盤庚	卷三・尚書音義	167
	絅	音迥	禪爲～	禮・玉藻	卷十二・禮記音義	745
		口定	衣錦尚～	禮・中庸	卷十四・禮記音義	824
	紹	尺遥	匪～匪游	詩・常武	卷七・毛詩音義	388
	紩	治栗	縫齊倍要。注：縫～也	禮・玉藻	卷十二 · 禮記音義	744
	絯	户隔	方且爲物～	莊・天地	卷二十七・禮記音義	1478
	絞	户交	～帶反位	禮・奔喪	卷十四・禮記音義	836
	絜	户結	～之百圍	莊・人間世	卷二十九・莊內篇音義	1435
	給	渠急	恭而不中禮則～	禮・仲尼燕居	卷十三・禮記音義	809
	絿	音虯	不競不～	詩・長發	卷七・禮記音義	417
	經	古定	申生受賜而死。注：既告狐突乃雉～而死	禮・檀弓	卷十一・禮記音義	658
	絺	竅私	藻火粉米，黼黻～繡	書・益稷	卷三・尚書音義	152
		張履	大祝稗冕。注：稗冕者～冕	禮・曾子問	卷十二・禮記音義	705
	綏	况垂	不～祭	禮・曾子問	卷十二・禮記音義	707
	絍	而鴆	以執鄧執鍼織～	左・成二年	卷十七・左傳音義	983
	綅	息廉	禫而纖。注：纖或作～	禮・間傳	卷十四・禮記音義	841
	綦	其記	玄冠～組纓	禮・玉藻	卷十二・禮記音義	744

部首	例字	徐音	出現例字的語句	語句出處	釋文卷次	釋文頁碼（影宋刻本）
	繹	音夕	終事之牛，謂所以～者也	周禮・牛人	卷八・周禮音義	452
		音夕	群吏在其后，注：譏～于庫門	周禮・朝士	卷九・周禮音義	519
		音釋	～者，各～已之志也	禮・射義	卷十四・禮記音義	861
	繫	胡詣	～辭	易・繫辭	卷二・周易音義	120
	纘	音纂	武王～太王之緒	禮・中庸	卷十四・禮記音義	820
	續	辭屨	陰靷鋈～	詩・小戎	卷五・毛詩音義	268
	纊	古曠	共其服物。注：服物，玄纁絺～也	周禮・大行人	卷九・周禮音義	528
	纖	子廉	其刑罪則～剸	禮・文王世子	卷十二・禮記音義	711
缶部	罋	於容	先君之敝器。注：瑶～玉櫝之屬	左・昭七年	卷十九・左傳音義	1087
		音瓮	醫用百有二十～	周禮・膳夫	卷八・周禮音義	428
	罄	苦定	尊卑垂帨。注：～折則佩垂	禮・曲禮上	卷十四・禮記音義	645
四部	罕	許但	渾～日	左・昭四年	卷十九・左傳音義	1080
	罟	音古	死于網～	莊・逍遥游	卷二十六・莊内篇音義	1416
	罬	徐姜雪、姜穴二反	雉離于罦。注：爾雅云，～謂之罦	詩・兔爰	卷五・毛詩音義	245
	罩	都學	烝然～～	詩・南有嘉魚	卷六・毛詩音義	295
	罷	扶彼	或鼓或～	易・中孚	卷二・周易音易	118
		音彼	公子～戎入盟	左・襄九年	卷十七・左傳音義	1012
		音彼	牢成御襄～師	左・襄二十三年	卷十八・左傳音義	1035
		扶彼	皆自朝布路而～	左・襄三十年	卷十八・左傳音義	1059
		甫綺	彭生～賴之師	左・昭四年	卷十九・左傳音義	1080
		甫綺	殺太子禄及公子～敵	左・昭十三年	卷十九・左傳音義	1103
		扶彼	～兵休卒	莊・盜跖	卷二十八・莊雜篇音義	1567
羊部	羌	起良	及庸蜀～髳微夫彭濮人	書・牧誓	卷四・尚書音義	175
	羹	音衡	犬曰～獻	禮・曲禮下	卷十一・禮記音義	654
	義	音儀	雖有～台路寢	莊・馬蹄	卷二十七・莊外篇	1463
	羨	音賤	國昭子之母死。注：夾～道爲位	禮・檀弓下	卷十一・禮記音義	671
	養	以上	井～而不窮也	易・井	卷二・周易音義	109
		羊尚	反諸其所～也	禮・檀弓下	卷十一・禮記音義	671

部首	例字	徐音	出現例字的語句	語句出處	釋文卷次	釋文頁碼（影宋刻本）
	胠	音協	～商子車御侯朝	左・襄二十三年	卷十八・左傳音義	1035
		起法	將爲～篋探囊發匱之資	莊・胠篋	卷二十七・莊外篇音義	1466
	朏	芳憒	惟丙午～	書・召誥	卷四・尚書音義	185
		芳尾	庚午～	書・异命	卷四・尚書音義	196
	背	甫載	艮其～	易・艮	卷二・周易音義	112
		扶代	既往～師保之訓	書・太甲	卷三・尚書音義	165
	胣	勑紙	萇弘～	莊・胠篋	卷二十七・莊外篇音義	1467
	胥	思餘	民咨～怨	書・盤庚	卷三・尚書音義	166
		思敍	君子樂～	詩・桑扈	卷六・毛詩音義	331
		思敍	～十有二人	周禮・冢宰	卷八・周禮音義	421
	脄	亡代	取牛羊麋麕之肉必～	禮・内則	卷十二・禮記音義	739
	能	奴代	各奏爾～	詩・賓之初筵	卷六・毛詩音義	335
		毛如字，鄭奴代	揉遠～邇	詩・民勞	卷七・毛詩音義	370
		乃代	而不相～	左・襄二十一年	卷十八・左傳音義	1031
	脞	音瑣	元首叢～哉	書・益稷	卷三・尚書音義	153
	脤	市軫	支離無～	莊・德充符	卷二十六・莊内篇音義	1442
	脡	唐頂	鮮魚曰～祭	禮・曲禮	卷十一・禮記音義	654
	脗	武軫	爲其～合	莊・齊物論	卷二十六・莊内篇音義	1425
	脾	蒲佳	～析	周禮・醢人	卷八・周禮音義	436
		甫婢	鴻蒙拊～雀躍掉頭曰	莊・在宥	卷二十七・莊外篇音義	1476
	腯徐本作遁	徒本	微子舍其孫～而立衍也	禮・檀弓	卷十一・禮記音義	656
	豚	徒困	圈～行（釋文，豚本作喙）	禮・玉藻	卷十二・禮記音義	748
	腸	持良	今予其敷心腹腎～	書・盤庚	卷三・尚書音義	168
	腱	其偃	去其餌。注：餌，筋～也	禮・内則	卷十二・禮記音義	739
	膏	古報	如百穀之仰～雨馬	左・襄十九年	卷十八・左傳音義	1028
	膋	音勞	周禮八珍，其一肝～	禮・内則	卷十二・禮記音義	739
	膠	古孝	～離朱之目	左・胠篋	卷二十七・莊外篇音義	1469
		古孝	置杯焉則～	莊・逍遥游	卷二十六・莊内篇音義	1408
	臏	方忍	刖罪五百。注：周改～作刖	周禮・問刑	卷九・周禮音義	520
		扶忍	其刑罪則纖剸。注：宫割～墨劓刖皆以刀鋸刺割人體也	禮・文王世子	卷十二・禮記音義	712

部首	例字	徐音	出現例字的語句	語句出處	釋文卷次	釋文頁碼（影宋刻本）
		巨己	維糜維～	詩・生民	卷七・毛詩音義	361
	芓	音玆	耕耨王藉。注：耕，芸～也	周禮・甸師	卷八・周禮音義	431
	芃	符雄	～～其麥	詩・載馳	卷五・毛詩音義	235
	芹	音謹	～菹	周禮・醢人	卷八・周禮音義	436
	芧	徒奔	聖人愚～	莊・齊物論	卷二十六・莊内篇音義	1425
	芧	食汝	狙公賦～	莊・齊物論	卷二十六・莊内篇音義	1421
	芮	如鋭	瞀～生乎腐蠸	莊・至樂	卷二十七・莊外篇音義	1506
	芘	甫至	隱將～其所賴	莊・人間世	卷二十六・莊内篇音義	1436
	芸	音運	～其黄矣	詩・裳裳者華	卷六・毛詩音義	331
		音運	耕耨王籍。注：耨，～芓也	周禮・甸師	卷八・周禮音義	431
	芥	姬邁	～醬	周禮・内則	卷十二・周禮音義	734
		古邁	則～爲之舟	莊・逍遥游	卷二十六・莊内篇音義	1408
	芾	方蓋	蔽～甘棠	詩・甘棠	卷五・毛詩音義	215
	茇	扶蓋	召伯所～	詩・甘棠	卷五・毛詩音義	215
	茆	音柳	薄采其～	詩・泮水	卷七・毛詩音義	409
	苑	于阮	有～其特	詩・五月	卷六・毛詩音義	310
		于阮	適遇～風于東海之濱	莊・天地	卷二十七・毛詩音義	1481
	苶	乃協	～然疲役	莊・齊物論	卷二十六・莊内篇音義	1420
	茀	鄭音廢	～禄爾康矣	詩・卷阿	卷七・毛詩音義	369
		扶勿	孛之爲言猶～也	穀梁傳・文十四年	卷二十一・穀梁傳音義	1305
		符弗	氣息～然	莊・人間世	卷二十九・莊内篇音義	1434
	苴	争初	然后飯腥而～孰	禮・禮運	卷十二・禮記音義	714
		七餘	～布之衣	莊・讓王	卷二十八・莊雜篇音義	1561
	英	于耕	朱～緑縢	詩・閟宫	卷七・毛詩音義	412
	苛	黑嗟	則幾其出入。注：幾謂無將帥引之者，則～其出入	周禮・闇人	卷八・周禮音義	441
	苕	音韶	～之華	詩・苕之華	卷六・毛詩音義	345
	茢	音例	以王祝桃～執戈	禮・檀弓下	卷十一・禮記音義	67
		音例	乃使王以桃～先祓殯	左・襄二十九年	卷十八・左傳音義	1054
	茹	如庶	不可以～	詩・柏舟	卷五・毛詩音義	220
		音如	玁允匪～	詩・六月	卷六・毛詩音義	298
		音如	來咨來～	詩・臣工	卷七・毛詩音義	396
		音汝	不～葷者數月矣	莊・人間世	卷二十九・莊内篇音義	1432

部首	例字	徐音	出現例字的語句	語句出處	釋文卷次	釋文頁碼（影宋刻本）
		張慮	酌之祭器。注：傳～于鍾鼎也	禮・祭統	卷十二・禮記音義	806
		都慮	及～雍疾	左・襄十年	卷十七・左傳音義	1013
		直攄	～丘公立而不撫鄫	左・昭四年	卷十九・左傳音義	1080
		治居	朝有～定	左・昭十一年	卷十九・左傳音義	1098
		直攄	莒～丘公卒	左・昭十四年	卷十九・左傳音義	1107
	葷	許云	不茹～者數月矣	莊・人間世	卷二十六・莊内篇音義	1432
	菀	於阮	有～者柳	詩・菀柳	卷六・毛詩音義	339
		音鬱	我心～結	詩・都人士	卷六・毛詩音義	340
	葬	才浪	杜氏之～在西階之下	禮・檀弓	卷十一・禮記音義	656
	葺	音集	繕完～墻	左・襄三十一年	卷十八・左傳音義	1062
	葑	音豐	采～采菲	詩・后風	卷五・毛詩音義	225
	蓏	力果	果～有理	莊・知北游	卷二十七・莊外篇音義	1524
		力果	夫柤梨橘柚果～之屬	莊・人間世	卷二十六・莊内篇音義	1436
	蒙	亡鈎	曰～	書・洪範	卷四・尚書音義	178
		武邦	狐裘～戎	詩・旄丘	卷五・毛詩音義	227
	幕	音覓	布～，衛也	禮・檀弓	卷十一・禮記音義	658
	蒲	扶各	將遷其君于～姑。馬本作薄	書・祭仲之命	卷四・尚書音義	190
	蓁	仕巾	逃于深～	莊・徐無鬼	卷二十八・莊雜篇音義	1541
	蔑	亡結	文王～德降于國人	書・君奭	卷四・尚書音義	189
	蔓	音蠻	其實韭菹。注：玄謂菁，～菁也	周禮・醢人	卷八・周禮音義	436
		音蠻	采葑采菲。注：葑～菁也	禮・坊記	卷十三・禮記音義	814
	蓬	扶公	今子～～然	莊・秋水	卷二十七・莊外篇音義	1499
		扶公	雖羿～蒙不能眄睨焉	莊・山木	卷二十七・莊外篇音義	1516
		扶公	撑～而語之曰	莊・至樂	卷二十七・莊外篇音義	1504
	蕉	在堯	死者以國量乎澤，若～	莊・人間世	卷二十六・莊内篇音義	1430
	蔽	甫世	惟先蔽志	書・大禹謨	卷三・尚書音義	149
		方四	～芾甘棠	詩・甘棠	卷五・毛詩音義	215
		方四	～芾其麥	詩・我行其野	卷六・毛詩音義	304
		甫世	以誣道～諸侯	左・襄二十七年	卷十八・左傳音義	1050
		甫世	叔魚～罪邢侯	左・昭十四年	卷十九・左傳音義	1107
	蕩	勑黨	魯道有～	詩・南山	卷五・毛詩音義	257

部首	例字	徐音	出現例字的語句	語句出處	釋文卷次	釋文頁碼（影宋刻本）
	蚷	市軫	是猶使蚊負山，商～馳河也	莊・秋水	卷二十七・莊外篇音義	1501
	蚳	長梨	祭祀共蠯、蠃～	周禮・鱉人	卷二十八・周禮音議	432
	蛇	音絁	乃至委～	莊・天道	卷二十七・莊外篇音義	1489
	蚹	音敷	吾待蛇～蜩翼邪	莊・齊物論	卷二十六・莊内篇音義	1426
	蛻	始鋭	其來不～	莊・天下	卷二十八・莊雜篇音義	1585
	蜄	市軫	以～盛溺	莊・人間世	卷二十六・莊内篇音義	1435
	蜳	敕轉	螴～不得成	莊・外物	卷二十六・莊外篇音義	1553
	蜩	音條	吾待蛇蚹～翼邪	莊・齊物論	卷二十六・莊内篇音義	1426
	蜻	子盈	螓首蛾眉。箋云：螓，謂蜻蜻也	詩・碩人	卷五・毛詩音義	238
	蝗	華孟	～蟲爲灾	禮・月令	卷十一・禮記音義	694
	蝶	徒協	莊周夢爲胡～	莊・齊物論	卷二十六・莊内篇音義	1427
	蝤	音曹	領如～蠐	詩・碩人	卷五・毛詩音義	238
	蟄	直立	宜爾子孫～～兮	詩・螽斯	卷五・毛詩音義	209
	蟲	徒冬	蘊隆～～	詩・雲漢	卷七・毛詩音義	380
	螽	音終	無小旱昆蟲之灾。注：昆蟲之灾，螟～之屬也	禮・禮運	卷十二・禮記音義	718
	螴	勑盡	～蜳不得成	莊・外物	卷二十八・莊雜篇音義	1553
	蠖	烏郭	尺～之屈	易・系辭	卷二・周易音義	129
	蠙	扶堅	淮夷～珠暨魚	書・禹貢	卷三・尚書音義	155
		音頻	共王之服玉。注：～珠以納其間	周禮・玉府	卷八・周禮音義	438
		扶賢	得水之際則爲鼃～之衣	莊・至樂	卷二十七・莊外篇音義	1505
	蠯	父幸	祭祀共～、蠃、蚳	周禮・鱉人	卷八・周禮音義	432
		薄鷄	脾析，～醢	周禮・醢人	卷八・周禮音義	436
	蠱	姬祖	～，元亨	易・蠱	卷二・周易音義	86
行部	行	下孟	使羞其～	書・洪範	卷四・尚書音義	178
		下孟	迪知忱恂于九德之～	書・立政	卷四・尚書音義	191
		下孟	岐有夷之～	詩・天作高山	卷七・毛詩音義	394
		胡孟	於祭者，子～也	禮・祭統	卷十三・禮記音義	805
		下孟	力～近乎仁	禮・中庸	卷十四・禮記音義	821
		下孟	必改～	左・襄五年	卷十七・左傳音義	1007
		户郎	登太～	左・襄二十三年	卷十八・左傳音義	1037

部首	例字	徐音	出現例字的語句	語句出處	釋文卷次	釋文頁碼（影宋刻本）
襾部	覃	以廉	以我～耜	詩・大田	卷六・毛詩音義	329
	覆	敷目	以～詛盟	書・吕刑	卷四・尚書音義	198
		音赴	軍旅思險。注：險阻出奇～謏之處也	禮・少儀	卷十二・禮記音義	762
		敷目	鄭人～之	左・成十六年	卷十七・左傳音義	995
見部	見	賢遍	肆亦～厥君事	書・梓材	卷四・尚書音義	184
		賢遍	春朝諸侯而陳天下之事。注：此六事者以～諸侯爲文	周禮・大行人	卷九・周禮音義	527
		古辯	～以蕭光	禮・祭義	卷十三・禮記音義	800
	規	紀睡	～～然自失也	莊・秋水	卷二十七・莊外篇音義	1501
	覥	他彤	享～有璋	左・昭五年	卷十九・左傳音義	1083
	覦	音喻	能官人則民無～心	左・襄十五年	卷十七・左傳音義	1022
	觀	唯此一音作官音	以～天下	易・觀	卷二・周易音義	88
角部	解	胡賣	經～	禮・經解	卷十三・禮記音義	807
		音蟹	故仁者之過易辭也。注：辭，猶～説也	禮・表記	卷十四・禮記音義	827
		户解	知其～者（“解”不能作“解”的反相下字。各本都作“户解”。黄焯《匯校》亦無説。）	莊・齊物論	卷二十六・莊内篇音義	1426
		古賣	故～以之牛之白顙者	莊・人間世	卷二十六・莊内篇音義	1437
	觩	音虯	兕觥其～	左・成十四年	卷十七・左傳音義	994
	觭	起宜	不以～見之也	莊・天下	卷二十八・莊内篇音義	1584
	觳	户角	其道大～	莊・天下	卷二十八・莊内篇音義	1581
	觸	起六	羝羊～藩	易・大壯	卷二・周易音義	99
言部	訊	息悴	莫肯用～	詩・雨無正	卷六・毛詩音義	311
		息悴	歌以～之	詩・墓門	卷五・毛詩音義	273
	訌	鄭音工	蟊賊内～	詩・召	卷七・毛詩音義	391
	訕	所奸	有諫而無～	禮・少儀	卷十一・禮記音義	760
	訑	徒見	天知予僻陋謾～	莊・知北游	卷二十七・莊外篇音義	1525
	記	紀吏	彼～之子	禮・表記	卷十四・禮記音義	827
	訛	五何	或寢或～	詩・無羊	卷六・毛詩音義	306

部首	例字	徐音	出現例字的語句	語句出處	釋文卷次	釋文頁碼（影宋刻本）
	誕	音但	~告用亶其有衆	書・盤庚	卷三・尚書音義	167
	諛	以朱	僕臣~	書・冏命	卷四・尚書音義	197
	諓	在淺	惟~~善竫言	公羊傳・文十二年	卷二十一・公羊傳音義	1236
	請	音情	~誦其所聞	禮・樂記	卷十三・禮記音義	778
		音情	~期	禮・冠義	卷十一・禮記音義	855
		音情	是以~，~罪焉	左・襄公二十四年	卷十八・左傳音義	1038
	諒闇	并如字	高宗~~	禮・喪服	卷十四・禮記音義	865
	諾	音釋	叔孫~如齊莅盟	左・昭七年	卷十九・左傳音義	1087
	諶	市林	天難~	書・咸有一德	卷三・尚書音義	165
	謚	以二	賤不誄貴。注：累列生時行迹讀之以作~	禮・曾子問	卷十二・禮記音義	707
	謏	所穆	足以~聞	禮・學記	卷十三・禮記音義	765
	諜	徒協	法而不~	莊・人間世	卷二十六・莊內篇音義	1432
	諞	敷連	唯截截善~言	書・秦誓	卷四・尚書音義	201
	謹	如字	塗之以~塗	禮・內則	卷十二・禮記音義	738
	謙	苦簟	此之謂自~	禮・大學	卷十四・禮記音義	851
	謋	許伯	~然已解	莊・養生主	卷二十六・莊內篇音義	1429
	謾	望山	作言語而不信者。注：~誕	周禮・禁暴民	卷九・周禮音義	523
	謷	五報	~乎大哉	莊・德充符	卷二十六・莊內篇音義	1443
		五到	~乎其未可制也	莊・大宗師	卷二十六・莊內篇音義	1445
	謳	烏侯	需役聞之于~	莊・大宗師	卷二十六・莊內篇音義	1449
	譚	徒暗	~我于王	莊・則陽	卷二十八・莊內篇音義	1546
	譆	音熙	文惠君曰，~	莊・養生主	卷二十六・莊內篇音義	1428
	讀	音豆	凡邦之事蹕。注：鄭司農讀火絶之	周禮・宮正	卷八・周禮音義	428
	讎	鄭音疇	周又~斂	書・微子	卷三・尚書音義	172
		鄭市又	無言不~	詩・抑	卷七・毛詩音義	375
	讞	魚列	有司~于公	禮・文王世子	卷十二・禮記音義	712
谷部	谷	古木	入于幽~	易・困	卷二・周易音義	108
豕部	豢	音患	民食芻~	莊・齊物論	卷二十六・莊內篇音義	1423
	豫	音舒	曰~	書・洪範	卷四・尚書音義	178
	豵	在容	壹發五~	詩・騶虞	卷五・毛詩音義	220
豸	貆	音暄	有縣~兮	詩・伐檀	卷五・毛詩音義	261

部首	例字	徐音	出現例字的語句	語句出處	釋文卷次	釋文頁碼（影宋刻本）
	質	音致	必以蕭同叔子爲～	左・成二年	卷十七・左傳音義	981
		之二	將奉～幣，以無失時	左・昭三年	卷十八・左傳音義	1073
		之二	寡君將承～幣而見于蜀	左・昭七年	卷十九・左傳音義	1088
	贅	之税	句～指天	莊・大宗師	卷二十六・莊内篇音義	1449
	贖	音樹	金作～刑	書・舜典	卷三・尚書音義	146
走部	走	音逸	自失而～	莊・應帝王	卷二十六・莊内篇音義	1457
	趎	直俱	南榮～	莊・庚桑楚	卷二十八・莊雜篇音義	1529
	趨	七喻	其民機巧～利	詩・葛屨	卷五・毛詩音義	259
		音奏	摳衣～隅	禮・曲禮	卷十一・禮記音義	639
	趣	七喻	贏糧而～之	莊・胠篋	卷二十七・莊外篇音義	1470
足部	跂	丘婢	～彼織女	詩・大東	卷六・毛詩音義	322
	跌	徒紇	折瘍之祝藥。注：折瘍踠～者	周禮・瘍醫	卷八・周禮音義	434
	跛	方寄	立毋～	禮・曲禮	卷十一・禮記音義	641
	跣	七顯	若～弗祖地	書・説命	卷三・尚書音義	169
	跬	丘婢	而敝～無用之言	莊・駢拇	卷二十七・莊外篇音義	1461
	跫	苦江	聞人足音～然而喜矣	莊・徐無鬼	卷二十八・莊外篇音義	1537
	踆	七旬	帥弟子而～于窾水	莊・外物	卷二十八・莊雜篇音義	1557
	跽	其里	擎～曲拳	莊・人間世	卷二十九・莊内篇音義	1432
	踠	鳥卧	折瘍。注：折瘍～跌者	周禮・瘍醫	卷八・周禮音義	434
	踣	敷豆	～其國家	左・襄十一年	卷十七・左傳音義	1016
		芳附	申徒狄因以～河	莊・外物	卷二十八・莊雜篇音義	1557
	踦	居彼	膝之所～	莊・養生主	卷二十六・莊内篇音義	1427
	踶	音馳	踟蹰焉。《釋文》～徐音馳字或作踟	禮・三年問	卷十四・禮記音義	842
	蹐	音積	不敢不～	詩・正月	卷六・毛詩音義	309
	蹊	音兮	山無～隧	莊・馬蹄	卷二十七・莊外篇音義	1464
	蹢	治益	羸豕孚，～躅	易・姤	卷二・周易音義	106
		治革	～躅焉	禮・三年問	卷十四・禮記音義	842
	蹶	音厥	子夏～然而起	禮・孔子閑居	卷十三・禮記音義	811
		求月	是謂～其本	左・襄公十九年	卷十八・左傳音義	1029
		其月	爲崩爲～	莊・人間世	卷二十九・莊内篇音義	1434
	蹙	采六	以足～路馬芻，有誅	禮・曲禮	卷十一・禮記音義	649

部首	例字	徐音	出現例字的語句	語句出處	釋文卷次	釋文頁碼（影宋刻本）
		音卑	大夫素帶～垂。依注爲裨	禮・玉藻	卷十二・禮記音義	746
		芳益	是以非～之心……	禮・玉藻	卷十二・禮記音義	747
		扶亦	無事不～廟門	禮・喪服小記	卷十二・禮記音義	755
		扶益	麕爲～鷄	禮・少儀	卷十二・禮記音義	763
		孚益	則～咡而對	禮・少儀	卷十二・禮記音義	764
		芳益	齊音敖～喬志	禮・樂記	卷十三・禮記音義	774
		扶移	絞一幅爲三，不～	禮・喪大記	卷十三・禮記音義	792
		音譬	～則坊與	禮・坊記	卷十三・禮記音義	812
		扶亦	～踴哭泣	禮・問表	卷十四・禮記音義	838
		扶亦	主人般還曰～	禮・投壺	卷十四・禮記音義	844
		扶臂	且懼奔～	左・成二年	卷十七・左傳音義	980
		甫亦	～司徒之妻也	左・成二年	卷十七・左傳音義	981
		甫赤	伯宗～重	左・成五年	卷十七・左傳音義	985
		甫亦	孟氏將～	左・襄二十三年	卷十八・左傳音義	1036
		甫亦	崔明夜～諸大墓	左・襄二十七年	卷十八・左傳音義	1050
		敷歷	摘～爲禮	莊・焉蹄	卷二十七・莊外篇音義	1465
		敷赤	口～焉而不能言	莊・田于方	卷二十七・莊外篇音義	1520
	辨	～具之～	剥床以～	易・剥	卷二・周易音義	90
		方免	～方正位	周禮・冢宰	卷八・周易音義	421
		扶免	～色始入	禮・玉藻	卷十二・禮記音義	742
	辯	扶免	問以～之	易・乾	卷二・周易音義	75
		扶免	～物正言	易・繫辭	卷二・周易音義	130
		方勉	分争～訟	禮・曲禮	卷十一・禮記音義	636
		甫免	則遠于門～矣	禮・飲酒	卷十四・禮記音義	857
辵部	巡	養純	東～守	書・舜典	卷三・尚書音義	146
		詞均	則必反～	禮・三年問	卷十四・禮記音義	842
	迋	居望	人實～女	詩・揚之水	卷五・毛詩音義	253
	近	巨靳	切～灾也	易・剥	卷二・周易音義	90
		徐如字	與音相～而不同	禮・樂記	卷十三・禮記音義	774
	迭	音逸	～我殽地	左・成十三年	卷十七・左傳音義	992
	迪	徒歷	弗求弗～	詩・桑柔	卷七・毛詩音義	379
	迨	刎改	～天之未陰雨	詩・鴟鴞	卷五・毛詩音義	282
	造	七到	國之俊選皆～焉	禮・王制	卷十一・禮記音義	685

部首	例字	徐音	出現例字的語句	語句出處	釋文卷次	釋文頁碼（影宋刻本）
		七到	禮也者，理也。注：诗书禮樂以～士	禮・仲尼燕居	卷十三・禮記音義	810
	逢	音豐	鼉鼓～～	詩・靈臺	卷七・毛詩音義	358
	逋	方吴	歸～竄也	易・訟	卷二・周易音義	80
	逕	古定	大有～庭	莊・逍遥游	卷二十六・莊内篇音義	1413
		音逸	藜藋柱乎鼪鼬之～	莊・徐無鬼	卷二十八・莊雜篇音義	1537
	遈	音退	戎成不～	詩・雨無正	卷六・毛詩音義	313
	過	古卧	大～	易・大過	卷二・周易音義	94
		音戈	～其故鄉	禮・三年問	卷十四・禮記音義	842
		音戈	若駟之～隙	禮・三年問	卷十四・禮記音義	842
	遏	音謁	君子～惡揚善	易・大有	卷二・周易音義	84
		音謁	夏王率～衆力	書・湯誓	卷三・尚書音義	162
		音謁	～佚前人光	書・君奭	卷四・尚書音義	188
		音謁	鐸～寇爲上軍尉	左・成十八年	卷十七・左傳音義	1002
		音謁	吴子～伐楚	左・襄二十五年	卷十八・左傳音義	1039
	遊	音流	士視五步。注：士視得旁～目五步之中也	禮・典禮	卷十一・禮記音義	655
	遒	在幽	四國是～	詩・破斧	卷五・毛詩音義	285
		子由	百禄是～	左・成二年	卷十三・左傳音義	981
		在幽	～人以木鐸徇于路	左・襄二十五年	卷十七・左傳音義	1021
	違	音回	薄～農大	書・酒誥	卷四・尚書音義	184
	遞	音第	其～相爲君臣乎	莊・齊物論	卷二十六・莊内篇音義	1420
	遲	持夷	～任有言曰	書・盤庚	卷三・尚書音義	167
		直尼	敢問～之～而又久何也	禮・樂記	卷十三・禮記音義	775
		直移	病甚者其愈～	禮・三年問	卷十四・禮記音義	842
	遠	于萬	望墓而爲壇。注：無爵者賤～辟正主	禮・曾子問	卷十二・禮記音義	708
		于萬	或諸～人乎	禮・郊特牲	卷十二・禮記音義	729
	遯	徒頓	吾家耄遜于荒。注：在家耄亂，故欲～出于荒野	書・微子	卷三・尚書音義	171
		徒損	勉爾～思	詩・白駒	卷六・毛詩音義	304
	適	都歷	誰～與謀	詩・巷伯	卷六・毛詩音義	319
		張革	勿與禍～	詩・殷武	卷七・毛詩音義	418

部首	例字	徐音	出現例字的語句	語句出處	釋文卷次	釋文頁碼（影宋刻本）
	選	素短	弗去懼～	左・昭元年	卷十八・左傳音義	1068
	還	音全	～歸在豐	書・國官	卷四・尚書音義	192
		音患	諸侯之師～鄭而南	左・襄十年	卷十七・左傳音義	1014
	遰	徐作滯	右佩玦、捍、管、～、大觿、木燧	禮・内則	卷十二・禮記音義	731
邑部	刑	音刑	季孫會晋侯……～丘	左・襄八年	卷十七・左傳音義	1009
	邠	甫中	太王亶父居～	莊・讓王	卷二十八・莊雜篇音義	1560
	邪	以車	私惠不以德。注：相惠以褻瀆～辟之物	禮・緇衣	卷十四・禮記音義	834
	祁	巨尸	資冬～寒	禮・緇衣	卷十四・禮記音義	834
	邴	音丙	～～乎其似喜也	莊・大宗師	卷二十六・莊内篇音義	1445
	邸	當禮	設皇～	周禮・掌次	卷八・周禮音義	438
	郤	去逆	批大～	莊・養生主	卷二十六・莊内篇音義	1428
	部	扶荀	～婁無松柏	左・襄二十四年	卷十八・左傳音義	1038
	鄔	於據	昭餘祁在～虖池	周禮・職方氏	卷十八・周禮音義	511
	鄐	起六	晋人與之～	左・襄二十六年	卷十八・左傳音義	1047
	鄤	武旦	使東鄙諸～	左・成三年	卷十七・左傳音義	984
	鄢	于建	王沿夏將入于～	左・昭十三年	卷十九・左傳音義	1103
	鄟	音專	取～	左・成五年	卷十八・左傳音義	985
酉部	酬	音疇	可與～酢	易・繫辭	卷二・周易音義	125
	醆	祖冀	以爲醴酪。注：烝釀之也，酪、酢、～	禮・禮運	卷十二・禮記音義	715
	酳	音胤	合巹而～	禮・冠義	卷十四・禮記音義	856
	醇	力放	飲用六清。注：水、漿、醴～、醫、酏	周禮・膳夫	卷八・周禮音義	429
	醢	音海	～醬處内	禮・曲禮	卷十一・禮記音義	642
	醫	於計	二曰～	周禮・酒正	卷八・周禮音義	434
		於計	飲用六清。注：水、漿、醴、醇、～、酏	周禮・膳夫	卷八・周禮音義	429
	醷	於力	漿、水、～、濫…	禮・内則	卷十二・禮記音義	735
	醯	呼兮	實諸～以柔之	禮・内則	卷十二・禮記音義	737
	醴	音禮	小人之接如～	禮・表記	卷十四・禮記音義	829

部首	例字	徐音	出現例字的語句	語句出處	釋文卷次	釋文頁碼（影宋刻本）
	醳	音昔	三曰昔酒。注：其酒則今~酒也	周禮·酒正	卷八·周禮	434
	釃	所宜	~酒有藇	詩·伐木丁丁	卷六·毛詩音義	290
里部	重	治恭	連步以上。注：~蹉跌也	禮·曲禮	卷十三·禮記音義	639
		治龍	其餘皆寫。注：~污辱君器	禮·曲禮	卷十一·禮記音義	644
		治龍	是非~麻	禮·服問	卷十四·禮記音義	839
	量	音亮	慎測淺深之~	禮·王制	卷十一·禮記音義	686
		音亮	頒度~	禮·明堂位	卷十二·禮記音義	750
	野	以汝	且汝獨未聞牧~之語乎	禮·樂記	卷十三·禮記音義	776
金部	釗	之遥	逆子~于南門之外	書·顧命	卷四·尚書音義	193
	鈃	户挺	其求~鍾也	莊·徐無鬼	卷二十八·莊雜篇音義	1540
		胡冷	宋~尹文聞其風而悦之	莊·天下	卷二十八·莊雜篇音義	1582
	鈎	居旬	若多鼓~聲以夜軍之	左·襄二十六年	卷十八·左傳音義	1046
	鉗	其嚴	口~而不欲言	莊·田子方	卷二十七·莊外篇音義	1518
	鉏	在魚	宋將~樂懼敗諸汋陂	左·成十六年	卷十七·左傳音義	995
		在居	西~吾曰	左·成十八年	卷十七·左傳音義	1002
	鉉	古玄	鼎黄耳金~	易·鼎	卷二·周易音義	111
	銘	音冥	湯之盤~曰	禮·大學	卷十四·禮記音義	852
	銶	音虯	又缺我~	詩·破~	卷五·毛詩音義	285
	銷	音消	萬事~亡	莊·天地	卷二十七·莊外篇音義	1482
	鋪	音孚	淮夷來~	詩·江漢	卷七·毛詩音義	387
		音孚	~敦淮濆	詩·常武	卷七·毛詩音義	389
		芳烏	商祝~席乃斂	禮·雜記	卷十三·禮記音義	782
		音孚	爾以爲必~几筵，升降酌獻酬酢然后謂之禮乎	禮·仲尼燕居	卷十三·禮記音義	810
		音敷	~時繹思	左·宣十二年	卷十七·左傳音義	973
	錙	側其	無徒驥于~壇之宫	莊·徐無鬼	卷二十八·莊雜篇音義	1538
	錫	音賜	王三~命	易·師	卷二·周易音義	80
	錯	七各	履~之敬	易·離	卷二·周易音義	96
		七路	然后禮義有所~	易·序卦	卷二·周易音義	135
		采故	約軝~衡	詩·烈祖	卷七·毛詩音義	415
	鋸	音據	其刑罪。注：皆以刀~刺割人體者也	禮·文王世子	卷十二·禮記音義	712

部首	例字	徐音	出現例字的語句	語句出處	釋文卷次	釋文頁碼（影宋刻本）
	鍰	户關	其罰百～	書・吕刑	卷四・尚書音義	198
	鍵	其偃	管庫之士。注：管～也	禮・檀弓	卷十一・禮記音義	678
	鍼	音針	子車～虎	詩・黄鳥	卷五・毛詩音義	宋本缺，此據抱經堂本補
	鎗	勑庚	非聽其鏗～而已也	禮・樂記	卷十三・毛詩音義	775
	鎮	音珍	凡君召以三節。注：周禮曰～圭以徵守	禮・玉藻	卷十二・禮記音義	746
	鏃	朱角	～矢之疾而有不行不止之時	莊・天下	卷二十八・莊雜篇音義	1589
	鏗	苦庚	钟声～，～以立號	禮・樂記	卷十三・禮記音義	775
	鐔	音尋	其臘廣爲之茎。注：茎谓劍夹人所握～以上也	周禮・考工記	卷九・周禮音義	541
		徒南	周宋爲～	莊・説劍	卷二十八・莊雜篇音義	1572
	鐐	盧到	鞞琫有珌。注：大夫～琫而璆珌	詩・瞻彼洛矣	卷六・毛詩音義	330
	鑠	音藥	～絶竽瑟	莊・胠篋	卷二十七・莊外篇音義	1469
長部	長	知兩	蝦，～也	禮・郊特牲	卷十二・禮記音義	729
門部	間	音澗	共賓客之稍禮。注：留～王稍所給賓客者	周禮・漿人	卷八・周禮音義	435
		古辨	遠近～三席	禮・文王世子	卷十二・禮記音義	710
		間廁之間	同藏無～	禮・内則	卷十二・禮記音義	739
		古莧	實見間，而后折入	禮・雜記	卷十三・禮記音義	782
		間廁之間	使立于高國之～	左・成十六年	卷十七・左傳音義	994
		音閑	使舉請～	左・昭四年	卷十九・左傳音義	1077
	閟	方冀	我思不～	詩・載馳	卷五・毛詩音義	236
	聞	音問	～于上帝	書・康誥	卷四・尚書音義	182
		音問	罕見曰～名	禮・少儀	卷十二・禮記音義	758
	閾	况逼	床笫之言不逾～	左・襄二十七年	卷十八・左傳音義	1049
	閼	于葛	而莫之夭～者	莊・逍遥游	卷二十六・莊内篇音義	1409
	闇	如字	高宗諒～	禮・喪服	卷十四・禮記音義	865
	闍	止奢	出其闉～	詩・出其東門	卷五・毛詩音義	254
		持遮	～謂之臺	爾雅・釋宫	卷二十九・爾雅音義	1628
	闕	如字	又欲～翦我公室	左・成十三年	卷十七・左傳音義	992

部首	例字	徐音	出現例字的語句	語句出處	釋文卷次	釋文頁碼（影宋刻本）
雨部	雲	徐本作云	~土夢作乂	書・禹貢	卷三・尚書音義	156
	雩	況于	及~婁	左・襄二十六年	卷十八・左傳音義	1044
		況于	薳啓疆待命于~婁	左・昭五年	卷十九・左傳音義	1085
	需	音須	聶許聞之~役	莊・大宗師	卷二十六・莊内篇音義	1449
	霆	徒鼎	鼓之以雷~	易・係辭	卷二・周易音義	121
		音挺	如~如雷	詩・采芑	卷六・毛詩音義	299
	霄	音消	楚人執鄭行人良~	左・襄十一年	卷十七・左傳音義	1015
	靁	音追	端行頤霤如矢。注：頤或爲~也	禮・玉藻	卷十二・禮記音義	749
	霾	莫戒	終風且~	詩・終風	卷五・毛詩音義	223
青部	静	徐本作静音争	~而正之	禮・儒行	卷十四・禮記音義	849
革部	革	音極	夫子之病~矣	禮・檀弓	卷十一・禮記音義	659
	鞂	古八	而稾~之設	禮・禮器	卷十二・禮記音義	722
		古八	稾~之尚	禮・郊特牲	卷十二・禮記音義	727
	韠	邊惠	竹闭绲縢《释文》闭，一本作“~”	詩・小戎	卷五・毛詩音義	宋本缺，此據抱經堂本補。
	鞶	徐云王	或錫之~帶肅作槃	易・訟	卷二・周易音義	80
韋部	韎	莫蓋	有~韋之跗	左・成十六年	卷十七・左傳音義	997
	韝	音溝	以纓捨矢可也。注：拾謂射~	禮・曲禮下	卷十一・禮記音義	655
頁部	頂	都冷	遇過滅~	易・大過	卷二・周易音義	94
	頑	五斑	立髡~	左・成十年	卷十七・左傳音義	989
	頒	甫云	~朕不暇	書・洛誥	卷四・尚書音義	186
		音墳	八日匪~之式	周禮・太宰	卷八・周禮音義	424
	頡	下結	~滑有實	莊・徐無鬼	卷二十八・莊雜篇音義	1546
	頸	其聲	壺~修七寸	禮・投壺	卷十四・禮記音義	846
	頯	去軌	其顙~	莊・大宗師	卷二十六・莊内篇音義	444
	穎	孔穎	既~	禮・雜記	卷十三・禮記音義	784
	題	徒兮	顧諟天之明命。注：諟或作~	禮・大學	卷十四・禮記音義	852

部首	例字	徐音	出現例字的語句	語句出處	釋文卷次	釋文頁碼（影宋刻本）
	類	一音力對徐注同	刑之頗～	左・昭十五年	卷十九・左傳音義	1110
	顧	音鼓	我不～行遯	書・微子	卷三・尚書音義	172
		音古	寧不我～	詩・日月	卷五・毛詩音義	222
	顯	苦見	子～以致命于穆公	禮・檀弓	卷十一・毛詩音義	670
風部	風	福鳳	風，風也。《釋文》徐上如字，下福鳳反	詩・詩序	卷五・毛詩音義	204
	飄	扶遥	意如～風	莊・盜跖	卷二十八・莊雜篇音義	1566
食部	食	音自	～居人之左	禮・曲禮	卷十一・禮記音義	642
		音自	諸侯請啖。注：以朋友有相啖～之道	禮・檀弓	卷十一・禮記音義	675
		音自	～九人	禮・王制	卷十一・禮記音義	679
		音自	～，蝸醢	禮・内則	卷十二・禮記音義	735
	飲	于鴆	委積膳獻～食賓賜之飧牽	周禮・宰夫	卷八・周禮音義	427
	飪	而鴆	亨，～也	易・鼎	卷二・周易音義	110
	飾	音式	前有橛～之患	莊・焉蹄	卷二十七・莊外篇音義	1464
	餔	甫吴	我將以子肝益晝～之膳	莊・盜跖	卷二十八・莊雜篇音義	1566
	餞	才箭	飲～于禰	詩・泉水	卷五・毛詩音義	228
	餤	音鹽	亂是用～	詩・巧言	卷五・毛詩音義	317
		徐本作鹽，以占反，	亂是用～	禮・表記	卷十四・禮記音義	829
		徐仙民詩音	閻肅延誘薦～晋寅藎進也	爾雅・釋詁下	卷三十・爾雅音義	1599
	餬	音胡	足以～口	莊・人間世	卷二十八・莊内篇音義	1438
	饇	於具	如食宜～	詩・角弓	卷六・毛詩音義	338
	餽	紀畏	出入五積。注：出入五積。謂～之刍米也	周禮・大行人	卷九・周禮音義	528
	饋	其類	主人親～	禮・曲禮	卷十一・禮記音義	643
首部	馘	况壁	稿項黄～者，商之所短也	莊・列御寇	卷二十八・莊雜篇音義	1577
馬部	馴	音訓	～致其道，至堅水也	易・坤	卷二・周易音義	76
		餘倫	土訓中士二人。注：鄭司農云：訓讀爲～	周禮・司徒	卷八・周禮音義	445
		食倫	畜鳥者則勿佛也。注：養則～	禮・曲禮	卷十一・禮記音義	645

部首	例字	徐音	出現例字的語句	語句出處	釋文卷次	釋文頁碼（影宋刻本）
	馽	丁立	連之以羈～	莊・馬蹄	卷二十七・莊外篇音義	1464
	駘	敕才	敗我於狐～	左・襄四年	卷十七・左傳音義	1006
		音殆	魯有兀者王～	莊・德充符	卷二十六・莊內篇音義	1439
		音殆	衛有惡人焉曰哀～它	莊・德充符	卷二十六・莊內篇音義	1441
	駣	音肇	喪祭馬祖。注：三歲曰～	周禮・校人	卷九・周禮音義	509
	駽	火玄	駜彼乘～	詩・有駜	卷七・毛詩音義	408
	騂	呼營	牲用～	禮・檀弓	卷十一・禮記音義	658
		呼營	牲用～	禮・郊特牲	卷十二・禮記音義	725
	駴	音戒	聖人之所以～天下	莊・外物	卷二十八・莊雜篇音義	1557
	騖	音務	～揚而奮鬐	莊・外物	卷二十八・莊雜篇音義	1554
	騞	許嬖	奏刀～然	莊・養生主	卷二十六・莊內篇音義	1428
	騷	音蕭	常武小序。注：匪紹匪游，徐方繹～	詩・常武	卷七・毛詩音義	389
		音蕭	徐方繹～	詩・常武	卷七・毛詩音義	389
	騶	仕遘	車驅而～	禮・曲禮	卷十一・禮記音義	649
		側侯	天子以～虞爲節	禮・射義	卷十四・禮記音義	859
	鷙	敕二	闉扼～曼	莊・馬蹄	卷二十七・莊外篇音義	1466
	驅	徐云鄭作毆王	用三～	易・比	卷二・周易音義	81
		起遇	車～而騶	禮・曲禮	卷十一・禮記音義	649
	驟	在遘	～如崔氏	左・襄二十五年	卷十八・左傳音義	1040
	驪	郎兮	戎事乘～	禮・檀弓	卷十一・禮記音義	658
		力池	～畜氏	莊・胠篋	卷二十七・莊外篇音義	1470
骨部	骭	户幹	麇臡。注：麇膶，麇～髓醢	周禮・醢人	卷八・周禮音義	436
	髀	亡婢	帶下母厭～。黄焯匯校，“亡”葉鈔本作方。然《集韵》紙韵，髀有毋婢切一讀。	禮・深衣	卷十四・禮記音義	843
		甫婢	兩～爲脅	莊・人間世	卷二十六・莊內篇音義	1438
	髐	許堯	～然有形	莊・至樂	卷二十七・莊外篇音義	1503
髟部	髡	户官	是故公家不畜刑人。注：～者使守積	禮・王制	卷十一・禮記音義	681
	髻	胡節	竈有～	莊・達生	卷二十七・莊外篇音義	1510
	鬌	大果	翦髮爲～	禮・內則	卷十二・禮記音義	740

部首	例字	徐音	出現例字的語句	語句出處	釋文卷次	釋文頁碼（影宋刻本）
黑部	黔	音禽	爲～喙之屬	易・説卦	卷二・周易音義	134
		渠嚴	～敖爲食于路	禮・檀弓	卷十一・禮記音義	677
		其嚴	明命鬼神以爲～首	禮・祭義	卷十三・禮記音義	800
		音琴	邑中之～	左・襄十一年	卷十八・左傳音義	1025
		其金	烏不日～而黑	莊・天運	卷二十七・莊外篇音義	1491
	點	之廉	孟氏之御騶豐～	左・襄二十五年	卷十八・左傳音義	1036
	黨	音掌	鄫鼓父～叔爲耦	左・襄二十九年	卷十八・左傳音義	1055
	黬	於減	有生～也	莊・庚桑楚	卷二十八・莊雜篇音義	1534
	黶	於玷	晉侯使欒～來乞師	左・成十六年	卷十七・左傳音義	995
黹部	黼	音補	狄設～扆綴衣	書・顧命	卷四・尚書音義	194
		音補	玄袞及～	詩・采菽	卷六・毛詩音義	336
鼎部	鼒	音灾	鼎鼐及～	詩・絲衣	卷六・毛詩音義	404
齊部	齊	蔣細	八珍之～	周禮・食醫	卷八・周禮音義	433
		千西	以五～七醢七菹三臡實之	周禮・醢人	卷八・周禮義	437
		才細	～五采	禮・喪大記	卷十三・禮記音義	795
		側皆	敬～之色不絶于面	禮・祭義	卷十三・禮記音義	799
	齎	將池	～咨涕洟	易・萃	卷二・周易音義	107
齒部	齕	胡勿	～之則啼	莊・駢拇	卷二十七・莊外篇音義	1261
		胡切	庶人～之	禮・曲禮	卷十一・禮記音義	644
龜部	龜	舉倫	宋人有善爲不～手之藥者	莊・逍遥游	卷二十六・莊内篇音義	1415

参考書目

[1] 十三經注疏 [M]. 阮元，校刻 . 中華書局影印本，1980.

[2] 郭慶藩 . 莊子集釋 [M]. 中華書局諸子集成本，1986.

[3] 陸德明 . 經典釋文 [M]. 上海古籍出版社影印宋刻本，1985.

[4] 經典釋文 [M]. 附段玉裁，臧庸堂諸人，校記 . 上海涵芬樓影印通志堂本 .

[5] 經典釋文 [M]. 附盧文弨，考證 . 商務印書館四部叢刊本抱經堂本 .

[6] 黄焯 . 經典釋文報校 [M]. 中華書局，1980.

[7] 原本玉篇殘卷 [M]. 中華書局影印本，1985.

[8] 龍宇純 . 唐寫全本王仁昫刊謬補缺切韵校箋 [M]. 香港中文大學，1968.

[9] 周祖謨 . 唐五代韵書集存 [M]. 中華書局，1983.

[10] 陳彭年 . 宋本廣韵 [M]. 北京市中國書店影印澤存堂本，1982.

[11] 陳澧 . 切韵考外编 [M]. 音韵學叢書本 .

[12] 賈昌朝 . 群經音辨 [M]. 商務印書館叢書集成本 .

[13] 丁度 . 集韵 [M]. 上海古籍出版社影宋鈔本，1985.

[14] 説文解字段注 [M]. 附六書音韵表 . 段玉裁 . 成都古籍書店影印本，1981.

[15] 郝懿行 . 爾雅義疏 [M]. 商務印書館萬有文庫本 .

[16] 王念孫 . 廣雅疏證 [M]. 上海古籍出版社，1983.

[17] 江有誥 . 江氏音學十書 [M]. 四川人民出版社據渭南嚴氏原本印行，1957.

[18] 王先謙 . 詩三家義集疏 [M]. 中華書局，1987.

[19] 阮元 . 經籍纂詁 [M]. 成都古籍書店影印，1982.

[20] 黄侃 . 論學雜著 [M]. 中華書局，1967.

[21] 吴承仕 . 經籍舊音序系經籍舊音辯證 [M]. 中華書局，1986.
[22] 高本漢 . 中國音韵學研究 [M]. 趙元任，李方桂，羅常培，譯 . 商務印書館，1946.
[23] 羅常培，周祖謨 . 两漢魏晋南北朝韵部演变研究 [M]. 科學出版社，1958.
[24] 羅常培 . 羅常培語言學 [G]. 論文選集中華書局，1963.
[25] 李方桂 . 上古音研究 [M]. 商務印書館，1980.
[26] 陸志韋 . 古音説略 [J]. 燕京學報專號二十，1947.
[27] 王力 . 龍蟲并雕齋文集：第一册 [M]. 中華書局，1980.
[28] 周祖謨 . 問學集 [M]. 中華書局，1966.
[29] 董同和 . 上古音韵表稿 [M]. 史語所集刊第十八本，1948.
[30] 董同和 . 廣韵重紐試釋 [M]. 六同别録，1945.
[31] 林燾 . 上古音韵表稿書評 [J]. 燕京學報三六期，1949.
[32] 廣韵重紐研究周法高中國語言學論文集 [G]. 聯經出版事業公司，1975.
[33] 玄應反切考周法高中國語言學論文集 [G]. 聯經出版事業公司，1975.
[34] 俞敏 . 俞敏語言學論文集 [G]. 黑龍江人民出版社，1989.
[35] 李榮 . 切韵音系 [M]. 科學出版社，1956.
[36] 李榮 . 音韵存稿 [M]. 商務印書館，1982.
[37] 張琨著 . 漢語音韵論文集 [G]. 張賢豹，譯 . 聯經出版事業公司，1987.
[38] 丁邦新 . 魏晋音韵研究 [M]. 臺北史語所，1975.

原書後記

◇ 蔣希文

《徐邈音切研究》全書現已脱稿，共四十余萬字（包括索引）。個别章節曾在國内有關刊物上發表，現收入本書，或經全面改寫，或補充資料，訂正錯誤，力求和全書體例一致。

本書得到國家社會科學基金和貴州省教育委員會社會科學研究基金的資助，得以完稿。

本書經中國社會科學院語言研究所李榮教授和楊耐思教授，北京大學中文系林燾教授、唐作藩教授和何九盈教授審閲，特别是李榮教授曾提出很多的寶貴意見，但由于作者水平有限，錯誤之處，定當難免，凡此概由作者本人負责。

王鍈教授和王邦蜀責編在百忙中校閲全稿，訂正靴脱，厘定全稿書寫體例，付出大量心血。

特别是貴州教育出版社在目前的情况下，爲了發展文教事業，出版一本經濟效益不高的著作，真是空谷足音了！

凡此種種皆所感激不去予懷也！

1997.11.13